Computer Bild

Peter Prinz

Der neue Computer-Grundkurs Windows 7

▷ USB-Stick GRATIS!   ▷ 6 Hefte für nur 14,50 €!   ▷ Schon samstags lesen

JETZT: COMPUTER BILD testen +
35 % sparen + 4 GB USB-Stick GRATIS!

COMPUTER BILD bietet Ihnen:
- Alles rund um Computer, Telekommunikation & Unterhaltungselektronik!
- Tests, Fakten & umfangreiche DVD!
- Praxiswissen & Service für Anfänger und Profis!

plus:

4 GB USB-Stick „JetFlash V30"
- Bootfähig, USB 2.0
- Einfache „Plug & Play"-Installation
- LED-Statusanzeige
- Für Windows 2000, Me, XP, Vista, 7/ Mac OS X
- Maße: 60 x 17 x 8 mm

+ 2 Hefte GRATIS dazu!
Als Dankeschön für die Nutzung des umweltfreundlichen Bankeinzugs.

JETZT FÜR KURZE ZEIT: nur 0 €

Leistungsstark:
Lesen: bis 20 MB/s
Schreiben: bis 6 MB/s

30 JAHRE Garantie

Passwortschutz:
PC-Lock-Sperrfunktion & Sicherheitsfunktion

Computer Bild hilft.

Hier sichern:
www.COMPUTERBILD.de/abo/testen

Ich sichere mir die nächsten 6 Ausgaben COMPUTER BILD zum günstigsten Preis von zzt. 14,50 € mit DVD in jedem Heft und spare 7,70 € bzw. 10,90 € mit CD in jedem Heft und spare 5,30 € ab der nächsterreichbaren Ausgabe. Somit **spare ich über 35 %**. Wenn ich mich bis Erhalt der 5. Ausgabe nicht melde, erhalte ich COMPUTER BILD zum Preis von zzt. 3,70 € pro Heft (26 Hefte/Jahr) mit DVD bzw. 2,70 € mit CD. Studenten zahlen bei Vorlage eines Nachweises zzt. nur 3,15 € (DVD) bzw. 2,30 € (CD) pro Heft. Ich kann dann die Zustellung jederzeit kündigen und erhalte zu viel gezahltes Geld zurück. Das Angebot gilt nur in Deutschland und solange der Vorrat reicht.

Inhalt

1 PC & Zubehör — Alles, was ein PC braucht: Grundausrüstung — 10

Schreibtisch-PC oder tragbarer Computer? 11
  Desktop-PCs: Das gehört dazu 11
  Notebooks: Die tragbare Alternative 14
  Netbooks als kleine Wegbegleiter 19
Tastatur und Maus: Zentrale Eingabegeräte ... 20
  Die Tastatur 20
  Die Maus 21
  Anschlüsse 21
Bild und Ton 22
  Monitore: Röhre und LCD-Flachbildschirm .. 23
  Fingerbedienung mit Touchscreens.............. 24
  Klang: Lautsprecher und Mikrofon 24

Speicher satt: Das Gedächtnis für Daten
und Dateien 26
  Das flüchtige RAM als Arbeitsspeicher 27
  Dauerhaft speichern auf der Festplatte 27
  Daten speichern mit dem DVD-Brenner 28
  USB-Stift als mobiler Datenträger 31
  Portable Festplatten für große Datenmengen . 32
  Netzwerkspeicher für das Heimnetzwerk 33
  Speicherplatz im Internet 33
Volles Programm: Software für den PC 34
  Das Betriebssystem 34
  Anwendungsprogramme 35

2 Erste Schritte — Windows installieren und sichern — 37

Vorteile der Neuinstallation 38
Eigene Dateien mit Windows Vista sichern 38
  Gesicherte Dateien mit Windows Vista
  retten 42
Übertragen von Daten und Einstellungen mit
Windows XP und Vista 44
  Dateien und Einstellungen übertragen mit
  Windows XP 45
  Dateien und Einstellungen übertragen mit
  Windows Vista 48
Vorbereitung für die Installation
von Windows 7 51
  Abbild der Installations-DVD anlegen 53
  Abbild der Installations-DVD auf einen
  USB-Stift übertragen 54

Startoption für DVD oder USB-Stift
einstellen 56
Neuinstallation von Windows 7 58
  Einrichten des Betriebsprogramms 60
Windows 7 anstelle von Windows Vista
installieren 66
  Die Upgrade-Installation starten 67
  PC für die Einrichtung von Windows 7
  überprüfen 68
  Windows 7 auf einem Windows-Vista-PC
  einrichten 70
Schutzmaßnahmen: Systemdaten sichern
und restaurieren.. 73
  Systemwiederherstellung aktivieren 74
  Den Computer wiederherstellen................... 75

3 Desktop — Alles im Blick: Die Benutzeroberfläche — 78

Die Ordnung des digitalen Schreibtischs 79
  Das Startmenü als Schaltzentrale................. 79
  Eigene Ordner öffnen 80
  Laufwerke des Rechners anzeigen 82
  Auf Programme zugreifen 83

Windows beenden oder die Arbeit
unterbrechen 87
Schneller Zugriff über die Taskleiste 89
  Programme schneller öffnen 91
  Zu laufenden Programmen wechseln 92

Inhalt

Fenster anordnen 94
Der Papierkorb 96
   Dateien löschen 97
   Dateien retten 97
   Dateien endgültig löschen 99
Das Willkommen-Fenster von Windows 7 99
   Daten mit Windows-Easy Transfer
   übernehmen 100
Das Erscheinungsbild von Windows ändern .. 104
Desktophintergrund auswählen 104
Die Bildschirmauflösung einstellen 106
Ständig aktuelle Informationen mit
   Minianwendungen 108
   Einstellungen einer Minianwendung
   ändern 109
   Weitere Minianwendungen aus dem
   Internet installieren 110

4 Peripherie — Die Verbindung zur Außenwelt: Externe Geräte — 114

Die Schnittstellen des Computers 115
Drucker installieren und einrichten 120
   Drucker per Programm-CD installieren 120
   Drucker ohne Programm-CD installieren ... 122
   Einen Drucker im Netzwerk einrichten 125
   Einen lokalen Drucker freigeben 126
Bilder von Digitalkamera auf PC überspielen .. 127
Bilder scannen 129
Mobiles Windows unterwegs 131
   Das mobile Gerät anschließen 131
   Treiber installieren 132
   Eine Verbindung mit dem PC einrichten 133

5 Organisation — Mit Ordnern die Übersicht behalten — 136

Perfekte Ablage:
   Ordner und Dateien 137
   Einen neuen Ordner anlegen 138
   Einen Ordner umbenennen 140
   Einen Ordner kopieren oder verschieben ... 141
   Einen Ordner löschen 141
Menübefehle erteilen 142
   Jeden Ordner schnell erreichen 144
   Ordner übersichtlich darstellen 145
   Details einer Datei anzeigen 148
   Dateien und Ordner komprimieren 150
Spezialordner für Bilder, Musik und Videos ... 151
   Diashow aus dem Ordner „Bilder" 151
   Wunschmusik aus dem Ordner „Musik" 152
   Filmvorführung aus dem Ordner „Videos" .. 153
Mit Bibliotheken arbeiten 154
   Bibliotheken anlegen 154
   Ordner einer Bibliothek hinzufügen 155

6 Bedienung — Stets zu Diensten: Vom Umgang mit Programmen — 157

Programme starten und beenden 158
   Der schnelle Start mit der Suchfunktion 159
Fehlende Programme installieren................ 160
   Ein Programm von einer CD/DVD
   installieren 160
   Komprimiertes Programm auf die
   Festplatte kopieren 161
   Ein komprimiertes Programm auspacken .. 162
   Ein ausgepacktes Programm installieren ... 163
Überflüssige Programme entfernen 165
Der praktische Windows-Rechner 166
   Multitasking: Ergebnis in andere
   Programme übertragen 169
Texte schreiben mit WordPad 170

Inhalt

Das Programmfenster von WordPad 170
Text schreiben und bearbeiten 172
Text gestalten 174
Text speichern und drucken 175
Bilder malen mit Paint 176
Das Programmfenster von Paint 177
Werkzeuge und Farben 177
Formen und Füllungen 179
Gedankenstütze: Kurznotizen 180

7 Netzwerk — Rechner miteinander verbinden — 182

Einen PC mit dem Netzwerk und Internet
verbinden 183
   Einen Hub oder Switch anschließen 183
   DSL-Router anschließen für die schnelle
   Internetverbindung 185
   Internetzugang im DSL-Router einrichten .. 186
Die drahtlose Internetverbindung 188
Router für die drahtlose Verbindung
einrichten 189
   Das drahtlose Netzwerk am PC einrichten.. 191
Ein Heimnetzwerk auf einem PC einrichten .. 192
Einem Heimnetzwerk beitreten..................... 194
Auf freigegebene Bibliotheken zugreifen 196
Drucker gemeinsam nutzen 199

8 Internet — Mit dem Computer ins Internet — 202

Ein Internetzugangsprogramm einrichten 203
   Verschiedene Browser zur Wahl 203
   Der erste Start des Internet Explorers 205
Surfen mit dem Internet Explorer 206
   Mehrere Internetseiten in einem Fenster .. 209
Informationen finden mit Suchmaschinen 211
   Mit Vorsicht ins Internet 213
   Die Suchmaschine des Internet Explorers
   und Alternativen 214
   Die Suche mit MetaGer 217
   Den Zugriff auf MetaGer beschleunigen 218
   Neue Nachrichten suchen und schnell
   finden 220
Internetseiten schneller öffnen 222
   Bereits besuchte Seiten wieder aufrufen ... 222
   Internetadressen speichern 223
Bilder, Texte und Programme aus dem
Internet 225
   Bilder aus dem Internet 225
   Kostenlose Musik aus dem Internet 227
   Programme suchen und speichern 229
Internetseiten und Texte speichern und
drucken 231
   Internetseiten speichern 231
   Internetseiten drucken 233

9 Multimedia — Musik, Videos und Fernsehen mit dem PC — 234

Musik und andere Medien abspielen
mit dem PC 235
   Bilder und Videos wiedergeben................. 238
Musik-CDs anhören mit dem Media Player .. 239
   Eine Musik-CD auf den Rechner
   überspielen 241
Wiedergabeliste mit Musiktiteln erstellen 243
Musik auf CDs oder Abspielgeräte kopieren .. 244
   Audio- und Daten-CDs brennen................. 245
   Musik auf ein mobiles Abspielgerät
   übertragen 247
Musik im ganzen Haus 250

Inhalt

Fernsehen und Medien im
   Windows Media Center 253
   TV-Empfang im Media Center
   einrichten 253

Das Media Center steuern 256
Fernsehen mit dem Media Center 257
Fernsehaufnahmen wiedergeben 262
Musik und Videos im Media Center 264

10 Word — Textverarbeitung leicht gemacht   267

Office 2010 installieren und starten 268
Die Oberfläche von Word 2010 271
Erste Schritte mit Word 274
   Klicken und eingeben 274
   Markieren von Text 275
   Text kopieren und einfügen 276
   Dokument drucken 277
   Dokument speichern und schließen 278
   Dokument öffnen 279
Fehleingaben berichtigen mit Word 281
   Manuell korrigieren 281
   Automatische Korrektur 281
   Automatische Korrektur zurücknehmen 282
   Suchen und Ersetzen............................... 283
Textgestaltung ganz einfach......................... 285

Schriftart und Zeichengröße ändern 285
Standardauszeichnungen........................... 286
Besondere Zeichengestaltung 287
Seiten professionell gestalten 289
   Seitenformat einrichten 289
   Seitenränder einrichten 290
   Absätze ausrichten 291
   Tabulatoren verwenden 292
Grafiken in Texte aufnehmen 293
   Grafik einfügen 294
   ClipArt einfügen 295
   Bilder mit der Maus positionieren 296
   Grafiken formvollendet einbinden 297
   Grafiken effektvoll gestalten 298

11 Excel — Rechnen ganz einfach   300

Das Excel-Programmfenster 301
Arbeitsmappen speichern und öffnen 303
Der Aufbau von Arbeitsblättern..................... 306
Daten eingeben 306
Zellen und Zellbereiche markieren 308
Eingaben oder Zellen löschen 311

Einfaches Rechnen in der Tabelle................. 312
Formeln einfach übernehmen 315
Zahlenkolonnen blitzschnell addieren 317
Tabellen sortieren....................................... 319
Daten gezielt filtern 321

12 Live Mail — E-Mails empfangen und versenden   324

Zusatzprogramme für Windows installieren... 325
Ein Postfach in Windows Live Mail
   einrichten 328
E-Mails empfangen und lesen...................... 332
   Automatische Mitteilungen beim
   E-Mail-Empfang...................................... 335

E-Mails schreiben und verschicken 337
E-Mails beantworten und weiterleiten........... 339
Fotos und Dateien mit E-Mails versenden
   und öffnen... 341

13 Sicherheit — Vorsorge treffen: Auf Nummer sicher — 344

Wartungscenter und Benutzerkontensteuerung 345	Virenschutz herunterladen und einrichten 349
Sicherheit vor Angriffen mit Firewall und Defender 348	Eigene Dateien auf Festplatte sichern 352
	Sicherung wiederherstellen.......................... 355

14 Unterstützung — Service: Hilfestellungen zu jeder Zeit — 357

Die Windows-Hilfe 358
   Suchen in der Windows-Hilfe 361
   Suchen in Untermenüs 363
   Suche mit anderem Suchbegriff wiederholen 363
   Online- und Offline-Hilfe 364
Hilfe auf Microsofts Internetseiten 365
Probleme behandeln 368
Direkthilfe in Windows-Programmen 370

Schneller mit Tasten und Tastenkombinationen 371
   Windows-Taste 371
   Rechner sperren 372
   Minianwendungen 372
   Fenster und Programme 372
   Internet Explorer 8 373
   Media Player 373

Anhang — 374

Was ist eigentlich …? .... 374 | Stichwortverzeichnis..................................... 388

Vorwort

Zu diesem Buch

Aller Anfang ist leicht, zumindest mit der richtigen Unterstützung. Gerade wenn es um einen Neubeginn geht, muss sich der Einsteiger auf die sichere, kompetente und leicht verständliche Hilfestellung verlassen können. Dabei haben sich die Schritt-für-Schritt-Anleitungen von COMPUTER BILD bestens bewährt. Sie lotsen Sie verlässlich als Orientierungskompass zum gewünschten Ziel und sind mittlerweile ein echtes Markenzeichen sowohl der Hefte als auch der Bücher. Ohne Schwellenängste direkt loslegen und rasch zu Ergebnissen kommen: Diese Methode bringt Erfolgserlebnisse und befähigt Sie, Sachverhalte präzise nachzuvollziehen, zu verstehen und bald ohne fremde Hilfe umzusetzen.

Dieser neue Grundkurs liefert Ihnen genau das Basiswissen, mit dem Ihnen der Einstieg in die aktuelle Computergeneration ohne überflüssige Hürden gelingt. Sie lernen die verschiedenen Bestandteile der Geräte und Anwendungen detailliert kennen, vom Kauf eines PCs über die Einrichtung bis zum täglichen Nutzen. Sie sehen, wie Sie Windows 7 am besten installieren und dann damit arbeiten. Sie erfahren, wie Sie ganz einfach ein Heimnetzwerk einrichten und Bilder, Musik oder Videos im ganzen Netzwerk abspielen. Sie unternehmen mit dem Internet Explorer oder einem anderen Browser erste Streifzüge ins Internet, laden Seiten, übertragen Dateien, lesen und schreiben E-Mails. Und Sie lernen die Starter Editionen von Word 2010 und Excel 2010 kennen, die heute auf vielen PCs vorinstalliert sind.

Der Computer-Grundkurs schafft das Fundament, auf dem Sie mit Ihrem Rechner sicher und erfolgreich arbeiten. Und er ist der Auftakt zu einer interessanten Reise in die Welt der PC-Anwendungen. Hierbei begleiten Sie die COMPUTER BILD-Hefte, die im vierzehntägigen Rhythmus erscheinen, ebenso wie die COMPUTER BILD-Taschenbücher, die seit 1997 Monat für Monat mit neuen Bänden aufwarten. Im Rahmen unserer Buchreihe finden Sie dann auch viele Titel, mit denen sich Ihr Grundwissen weiter vertiefen lässt.

Viel Spaß, denn dies ist erst der Anfang.

PC & Zubehör

1 Alles, was ein PC braucht: Grundausrüstung

In den meisten Haushalten stehen sie schon, die Personalcomputer, kurz PCs genannt – und man kann sich kaum noch vorstellen, ohne zu sein. Denn die Fähigkeiten der Rechner sind enorm: Mit Computern können Sie ganz einfach Briefe schreiben, rechnen, digitale Fotos und Videos verwalten und ansehen oder zwischendurch auch mal ein Spielchen wagen. Es gibt die Geräte als **Desktop**-Rechner, dessen mehr oder minder großes Gehäuse auf dem Schreibtisch oder darunter steht und der über Tastatur, Maus und Monitor bedient wird. Oder als tragbare Notebooks oder noch kleinere Netbooks, die sich mitnehmen lassen und auch unterwegs ihre Dienste zur Verfügung stellen. Sie haben also die Qual der Wahl. Damit Sie sich im Dschungel der „sensationellen" Angebote nicht verirren, erhalten Sie in diesem Kapitel einen Überblick darüber, was einen komplett ausgestatteten Rechner tatsächlich ausmacht.

Kapitel-Wegweiser

Schreibtisch-PC oder tragbarer Computer? 11
   Desktop-PCs: Das gehört dazu 11
   Notebooks: Die tragbare Alternative 14
   Netbooks als kleine Wegbegleiter 19
Tastatur und Maus: Zentrale Eingabegeräte 20
   Die Tastatur 20
   Die Maus 21
   Anschlüsse 21
Bild und Ton 22
   Monitore: Röhre und LCD-Flachbildschirm 23
   Fingerbedienung mit Touchscreens 24
   Klang: Lautsprecher und Mikrofon 24

Speicher satt: Das Gedächtnis für Daten und Dateien 26
   Das flüchtige RAM als Arbeitsspeicher 27
   Dauerhaft speichern auf der Festplatte 27
   Daten speichern mit dem DVD-Brenner 28
   USB-Stift als mobiler Datenträger 31
   Portable Festplatten für große Datenmengen 32
   Netzwerkspeicher für das Heimnetzwerk 33
   Speicherplatz im Internet 33
Volles Programm: Software für den PC 34
   Das Betriebssystem 34
   Anwendungsprogramme 35

Schreibtisch-PC oder tragbarer Computer?

Die erste Wahl, die Sie treffen müssen, ist die zwischen einem sogenannten Desktop-PC (Schreibtisch-PC) und einem Notebook (tragbarer Computer).

Desktop-PCs: Das gehört dazu

Der Desktop ist der „normale" PC, der aus einem Rechner, einem Bildschirm (auch Monitor genannt), einer Tastatur und einer Maus besteht, die am Gehäuse des Rechners

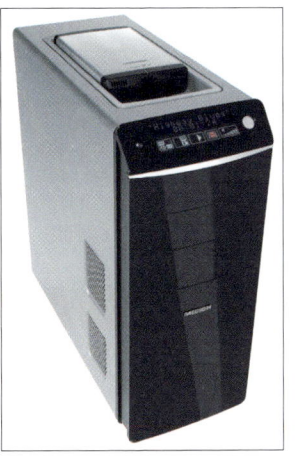

angeschlossen werden. Im Gehäuse selbst stecken:

■ die **Festplatte**, auf der das Betriebssystem, die Programme und die Dateien gespeichert sind,

■ bei älteren PCs mitunter noch ein Diskettenlaufwerk, mit dem kleinere Dateien auf **Disketten** gespeichert und auf andere Computer übertragen werden, das aber heutzutage meist durch **USB-Speicherstifte** ersetzt wird, für die der PC über USB-Buchsen verfügt,

■ ein DVD-Laufwerk, mit dem Musik- oder Spiele-CDs/DVDs auf dem Computer abgespielt werden können. Das DVD-Laufwerk ist auch deshalb notwendig, weil die meisten Programme nur noch auf CD oder DVD ausgeliefert werden.

■ Hinzu kommen noch die Grafikkarte, mit der die Bilder auf dem Bildschirm angezeigt werden, und die Soundkarte, mit der die Musik des CD-ROM-Laufwerks hörbar gemacht wird. Zur Soundkarte benötigen Sie jedoch auch noch Lautsprecherboxen, da der eingebaute „Lautsprecher" nur für Pieptöne gedacht ist.

1 Auf der **Festplatte** werden Programme und Dateien dauerhaft gespeichert. Dies geschieht, indem die Daten auf den magnetisierten Scheiben des Festplattenlaufwerks

PC & Zubehör — Desktop-PCs: Das gehört dazu

gesichert werden. Diese Scheiben drehen sich sehr schnell, während die Daten mit dem kleinen Lese- und Schreibkopf

entweder gelesen oder wieder auf diese Scheiben geschrieben werden.

Da das Betriebssystem und die Programme mit der Zeit immer größer geworden sind, sollte auch die Festplatte ausreichend groß sein. Dabei ist eine Größe von mehr als 500 **Gigabyte** mittlerweile Standard, manche Rechner haben sogar Festplattengrößen von einem **Terabyte** (TB).

2 Das **DVD-Laufwerk** ist meist schon eingebaut. Es gibt reine DVD-Laufwerke oder auch Laufwerke, mit denen Dateien und Musik nicht nur gelesen werden können, sondern auf denen auch CDs und DVDs geschrieben werden können.

Diese Geräte werden auch „DVD-Brenner" oder kurz „Brenner" genannt. Der Vorgang, mit dem Dateien auf die Rohlinge geschrieben werden, heißt deshalb auch „Brennen". Die Qualität eines DVD-Brenners richtet sich nach der Ge-

---

SSDs: Festplatten ohne Platte

Das Prinzip der Festplatte, auf einem rotierenden Datenträger Daten aufzuzeichnen, ist bewährt, allerdings – besonders für portable Geräte wie Notebooks – nicht immer optimal. Denn Festplatten sind aufgrund der verwendeten Mechanik relativ langsam und empfindlich gegen Erschütterungen. Mehr und mehr setzen sich daher sogenannte **S**olid **S**tate **D**rives (SSDs) durch. Das sind Speichermedien ohne bewegliche Teile wie rotierende Platten, deren Speichermodule sehr schnell gelesen und beschrieben werden können, die aber deutlich unempfindlicher gegen Erschütterungen sind. Diese SSDs lassen sich alternativ zur Festplatte verwenden.

Desktop-PCs: Das gehört dazu — PC & Zubehör

schwindigkeit, mit der das Gerät die Daten lesen und schreiben kann. Dabei sind Geräte mit 48-facher Geschwindigkeit mittlerweile Standard.

❗ Noch mehr Daten: Blu-ray

Neuere Rechner haben mittlerweile sogar ein Blu-ray-Laufwerk eingebaut. Dieses kann selbstverständlich auch „normale" CDs und DVDs lesen und beschreiben, zusätzlich aber noch – vom Aussehen sehr ähnliche – Blu-rays. Bekannt geworden ist dieses Medium vor allem im Filmbereich: Viele Kinofilme kommen nicht nur als DVDs, sondern auch als von der Bildqualität her deutlich bessere Blu-rays auf den Markt.

Für den PC ist aber vor allem deren Speicherkapazität interessant: Können auf eine einseitige DVD maximal 8,5 Gigabyte an Daten geschrieben werden, so kann eine Blu-ray bis zu 50 Gigabyte aufnehmen ... natürlich auch Filme, aber eben auch beliebige andere Daten. Blu-ray eignet sich somit hervorragend als Sicherungsmedium.

3 In älteren Geräten sind noch **CD-ROM-Laufwerke** eingebaut. Mit diesen Geräten können ausschließlich CDs abgespielt werden.

❗ Musik ohne Soundkarte

Falls Sie in Ihrem Rechner keine Soundkarte eingebaut haben, können Sie trotzdem Musik hören – und zwar über das ältere CD-ROM-Laufwerk. An der Vorderseite dieses Laufwerks gibt es häufig noch einen Anschluss für Kopfhörer ●, meist für einen sogenannten Klinkenstecker ●.

Die Lautstärke regeln Sie mit dem kleinen Rädchen ●

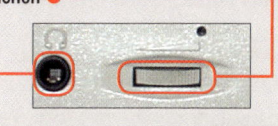

an der Vorderseite Ihres CD-ROM-Laufwerks.

4 Die **Grafikkarte** ● ist für die Darstellung der Texte, Bilder und Filme zuständig.

PC & Zubehör — Notebooks: Die tragbare Alternative

> ### ❗ Grafikkarte für modernes Betriebsprogramm
>
> Bei vielen Rechnern mit Windows 7 stoßen Sie mit einem einfachen Grafikchip an die Grenzen grafischer Möglichkeiten. Fragen Sie vor dem Kauf nach, ob der Rechner mit dem jeweiligen Grafikchip mindestens die Voraussetzungen für „Windows 7 Home Basic" erfüllt.
>
> Wenn Sie Ihren Rechner auch zum Spielen nutzen wollen, dann müssen Sie darauf achten, dass die Grafikkarte so aktuell und leistungsfähig wie möglich ist. Nur dann können Sie ruckelfreien Spielspaß genießen. Nehmen Sie sich vor dem Kauf des Rechners am besten ein ganz aktuelles Spiel, und sehen Sie sich auf der Verpackung die Anforderungen an die Grafikkarte an. Fragen Sie im Zweifel den Verkäufer danach!

Bei einigen Computersystemen ist der Grafikprozessor der Grafikkarte (auch Grafikchip genannt) auf der Hauptplatine (Motherboard) des Rechners direkt integriert. Die Leistung der Grafikkarte hängt von dem verwendeten Grafikchip und der Menge des RAM-Speichers ab, der direkt auf der Karte eingebaut ist.

5 Die sogenannte **Soundkarte** sorgt für die Musik in Ihrem Rechner.

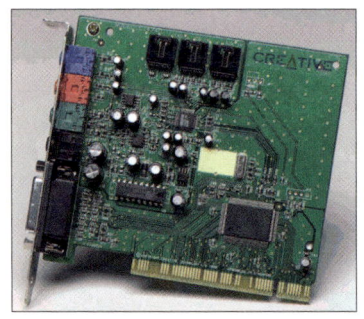

Durch die Soundkarte wird der Rechner zur Musikanlage, die Musik-CDs abspielen kann, die richtige Musikuntermalung bei Computerspielen liefert und die Lieder aus dem Internet wiedergeben kann. Bei den meisten Komplettsystemen ist auch die Soundkarte als Chip auf der Hauptplatine eingebaut.

Notebooks: Die tragbare Alternative

Notebooks, auch als Laptops (das heißt so viel wie „Schoßrechner") bezeichnet, sind kleine Computer, in denen die Einzelteile stark verkleinert und dicht gepackt eingebaut sind. Der Vorteil ist, dass Sie diese tragbaren Klapp-PCs auch unterwegs verwenden können.

Notebooks: Die tragbare Alternative — PC & Zubehör

Dank ihrer geringen Größe und ihrer Leistungsfähigkeit, die bei besseren Geräten kaum hinter der von Desktop-Rechnern zurückbleibt, sind Notebooks durchaus ein akzeptabler Ersatz für Tisch-PCs, wenn der Stellplatz begrenzt ist. Außerdem sind sie, im Gegensatz zum fest installierten Rechner, die mit zwei bis drei Kilo Gewicht ideale Begleiter für unterwegs. Für Spiele, die hohe Leistungsansprüche an die Grafikkomponenten stellen, eignen sich allerdings nur Notebooks, die mit speziellen Grafikkarten ausgestattet sind.

1 Mit Energie versorgt werden diese Kleinrechner durch eingebaute **Akkus**. Qualitätsmerkmal eines Notebooks ist die Zeit, die es mit einer Akku-Ladung läuft. Um die Laufzeit des Notebooks zu verlängern und Gewicht zu sparen, werden keine normalen Akkus benutzt. In den Notebooks werden stattdessen meist sogenannte **Lithium-Ion**en-Akkus (abgekürzt LiIon) eingebaut.

2 Der Bildschirm ist ein **Flüssigkristallbildschirm** (LCD = „Liquid Crystal Display"), dessen Rückseite gleichzeitig als Deckel des Notebooks dient.

3 Um Platz zu sparen, besteht die Tastatur aus weniger Tasten als bei einem Desktop-Rechner. Dafür haben die einzelnen Tasten meist mehrere Funktionen, die über eine zusätzliche Funktionstaste aufgerufen werden.

4 Die Maus wird häufig durch ein sogenanntes **Touch-Pad** ersetzt. Das Touch-

❗ Unterschiedliche Oberflächen

Da der normale Bildschirm eines Laptops mittlerweile oft glänzend ist, kann es zu störenden Spiegelungen kommen. Der sogenannte Glare-Bildschirm (engl. „glare" = grell) glänzt, und das Bild ist meist brillanter als beim matten Gegenstück, das vor allem bei Notebooks für den geschäftlichen Bereich zum Einsatz kommt. Der matte Bildschirm hat den Vorteil, dass er weniger spiegelt und sich somit auch unter ungünstigen Lichtverhältnissen – beispielsweise im Freien – besser einsetzen lässt. Ist die Kaufentscheidung schon gefallen und die Spiegelung im Bildschirm stört Sie, dann erkundigen Sie sich im Fachhandel nach Bildschirmschutzfolien: Diese gibt es für unterschiedliche Bildschirmgrößen und Ausführungen. Neben dem Schutz des Bildschirms können die Folien die störende Spiegelung nehmen und auch den Blickwinkel verringern, sodass die Anzeige etwa vor eventuellen Seitenblicken von Tischnachbarn geschützt ist.

PC & Zubehör — Notebooks: Die tragbare Alternative

Pad ist eine berührungsempfindliche Fläche ●.

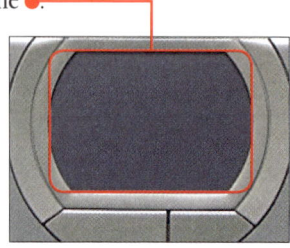

Wenn Sie mit dem Finger darüber streichen, bewegt sich der Mauszeiger in die entsprechende Richtung. Die zwei Maustasten sind daneben oder darunter als Druckschalter integriert.

5 Ein eingebautes **DVD-Laufwerk** gehört mittlerweile zur Standardausstattung von Notebooks, teurere Geräte verwenden aber auch schon Blu-ray-Laufwerke (siehe Seite 13). Allerdings gibt es inzwischen auch Geräte, die aus Platz- und Gewichtsgründen auf das eingebaute DVD-Laufwerk verzichten. In dem Fall können Sie ein externes DVD-Laufwerk über die USB-Schnittstelle anschließen oder, wenn Sie auf die Silberscheiben ganz verzichten wollen, USB-Stifte und USB-Festplatten verwenden. Filme, die auf DVD angeboten werden, können Sie ohne DVD-Laufwerk jedoch nicht abspielen.

6 Die **Schnittstellen** sind entweder hinten oder seitlich des Notebooks eingebaut.

Um den Akku aufzuladen, finden Sie dort den Anschluss für ein Netzteil: ●. Bei älteren Geräten ist daneben noch eine PS2-Buchse ●,

um zum Beispiel eine externe Maus anzuschließen.

7 Falls Sie das Bild nicht auf dem internen Bildschirm Ihres Notebooks, sondern auf einem externen Monitor ansehen wollen, finden Sie den entsprechenden Anschluss ● ebenfalls bei den Schnittstellen. Gute neuere Notebooks bieten zudem mit einer **HDMI-Buchse** ●

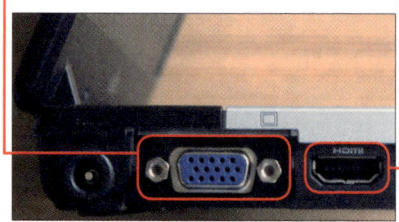

die Möglichkeit, ein hochauflösendes Fernsehgerät oder einen hochwertigen Monitor anzuschließen.

Notebooks: Die tragbare Alternative — PC & Zubehör

8 Manche Geräte haben zusätzlich noch eine **Infrarot-Schnittstelle**,

mit der sich zum Beispiel Daten drahtlos mit einem Mobiltelefon oder einem Taschencomputer austauschen lassen. Bei neueren Geräten wird mittlerweile darauf verzichtet und stattdessen eine **Bluetooth-Schnittstelle** verwendet, die aber nicht von außen sichtbar ist.

9 Zusätzlich haben viele Notebooks auch noch einen **Modem**- und einen **Netzwerkanschluss**,

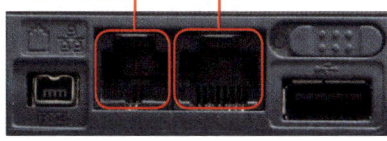

damit Sie mobil ins Internet kommen oder Verbindung zu einem Firmennetzwerk aufnehmen können.

10 Der **Parallelanschluss** ist für einen Drucker gedacht,

gilt aber – ähnlich wie die serielle Schnittstelle, an die früher vor allem Modems und Mäuse angeschlossen wurden – inzwischen als veraltet und wird aus Platzgründen meist eingespart.

⚠ Bluetooth oder Infrarot

Eine Infrarot-Verbindung kann Geräte – wie beispielsweise ein Notebook und ein Mobiltelefon – miteinander verbinden, ohne dass man ein Kabel verwenden muss. Allerdings müssen die Geräte miteinander Sichtkontakt haben, die Infrarot-Schnittstellen einander „sehen". Das kann in manchen Situationen unterwegs schwierig sein.

Bluetooth verfolgt ein ähnliches Ziel: keine Kabel zwischen den Geräten. Statt einem Infrarot-Signal (nichts anderes als Licht) wird hier allerdings eine Funkverbindung verwendet. Daher können Geräte – in einem Radius von etwa zehn Metern – frei platziert werden und trotzdem Daten austauschen.

11 Als universeller Standardanschluss stehen meist mehrere **USB**-Buchsen

zur Verfügung. USB steht für den englischen Ausdruck „Universal **S**erial **B**us". Bei USB-Anschlüssen handelt es sich um standardisierte Anschlüsse, an die Sie USB-Drucker oder andere Geräte wie Scanner oder externe Speichermedien wie Festplatten anschließen können.

PC & Zubehör — Notebooks: Die tragbare Alternative

12 Außerdem haben die meisten Computer einen sogenannten **Firewire**-Anschluss, auch als **IEEE 1394**-Anschluss bezeichnet:

Diese Verbindungsmöglichkeit wird mitunter auch **iLink** genannt. Auch dabei handelt es sich um eine standardisierte Anschlussform vergleichbar den USB-Anschlüssen. Vor allem Multimediageräte wie Digitalkameras, aber auch externe Festplatten und CD/DVD-Brenner lassen sich darüber anschließen.

13 Das Fotografieren mit einer Digitalkamera, die die Bilder statt auf einen Film auf eine Speicherkarte aufzeichnet, ist mittlerweile Standard geworden. So macht es Sinn, einem tragbaren Gerät wie einem Notebook, das auch unterwegs die Bearbeitung von Bildern erlaubt, direkt ein Laufwerk zu spendieren, das die Speicherkarten lesen kann. Daher haben viele Notebooks vorn oder an der Seite einen **Einschub für Speicherkarten**:

14 Typisch für Notebooks sind die Einschübe für **PC-Cards** oder die schmaleren **Express-Cards**. Über sie lassen sich Funktionen ergänzen, die das Notebook von Haus aus nicht hat, beispielsweise ein Fernsehempfänger oder aber eine flache Notebook-Maus,

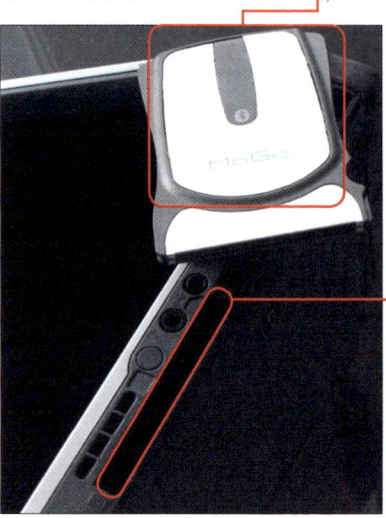

die als Steckkarte im Notebook aufgeladen wird.

15 Außerdem verfügen Notebooks in der Regel über Anschlüsse für **Kopfhörer** oder Lautsprecher, **Mikrofon** und mitunter auch über einen Line-In-Eingang für externe Audiogeräte.

Netbooks als kleine Wegbegleiter

Neben den soeben beschriebenen Notebooks gibt es noch die sogenannten Netbooks. Auf den ersten Blick sehen sie aus wie Bonsai-Notebooks, sind deutlich kleiner und wesentlich leichter, aber auch leistungsschwächer und aufgrund ihrer Größe meist ohne eingebautes DVD-Laufwerk.

Wenn Sie sich beim Kauf eines neuen Gerätes mit dem Gedanken an ein Netbook tragen, dann sollten Sie zwei Dinge beachten: Einige der Modelle haben kein Windows-**Betriebssystem** an Bord, das heißt, gegebenenfalls können Sie nicht alle Programme laufen lassen, die Sie interessieren. Hinzu kommt, dass Netbooks hauptsächlich zum Schreiben elektronischer Post und vor allem zum schnellen Zugang zum Internet gedacht sind („Net" als Abkürzung von „Internet") und für anspruchsvollere Anwendungen schlicht zu langsam sind.

Ihre Entscheidung ist gefragt

Beim Kauf eines Rechners müssen Sie die Vor- und Nachteile der Bauformen von Desktop-Rechner und Notebook gegeneinander abwägen. Zudem kommen noch Zwischenformen wie sogenannte All-in-One-PCs ins Spiel, in deren Gehäuse Monitor und Computer vereint sind und die daher wenig Stellfläche brauchen.

■ Die **Nachteile** integrierter Computer, bei denen alle Komponenten auf engstem Raum verbaut sind, liegen darin, dass sie oft teurer sind als ein von der Leistung vergleichbarer Desktop-Rechner. Notebooks können nur geringfügig aufgerüstet werden. So sind zum Beispiel die Grafik- und die Soundkarte kaum auswechselbar. Darüber hinaus ist der meist noch kleinere Bildschirm eines preiswerten Notebooks für Grafik- oder Videoanwendungen nicht immer ideal. Auch die noch kurzen Laufzeiten der Akkus (besonders bei preiswerten Laptops) stellen ein Hindernis dar.

■ Die **Vorteile** eines Notebooks liegen im geringen Platzbedarf und in der Mobilität, die sie ermöglichen. Das Notebook kann dadurch Ihr ständiger Begleiter sein. Falls Sie Ihren Rechner überwiegend für Büroarbeiten verwenden, ist das Notebook also auf jeden Fall absolut brauchbar.

Tastatur und Maus: Zentrale Eingabegeräte

Was nützt der schönste Computer, wenn Sie nicht mit ihm in Verbindung treten können? Daher sind die Eingabeinstrumente Tastatur und Maus die wichtigsten Geräte, die Sie vom Rechner in die Hand bekommen.

Die Tastatur

Über die Tastatur geben Sie Befehle ein und schreiben Ihre Texte. Ein Teil der Tastatur des PCs entspricht derjenigen einer Schreibmaschine: ●.

1 Am oberen Rand der Tastatur gibt es eine Reihe mit speziellen **Funktionstasten**: ●.

2 Rechts neben dem „Schreibmaschinenteil" befindet sich die sogenannte **Cursor-Steuerung**. Mit diesen vier Tasten können Sie den Mauszeiger in einem Text bewegen.

3 Am rechten Rand der Tastatur sehen Sie den Ziffernblock. Die Zahlen sind so angeordnet wie auf einer Rechenmaschine, sodass der Ziffernblock gerade bei kaufmännischen Anwendungen sehr hilfreich ist.

Die Qualität einer Tastatur ist „Gefühlssache". Sie sollten sich eine Tastatur also prinzipiell vorher ansehen und ausprobieren, bevor Sie sie kaufen.

Die Maus

Die Maus ist mit dem Betriebsprogramm Windows immer wichtiger geworden. Sie hat mittlerweile viele Funktionen der Tastatur übernommen, und mit „Zeigen" und **Klicken** können Sie Ihren PC fast ohne Tastatur bedienen. Moderne Mäuse haben meist zwei Tasten und ein Rollrad.

1 Die linke Maustaste muss die meiste Arbeit bewältigen. Mit ihr werden Objekte markiert und mit einem Mausklick auch ausgewählt. Der **Doppelklick** (also zweimal kurz hintereinander die linke Maustaste betätigen) öffnet Ordner und startet Programme.

2 Die *rechte* Maustaste hat dagegen häufig „Pause". Sie wird aber zum Beispiel benötigt, um ein sogenanntes Kontextmenü zu öffnen.

3 Das Rollrad zwischen den beiden Tasten ersetzt häufig die Cursor-Tasten der Tastatur. Mit diesem Rädchen können Sie sich „rollend" durch Texte bewegen.

Anschlüsse

Tastatur und Maus werden durch Kabel oder per Funk mit dem Rechner verbunden.

1 Häufig ist der Anschluss am Rechner eine sogenannte **PS2-Anschlussbuchse**.

Die Buchsen sind farblich gekennzeichnet (Tastatur violett, Maus grün), sodass Sie den passenden Stecker für die jeweilige Buchse erkennen können. Meist haben auch die Stecker die passende Farbe.

2 Moderne Tastaturen und Mäuse werden mittlerweile vorrangig mit **USB-**

PC & Zubehör | Bild und Ton

Steckern verbunden.

Bei dieser Verbindungsart ist es unerheblich, welche der vorhandenen USB-Buchsen Sie verwenden.

3 Falls Sie keinen Kabelsalat auf Ihrem Computertisch haben möchten, können Sie auch eine **Funkmaus** und eine **Funktastatur** verwenden. Diese Mäuse und Tastaturen sehen fast genauso aus wie die Kollegen mit Kabelanschluss, werden jedoch durch ein kleines Funkgerät • mit dem Rechner verbunden. Zumeist sind diese Geräte mit einem USB Stecker •

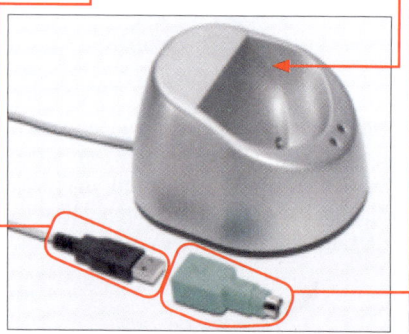

versehen. Teilweise wird aber auch ein PS2-Adapter • mitgeliefert, damit das Gerät auch mit dieser Buchse verbunden werden kann.

Bei dem dargestellten Modell dient das Funkgerät gleichzeitig als Ladestation für die Funkmaus, bei anderen Geräten benötigen Sie Batterien oder Akkus für die Stromversorgung.

4 Wenn Sie viel zeichnen müssen, kann zusätzlich zur Maus auch ein sogenanntes **Grafiktablett** sinnvoll sein: Darauf können Sie mit einem Stift schreiben und malen. Die so geschaffenen Werke werden dann automatisch auf Ihren Rechner übertragen und können dort weiterverarbeitet werden.

Bild und Ton

Was der Computer bearbeitet, wird Ihnen als Bild und/oder Ton ausgegeben.

Hierfür brauchen Sie einen Bildschirm und Lautsprecher oder Kopfhörer.

Monitore: Röhre und LCD-Flachbildschirm — PC & Zubehör

Monitore: Röhre und LCD-Flachbildschirm

Ohne den Bildschirm (Monitor) kann natürlich kein Bild angezeigt werden. Gemessen wird die Größe eines Monitors in Zoll (1 Zoll = 2,54 Zentimeter). Ein 19-Zoll-Monitor hat also eine Bildschirmdiagonale von 48,26 Zentimetern.

Je größer die Bildschirmdiagonale, desto größer ist auch das angezeigte Bild. Und je größer das sichtbare Bild, desto besser ist das für Ihre Augen. Wenn Sie genug Platz haben, sollten Sie einen 22- oder 23-Zoll-Monitor in die engere Wahl ziehen. Während 19-Zoll-Bildschirme schon für weniger als 100 Euro zu haben sind, kosten größere Monitore je nach Ausstattung zwischen 150 und 300 Euro. Allerdings werden die Bildschirme kontinuierlich billiger. Während rund 25 Jahre lang die Bildröhre

❗ Fernseher anschließen

Ein Fernsehgerät verbinden Sie am einfachsten über ein S-Video-Kabel mit Ihrem Rechner. Die entsprechende Ausgangsbuchse an Ihrem Rechner befindet sich auf der Grafikkarte, nicht (!) auf der Fernsehkarte.

Die Grafikkarte ist die Karte, auf der sich auch der Monitoranschluss befindet. Falls Ihr Fernsehgerät über keinen S-Video-Eingang verfügen sollte, können Sie die Verkabelung auch über Cinch-Kabel

vornehmen. Manche Grafikkarten besitzen auch direkt einen HDMI-Ausgang,

der sich per Kabel direkt mit einem modernen Plasma-Fernseher verbinden lässt.

der Standard bei den PC-Monitoren darstellte, wurden sie inzwischen von Flachbildschirmen abgelöst. Die sogenannten LCD-Monitore („**L**iquid **C**rystal **D**isplay")

nehmen sehr viel weniger Platz ein als ein Röhrengerät.

Fingerbedienung mit Touchscreens

Was früher nur in Science-Fiction-Filmen möglich war, wird langsam Realität: die Bedienung eines Rechners mit den Fingern direkt am Bildschirm. Die sogenannten Touchscreens – zusammengesetzt aus den englischen Wörtern für „berühren" („touch") und Bildschirm („screen") – reagieren auf die Berührung Ihrer Finger. Eine Maus ist (fast) nicht mehr nötig („fast", weil die Dicke einer Fingerspitze niemals so fein positioniert werden kann wie ein Mauszeiger. Dies ist beispielsweise bei Malprogrammen wichtig).

Vom Grundsatz her sind Touchscreens aber ganz normale Flachbildschirme, die zusätzlich über eine berührungsempfindliche Schicht verfügen, mit der die Fingerberührungen erkannt werden können.

Klang: Lautsprecher und Mikrofon

Um aus dem Rechner auch eine richtige „Multimediamaschine" machen zu können, werden bei vielen Systemen die Lautsprecher direkt mitgeliefert.

1 Bisweilen werden zwei Boxen geliefert. Dabei sind in der einen Box

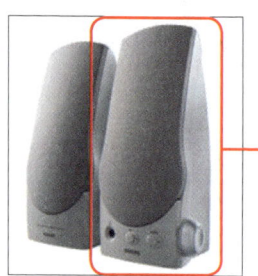

Klang: Lautsprecher und Mikrofon — PC & Zubehör

❗ Antenne anschließen

Viele Computer lassen sich auch als Fernsehempfänger nutzen. Falls Ihr PC hierfür ausgestattet sein sollte, müssen Sie für den Empfang eine Antenne anschließen. Selbstverständlich können Sie auch Fernsehen über Kabel oder über eine Satellitenschüssel empfangen. Wichtig ist, dass Ihr PC die entsprechende Empfangseinheit – oft als „Receiver" bezeichnet – besitzt. Ob Ihr PC über den passenden Empfänger verfügt, entnehmen Sie dem Handbuch oder der technischen Beschreibung Ihres Computers.

■ Für den Empfang des Fernsehsendesignals benötigen Sie das passende TV-Signalkabel, um die Antenne, den Kabelanschluss oder die Satellitenschüssel mit der Empfangseinheit zu verbinden. Der Anschluss selbst ist ganz einfach: Stecken Sie den Stecker – beispielsweise des Antennenkabels –

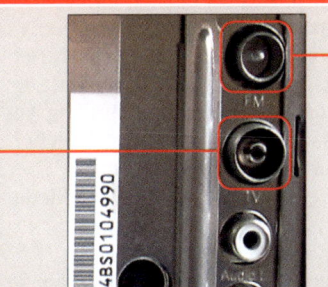

statt in das Fernsehgerät in die TV-Eingangsbuchse Ihres Rechners:

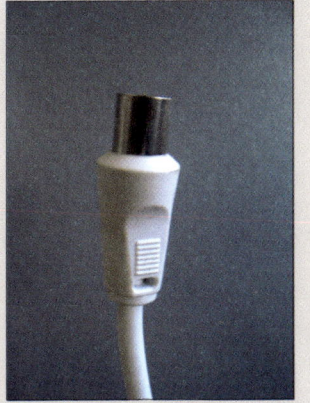

■ Sollte Ihr Rechner nicht schon von Hause aus damit ausgestattet sein, dann können Sie ihn problemlos und schnell mit einem sogenannten DVB-T-Stick

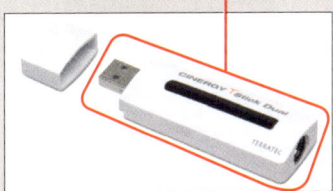

nachrüsten: Dieser wird an eine USB-Buchse angeschlossen, an ihn eine Antenne, und damit kann dann das kostenlose „Überall-Fernsehen" DVB-T empfangen werden.

■ Wenn Sie mit Ihrem PC auch Radio hören möchten und Ihr Computer mit einer entsprechenden Empfangseinheit ausgestattet ist, stecken Sie außerdem in die Buchse die meist mitgelieferte Wurfantenne.

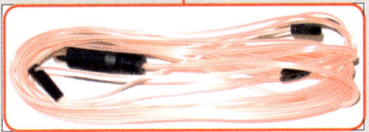

PC & Zubehör — Speicher satt: Das Gedächtnis für Daten

die Stromversorgung und die Regelung (Lautstärke und Bässe) integriert. Lautsprecherboxen für den PC können zudem separat erworben werden, wobei es auch Kombinationen mit separaten Tieftonlautsprechern (Subwoofer) und Sets für den Mehrkanalton gibt. Für den Anschluss von Rundumklang-Lautsprechersets (Surround Sound) muss der PC aber mehrere Ausgänge für die verschiedenen Kanäle haben.

4 Noch komfortabler geht es mit einem sogenannten Headset. Das ist eine Kopfhörer-Mikrofon-Kombination, bei der Sie die Hände freihaben.

2 Angeschlossen werden die Boxen an die Soundkarte (siehe Seite 14).

3 Natürlich können Sie auch ein Mikrofon an Ihre Soundkarte anschließen. Dabei ist es gleichgültig, ob Sie ein handelsübliches Mikrofon verwenden oder ein Mikrofon, das extra für den Rechner entwickelt wurde und Ihren PC so in ein Diktiergerät verwandelt.

Solche Headsets sind ausgesprochen praktisch, wenn Sie mit dem PC auch telefonieren, beispielsweise über den Internetdienst Skype oder mit einem Messenger-Programm wie Windows Live Messenger.

Speicher satt: Das Gedächtnis für Daten und Dateien

Programme und Dateien müssen gespeichert werden, damit Sie diese auch verwenden können. Manchmal werden Daten nur kurze Zeit benötigt, dann werden

Das flüchtige RAM als Arbeitsspeicher — PC & Zubehör

sie im flüchtigen Speicher, dem sogenannten **RAM**, gelagert. Da Programme, Bilder, Filme und Texte immer zugänglich sein sollen, werden sie auf der Festplatte gespeichert. Manchmal möchten Sie Ihre Dateien aber auch irgendwo mit hinnehmen oder einfach sicher verwahren. Für diesen Fall werden die Daten zum Beispiel auf einen Speicherstift geschrieben oder auf CDs gebrannt.

Das flüchtige RAM als Arbeitsspeicher

Das RAM („**R**andom-**A**ccess-**M**emory") ist der Arbeitsspeicher Ihres Rechners. Dort werden Daten zwischengelagert und Programme geladen. Stellen Sie sich diesen einfach als „Kurzzeitgedächtnis" vor, das so lange gefüllt ist, wie der Rechner läuft.

1 Dieser Speicher ist meist als sogenannter RAM-Baustein in Ihrem Rechner eingebaut.

Die einzelnen Speicherbausteine haben meist eine Kapazität von 2 oder 4 Gigabyte. Damit Sie beispielsweise nur mit dem Betriebsprogramm Windows 7 flüssig arbeiten können (ohne andere Programme oder Spiele zu starten), sind eigentlich 2 Gigabyte Speicher die Untergrenze. Wenn Sie an Ihrem Computer mit Windows 7 wirklich Freude haben möchten, sollten Sie nicht mit Speicher geizen. Falls Ihr Geldbeutel es also zulässt, ist es durchaus empfehlenswert, mit 4 oder 8 Gigabyte RAM zu rechnen – je mehr, desto besser.

2 Da der Platz in einem Desktop-Rechner begrenzt ist, gibt es auch nur wenige Steckplätze für Speicherbausteine. Normalerweise sind auf der sogenannten Hauptplatine (engl. „motherboard") zwei oder vier Steckplätze für RAM-Speicher vorgesehen.

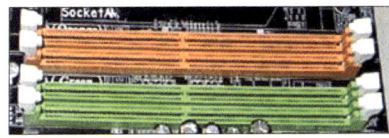

Sie können also maximal vier Speicherbausteine einbauen. Da in den Komplettsystemen meist 1-GB-Bausteine eingebaut werden, lässt sich der Rechner häufig noch mit zusätzlichen Speicherbausteinen erweitern. Und wenn Sie noch mehr Speicher wollen, können Sie Speicherbausteine mit 2 Gigabyte einbauen. Es ist jedoch wichtig, dass Sie zunächst in der Gebrauchsanweisung Ihres Rechners nachsehen, welche Speicherbausteine Ihr Rechner benötigt und welche Speicherbausteine sich miteinander mischen lassen.

Dauerhaft speichern auf der Festplatte

Die Festplatte ist das „Langzeitgedächtnis" des Computers. Hier werden die Da-

PC & Zubehör — Dauerhaft speichern auf der Festplatte

teien und Programme gespeichert und bleiben dort erhalten, bis sie explizit gelöscht werden.

1 Die Speicherkapazität einer Festplatte wird in Gigabyte angegeben. Dabei entsprechen 2 Gigabyte ungefähr 1.000.000 Schreibmaschinenseiten reinen Textes. Das Betriebssystem Windows 7 alleine benötigt ungefähr 7 bis 8 Gigabyte. Eine Festplatte mit mehr als 250 Gigabyte ist also nicht zu groß, da andere Programme und Spiele ebenfalls immer mehr Speicherplatz benötigen.

Auch die Nutzung des Computers als Multimediamaschine macht große Festplatten notwendig. Ein normaler Spielfilm benötigt schon etwa 1,5 Gigabyte, und auch für das Kopieren einer Musik-CD sind 1 Gigabyte Speicherplatz keine Besonderheit.

Wenn Sie also Ihre Lieblingsmusik und Ihre Urlaubsvideos auf der Festplatte speichern und auch mal einen Film kopieren möchten, dann sollten Sie eine Festplatte mit 500 Gigabyte oder mehr vorsehen.

2 Auch wenn dieses Speichermedium „Festplatte" (engl. „harddisk") genannt wird, heißt das noch lange nicht, dass Ihre Daten darauf absolut sicher sind. Zwar können Sie das Betriebssystem und andere Programme bei Datenverlust wieder neu installieren. Aber bei der Installation von Windows 7 können Sie ruhig mit einem ganzen Tag rechnen, bis Sie alles wieder so eingerichtet haben, wie Sie das wollen (siehe Kapitel 2 ab Seite 37).

Schlimmer jedoch wiegt der Verlust der Daten, Texte, Grafiken. Die selbst kopierten Musikdateien aus dem Internet oder die Urlaubsvideos des letzten Jahres sind auch nicht so einfach wieder zu beschaffen. Deshalb sollten Sie immer eine System- und Datensicherung auf anderen Speichermedien vornehmen. Bei den großen Datenmengen, die gesichert werden müssen, bieten sich beschreibbare DVDs und CDs an, sogenannte Rohlinge.

Daten auf Silberscheiben speichern mit dem DVD-Brenner

Bei fast allen Komplettsystemen sind DVD-Laufwerke in der Lieferung mit enthalten. Die meisten DVD-Laufwerke können die Silberscheiben sowohl lesen als auch beschreiben (brennen).

Diese sogenannten Brenner sind die preiswerteste Sicherungsmöglichkeit, da **Rohlinge** nicht viel kosten und die Geräte selbst schon fast zum Standard bei

Daten speichern mit dem DVD-Brenner — PC & Zubehör

Komplettsystemen gehören.

1 Als Standardgeschwindigkeit für DVD-Brenner hat sich eine 16-fache Geschwindigkeit etabliert. Die Geräte schaffen mittlerweile jedoch weit mehr an Geschwindigkeit

2 Schon mit der Funktion „Computerschutz" von Windows 7 lassen sich Sicherungen Ihrer Dateien komfortabel erstellen.

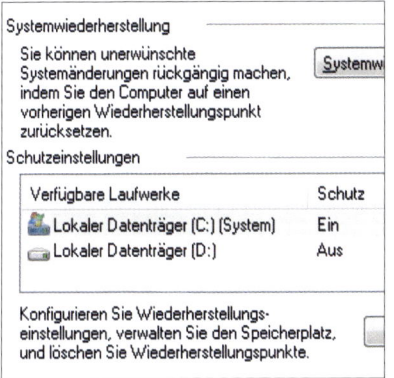

Eine genaue Anleitung zum Computerschutz mit Windows 7 finden Sie in Kapitel 2 im Abschnitt „Schutzmaßnahmen: Systemdaten sichern und restaurieren" ab Seite 73.

Geschwindigkeitsrausch

Manche Hersteller bieten Geräte mit sehr hohen Geschwindigkeiten an. Um diese Geschwindigkeiten tatsächlich erreichen zu können, müssen Sie allerdings sehr hochwertige Rohlinge verwenden, was wiederum die Kosten in die Höhe treibt. Beim Schreibvorgang werden die schnellen Geräte vom Brennprogramm zumeist ausgebremst, sodass der Geschwindigkeitsvorteil wieder dahin ist.

3 Doch noch wichtiger als die Sicherung der System- oder Programmdateien ist die Sicherung Ihrer eigenen Daten. Eine CD-ROM nimmt nicht viel Platz weg und kann in der kleinsten Ausführung schon 650 Megabyte Daten speichern. Diese Sicherung geht in Windows 7 mit dem Programm „Sichern und Wiederherstellen".

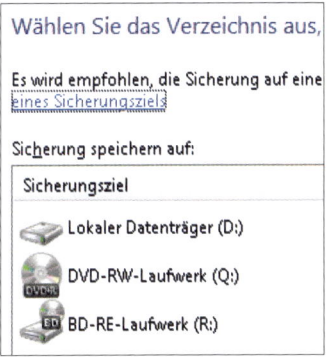

Mehr zu diesem Programm erfahren Sie in Kapitel 13 ab Seite 352.

PC & Zubehör — Daten speichern mit dem DVD-Brenner

4 Wenn Sie zum Beispiel Ihre Musikdateien auf CDs brennen und von dort abspielen, anstatt alle Dateien auf der Festplatte zu haben, bietet sich Ihnen ein weiterer Vorteil: Sie erhalten wieder Platz auf Ihrer Festplatte. Wie Sie Ihre Musikdateien mit dem Windows Media Player auf die CD bringen, wird Ihnen im Kapitel 9 ab Seite 244 erklärt.

Bei großen Musiksammlungen empfiehlt sich allerdings der Einsatz einer portablen Festplatte, die weiter unten beschrieben sind.

5 Falls Sie häufig an den gleichen Dateien wie zum Beispiel großen Texten, eigenen Videos oder Grafiken arbeiten, sind mehrfach beschreibbare Rohlinge, sogenannte CD-RWs (CD-„**ReW**ritable") oder auch DVD-RWs, empfehlenswert.

Diese Rohlinge sind zwar teurer als einfache. Doch Sie können sie auch mehrfach beschreiben und wieder löschen. Dadurch wird der Preis pro Sicherung meist sogar geringer als bei einfachen Rohlingen.

6 Auf einer DVD können weit mehr Daten gespeichert werden als auf einer CD-ROM. Die DVD-Laufwerke können DVDs mit maximal 8,5 Gigabyte auf einer Seite lesen und anzeigen. Für die Brenner gibt es Rohlinge mit einer Schreibschicht (Fassungsvermögen rund 4,7 Gigabyte) und mit zwei Schreibschichten (Fassungsvermögen rund 8,5 Gigabyte), sogenannte Double-Layer-DVDs.

Auf einer Blu-ray-Disk (siehe Seite 13) können auf einer Schreibschicht 25 Gigabyte

USB-Stift als mobiler Datenträger | PC & Zubehör

auf einer Double-Layer-Blu-ray sogar 50 Gigabyte gesichert werden. Allerdings sind Blu-ray-Brenner im Verhältnis zu DVD-Laufwerken noch sehr teuer, und auch die Medien kosten deutlich mehr als beschreibbare DVDs.

7 Bei den beschreibbaren DVDs konnte sich die Industrie nicht auf einen Standard bei den Schreibverfahren einigen. So existieren immer noch zwei unterschiedliche Verfahren und aus diesem Grund auch zwei Sorten von DVD-Rohlingen. Es gibt zum einen das sogenannte Plus-Verfahren. Sie erkennen es daran, dass auf den Rohlingen und der Verpackung ein Pluszeichen „+" aufgedruckt ist.

Das zweite Verfahren erkennen Sie an dem aufgedruckten Minus-Zeichen „-". Mittlerweile beherrschen jedoch die meisten modernen DVD-Brenner beide Formate.

USB-Stift als mobiler Datenträger

Sollen rasch einige Dateien mitgenommen oder gesichert werden, eignet sich der sogenannte USB-Stick beziehungsweise der USB-Speicherstift. Er passt in

> **! DVD im Brenner bedrucken**
>
> Es gibt verschiedene Arten, DVDs zu beschriften. Während sich konventionelle DVDs mit Aufklebern etikettieren oder mit speziellen Filzschreibern beschriften lassen, gibt es auch DVDs, die dank einer speziellen Oberfläche in Tintenstrahldruckern bedruckt werden können. Aber Achtung: Nur hierfür ausgerüstete Tintenstrahldrucker beherrschen die besondere Einzugstechnik, die Voraussetzung für den direkten Druck auf die Speichermedien ist.
> Zwei verschiedene Druckverfahren können sogar die Oberfläche spezieller DVDs direkt im Brennlaufwerk beschreiben. Hierbei handelt es sich um „Lightscribe" und „Labelflash". Vorsicht: Die beiden Verfahren sind unterschiedlich und setzen besondere DVD-Brenner voraus. Sie müssen also beim Kauf von Rohlingen wissen, welche Variante Ihr PC beschreiben kann.
> Zum Bedrucken der Oberfläche des Datenträgers drehen Sie diesen dann einfach im Laufwerk auf den Kopf. Der sonst zum Schreiben der Daten verwendete Laser des Brenners übernimmt dann den Rest.

jede Tasche und lässt sich an jeden PC und viele andere Geräte – beispielsweise moderne Fernseher und Stereoanlagen – anschließen.

PC & Zubehör — Portable Festplatten für große Datenmengen

1 Da fast alle modernen Rechner mit mindestens einem USB-Anschluss (siehe Seite 17) ausgerüstet sind, kann dieses Speichermedium überall eingesetzt werden.

2 Der USB-Speicherstift kann immer wieder beschrieben werden. Dateien können darauf kopiert und wieder gelöscht werden. Der große Vorteil besteht aber in seiner hohen Speicherkapazität. Während auf eine CD 650 Megabyte und auf eine DVD 4,7 Gigabyte Daten passen, bringt es ein normaler Speicherstift auf satte 8 bis 16 Gigabyte und mehr Speicherkapazität.

Während kleinere USB-Festplatten im 2,5-Zoll-Format oder noch geringerer Größe über das USB-Kabel vom Rechner mit Strom versorgt werden, benötigen größere Platten ein eigenes Netzteil, sind aber in der Anschaffung preiswerter.

Portable Festplatten für große Datenmengen

Heutzutage hat man alle seine wichtigen Medien – seien es Musikstücke, Filme und Bilder – auf seinem Rechner gespeichert. Das nützt aber nichts, wenn man diese mit zu Freunden nehmen möchte … und ein USB-Stick ist oft für die großen Datenmengen schlicht und einfach zu klein. Eine Alternative dazu ist eine portable Festplatte:

1 Auch diese wird über einen USB-Anschluss mittels eines Kabels an den Rechner angeschlossen. Im Gegensatz zu einem im vorigen Abschnitt beschriebenen USB-Stick befindet sich im Gehäuse eine echte Festplatte, die sich dreht (siehe auch Seite 11/12).

2 Wie bei der eingebauten Festplatte muss auch bei der externen USB-Festplatte beim Betrieb sichergestellt werden, dass der Datenträger keinen Erschütterungen ausgesetzt wird. Eine portable Festplatte braucht immer ein wenig länger, bis sie am Rechner einsatzbereit ist, da sie beim Anschließen an die USB-Schnittstelle erst vom Betriebssystem erkannt und unter Umständen zunächst das passende Gerätebetriebsprogramm installiert werden muss.

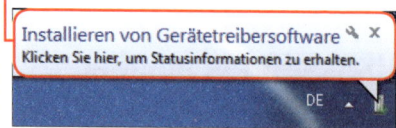

Dieser Prozess erfolgt automatisch, und kurz nach dem Anschluss kann das externe Laufwerk dann wie eine eingebaute Festplatte benutzt werden.

Speicherplatz im Internet — PC & Zubehör

Netzwerkspeicher für das Heimnetzwerk

Wenn Sie zu Hause ein Netzwerk verwenden (siehe Kapitel 7), dann können Sie sogar eine Festplatte direkt in das Netzwerk integrieren und von allen Rechnern, die an das Netzwerk angeschlossen sind, darauf zugreifen. Solche Festplatten nennen sich „NAS" („**N**etwork **A**ttached **S**torage" = „ans Netzwerk angeschlossener Speicher").

Speicherplatz im Internet

Statt auf dem eigenen PC oder im heimischen Netzwerk lassen sich Dateien auch im **Internet** auf externen Festplatten speichern. Möglich ist dies durch immer schnellere Internetverbindungen. Auf diese Internet-Speichermedien greifen Sie je nach Anbieter entweder mit einem Browser wie dem Internet Explorer oder normalen Dateiverwaltungen wie dem Windows-Explorer, mitunter aber auch mit speziellen Programmen zu. Bereit gestellt werden solche Speicherdienste von Internet-Service-Anbietern, wobei sich die Angebote je nach verfügbarer Speicherkapazität und Kosten unterscheiden. So bietet Ihnen beispielsweise Microsoft in seinem Internetdienst „Windows Live" 25 Gigabyte kostenlosen Speicherplatz.

Die einzige Voraussetzung ist, dass Sie sich für solche Dienste vorab registrieren müssen. Der Vorteil der externen Datenhaltung besteht darin, dass auf die Datenserver überall auf der Welt per Internet zugegriffen werden kann. So haben Sie wichtige Texte, Tabellen, Präsentationen und Mediendateien stets „dabei", auch wenn Sie kein Notebook und keinen USB-Speicherstift mitschleppen. Hierfür hat sich der Ausdruck „Cloud Computing" eingebürgert, was

PC & Zubehör Volles Programm: Software für den PC

so viel bedeutet wie „Computerarbeit in der Datenwolke". Einige Dienste wie die Office Web Apps von Windows Live erlauben sogar, dass Sie die gespeicherten Dokumente mit dem Browser direkt im Internet öffnen und bearbeiten. Einen ähnlichen Dienst bietet auch Google mit „Text & Tabellen".

Allerdings wird immer wieder die Sicherheit der Datendienste kritisiert. Einerseits sollte gewährleistet sein, dass je nach Einstellung entweder nur Sie oder nur von Ihnen berechtigte Anwender und Gruppen Zugriff erhalten - und nur wenn Sie dies ausdrücklich erlauben, die gespeicherten Daten öffentlich einsehbar sind. Darüber hinaus sollte auch der Anbieter des Dienstes Ihre Dateien nicht durchsuchen und lesen, da dies gerade bei vertraulichen Dokumenten äußerst problematisch ist. Überzeugen Sie sich von den vertraglichen Vereinbarungen vorab in den Geschäftsbedingungen und Datenschutzbestimmungen der Anbieter.

Volles Programm: Software für den PC

Ein Computer ohne Programme ist vielleicht dekorativ, sonst jedoch nicht gerade nützlich. Erst das Betriebssystem und andere Programme machen den Computer zu einem sinnvollen Werkzeug oder auch zu einem spannenden Spielzeug.

Das Betriebssystem

Das Betriebssystem ist notwendig, damit ein Computer überhaupt genutzt werden kann. Das Betriebssystem Windows 7 ist dabei nicht nur ein einziges Programm, sondern es besteht aus vielen verschiedenen Programmen.

1 Mit dem innersten Kern des Betriebsprogramms, dem sogenannten Kernel, kommen Sie im Grunde nie direkt in Berührung. Selbst die Konfigurationen, die Sie als fortgeschrittener Anwender vornehmen, sind heutzutage so gestaltet, dass sie sich bequem von Windows aus über die Systemsteuerung einstellen lassen.

Anwendungsprogramme | PC & Zubehör

2 In Windows 7 sind die unterschiedlichsten Programme und Funktionen schon direkt integriert – wie etwa das Brennprogramm für DVDs.

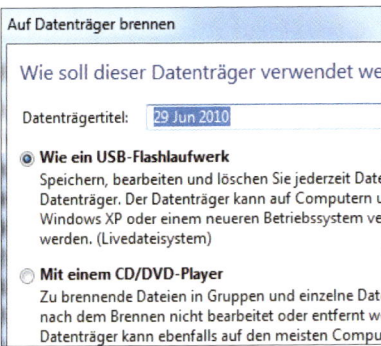

3 Andere Programme, wie zum Beispiel „Kurznotizen", das im Kapitel 6 ab Seite 180 vorgestellt wird, sind eigenständige Programme. Auch der „Windows Media Player", der aus dem Computer erst eine Multimediamaschine macht, ist ein eigenständiges Programm. Eine Anleitung zur Bedienung des Media Players erhalten Sie im Kapitel 9 ab Seite 235.

Ebenfalls eigenständige Programme sind das Malprogramm „Paint" und das Textprogramm „WordPad". Und auch der „Internet Explorer" soll nicht vergessen werden, denn mit ihm können Sie in Windows aufs Internet zugreifen. Aber er ist auch ein gutes Beispiel dafür, dass es – wie im nächsten Abschnitt beschrieben – auch kostenlose Alternativen zu den mitgelieferten Programmen gibt: Für den Zugriff aufs Internet ist beispielsweise der „Firefox" sehr beliebt.

Anwendungsprogramme

Zu allen Programmen, die in Windows 7 integriert sind oder die mitgeliefert werden, gibt es Alternativen. So gibt es als Ersatz für den Internet Explorer nicht nur den bereits erwähnten Firefox, sondern auch „Opera", „Chrome" und andere Browser. Oder als Ersatz für das Malprogramm Paint das Programm „Corel Painter" oder „Photofiltre".

1 Bei den integrierten Programmen wie beispielsweise dem Brennprogramm von Windows 7 sind Sie häufig auf Alternativen angewiesen. Denn der Funktionsumfang ist zwar für die ersten Schritte ausreichend, kommt aber nicht an die Leistungsfähigkeit spezieller Brennprogramme wie etwa „Nero" von Ahead heran.

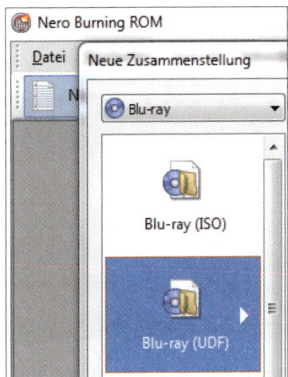

2 Außerdem gibt es Bereiche, die nicht von Programmen des Betriebssystems abgedeckt werden, wie zum Beispiel Musikanwendungen, mit denen Sie

35

PC & Zubehör — Anwendungsprogramme

eigene Musikstücke erschaffen können, oder auch Tabellenkalkulationen, Präsentationsprogramme und andere Büroanwendungen.

3 Eine besondere Kategorie stellen die Computerspiele dar. Auch davon hat Windows 7 einige kleinere für zwischendurch beigelegt. Doch die meisten Spiele sind von anderen Herstellern, wie beispielsweise „Fifa 11" von Electronic Arts.

Viele dieser Spiele sind üppig ausgestattet und aufwendig gestaltet, benötigen aber viel Platz auf Ihrer Festplatte. Außerdem belasten sie häufig die Leistungsfähigkeit Ihres Rechners bis an die Grenze. Deshalb sollten Sie immer auf der Packung der Spiele überprüfen, ob Ihr Rechner auch genug Speicher (RAM) hat und ob Ihre eingebaute Grafikkarte schnell genug ist.

4 Für alle Programme, die Sie installieren, gilt: Vorsicht ist immer angesagt. Manchmal kann ein neues Programm Ihr ganzes System durcheinanderbringen. Auch können einige Programme nicht mehr vollständig entfernt werden. Deshalb sollten Sie vor jeder Neuinstallation eines Programms eine Systemsicherung durchführen. Denn dann können Sie das Programm entfernen und Ihren Rechner wieder auf den Stand vor der Installation bringen. Wie dieser Computerschutz funktioniert, lesen Sie im nächsten Kapitel ab Seite 73.

5 Ebenso wichtig ist, dass Sie keine Programme aus unbekannten Quellen auf Ihrem Rechner installieren. Wenn doch, dann sollten Sie zur Überprüfung zumindest ein professionelles Antivirenprogramm wie die „Kaspersky Security Suite" verwenden.

Erste Schritte

2 Windows installieren und sichern

In den meisten Fällen wird ein Computer direkt mit dem installierten **Betriebsprogramm** ausgeliefert. Dann brauchen Sie sich um dessen Installation nicht zu kümmern. Haben Sie jedoch einen Rechner ohne Betriebsprogramm gekauft, oder möchten Sie ein vorhandenes Windows auf Windows 7 „aufstocken", dann können Sie Windows 7 auch selbst installieren. Dazu nutzen Sie entweder die Programm-DVD, auf der Microsoft das Betriebsprogramm ausliefert, oder auch einen selbst konfigurierten USB-Speicherstift. Falls Sie einen Rechner mit Windows Vista besitzen, lässt sich das neue Betriebsprogramm direkt darüber installieren. Alle früheren Versionen, beispielsweise Windows XP, erfordern hingegen eine komplette Neuinstallation. In jedem Fall sollten Sie vor der Installation von Windows 7 eine Sicherung Ihrer Systemdateien vornehmen. Denn damit können Sie sich viel Aufregung und Ärger ersparen.

Kapitel-Wegweiser

Vorteile der Neuinstallation 38	Startoption für DVD oder USB-Stift einstellen 56
Eigene Dateien mit Windows Vista sichern 38	Neuinstallation von Windows 7 58
Gesicherte Dateien mit Windows Vista retten 42	Einrichten des Betriebsprogramms 60
Übertragen von Daten und Einstellungen mit Windows XP und Vista .. 44	Windows 7 anstelle von Windows Vista installieren 66
Dateien und Einstellungen übertragen mit Windows XP 45	Die Upgrade-Installation starten .. 67
Dateien und Einstellungen übertragen mit Windows Vista 48	PC für die Einrichtung von Windows 7 überprüfen 68
Vorbereitung für die Installation von Windows 7 51	Windows 7 auf einem Windows-Vista-PC einrichten 70
Abbild der Installations-DVD anlegen 53	Schutzmaßnahmen: Systemdaten sichern und restaurieren 73
Abbild der Installations-DVD auf einen USB-Stift übertragen 54	Systemwiederherstellung aktivieren 74
	Den Computer wiederherstellen .. 75

Erste Schritte | Vorteile der Neuinstallation

Vorteile der Neuinstallation

Wenn Sie einen Rechner mit dem Betriebsprogramm Windows Vista haben, können Sie das neue Windows 7 über das bestehende Windows installieren. Bei diesem sogenannten Upgrade (= auf eine höhere Version aufstocken) bleiben die meisten Ihrer Einstellungen erhalten. Demgegenüber ist die „saubere" Installation (engl. „clean" = sauber) von Windows 7 notwendig, wenn auf Ihrem Rechner noch kein Windows-Betriebsprogramm vorhanden ist oder Windows XP beziehungsweise eine noch ältere Version von Windows läuft. Diese saubere Neuinstallation ist aber durchaus auch Anwendern von Windows Vista zu empfehlen, vor allem wenn der Rechner mit der alten Windows-Version nicht immer ordnungsgemäß gelaufen oder mit der Zeit langsamer geworden ist. Solche Systemeinbußen werden beim Upgrade leider mit übernommen.

■ Mit einer Neuinstallation des Betriebsprogramms verhindern Sie, dass Fehler und Bremsen aus der alten Windows-Vista-Version übertragen werden. Außerdem könnten zum Beispiel falsche Einträge in der Windows-Registrierungsdatenbank Ihrer alten Windows-Version versteckt sein, die von Windows 7 bei einem Upgrade übernommen und dann tatsächlich zu Fehlern führen würden.

Daher ist für Windows 7 eine saubere Installationsumgebung in jedem Fall besser. Denn diese übernimmt keine Programmdateien, die eventuell gar nicht mehr benötigt werden, und behält auch keine alten Programmmodule, die nicht auf Windows 7 abgestimmt sind. Um sich dieser Altlasten zu entledigen, ist also auch bei Windows Vista eine komplette Neuinstallation von Windows 7 empfehlenswert.

> **❗ Persönliche Dateien retten vor der Neuinstallation**
>
> Eine Neuinstallation des Betriebsprogramms ist auf jeden Fall einer der tiefsten Eingriffe, die Sie mit Software beim PC vornehmen können. Vorab sollten Sie daher unbedingt eine Sicherung der vorhandenen Daten vornehmen. *Unbedingt* müssen Sie alle Ihre Dokumente, Bilder, Musik und Videos, also Ihre persönlichen Dateien, sichern, am besten die gesamte Festplatte. Wie das mit Windows Vista geht, erläutert die folgende Anleitung.

Eigene Dateien mit Windows Vista sichern

Bevor Sie Windows 7 auf einem PC neu installieren, müssen Sie dafür sorgen, dass Ihre persönlichen Dateien hierbei nicht verloren gehen. Zu diesen gehören

Eigene Dateien mit Windows Vista sichern — Erste Schritte

Ihre Dokumente, also Texte, Tabellen, Präsentationen und Datenbanken, die Sie erstellt oder verändert haben. Aber auch Ihren elektronischen Postverkehr und die verschiedenen Mediendateien, in denen Sie Fotos, Musik und Filme gespeichert haben, sollten Sie nicht vergessen.

Das gilt auch, wenn Sie sich für eine Upgrade-Installation von Windows 7 entscheiden. Denn selbst dabei kann es vorkommen, dass bei der Einrichtung eine falsche Option gewählt wird und Dateien versehentlich gelöscht oder durch Programmfehler unbrauchbar werden. Daher sollten Sie auf jeden Fall eine Sicherung Ihrer Dateien vornehmen, um sie im Notfall später wiederherstellen zu können.

1 Öffnen Sie das Sicherungsprogramm mit je einem Mausklick auf

[Windows-Start-Symbol],

im aufgeklappten Startmenü auf

[▶ **Alle Programme**],

in der Programmliste auf

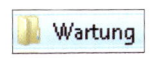

[**Wartung**]

und schließlich auf den Eintrag

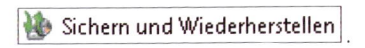

[**Sichern und Wiederherstellen**].

2 Im Fenster für die Sicherung, das daraufhin angezeigt wird, klicken Sie auf die Schaltfläche

[**Dateien sichern**].

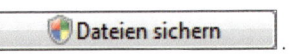

Anschließend wird ein Warnhinweis eingeblendet, den Sie mit einem Mausklick auf

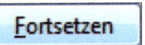

[**Fortsetzen**]

beantworten müssen.

3 Das Sicherungsprogramm sucht nun nach möglichen Sicherungsgeräten und listet diese auf. Ein Klick auf zeigt die verfügbaren Datenträger an. Im Beispiel werden eine externe **Festplatte**, ein CD-Laufwerk, ein **USB-Stift** und ein DVD-Brenner gefunden. Wählen Sie das Sicherungsmedium mit einem Mausklick aus, beispielsweise den DVD-Brenner,

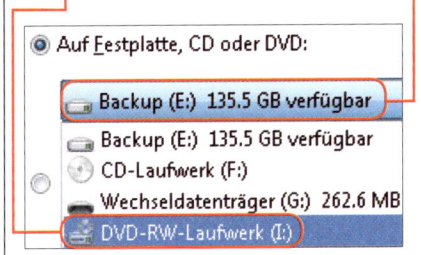

⦿ Auf Festplatte, CD oder DVD:
- Backup (E:) 135.5 GB verfügbar
- Backup (E:) 135.5 GB verfügbar
- CD-Laufwerk (F:)
- Wechseldatenträger (G:) 262.6 MB
- DVD-RW-Laufwerk (I:)

und klicken Sie auf die Schaltfläche

[**Weiter >**].

4 Daraufhin werden die Festplatten Ihres Rechners angezeigt. Die Festplatte, auf der Windows Vista installiert ist, ist immer mit einem Häkchen verse-

Erste Schritte — Eigene Dateien mit Windows Vista sichern

❗ Komplette PC-Sicherung mit Windows Vista

Zusätzlich zur Sicherung der Dateien können Sie mit dem Programm „Sichern und Wiederherstellen" auch eine Komplettsicherung von Windows Vista vornehmen.

■ Achtung: Die Möglichkeit einer Komplettsicherung des PCs ist bei Windows Vista in den Editionen „Home Basic" und „Home Premium" leider nicht vorhanden. Nur bei den Editionen „Windows Vista Business" und „Windows Vista Ultimate" ist die Komplettsicherung als praktische Funktion des Sicherungsprogramms dabei.

■ Mit der Komplettsicherung können Sie Windows Vista bei Bedarf später wieder genauso herstellen, wie es zum Zeitpunkt der Sicherung war. Dies gibt bei einer misslungenen Installation zusätzliche Sicherheit. Falls Sie dies wünschen, klicken Sie im Fenster „Sichern und Wiederherstellen" (siehe Schritt 1) auf

> 🛡 Computer sichern

und folgen der dort beschriebenen Anleitung zur Dateisicherung, die weitgehend auch für die Komplettsicherung gilt (Ausnahme: eine Auswahl der Dateien ist nicht möglich).

■ Vorsicht: Die Komplettsicherung ist kein Ersatz für die in dieser Anleitung beschriebene Datensicherung, mit der Sie Ihre Dateien wiederherstellen können! Die Datensicherung können Sie nämlich auch unter Windows 7 nutzen, um die gesicherten Dateien wiederherzustellen. Die Komplettsicherung von Windows Vista ist stattdessen dafür vorgesehen, den gesamten PC wieder auf Windows Vista zurückzusetzen, was nur in den seltensten Fällen notwendig und erwünscht ist. Wenn Sie trotz allem nach der Installation von Windows 7 wieder zu Windows Vista zurückkehren möchten oder müssen, legen Sie die Installations-DVD von Windows Vista ein. Hier finden Sie unter den Computerreparaturoptionen den Eintrag ●,

> **Windows Complete PC-Wiederherstellung**
> Computer mittels einer Sicherung wiederherstelle

den Sie nur anzuklicken brauchen.

---

hen, also ausgewählt ●, da dort Ihre eigenen Dateien gespeichert werden. Sollten Sie noch eine zweite Festplatte eingebaut haben, wird diese ebenfalls angezeigt. Sie können das Häkchen davor ●

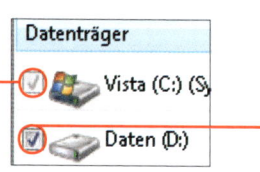

> **Datenträger**
> ☑ 🪟 Vista (C:) (S
> ☑ 💾 Daten (D:)

stehen lassen, wenn Sie auch diese Daten sichern möchten. Andernfalls klicken Sie auf den Eintrag für die zweite Festplatte, sodass das Häkchen davor verschwindet ●,

> ☐ 💾 Daten (D:)

und danach wieder auf

> Weiter >

Eigene Dateien mit Windows Vista sichern Erste Schritte

5 Im nächsten Fenster sehen Sie die unterschiedlichen Dateisorten, die gesichert werden können.

- ☑ Bilder
- ☑ Musik
- ☑ Videos
- ☑ E-Mail
- ☑ Dokumente
- ☑ TV-Sendungen
- ☑ Komprimierte Dateien
- ☑ Zusätzliche Dateien

Wenn Sie zum Beispiel keine Fernsehsendungen aufgenommen haben oder diese zumindest nicht sichern wollen, entfernen Sie per Klick das Häkchen vor dem entsprechenden Eintrag.

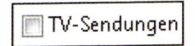

☐ TV-Sendungen

Falls Sie sich nicht sicher sind, lassen Sie einfach alle Häkchen gesetzt und klicken direkt auf

Weiter >.

6 Als Nächstes können Sie bestimmen, wann und wie oft Ihre Daten automatisch gesichert werden sollen.

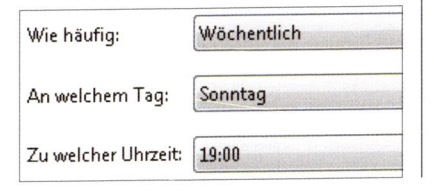

Wie häufig:	Wöchentlich
An welchem Tag:	Sonntag
Zu welcher Uhrzeit:	19:00

Wenn Sie die Sicherung vornehmen, um anschließend Windows 7 zu installieren, sind die Einstellungen zur automatischen Wiederholung des Vorgangs bedeutungslos. Klicken Sie einfach auf

Einstellungen speichern und Sicherung starten,

um die neue Sicherung zu starten und alle ausgewählten Dateien zu sichern.

7 Daraufhin werden Sie aufgefordert, einen **Rohling** in Ihren Brenner einzulegen.

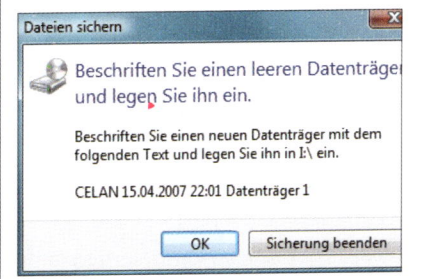

> **Dateien sichern**
> Beschriften Sie einen leeren Datenträger und legen Sie ihn ein.
> Beschriften Sie einen neuen Datenträger mit dem folgenden Text und legen Sie ihn in I:\ ein.
> CELAN 15.04.2007 22:01 Datenträger 1
> [OK]   [Sicherung beenden]

Beschriften Sie den Rohling wie vorgeschlagen, und legen Sie ihn in Ihr Brenner-Laufwerk ein. Wenn Sie die Laufwerksschublade geschlossen haben, erscheint folgender Hinweis,

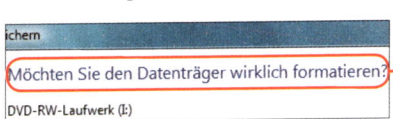

> ...ichern
> Möchten Sie den Datenträger wirklich formatieren?
> DVD-RW-Laufwerk (I:)

den Sie mit einem Mausklick auf

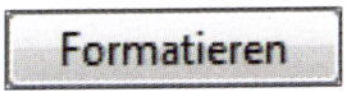

Formatieren

bestätigen müssen.

41

Erste Schritte — Gesicherte Dateien mit Windows Vista retten

8 Anschließend wird der Rohling für das Speichern der Daten vorbereitet (formatiert), und die Daten werden darauf gesichert. Ist der erste Rohling vollgeschrieben, werden Sie gebeten, einen weiteren Rohling zu beschriften und einzulegen. Entfernen Sie den ersten Rohling, legen Sie einen weiteren beschrifteten ein, und schließen Sie das Laufwerk. Nach einem erneuten Klick auf

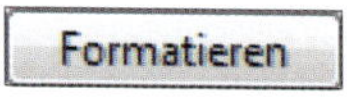

> Formatieren

wird auch dieser Rohling formatiert und die Datensicherung fortgesetzt. Ist die Sicherung abgeschlossen, wird eine entsprechende Meldung ausgegeben.

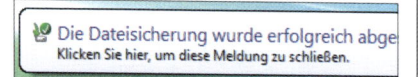

> Die Dateisicherung wurde erfolgreich abge
> Klicken Sie hier, um diese Meldung zu schließen.

Das Fenster des Sicherungsprogramms schließen Sie wie üblich per Klick auf

> X .

Gesicherte Dateien mit Windows Vista retten

Sollte nun bei der Installation von Windows 7 etwas schiefgehen, brauchen Sie sich keine Sorgen zu machen: Ihre persönlichen Daten sind ja noch in der Sicherung enthalten. Die Sicherung können Sie mit Windows Vista ohne Schwierigkeiten wieder einspielen.

> **Dateien wiederherstellen mit Windows 7**
>
> Wie Sie die gesicherten Dateien mit Windows 7 wiederherstellen, erfahren Sie im Kapitel 13 ab Seite 355.

1 Starten Sie das Sicherungs- und Wiederherstellungsprogramm, wie in Schritt 1 der vorigen Anleitung „Eigene Dateien mit Windows Vista sichern" gezeigt, und klicken Sie im geöffneten Fenster auf den Eintrag

> Erweiterte Wiederherstellung

und im nachfolgenden Fenster auf

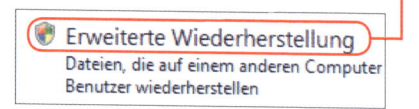

> **Erweiterte Wiederherstellung**
> Dateien, die auf einem anderen Computer Benutzer wiederherstellen

Bestätigen Sie den Warnhinweis per Klick auf die Schaltfläche

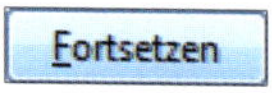

> Fortsetzen .

2 Im Fenster, das anschließend angezeigt wird, wählen Sie mit einem Mausklick den dritten Eintrag aus, sodass im Kreis davor ein Punkt erscheint:

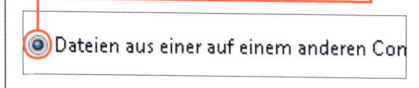

> ⦿ Dateien aus einer auf einem anderen Con

Klicken Sie danach auf

> Weiter > .

Gesicherte Dateien mit Windows Vista retten — Erste Schritte

3 Als Nächstes bestimmen Sie das Laufwerk, auf dem sich die Sicherung befindet. Falls Sie eine externe Festplatte oder einen USB-Speicherstift verwenden, müssen Sie das Medium nun anschließen (siehe gegebenenfalls Kapitel 1). Sollte sich die Sicherung auf CD oder DVD befinden, legen Sie den Datenträger mit der Sicherung in Ihr DVD-Laufwerk ein. Klicken Sie dann neben dem Eintrag für die Laufwerksauswahl auf das Dreieck,

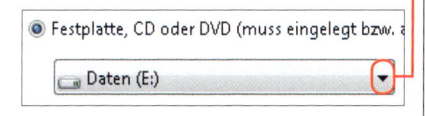

⦿ Festplatte, CD oder DVD (muss eingelegt bzw. a
  ▭ Daten (E:)   ▼

und wählen Sie aus der sich öffnenden Liste das gewünschte Laufwerk aus. Sollte ein kürzlich angeschlossenes Medium noch nicht sichtbar sein, klicken Sie auf

  ▭ Backup (E:)
  <Aktualisieren>

und markieren das Medium, sobald es angezeigt wird. Es folgt erneut ein Mausklick auf

  Weiter >

4 Im Fenster, das sich nun öffnet, klicken Sie auf die Schaltfläche

  Ordner hinzufügen...

Wählen Sie dann aus der angezeigten Liste einen Ordner aus, dessen Dateien Sie wiederherstellen möchten, im Beispiel den Bilderordner „Pictures",

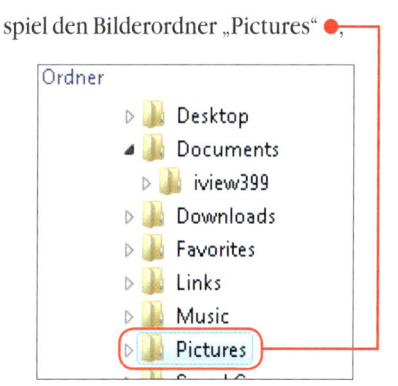

Ordner
  ▷ 📁 Desktop
  ▲ 📁 Documents
    ▷ 📁 iview399
  ▷ 📁 Downloads
  ▷ 📁 Favorites
  ▷ 📁 Links
  ▷ 📁 Music
  ▷ 📁 Pictures

und klicken Sie danach auf

  Hinzufügen

5 Daraufhin taucht der ausgewählte **Ordner** mit den verloren gegangenen Bildern im Auswahlfenster auf.

Name	Im
📁 Pictures	C:

Wiederholen Sie den vorigen Schritt 4 für alle Ordner, die Sie wiederherstellen wollen. Wenn Sie alle Ordner bestimmt haben, klicken Sie wieder auf

  Weiter >

6 Damit Sie die wiederhergestellten Daten, im Beispiel Bilder, später leichter wiederfinden, nämlich dort, wo sie ursprünglich gespeichert waren, be-

Erste Schritte — Übertragen von Daten und Einstellungen

halten Sie die Voreinstellung

> ◉ Am Ursprungsort

im folgenden Fenster einfach bei. Um die Wiederherstellung zu starten, klicken Sie dann auf die Schaltfläche

> Wiederherstellung starten

Falls Ihre Sicherung auf mehrere Datenträger verteilt sein sollte, kann es passieren, dass die benötigten Dateien sich nicht auf dem gerade eingelegten Medium – beispielsweise der DVD – befinden. Das Sicherungsprogramm verlangt dann nach dem richtigen Speichermedium:

7 Sobald Sie den richtigen Datenträger in Ihr DVD-Laufwerk eingelegt haben, beginnt automatisch das Zurückspielen der Daten. Ist der Vorgang beendet, brauchen Sie den Hinweis wieder nur noch per Klick auf

> Fertig stellen

zu bestätigen. Jetzt sind Ihre Dateien wieder in den angestammten Ordnern. Entfernen Sie den Sicherungsdatenträger, und schließen Sie das Wiederherstellungsprogramm mit dem üblichen Klick auf

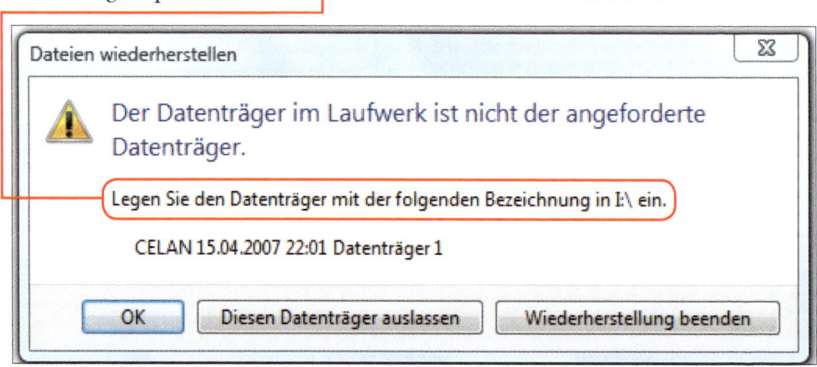

> ❌

Dateien wiederherstellen

⚠ Der Datenträger im Laufwerk ist nicht der angeforderte Datenträger.

Legen Sie den Datenträger mit der folgenden Bezeichnung in I:\ ein.

CELAN 15.04.2007 22:01 Datenträger 1

[OK] [Diesen Datenträger auslassen] [Wiederherstellung beenden]

Übertragen von Daten und Einstellungen mit Windows XP und Vista

Damit Sie bei Windows 7 nicht wieder bei null beginnen müssen, bieten Windows XP und Windows Vista die Möglichkeit, die wichtigsten Einstellungen auf Windows 7 zu übertragen. Hierzu gehören Ihre bereits eingerichteten **Be-**

Daten übertragen mit Windows XP — Erste Schritte

nutzerkonten ebenso wie die Liste Ihrer Internetfavoriten und andere Einstellungen. Auch Ihre persönlichen Ordner werden samt Dokumenten, Bildern, Musik und Videos übernommen.

Aber Vorsicht: Auch wenn Sie diese Dateien – statt sie direkt von einem PC zum anderen zu transferieren – mit dem Übertragungsprogramm auf einen Datenträger sichern, ersetzt diese Sicherungsdatei nicht die zuvor empfohlene Datensicherung. Denn während Ihnen die im vorigen Abschnitt beschriebene Sicherung den Zugriff auf einzelne Ordner und Dateien erlaubt und Sie so Daten auf einem Windows-PC gezielt wiederherstellen können, ist die folgende Methode der Übertragung eher als umfassende Einrichtungshilfe zu sehen.

Dateien und Einstellungen übertragen mit Windows XP

Windows XP verfügt zwar über ein Programm namens „Übertragen von Dateien und Einstellungen", doch die Datei, die hiermit erstellt wird, können Sie *nicht* mit Windows 7 verwenden. Damit Sie mit Windows 7 die Einstellungen und Dateien von Windows XP übernehmen können, müssen Sie das Programm „Windows-Easy Transfer" verwenden. Doch keine Sorge: Sie finden es auf der Installations-DVD von Windows 7 und können es ohne weiteren Installationsvorgang sofort benutzen.

1 Legen Sie die Installations-DVD in das DVD-Laufwerk Ihres Windows-XP-PCs ein. Sollte Ihr PC über kein DVD-Laufwerk verfügen, wie beispielsweise zahlreiche Netbooks, können Sie auch einen vorkonfigurierten USB-Stift verwenden. Wie Sie die Installations-DVD von Windows 7 auf einen Speicherstift übertragen, erfahren Sie später in diesem Kapitel ab Seite 51.

Wenn nach dem Einlegen der Installations-DVD automatisch das Installationsprogramm von Windows 7 startet,

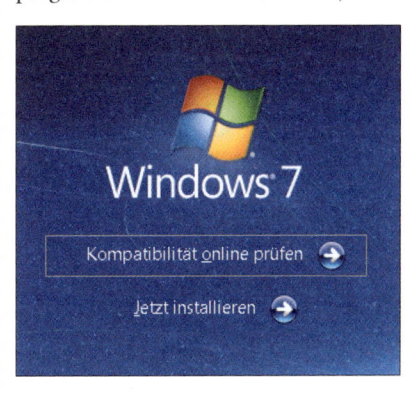

schließen Sie das Fenster mit einem Klick auf das Schließkreuz.

2 Um das Programm Windows-Easy Transfer zu starten, öffnen Sie per Mausklick auf

Start

das Startmenü und klicken darin auf den

45

Erste Schritte Daten übertragen mit Windows XP

Eintrag

Arbeitsplatz.

3 Im Fenster des Windows-Explorers klicken Sie dann mit der *rechten* Maustaste auf das Laufwerk mit den Daten der Installations-DVD und wählen im aufklappenden Kontextmenü den Befehl.

GRMCULFRER_DE_DVD (D:)
AutoPlay
Suchen...
Öffnen

Daraufhin sehen Sie den Inhalt der Installations-DVD von Windows 7. Öffnen Sie mit einem Doppelklick auf

support

den Support-Ordner, und klicken Sie darin doppelt auf

migwiz.

4 Im geöffneten Ordner starten Sie nun Windows-Easy Transfer, indem Sie die Datei

migwiz
Windows Easy Transfer Applic...
Microsoft Corporation

doppelt anklicken. Die Willkommensmeldung von Windows-Easy Transfer, die anschließend erscheint, übergehen Sie mit

Weiter.

5 Nun müssen Sie die Übertragungsmethode festlegen. Die erste Methode können Sie nur verwenden, wenn Windows 7 bereits auf einem PC installiert ist und der Windows-XP-Rechner mit dem neuen PC über ein spezielles Kabel verbunden ist. Hier geht es aber darum, eine Sicherung der Daten anzulegen, die später nach der Installation von Windows 7 aufgespielt wird. Daher klicken Sie auf

Was möchten Sie verwenden, um Eler übertragen?

Ein EasyTransfer-Kabel
Ich habe bereits ein EasyTransfer-Kal einem Computer auf einen anderen.

Ein Netzwerk
Überträgt Dateien über ein Netzwerk

Eine externe Festplatte od
Erstellt eine EasyTransfer-Datei. Wäh von Windows-EasyTransfer ein Upgr

Zur Bestätigung, dass Sie die Daten und Einstellungen dieses Computers sichern wollen, folgt im nächsten Fenster ein

Daten übertragen mit Windows XP — Erste Schritte

Mausklick auf die Option

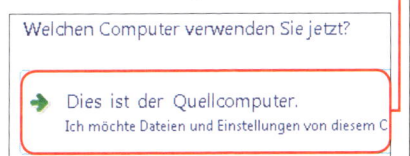

> Welchen Computer verwenden Sie jetzt?
>
> → Dies ist der Quellcomputer.
> Ich möchte Dateien und Einstellungen von diesem C

6 Nun werden die Daten zusammengestellt, die gesichert werden sollen. Anschließend haben Sie die Möglichkeit, die Auswahl anzupassen, indem Sie auf oder

> ☑ **XPMUser**
> 10 KB ausgewählt (Standard)
> (Anpassen)
>
> ☑ **Freigegebene Elemente**
> 15.1 MB ausgewählt (Standa
> (Anpassen)

klicken. Unten im Fenster wird Ihnen mitgeteilt, welche Speicherkapazität benötigt wird. Klicken Sie darunter auf

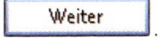

[Weiter]

.

7 Die Daten, die Sie im Folgenden sichern, sollten Sie mit einem **Kennwort** schützen. Hierzu haben Sie jetzt Gelegenheit. Tippen Sie einfach das Kennwort und die Kontrollwiederholung in die Felder

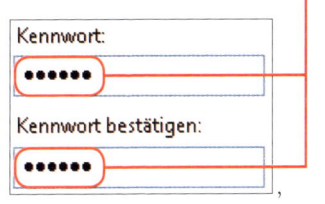

> Kennwort:
> [•••••••]
>
> Kennwort bestätigen:
> [•••••••]

ein. Aus Sicherheitsgründen werden die Zeichen nicht dargestellt, sondern in der Anzeige durch Punkte verschlüsselt. Merken Sie sich das Kennwort gut, bevor Sie mit einem Klick auf fortfahren.

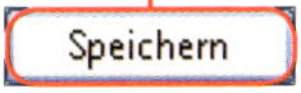

[Speichern]

8 Wählen Sie im nächsten Fenster mit einem Doppelklick das Speicherlaufwerk aus, hier beispielsweise einen verbundenen USB-Stift,

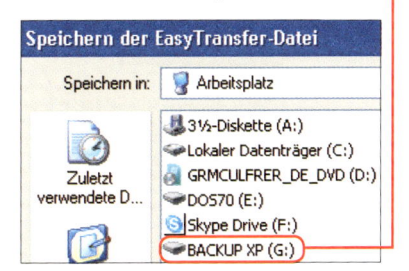

> **Speichern der EasyTransfer-Datei**
>
> Speichern in: 💾 Arbeitsplatz
>
> Zuletzt verwendete D...
> - 3½-Diskette (A:)
> - Lokaler Datenträger (C:)
> - GRMCULFRER_DE_DVD (D:)
> - DOS70 (E:)
> - Skype Drive (F:)
> - BACKUP XP (G:)

und bestätigen Sie das gewählte Speichermedium per Mausklick auf

[Speichern]

.

Daraufhin beginnt der Speichervorgang, über dessen Fortschritt Sie kontinuierlich informiert werden.

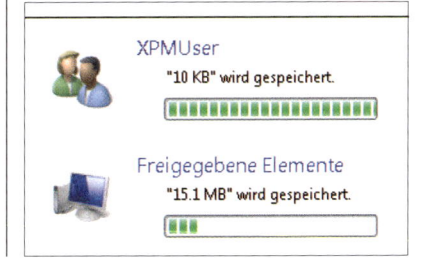

> **XPMUser**
> "10 KB" wird gespeichert.
> [██████████████████████]
>
> **Freigegebene Elemente**
> "15.1 MB" wird gespeichert.
> [███]

Erste Schritte Daten übertragen mit Windows Vista

9 Sobald die Speicherung erfolgreich beendet ist,

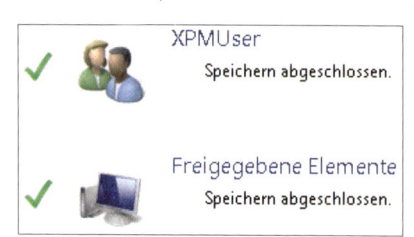

✓ XPMUser
Speichern abgeschlossen.

✓ Freigegebene Elemente
Speichern abgeschlossen.

brauchen Sie nur noch zweimal auf

[Weiter]

zu klicken, bevor Sie mit einem Klick auf

[Schließen]

die Arbeit mit Windows-Easy Transfer beenden.

Nun sind Ihre Dateien und Einstellungen von Windows XP auf dem Speichermedium für die spätere Übertragung auf Windows 7 gesichert. Wie diese Übertragung funktioniert, erfahren Sie im Kapitel 3 ab Seite 100.

Dateien und Einstellungen übertragen mit Windows Vista

Während Windows XP kein geeignetes Übertragungsprogramm im Lieferumfang hat und das Programm Windows-Easy Transfer daher von der Windows-7-Installations-DVD geladen werden muss, gehört Windows-Easy Transfer bereits von vornherein zum Programmspektrum von Windows Vista. Die Sicherungsdatei, die hiermit unter Windows Vista produziert werden kann, lässt sich später mit Windows 7 wieder verarbeiten.

1 Um das Programm Windows-Easy Transfer zu starten, klicken Sie als Erstes auf ●, dann auf ●,

▶ **Alle Programme**

Suche starten

im Programmmenü auf

[📁 Zubehör],

im dazugehörigen Untermenü auf

[📁 Systemprogramme]

und schließlich auf den Ordner

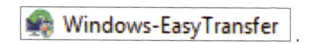

[🌐 Windows-EasyTransfer].

2 Wenn Sie die nachfolgende Sicherheitsabfrage der Benutzerkontensteuerung per Klick auf

[Fortsetzen]

beantwortet haben, werden Sie im nächsten Fenster darüber aufgeklärt, welche Dateien und Einstellungen gesichert werden. Bestätigen Sie dies mit

Daten übertragen mit Windows Vista — Erste Schritte

einem Mausklick auf ●.

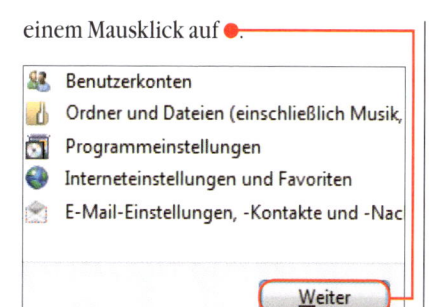

- Benutzerkonten
- Ordner und Dateien (einschließlich Musik,
- Programmeinstellungen
- Interneteinstellungen und Favoriten
- E-Mail-Einstellungen, -Kontakte und -Nac

[Weiter]

3 Um eine neue Übertragung zu beginnen, klicken Sie nun auf

→ **Neuen Transfer starten**.

Dass Ihnen der PC als Quelle der Daten dient, die auf einen anderen Windows-PC übertragen werden sollen, bestätigen Sie per Klick auf

Quellcomputer
Ich möchte Dateien und Einstellungen

4 Für die Übertragung stehen Ihnen drei Varianten zur Verfügung, von denen die beiden ersten als Zielrechner einen bereits fertig installierten Windows-7-PC voraussetzen. Dieser wird dann mittels eines speziellen USB-Kabels oder über eine bestehende Netzwerkverbindung auf den Stand des Quellrechners gebracht. Wenn Sie Windows 7 jedoch erst später installieren und hierfür den PC verwenden, der momentan als Quelle dient, müssen Sie die Easy-Transfer-Daten auf einem Datenträger zwischenspeichern. Hierfür klicken Sie auf die Option ●.

Wie möchten Sie die Dateien und Einstell übertragen?

EasyTransfer-Kabel verwenden (e
Stellen Sie sicher, dass Sie das Kabel in beide Co

Direkt über ein Netzwerk übertra
Beide Computer müssen sich im selben Netzwe

CD, DVD oder ein andere Wechse
Sie können ein USB-Flashlaufwerk, eine externe wiederbeschreibbare CD oder DVD verwenden.

5 Als Nächstes wählen Sie die Art des Datenträgers, auf den Easy Transfer zugreifen soll, beispielsweise einen USB-Stift, den Sie mit dem PC verbunden haben. Klicken Sie dazu auf den Eintrag ●.

Wählen Sie aus, wie Dateien und Einstellur

Stellen Sie sicher, dass die Auswahl auf beiden Computern fur

CD oder DVD
Verwenden Sie einen leeren, beschreibbaren (CD-

USB-Flashlaufwerk
Wenn Sie ein USB-Flashlaufwerk verwenden möc

Externe Festplatte oder ein Netzwe
Wählen Sie einen Speicherort, auf den beide Com

Anschließend markieren Sie mit einem Klick auf den Laufwerksbuchstaben das gewählte Speichermedium, etwa ●.

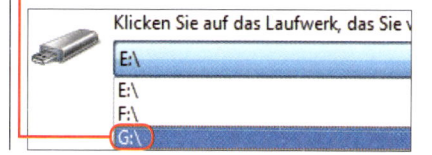

Klicken Sie auf das Laufwerk, das Sie v
- E:\
- E:\
- F:\
- **G:**

49

Erste Schritte — Daten übertragen mit Windows Vista

6 Außerdem sollten Sie den künftigen Inhalt des Laufwerks, bei dem es sich ja um persönliche Daten handelt, mit einem Passwort gegen fremden Zugriff schützen. Tippen Sie das Pass- beziehungsweise Kennwort und zur Kontrolle seine Wiederholung verdeckt in die Eingabefelder

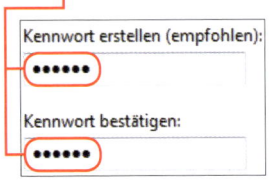

```
Kennwort erstellen (empfohlen):
●●●●●●

Kennwort bestätigen:
●●●●●●
```

ein (und merken Sie sich das Kennwort gut!). Um fortzufahren, klicken Sie danach auf

Weiter >.

7 Nun brauchen Sie nur noch die empfohlene Voreinstellung mit einem Mausklick auf

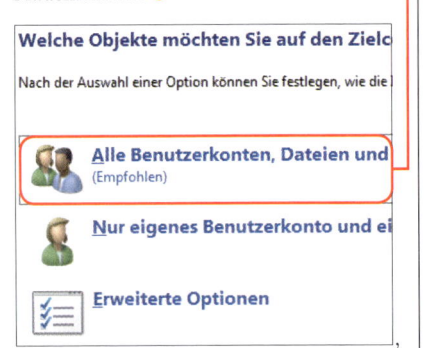

Welche Objekte möchten Sie auf den Ziel

Nach der Auswahl einer Option können Sie festlegen, wie die

- **Alle Benutzerkonten, Dateien und** (Empfohlen)
- **Nur eigenes Benutzerkonto und ei**
- **Erweiterte Optionen**

zu bestätigen. Bei dieser Option werden die Dateien und Einstellungen sämtlicher Benutzerkonten – also auch der Mitbenutzer des PCs wie beispielsweise die Daten Ihrer Kinder – gesichert. Daraufhin werden die übertragbaren Daten überprüft.

Es wird geprüft, welche Objekte übertragen wer

8 Nachdem dies passiert ist, können Sie bei Bedarf mit einem Klick auf

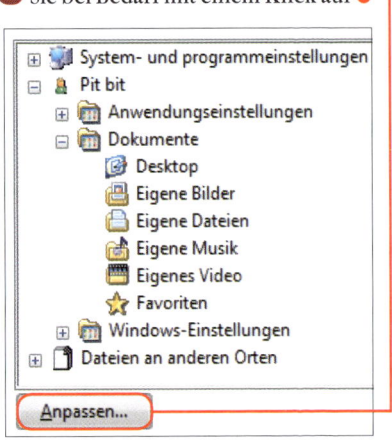

- System- und programmeinstellungen
- Pit bit
  - Anwendungseinstellungen
  - Dokumente
    - Desktop
    - Eigene Bilder
    - Eigene Dateien
    - Eigene Musik
    - Eigenes Video
    - Favoriten
  - Windows-Einstellungen
- Dateien an anderen Orten

Anpassen...

noch Anpassungen vornehmen. Das ist beispielsweise dann praktisch, wenn Sie auf einem anderen Laufwerk noch weitere Ordner mit persönlichen Daten haben, die in die Sammlung noch nicht einbezogen wurden.

9 Die Übertragung der ausgewählten Daten starten Sie schließlich per Klick auf

Übertragen.

Installation von Windows 7 vorbereiten | Erste Schritte

Jetzt werden die Daten gesammelt und anschließend auf den Datenträger geschrieben.

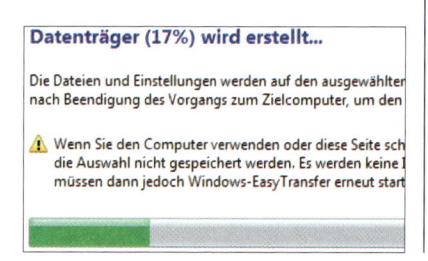

Datenträger (17%) wird erstellt...

Die Dateien und Einstellungen werden auf den ausgewählten nach Beendigung des Vorgangs zum Zielcomputer, um den

⚠ Wenn Sie den Computer verwenden oder diese Seite sch die Auswahl nicht gespeichert werden. Es werden keine müssen dann jedoch Windows-EasyTransfer erneut start

Nach Abschluss des Speichervorgangs werden Sie darüber informiert, dass Sie die gesicherten Dateien und Einstellungen nun auf den Zielcomputer übertragen können. Mit einem Mausklick auf

Schließen

beenden Sie das Programm. Im Kapitel 3 ab Seite 100 erfahren Sie, wie Sie mit diesen für Windows 7 gesicherten Daten weiter verfahren.

Vorbereitung für die Installation von Windows 7

■ Sie können Windows 7 direkt von der Programm-DVD, auf der es ausgeliefert wird, neu installieren. In diesem Fall können Sie sofort mit der Schritt-für-Schritt-Anleitung zur Neuinstallation von Windows 7 fortfahren, die Ihnen ab Seite 58 beschrieben wird.

■ Sollte Ihr PC beim Start die eingelegte Installations-DVD von Windows 7 nicht erkennen, erfahren Sie im Abschnitt „Startoption für DVD oder USB-Stift einstellen" auf Seite 56, welche Einstellungen Sie an Ihrem Rechner vornehmen müssen.

■ Wenn Ihr PC über kein DVD-Laufwerk verfügt, wie es vor allem bei kleinen Notebooks der Fall ist, lässt sich Windows 7 auch von einem USB-Stift installieren. Hierfür muss die gesamte Installations-DVD aber zuerst auf den USB-Stick kopiert werden. Wie Sie dies selbst bewerkstelligen, zeigen Ihnen die beiden folgenden Anleitungen. Dabei wird Ihnen zunächst erklärt, wie Sie von der Installations-DVD ein Abbild speichern, das Sie dann anschließend auf einen USB-Stift übertragen.

Voraussetzung ist, dass der Speicherstift eine Kapazität von mindestens 4 **Gigabyte** aufweist. Zudem müssen Sie Zugriff auf einen PC mit laufendem Betriebsprogramm haben, der über ein DVD-Laufwerk und USB-Schnittstellen verfügt (Erklärungen hierzu finden Sie im ersten Kapitel).

Die beiden Programme, die Sie brauchen, um die Installations-DVD für Windows 7 auf einen selbststartenden USB-Stift zu kopieren, sind beide kostenlos auf der Internetseite von Computerbild.de verfügbar. Im Kasten auf der nächsten Seite wird Ihnen Schritt für Schritt gezeigt, wie der Download beziehungsweise das Herunterladen funktioniert.

Erste Schritte — Installation von Windows 7 vorbereiten

Gezielter Download mit Webcodes

In der Zeitschrift COMPUTER BILD finden Sie in vielen Artikeln sogenannte Webcodes. Dabei handelt es sich um eine mehrstellige Zahl. Mithilfe dieses Webcodes können Sie ganz gezielt Artikel auf den Internetseiten von COMPUTER BILD aufrufen und Programme herunterladen.

1 Geben Sie zunächst ins Eingabefeld des Internetzugriffsprogramms, hier der Internet Explorer, die Adresse **www.computerbild.de** ein, und bestätigen Sie die Eingabe mit der ⏎-Taste.

2 Klicken Sie dann auf der Seite von COMPUTER BILD rechts oben in das Eingabefeld.

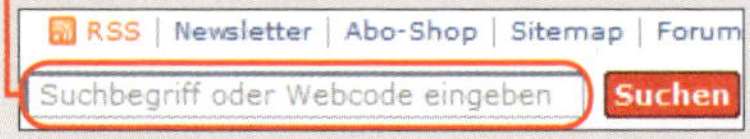

Tippen Sie hier den Webcode ein, der im Buch angegeben ist, beispielsweise `10270`,

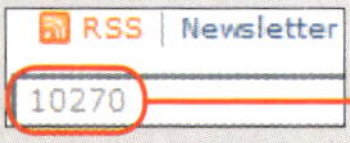

und klicken Sie anschließend direkt daneben auf die Schaltfläche **Suchen**.

3 Auf der Seite, mit der Sie nun verbunden werden, folgt ein Klick unterhalb des Artikels auf den Download-Link, beispielsweise `Download: Gratis-Programm`.

Um das automatische Herunterladen des Programms zu starten, klicken Sie auf der nachfolgenden Beschreibungsseite auf die Schaltfläche **Download**.

4 Wenn am oberen Fensterrahmen die Meldung `Der Download von Dateien von dieser Site` erscheint, klicken Sie sie mit der Maus an und wählen im aufklappenden Kontextmenü den Befehl **Datei herunterladen...**.

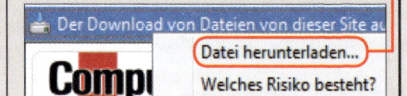

5 Im nachfolgenden Hinweisfenster klicken Sie auf **Ausführen**, um das Programm direkt zu installieren. Alternativ hierzu können Sie per Klick auf **Speichern** die Installationsdatei in einem Verzeichnis Ihrer Wahl speichern und später durch doppeltes Anklicken installieren.

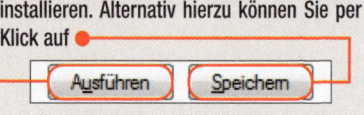

6 Wenn bei der Installation die Sicherheitsabfrage der Benutzerkontensteuerung erscheint, klicken Sie bei Windows Vista auf **Zulassen**

oder bei Windows 7 auf **Ja**.

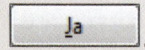

Anschließend folgen Sie der jeweiligen Anleitung des Installationsprogramms.

Abbild der Installations-DVD anlegen | Erste Schritte

Abbild der Installations-DVD anlegen

Zunächst müssen Sie ein Abbild der Installations-DVD von Windows 7 – eine sogenannte Imagedatei – anlegen.

1 Laden Sie, wie im Kasten beschrieben, von der Internetseite Computerbild.de mit dem Webcode **10746** das Programm „ImgBurn", und installieren Sie es. Nach Abschluss der Installation startet ImgBurn automatisch. Um es später zu starten, klicken Sie erst auf ● und dann auf ●.

Wenn Sie danach im Programmmenü zunächst auf ● und dann auf ●

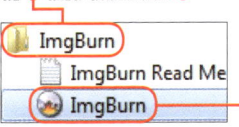

klicken, startet ImgBurn.

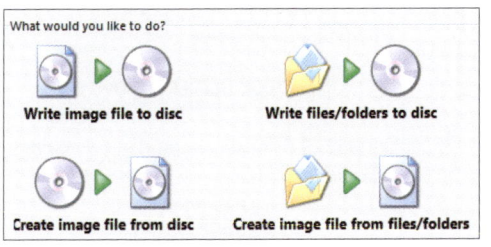

2 Legen Sie jetzt die Installations-DVD von Windows 7 in das DVD-Laufwerk Ihres Rechners ein. Wenn das Fenster für die automatische Wiedergabe erscheint, schließen Sie es per Klick auf ●.

Klicken Sie im Programmfenster von ImgBurn auf ●.

3 Als Nächstes wählen Sie mit einem Mausklick das Laufwerk aus, in das Sie die Installations-DVD eingelegt haben, im Beispiel ●.

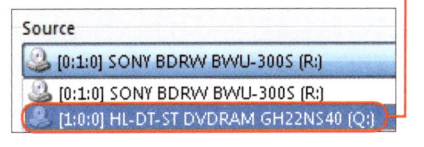

Nach einem Klick auf ●

starten Sie die Erstellung des Abbilds der Installations-DVD. Es wird in Ihrem Dokumente-Ordner unter dem Namen der DVD gespeichert.

4 Sobald das Abbild fertig ist, erscheint eine Meldung, die

53

Erste Schritte | **Imagedatei auf USB-Stift übertragen**

Sie per Klick auf die Schaltfläche

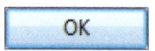

> OK

schließen. Um ImgBurn zu beenden, klicken Sie einfach auf ●.

Abbild der Installations-DVD auf einen USB-Stift übertragen

Nun müssen Sie das Abbild der Installations-DVD von Windows 7 noch auf einen USB-Stift übertragen. Da dieser USB-Stift in der Lage sein muss, den PC zu starten, können Sie das Abbild nicht einfach auf den Speicherstift kopieren, sondern brauchen ein spezielles Programm dafür. Dieses Programm, das Microsoft zur Verfügung stellt, können Sie wieder bei Computerbild.de erhalten.

1 Laden Sie das Programm „Windows 7 USB/DVD Download Tool" mit dem Webcode **10810** von der Internetseite Computerbild.de, wie im Kasten auf Seite 52 beschrieben, und installieren Sie es. Anschließend starten Sie es über das Startmenü mit Klicks auf ● und ●.

Im geöffneten Programmmenü klicken Sie dann erst auf ● und anschließend auf ●.

Für den Start des Programms müssen Sie die Sicherheitsabfrage noch mit

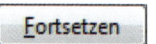

> Fortsetzen

bestätigen.

2 Im Programmfenster klicken Sie auf

> Browse

und wechseln dann mit einem Mausklick in Ihren Dokumente-Ordner, in dem das Abbild gespeichert wurde, also ●.

Hier markieren Sie, ebenfalls mit einem Mausklick, die Datei

> GRMCULFRER_DE_DVD

und klicken anschließend auf die Schaltfläche

> Öffnen

Imagedatei auf USB-Stift übertragen | Erste Schritte

3 Der Dateiname wird daraufhin ins Programmfenster übernommen: ●. Wechseln Sie mit einem Klick auf ●

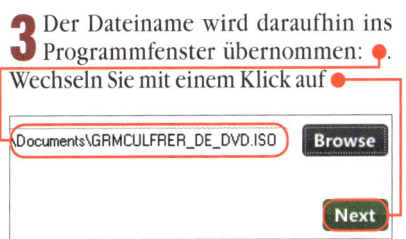

zum nächsten Schritt. Nun müssen Sie per Mausklick auf ●

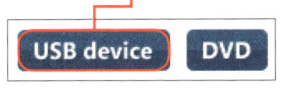

lediglich angeben, dass Sie einen USB-Stift beschreiben wollen.

⚠ Voraussetzungen für die Verwendung des USB-Stifts

Um das Abbild der Installations-DVD aufnehmen zu können, muss der USB-Stift mindestens 4 Gigabyte Speicherkapazität haben. Außerdem sollte er leer sein, oder zumindest müssen Sie die Daten, die möglicherweise schon auf dem USB-Stift gespeichert sind, vorab auf die Festplatte oder auf ein anderes Speichermedium kopieren. Achtung: Die Dateien, die sich auf dem USB-Stift befinden, werden bei der Einrichtung der Installationsversion von Windows 7 gelöscht.

4 Sofern Sie den USB-Stift noch nicht in den PC eingesteckt haben, müssen Sie dies nun tun. Erscheint für den Speicherstift das Fenster für die automatische Wiedergabe, schließen Sie es mit einem Mausklick auf das Kreuz ●.

Damit das Programm Windows 7 USB/DVD Download Tool den USB-Stift erkennt, klicken Sie im Programmfenster auf ●.

Wenn mehrere USB-Stifte entdeckt werden, können Sie den passenden Speicherstift nach einem Klick auf ● in der geöffneten Liste markieren, etwa ●.

Mit einem Mausklick auf die Schaltfläche

Begin copying

starten Sie den Kopiervorgang.

5 Daraufhin werden Sie noch einmal darauf aufmerksam gemacht, dass die Daten des USB-Stiftes nun gelöscht werden. Sollten Sie die „alten" Daten zu diesem Zeitpunkt noch nicht gesichert haben, klicken Sie auf ●. Sind die Dateien bereits gesichert oder ist der USB-Stift leer, können Sie den Kopiervorgang jetzt per Klick auf ●

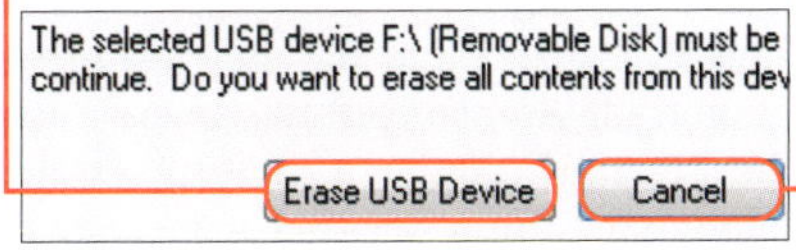

Erste Schritte Startoption für DVD/USB-Stift einstellen

starten. Diese Entscheidung müssen Sie in einem weiteren Fenster sicherheitshalber noch einmal mit

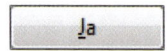

Ja

bestätigen.

6 Der USB-Stift wird nun formatiert, und anschließend werden die Installationsdaten auf den Stift kopiert. Wenn die Abschlussmeldung

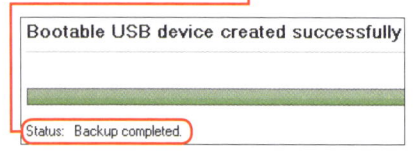

> Bootable USB device created successfully
>
> Status: Backup completed.

erscheint, können Sie das Fenster per Klick auf das Schießkreuz

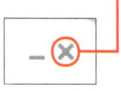

– ✖

beenden. Mit dem USB-Stift können Sie nun Windows 7 genau wie von der DVD einrichten.

Startoption für DVD oder USB-Stift einstellen

Normale Rechner sind so eingestellt, dass sie direkt von der Festplatte aus starten. Da Sie den Rechner in diesem Fall jedoch mit der DVD oder dem USB-Stift starten – also ohne das Betriebsprogramm auf Ihrer Festplatte –, müssen Sie die Starteinstellungen ändern. Dazu müssen Sie Ihren Rechner neu starten und vor dem eigentlichen Start des Betriebsprogramms das sogenannte BIOS des Rechners aufrufen. Wichtig: Falls Sie vom USB-Stift starten wollen, auf den Sie – wie zuvor beschrieben – eine Kopie des Installationsprogramms von Windows 7 gespeichert haben, müssen Sie den USB-Stift in den PC einstecken, *bevor* Sie den PC starten!

> **❚ BIOS**
>
> Das BIOS (Abkürzung für „**B**inary **I**nput **O**utput **S**ystem") stellt die grundlegenden Funktionen für den Rechner bereit. Es prüft zum Beispiel, ob eine Grafikkarte vorhanden ist oder ob der Speicher des Rechners fehlerfrei arbeitet. Nach der Überprüfung startet es dann das Betriebsprogramm. Im BIOS wird auch die Reihenfolge der Medien festgelegt, von denen aus der Rechner gestartet werden kann. Dies kann von einer Festplatte, von einer Diskette oder eben auch von einer CD-ROM, einer DVD oder einem USB-Speicher aus geschehen.

1 Halten Sie zum Anzeigen des BIOS beim Start Ihres Rechners die `Entf`-Taste gedrückt. Mitunter hat diese Taste auch die Bezeichnung `Del`. Bei manchen Rechnern kann es, abhängig vom eingebauten BIOS, auch die Funktionstaste `F2` sein,

> `Press <F2> to enter SETUP`

mit der das Fenster für die Einstellungen zum „Setup" geöffnet wird. Sollte beim Start nicht angezeigt werden, wie Sie das

Startoption für DVD/USB-Stift einstellen | Erste Schritte

BIOS öffnen können, müssen Sie in der Dokumentation Ihres Rechners nachlesen.

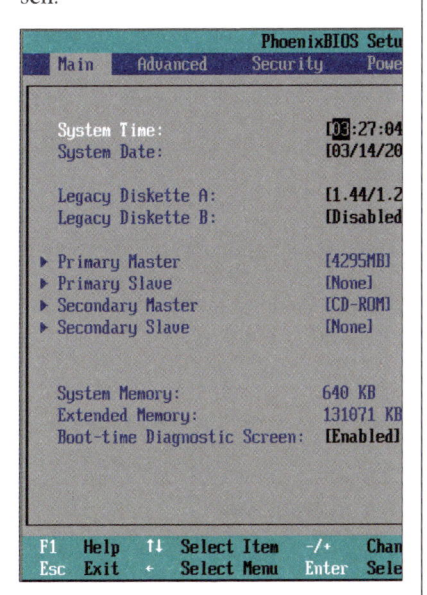

```
                                    PhoenixBIOS Setu
 Main    Advanced    Security     Powe

   System Time:                 [03]:27:04
   System Date:                 [03/14/20

   Legacy Diskette A:           [1.44/1.2
   Legacy Diskette B:           [Disabled

 ▶ Primary Master               [4295MB]
 ▶ Primary Slave                [None]
 ▶ Secondary Master             [CD-ROM]
 ▶ Secondary Slave              [None]

   System Memory:               640 KB
   Extended Memory:             131071 KB
   Boot-time Diagnostic Screen: [Enabled]


 F1   Help    ↑↓   Select Item   -/+    Chan
 Esc  Exit    ←    Select Menu   Enter  Sele
```

Leider sind die folgenden Menüs immer in englischer Sprache gehalten und können ausschließlich mit der Tastatur bedient werden. Wenn Sie ein anderes BIOS als das hier beispielhaft gezeigte Phoenix-BIOS haben, müssen Sie damit rechnen, dass auch die Menüpunkte etwas anders aussehen.

2 Mit den Pfeiltasten

gelangen Sie auf den Eintrag „Boot" in der Menüleiste:

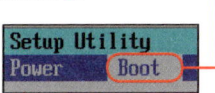

```
 Setup Utility
 Power      Boot
```

Beim ebenfalls weit verbreiteten Award-BIOS heißt dieser Menüpunkt übrigens „Advanced BIOS Features".

Nachdem Sie die ⏎-Taste gedrückt haben, wird das Fenster zur Einstellung der Startreihenfolge geöffnet.

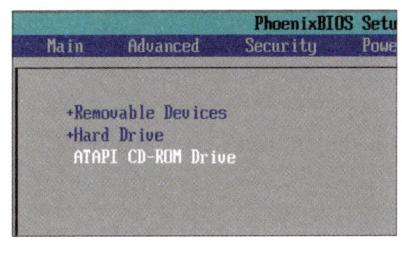

```
                                    PhoenixBIOS Setu
 Main    Advanced    Security     Powe


          +Removable Devices
          +Hard Drive
           ATAPI CD-ROM Drive
```

3 Hier können Sie einstellen, von welchem Datenträger Sie den PC starten möchten. Um beispielsweise von der DVD zu starten, steuern Sie hier mithilfe der Pfeiltasten den Eintrag für das CD-ROM-Laufwerk

```
     +Removable Devices
     +Hard Drive
     ATAPI CD-ROM Drive
```

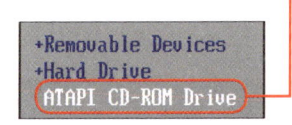

an und klicken dann auf die ⊞-Taste, bis der Eintrag für das CD-ROM-Laufwerk an erster Stelle steht.

```
     ATAPI CD-ROM Drive
     +Removable Devices
     +Hard Drive
```

Erste Schritte | **Neuinstallation von Windows 7**

4 Nutzen Sie erneut die Pfeiltasten, und wählen Sie in der Menüleiste den Eintrag

> Exit

aus. Jetzt erhalten Sie die Gelegenheit, das Setup zu beenden.

5 Markieren Sie in dem eingeblendeten Fenster mit den Pfeiltasten den Eintrag,

> Exit Discarding Changes
> Load Setup Defaults
> Discard Changes
> Save Changes

um die Änderung zu sichern (engl. „to save" = sichern), und drücken Sie danach die Funktionstaste F10.

6 Anschließend erscheint eine Meldung,

> Setup Confirmation
> Save configuration changes and exit now?
> [Yes]   [No]

die Sie nur noch mit einem Druck auf die ⏎-Taste zu bestätigen brauchen. Damit wird Ihr Rechner beim Neustart mit der eingelegten Windows-7-DVD gestartet. Wenn Sie den eingesteckten USB-Stift als Startmedium gewählt haben, startet der PC vom Speicherstift.

Neuinstallation von Windows 7

Sobald Sie Ihren Rechner mit der eingelegten Windows-7-DVD oder dem entsprechenden USB-Stift starten, wird das Installationsprogramm geladen.

1 Wenn Sie die Windows-7-DVD eingelegt haben und die Aufforderung

> Drücken Sie eine beliebige Taste, um

erscheint, müssen Sie eine Taste drücken, um den Start von der DVD auszuführen. Dieser Vorgang kann einige Minuten dauern.

2 Dann wird der erste Bildschirm geladen. Hier müssen Sie bestätigen, dass Sie die deutsche Version des Betriebsprogramms wünschen.

58

Neuinstallation von Windows 7 — Erste Schritte

Klicken Sie dazu einfach auf die Schaltfläche

> Weiter

und im nachfolgenden Fenster auf:

> Jetzt installieren

3 Im Fenster, das daraufhin angezeigt wird, geht es um die Lizenzbestimmungen. Haben Sie sie gelesen haben und sind damit einverstanden, klicken Sie in das Kästchen,

> MICROSOFT-SOFTWARE-LIZENZBESTIMMUNGI
>
> **WINDOWS 7 HOME PREMIUM**
>
> Diese Lizenzbestimmungen sind ein Vertrag zwis Corporation (oder einer anderen Microsoft-Konze an dem Sie leben, die Software lizenziert). Bitte aufmerksam durch. Sie gelten für die oben genai die Medien, auf denen Sie diese erhalten haben. möglicherweise im Lieferumfang der Software e möglicherweise alle Bildschirmlizenzbestimmung alle von Microsoft diesbezüglich angebotenen
>
> - Updates
> - Ergänzungen
>
> ☑ Ich akzeptiere die Lizenzbedingungen

sodass darin - wie in der Abbildung - ein Häkchen erscheint. Es folgt ein Klick auf

> Weiter

4 Als Nächstes entscheiden Sie sich für eine Installationsart. Da Sie in diesem Beispiel eine neue Version installieren möchten, klicken Sie in das Feld:

> Wählen Sie eine Installationsart aus:
>
> Upgrade
> Aktualisiert auf eine neuere Version von und Programme bei. Die Upgradeoption Windows-Version ausgeführt wird. Wir e erstellen, bevor Sie fortfahren.
>
> Benutzerdefiniert (erweitert)
> Installiert eine neue Windows-Kopie. Bei Einstellungen und Programme nicht beil Datenträgern und Partitionen vorzunehn über den Installationsdatenträger starten Dateien zu erstellen, bevor Sie fortfahren

5 Nun sehen Sie die **Festplatte**, auf der Windows 7 installiert werden soll. Markieren Sie den entsprechenden Eintrag mit einem Mausklick, sodass die Festplatte blau hinterlegt erscheint,

> Wo möchten Sie Windows installieren
>
> | Name |
> |---|
> | Nicht zugewiesener Speicherplatz auf Da |

und klicken Sie ein weiteres Mal auf

> Weiter

59

Erste Schritte | **Einrichten des Betriebsprogramms**

6 Daraufhin beginnt das Programm mit der Installation von Windows 7.

> Windows wird installiert...
>
> Alle erforderlichen Informationen sind jetzt vorh
> mehrfach neu gestartet.
>
> ✓ Windows-Dateien werden kopiert
> **Windows-Dateien werden expandiert (77**
> Funktionen werden installiert
> Updates werden installiert
> Installation wird abgeschlossen

7 Die Installation dauert – je nach Rechner – etwa eine halbe Stunde. Aber Sie müssen sich nicht darum kümmern. Während der Installation der Programmdateien wird Ihr PC automatisch neu gestartet.

Achtung: Nach der Grundeinrichtung, die mit dem Schritt

> ✓ Windows-Dateien werden kopiert
> ✓ Windows-Dateien werden expandiert
> ✓ Funktionen werden installiert
> **Updates werden installiert ..**

endet, sind alle erforderlichen Daten auf dem PC gespeichert. Für die Windows-Installation ist die eingelegte DVD oder der USB-Stift daher nicht länger notwendig. Damit der Start nun von der Festplatte erfolgt, sollten Sie beim nachfolgenden automatischen Start den Datenträger mit dem Installationsprogramm für Windows 7 aus dem Gerät nehmen. Ansonsten kann es passieren, dass Windows erneut mit der Installation beginnt.

8 Nachdem alle Dateien kopiert und ausgepackt sind, die Funktionen von Windows automatisch installiert wurden und der automatische Neustart erfolgte,

> Windows wird gestartet.

wird die erste Phase der Installation beendet.

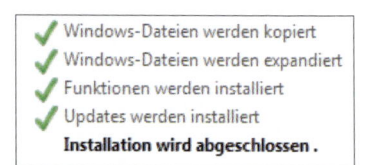

> ✓ Windows-Dateien werden kopiert
> ✓ Windows-Dateien werden expandiert
> ✓ Funktionen werden installiert
> ✓ Updates werden installiert
> **Installation wird abgeschlossen .**

Nach einem erneuten automatischen Start

> Setup wird nach dem Neustart des Computers fortgesetzt.

beginnt dann die erste Konfiguration von Windows 7.

Einrichten des Betriebsprogramms

Nun ist Windows 7 in seinen Grundzügen bereits auf Ihrer Festplatte eingerichtet. Allerdings braucht das Betriebsprogramm nach dem neuerlichen Start noch einige Angaben.

> Der Computer wird für die erste Verwendung vorbereitet.

1 Zunächst geht es darum, den ersten Benutzer für Windows 7 einzurich-

Einrichten des Betriebsprogramms | Erste Schritte

⚠ Einstellungen korrigieren

Die Einstellungen sind ganz leicht vorzunehmen. Falls Sie an den Einstellungen nachträglich etwas ändern möchten, klicken Sie einfach auf ●.

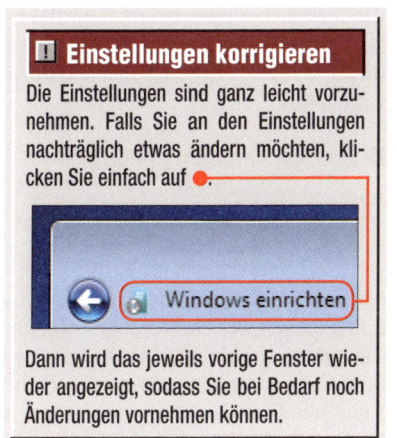

> ← Windows einrichten

Dann wird das jeweils vorige Fenster wieder angezeigt, sodass Sie bei Bedarf noch Änderungen vornehmen können.

---

ten. Dazu tippen Sie in das erste Textfeld einen Namen ein, den Sie frei wählen können: ●. Ins zweite Feld ●

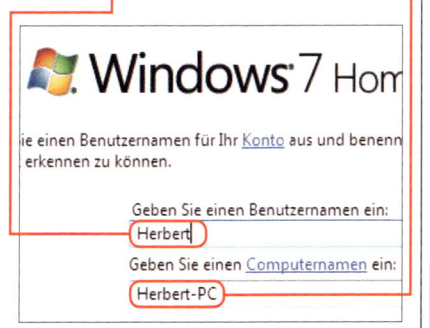

Windows 7 Hom

ie einen Benutzernamen für Ihr Konto aus und benenn erkennen zu können.

Geben Sie einen Benutzernamen ein:
(Herbert)

Geben Sie einen Computernamen ein:
(Herbert-PC)

tragen Sie den Namen für Ihren PC ein. Die Eingabe von Leerzeichen und Sonderzeichen wird hierbei jedoch nicht akzeptiert; nur Bindestriche können verwendet werden. Anschließend klicken Sie wieder auf

> Weiter

.

2 Im nächsten Fenster tippen Sie im Feld ● ein Kennwort ein, das Sie ebenfalls frei wählen können. Dieses Kennwort müssen Sie im Feld darunter ●

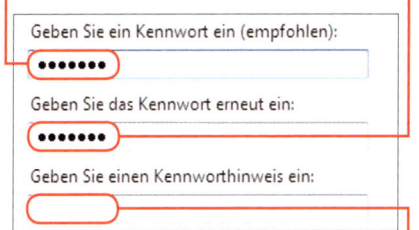

Geben Sie ein Kennwort ein (empfohlen):
(••••••••)

Geben Sie das Kennwort erneut ein:
(••••••••)

Geben Sie einen Kennworthinweis ein:

zur Sicherheit noch einmal wiederholen. Damit bei der Eingabe niemand Ihr Kennwort sehen kann, werden die einzelnen Zeichen sicherheitshalber nur verdeckt beziehungsweise als Punkte dargestellt. Als Erinnerungsstütze können Sie im dritten Feld ● außerdem noch einen Hinweis auf das Kennwort eingeben. Dann folgt wieder ein Klick auf

> Weiter

.

3 Nun müssen Sie den Produktschlüssel („Product Key") per Tastatur in das dafür vorgesehene Textfeld eingeben: ●.

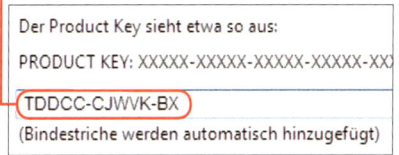

Der Product Key sieht etwa so aus:

PRODUCT KEY: XXXXX-XXXXX-XXXXX-XXXXX-XX

(TDDCC-CJWVK-BX)

(Bindestriche werden automatisch hinzugefügt)

Sie finden diesen Schlüssel entweder auf der Verpackung der DVD oder auf dem Gehäuse des Rechners, wenn dieser mit Windows 7 ausgeliefert wurde. Zur Akti-

Erste Schritte Einrichten des Betriebsprogramms

vierung Ihrer Kopie von Windows 7 sollte vor dem entsprechenden Eintrag ein Häkchen

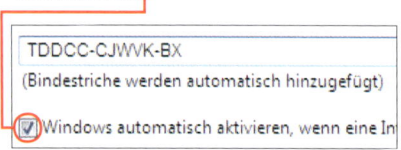

> TDDCC-CJWVK-BX
> (Bindestriche werden automatisch hinzugefügt)
> ☑ Windows automatisch aktivieren, wenn eine In

gesetzt sein. Haben Sie den Produktschlüssel eingegeben, klicken Sie auf die Schaltfläche

> Weiter.

4 Anschließend entscheiden Sie, wie wichtig Ihnen die Sicherheit Ihres Rechners ist. Dazu stehen Ihnen an dieser Stelle drei verschiedene Möglichkeiten zur Verfügung:

■ Bei der ersten Option

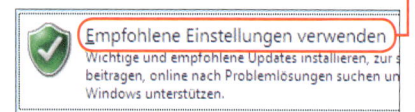

> Empfohlene Einstellungen verwenden
> Wichtige und empfohlene Updates installieren, zur s
> beitragen, online nach Problemlösungen suchen un
> Windows unterstützen.

werden alle Sicherheitsdateien und Programmaktualisierungen, die neu bei Microsoft bereitgestellt werden, automatisch aus dem Internet geladen und installiert.

■ Wählen Sie hingegen die zweite Option,

> Nur wichtige Updates installieren
> Nur Sicherheitsupdates bzw. andere wichtige

werden nur die wichtigsten Sicherheitsdateien heruntergeladen und installiert. Das sind zum Beispiel Verbesserungen für die Windows Firewall oder den Internet Explorer.

■ Und bei der dritten Option

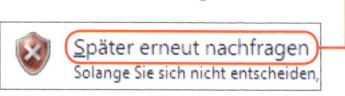

> Später erneut nachfragen
> Solange Sie sich nicht entscheiden,

können Sie sogar noch nach der Installation angeben, wie Sie vorgehen wollen. Am besten verwenden Sie die erste Option, denn dann müssen Sie sich um die Sicherheit Ihres Rechners die wenigsten Gedanken machen. Sobald Sie den gewünschten Eintrag angeklickt haben, öffnet sich das nächste Fenster.

5 Darin können Sie die Zeitzone und das Datum mit der aktuellen Uhrzeit einstellen.

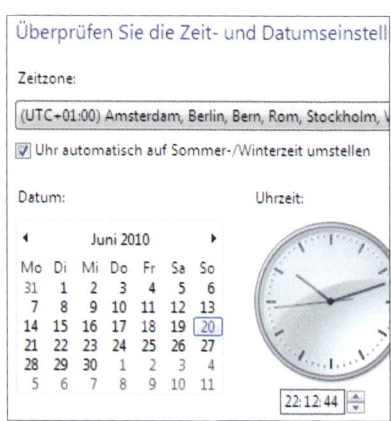

> Überprüfen Sie die Zeit- und Datumseinstell
> Zeitzone:
> (UTC+01:00) Amsterdam, Berlin, Bern, Rom, Stockholm,
> ☑ Uhr automatisch auf Sommer-/Winterzeit umstellen
> Datum: Uhrzeit:
> ◀ Juni 2010 ▶
> Mo Di Mi Do Fr Sa So
> 31 1 2 3 4 5 6
> 7 8 9 10 11 12 13
> 14 15 16 17 18 19 20
> 21 22 23 24 25 26 27
> 28 29 30 1 2 3 4
> 5 6 7 8 9 10 11
> 22:12:44

In der Regel sind die Daten allerdings schon korrekt vorgegeben. In dem Fall

Einrichten des Betriebsprogramms **Erste Schritte**

können Sie gleich auf

Weiter

klicken und mit Schritt 9 dieser Anleitung fortfahren.

6 Sollten Sie jedoch in einer anderen Zeitzone wohnen, können Sie die Voreinstellung ganz schnell ändern. Klicken Sie dazu neben dem Eintrag auf den nach unten weisenden Pfeil,

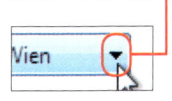

und wählen Sie mit einem Mausklick die für Sie korrekte Zeitzone aus.

(GMT+02:00) Athen, Bukarest, Istanbul
(GMT+02:00) Beirut
(GMT+02:00) Harare, Pretoria
(GMT+02:00) Helsinki, Kiew, Riga, Sofia,
(GMT+02:00) Jerusalem
(GMT+02:00) Kairo

7 Falls das Datum nicht stimmen sollte, genügt ein Mausklick im Kalender auf das richtige Datum – und schon ist alles wunschgemäß korrigiert.

Den korrekten Monat stellen Sie bei Bedarf per Klick auf die Dreiecke neben dem Monatsnamen ein. Wenn Sie auf den nach links weisenden Pfeil klicken, wandern Sie einen Monat zurück und mit einem Mausklick auf den rechten Pfeil

entsprechend einen Monat vor.

8 Genauso einfach kann die Zeit umgestellt werden. Markieren Sie einfach per Mausklick die Stunden, Minuten oder Sekunden, und klicken Sie dann auf den nach oben weisenden Pfeil,

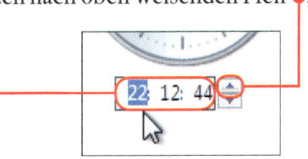

um die Uhr vorzustellen, oder auf den nach unten weisenden Pfeil, um sie zurückzustellen. Haben Sie Zeitzone, Datum und Uhrzeit korrekt eingestellt, klicken Sie erneut auf

Weiter.

9 Im Fenster, das daraufhin erscheint, bestimmen Sie die Sicherheitsstufe Ihres Netzwerks. Dazu haben Sie drei Möglichkeiten:

- Klicken Sie auf den Eintrag

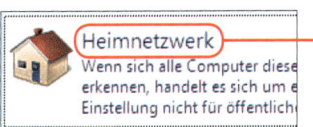

  Heimnetzwerk
  Wenn sich alle Computer diese erkennen, handelt es sich um e Einstellung nicht für öffentlich

Erste Schritte — Einrichten des Betriebsprogramms

wenn Ihr PC zu Hause steht und Sie alle Teilnehmer Ihres Netzwerks persönlich kennen. In diesem Fall können Sie die Verbindungen zwischen Ihren PCs optimal und beinahe ohne Einschränkungen nutzen und sogar Fotos, Musik und Filme von den verbundenen Windows-7-PCs übertragen und abspielen.

■ Befindet sich Ihr PC hingegen am Arbeitsplatz und ist vielleicht Teil eines Firmennetzes, so ist die Option

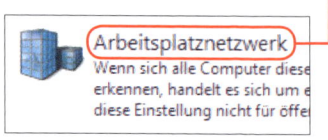

Arbeitsplatznetzwerk
Wenn sich alle Computer diese erkennen, handelt es sich um e diese Einstellung nicht für öffel

für Sie die richtige Einstellung.

■ Außerhalb solch vertrauter Umgebungen sollten Sie, was die Freigabe von Da-

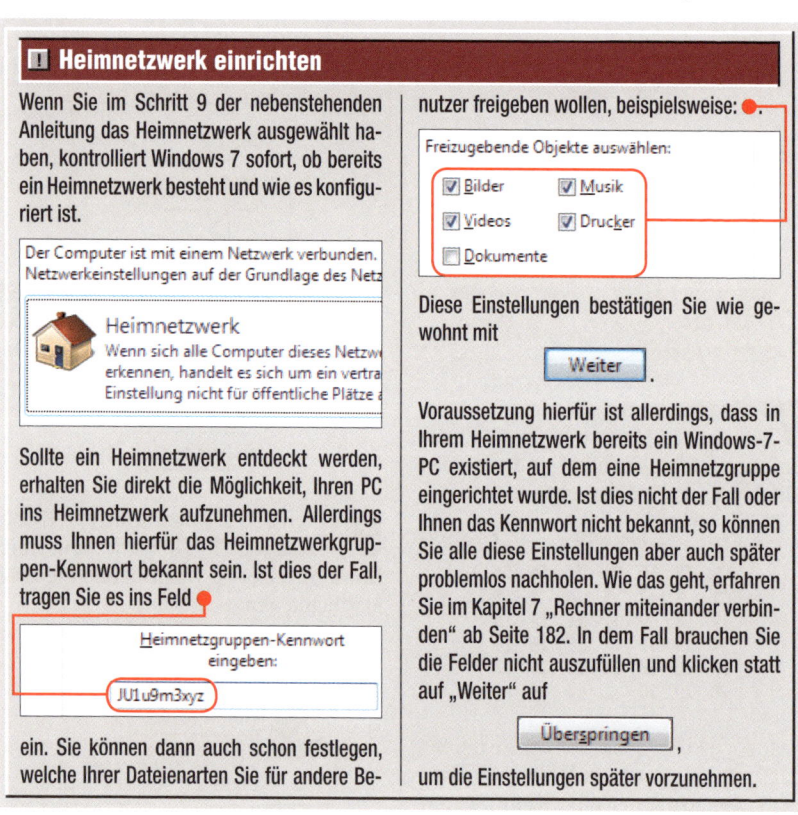

❗ Heimnetzwerk einrichten

Wenn Sie im Schritt 9 der nebenstehenden Anleitung das Heimnetzwerk ausgewählt haben, kontrolliert Windows 7 sofort, ob bereits ein Heimnetzwerk besteht und wie es konfiguriert ist.

Der Computer ist mit einem Netzwerk verbunden. Netzwerkeinstellungen auf der Grundlage des Netz

Heimnetzwerk
Wenn sich alle Computer dieses Netzv erkennen, handelt es sich um ein vertra Einstellung nicht für öffentliche Plätze a

Sollte ein Heimnetzwerk entdeckt werden, erhalten Sie direkt die Möglichkeit, Ihren PC ins Heimnetzwerk aufzunehmen. Allerdings muss Ihnen hierfür das Heimnetzwerkgruppen-Kennwort bekannt sein. Ist dies der Fall, tragen Sie es ins Feld

Heimnetzgruppen-Kennwort eingeben:
`JU1u9m3xyz`

ein. Sie können dann auch schon festlegen, welche Ihrer Dateienarten Sie für andere Benutzer freigeben wollen, beispielsweise:

Freizugebende Objekte auswählen:
- ☑ Bilder   ☑ Musik
- ☑ Videos   ☑ Drucker
- ☐ Dokumente

Diese Einstellungen bestätigen Sie wie gewohnt mit

[**Weiter**].

Voraussetzung hierfür ist allerdings, dass in Ihrem Heimnetzwerk bereits ein Windows-7-PC existiert, auf dem eine Heimnetzgruppe eingerichtet wurde. Ist dies nicht der Fall oder Ihnen das Kennwort nicht bekannt, so können Sie alle diese Einstellungen aber auch später problemlos nachholen. Wie das geht, erfahren Sie im Kapitel 7 „Rechner miteinander verbinden" ab Seite 182. In dem Fall brauchen Sie die Felder nicht auszufüllen und klicken statt auf „Weiter" auf

[**Überspringen**],

um die Einstellungen später vorzunehmen.

Einrichten des Betriebsprogramms — Erste Schritte

ten betrifft, kein Risiko eingehen. In dem Fall klicken Sie also am besten auf.

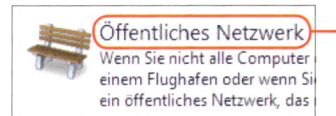

> Öffentliches Netzwerk
> Wenn Sie nicht alle Computer
> einem Flughafen oder wenn Si
> ein öffentliches Netzwerk, das

10 Damit haben Sie alle notwendigen Einstellungen vorgenommen,

Windows 7 Home Premium

Das Festlegen der Einstellungen wird abgeschlossen.

und Windows 7 wird automatisch das erste Mal gestartet.

> Desktop wird vorbereitet...

Einige letzte Konfigurationen nimmt das Betriebsprogramm alleine vor,

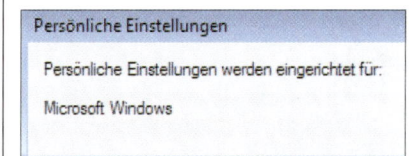

> Persönliche Einstellungen
> Persönliche Einstellungen werden eingerichtet für:
> Microsoft Windows

und dann ist Windows 7 betriebsbereit.

Erste Schritte Windows 7 über Vista installieren

❶ Automatische Updates werden direkt installiert

Sofern Sie bei der Installation, wie in Schritt 4 beschrieben, festgelegt haben, dass Windows 7 automatisch nach Updates suchen soll, beginnt die Aktualisierung direkt beim ersten Start. Sie sehen dies im Infobereich der Taskleiste in der Sprechblase über dem Update-Symbol: ●.

> Updates werden installiert...
> Klicken Sie hier, um den Status anzuzeigen.

So können Sie sicher sein, dass Ihr PC auf den neuesten Stand gebracht wird. Allerdings erfordern die Updates bisweilen einen Neustart. Sie führen ihn aus, indem Sie dann auf ●

> n installiert.
> jetzt
> er
> Jetzt neu starten

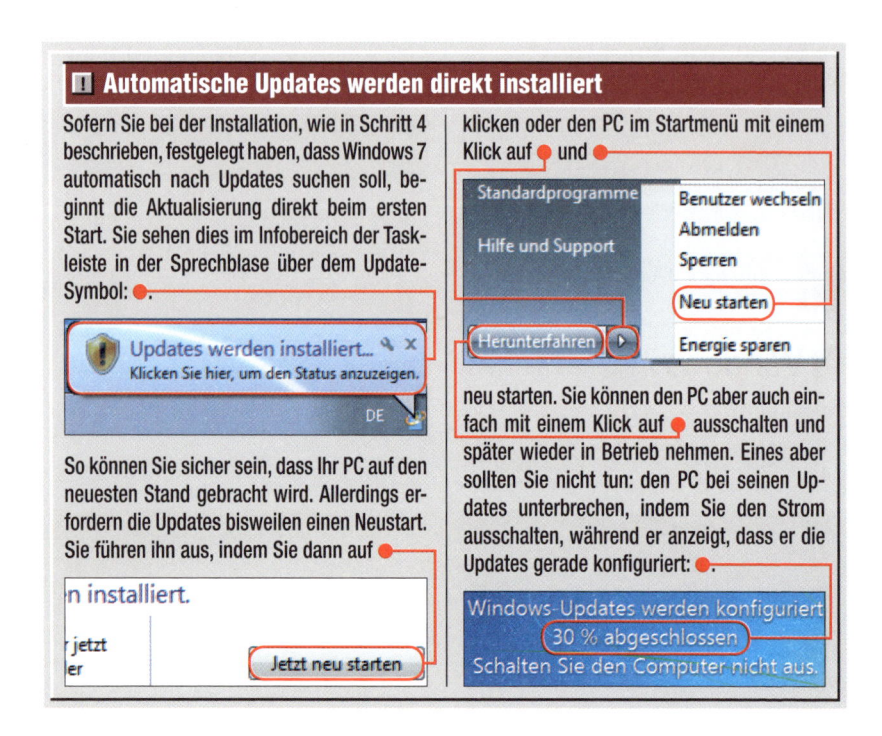

klicken oder den PC im Startmenü mit einem Klick auf ● und ●

> Standardprogramme
> Hilfe und Support
> Herunterfahren ▸
>
> Benutzer wechseln
> Abmelden
> Sperren
> Neu starten
> Energie sparen

neu starten. Sie können den PC aber auch einfach mit einem Klick auf ● ausschalten und später wieder in Betrieb nehmen. Eines aber sollten Sie nicht tun: den PC bei seinen Updates unterbrechen, indem Sie den Strom ausschalten, während er anzeigt, dass er die Updates gerade konfiguriert: ●

> Windows-Updates werden konfiguriert
> 30 % abgeschlossen
> Schalten Sie den Computer nicht aus.

Windows 7 anstelle von Windows Vista installieren

Wie eingangs erwähnt, kann Windows 7 auch über Windows Vista installiert werden (siehe aber Kasten auf Seite 67). Hierbei werden während der Installation von Windows 7 die Einstellungen übernommen, die Sie bereits für Windows Vista eingerichtet haben, sodass Sie nach der Installation direkt weiterarbeiten können.

Falls jedoch auf Ihrem Rechner Windows XP oder eine noch frühere Version von Windows läuft, können Sie von dieser Upgrade-Option keinen Gebrauch machen. In einem solchen Fall müssen Sie Windows 7 komplett neu installieren, wie es zuvor in der Schritt-für-Schritt-Anleitung ab Seite 58 beschrieben wurde.

Die Upgrade-Installation starten · Erste Schritte

⚠ Nicht alle Versionen sind untereinander verträglich

Windows Vista gibt es in verschiedenen Editionen: Home Basic, Home Premium, Business und Ultimate. Windows 7 kann der Anwender in drei verschiedenen Editionen kaufen: Home Premium, Professional und Ultimate. Aber Achtung: Die verschiedenen Editionen von Windows Vista erfordern beim Upgrade auch unterschiedliche Editionen von Windows 7. Mit Windows 7 Ultimate sind Sie auf der sicheren Seite: Das Upgrade von Ultimate funktioniert bei jeder Edition von Windows Vista. Wollen Sie aber Windows 7 Home Premium einrichten, so muss eine der beiden Vista-Home-Editionen als Basis vorliegen. Und bei Windows 7 Professional beschränkt sich die Voraussetzung fürs Upgrade sogar auf Vista Business.

Doch keine Angst: Gleichgültig, welche Edition Sie erstanden haben, Sie können sie auf Ihrem Vista-PC als Neuinstallation, wie in der ersten Hälfte des Kapitels gezeigt, installieren. Nur das Upgrade einer inkompatiblen Edition von Windows Vista funktioniert halt nicht.

Wer also eine Upgrade-Installation vornehmen möchte, muss Windows 7 Ultimate kaufen oder sollte vor dem Kauf in Erfahrung bringen, welche Vista-Edition auf seinem PC läuft. Diese Auskunft erhalten Sie, wenn Sie im Startmenü mit der *rechten* Maustaste auf ● und im Kontextmenü auf ●

klicken. Oben im System-Fenster sehen Sie daraufhin, welche Edition auf Ihrem PC läuft, zum Beispiel ●.

Die Upgrade-Installation starten

Haben Sie eine alte Windows-Vista-Version installiert, können Sie Windows 7 anstelle dieses alten Betriebsprogramms installieren. Die alte Version wird dabei automatisch in einem Ordner namens „Windows.old" gespeichert.

1 Legen Sie die Windows-Vista-DVD in Ihr DVD-Laufwerk ein. Sobald das Meldungsfenster der automatischen Wiedergabe erscheint, klicken Sie auf ●,

67

Erste Schritte PC für die Einrichtung überprüfen

um das Installationsprogramm zu starten. Fahren Sie fort mit Schritt 3.

2 Sollte das obige Fenster nach Einlage der DVD *nicht* erscheinen, öffnen Sie mit Mausklicks auf

und auf den Eintrag

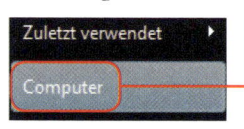

das Arbeitsplatzfenster: Hier starten Sie das Installationsprogramm von Windows 7 mit einem Doppelklick auf.

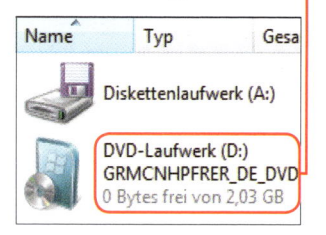

Sollte sich jetzt erst der Hauptordner der Installations-DVD öffnen, klicken Sie hier noch einmal doppelt auf.

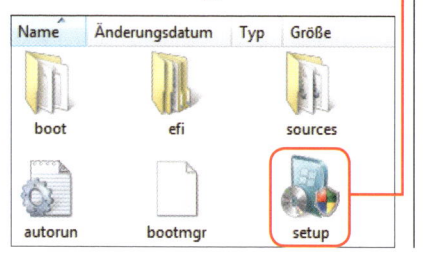

3 Bevor das Eingangsfenster der DVD sichtbar wird, erfolgt die Sicherheitsabfrage der Benutzerkontensteuerung. Wenn Sie diese mit einem Klick auf

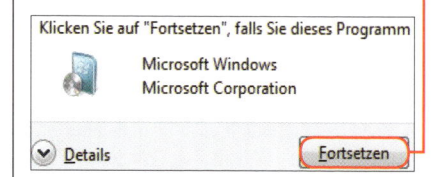

> Klicken Sie auf "Fortsetzen", falls Sie dieses Programm
> Microsoft Windows
> Microsoft Corporation
> Details   Fortsetzen

bestätigen, meldet sich das Installationsprogramm mit dem ersten Fenster.

PC für die Einrichtung von Windows 7 überprüfen

Bevor Sie Ihr funktionierendes Windows Vista durch Windows 7 ersetzen, sollten Sie überprüfen, ob Ihr PC für das neue Windows 7 geeignet ist. Diesen Eignungstest können Sie mit der Installations-DVD abrufen.

1 Vom ersten Installationsfenster für Windows 7 aus können Sie kontrol-

PC für die Einrichtung überprüfen — Erste Schritte

lieren, ob sich Ihr PC für Windows 7 eignet. Klicken Sie hier einfach auf ●.

> Kompatibilität online prüfen ➔

2 Für die Überprüfung wird von Microsofts Internetseite der „Windows 7 Upgrade Advisor" geladen. Dazu öffnet der Internet Explorer die Internetseite ●.

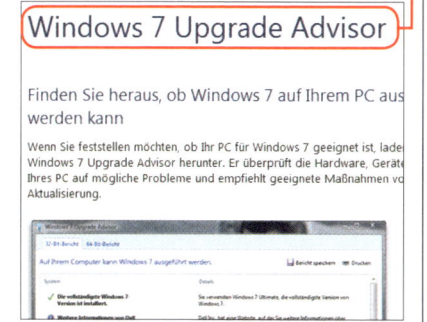

Windows 7 Upgrade Advisor

Finden Sie heraus, ob Windows 7 auf Ihrem PC aus werden kann

Wenn Sie feststellen möchten, ob Ihr PC für Windows 7 geeignet ist, lade Windows 7 Upgrade Advisor herunter. Er überprüft die Hardware, Geräte Ihres PC auf mögliche Probleme und empfiehlt geeignete Maßnahmen vo Aktualisierung.

Bewegen Sie den Inhalt des Fensters nach unten, indem Sie die Bildlaufleiste ● anklicken und mit weiterhin gedrückter Maustaste nach unten verschieben, bis Sie mit einem Klick auf ● den Upgrade Advisor abrufen können.

Vorbereitende Schritte

Bevor Sie Ihren PC mit dem Windows 7 Upgrade Advisor überprüfen, müssen Sie alle USB-Geräte oder andere Geräte wie Drucker, externe Festplatten oder Scanner anschließen und einschalten, die regelmäßig auf dem PC verwendet werden, der überprüft werden soll.

> Upgrade Advisor herunterladen

3 Klicken Sie im nachfolgenden Fenster auf die Schaltfläche

> **Download**

und bestätigen Sie die Übertragungsabfrage und nach der Übertragung die Sicherheitswarnung jeweils per Klick auf

> Ausführen

4 Im Willkommensbildschirm markieren Sie mit einem Mausklick die Option ●

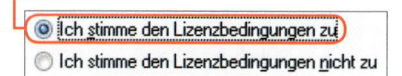

> ◉ Ich stimme den Lizenzbedingungen zu
> ○ Ich stimme den Lizenzbedingungen nicht zu

und klicken anschließend auf

> Installieren

Nachdem die Installation des Upgrade Advisors abgeschlossen ist, genügt ein Klick auf

> Schließen

Alles zu Windows 7	Blogs und Communities	Rund um Windows	Informationen für
Die wichtigsten Vorteile	WindowsZone Blog	Windows Vista	Große Unternehmen

Erste Schritte Windows 7 auf Vista-PC einrichten

5 Um den Upgrade Advisor zu starten, klicken Sie auf dem Desktop doppelt auf das Symbol.

Zunächst müssen Sie mit einem Klick auf

Fortsetzen

Ihr Einverständnis zur Ausführung der Anwendung geben, bevor Sie dann mit

Prüfung starten

den Test beginnen. Dieser kann je nach Geschwindigkeit Ihres PCs ein paar Minuten dauern.

6 Das wichtigste Ergebnis erscheint ganz oben im Fenster, im Beispiel. Darunter werden auch Probleme aufgelistet, die der Upgrade Advisor entdeckt hat, etwa.

Sie haben also die Möglichkeit, kritische Komponenten zu entfernen. Mit einem Klick auf starten Sie die Überprüfung noch einmal, und durch Anklicken von

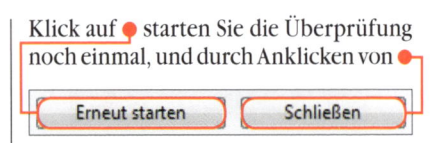

Erneut starten *Schließen*

beenden Sie den Upgrade Advisor.

Windows 7 auf einem Windows-Vista-PC einrichten

Wenn Ihr PC tauglich für Windows 7 ist, starten Sie nun die Installation des Betriebsprogramms.

1 Um die Installation zu starten, klicken Sie im ersten Installationsfenster von Windows 7 (siehe Schritt 3 auf Seite 68) auf den Eintrag.

Jetzt installieren

Damit die Installation auf Grundlage der neuesten Programmversion durchgeführt wird, klicken Sie anschließend auf.

2 Auch wenn Sie für Windows Vista schon einmal zugestimmt haben,

Windows 7 auf Vista-PC einrichten — Erste Schritte

> **Windows 7 setzt Windows Vista SP1 für die Installation voraus**
>
> Voraussetzung für die Installation von Windows 7 ist, dass Sie für Windows Vista mindestens das erste Service Pack (SP1) installiert haben. Sofern Ihr PC automatische Updates ausführt, was unbedingt empfehlenswert ist, ist dieses Service Pack bereits installiert. Andernfalls starten Sie mit einem Mausklick im Startmenü auf
>
> *Windows Update*
>
> das Update von Windows Vista, suchen per Klick auf
>
> *Nach Updates suchen*
>
> fehlende Aktualisierungen und installieren sie mit einem Klick auf
>
> *Updates installieren*.

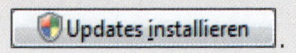

folgt nun auch für Windows 7 wieder der obligatorische Lizenzvertrag. Zum Zeichen Ihres Einverständnisses setzen Sie per Mausklick in das Kontrollkästchen

Ich akzeptiere die Lizenzbedingungen,

ein Häkchen wie in der Abbildung, bevor Sie mit einem Klick auf

Weiter

fortfahren.

3 Da Sie Windows 7 über Windows Vista installieren möchten und Ihre vorhandenen Einstellungen behalten wollen, klicken Sie nun auf

Wählen Sie eine Installationsart aus:

Upgrade
Aktualisiert auf eine neuere Version von Win und Programme bei. Die Upgradeoption ist Windows-Version ausgeführt wird. Wir empf erstellen, bevor Sie fortfahren.

Das Installationsprogramm kontrolliert daraufhin, ob sich die Version von Windows 7, die installiert werden soll, mit der bestehenden Version von Windows Vista verträgt. Da es einige Änderungen im Betriebsprogramm gab, kann es vorkommen, dass Funktionen, die Sie unter Windows Vista genutzt haben, unter Windows 7 nicht weiter zur Verfügung stehen. Über Abweichungen werden Sie mit einem Kompatibilitätsbericht

Kompatibilitätsbericht (auf dem Desktop ge

⚠ *Das Windows-Upgrade hat Auswirkungen*

• Windows Vista Ultimate Extras wurden ei
  Upgrade auf Windows 7 nicht mehr verfü

in Kenntnis gesetzt. Bestätigen Sie das Fenster per Klick auf

Weiter

4 Jetzt wird die Upgrade-Installation gestartet, in deren Verlauf – im Unterschied zu Neuinstallation – auch In-

Erste Schritte — Windows 7 auf Vista-PC einrichten

■ Den Ordner „Windows.old" entfernen

Beim Upgrade von Vista legt Windows 7 ein Verzeichnis namens „Windows.old" an, in dem sich Dateien der alten Installation befinden. Dieser Ordner ist ausgesprochen praktisch, da in ihm unter anderem auch die Benutzerdateien gespeichert sind. Die Programme und Dateien der alten Windows-Installation können Sie allerdings später kaum noch nutzen. Daher brauchen Sie den Ordner Windows.old nicht mehr, sobald Sie sich davon überzeugt haben, dass die Installation von Windows 7 erfolgreich verlaufen ist, und Sie Ihre Benutzerdateien komplett übertragen haben. Wenn Windows 7 problemlos läuft, sollten Sie den Ordner Windows.old also löschen, um kostbaren Platz auf der Festplatte zu schaffen.

Allerdings können Sie den zuvor markierten Ordner nicht einfach wie gewohnt mit der [Entf]-Taste oder dem Löschen-Befehl aus dem Kontextmenü der *rechten* Maustaste löschen. Der Grund: Fehlende Rechte hindern Sie daran, viele der Dateien und den Ordner zu entfernen. Statt mit dem schwierigen Rechtemanagement zu kämpfen, können Sie der Einfachheit halber Windows selbst das Löschen der überflüssigen Altinstallation überlassen.

1 Klicken Sie dazu als Erstes auf das Startsymbol

,

dann im geöffneten Startmenü auf

▶ Alle Programme

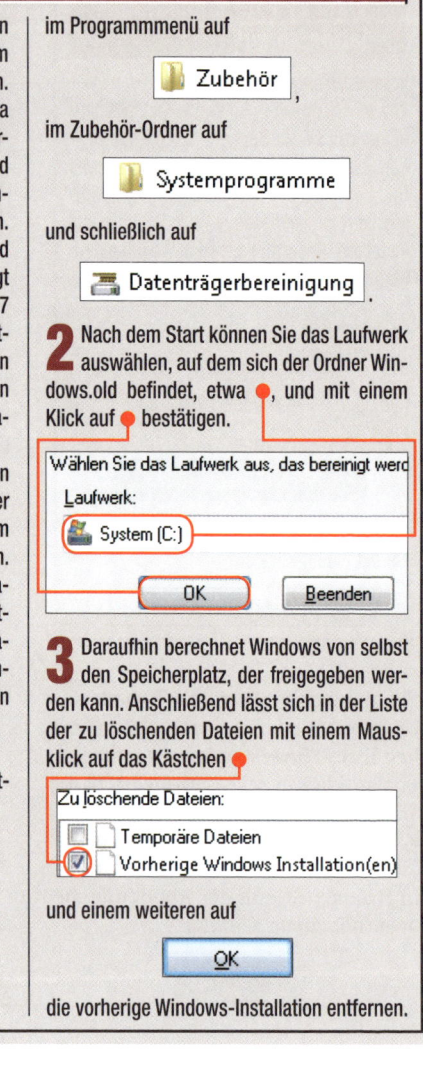

,

im Programmmenü auf

Zubehör

,

im Zubehör-Ordner auf

Systemprogramme

und schließlich auf

Datenträgerbereinigung

.

2 Nach dem Start können Sie das Laufwerk auswählen, auf dem sich der Ordner Windows.old befindet, etwa ●, und mit einem Klick auf ● bestätigen.

Wählen Sie das Laufwerk aus, das bereinigt werd
Laufwerk:
System (C:)
OK   Beenden

3 Daraufhin berechnet Windows von selbst den Speicherplatz, der freigegeben werden kann. Anschließend lässt sich in der Liste der zu löschenden Dateien mit einem Mausklick auf das Kästchen ●

Zu löschende Dateien:
☐ Temporäre Dateien
☑ Vorherige Windows Installation(en)

und einem weiteren auf

OK

die vorherige Windows-Installation entfernen.

Systemdaten sichern und restaurieren — Erste Schritte

formationen zur bestehenden Konfiguration

> ✓ Windows-Dateien werden kopiert
> **Dateien, Einstellungen und Programme werd**
> Windows-Dateien werden expandiert

gesammelt werden. Dieser Prozess kann – abhängig von Ihren Programmen und Dateien – sehr lange dauern. Eine Upgrade-Installation kann sich daher über mehrere Stunden erstrecken. Die bestehende Konfiguration wird übrigens im Verzeichnis Windows.old gesichert. Wie Sie diese Dateien nach der Installation löschen, erfahren Sie im Kasten auf der linken Seite.

5 Auch während der Upgrade-Installation wird Windows 7 mehrfach neu gestartet.

> Windows wird gestartet.

Wichtig: Wenn während des Neustarts die Meldung

> Drücken Sie eine beliebige Taste, um

erscheint, dürfen Sie *keine* Taste drücken, damit die nachfolgende Windows-Konfiguration von der Festplatte startet!

6 Nachdem die erste Phase der Installation beendet ist, geht es weiter, wie in der Anleitung „Einrichten des Betriebsprogramms" auf Seite 61 beschrieben. Einen Benutzer und ein Benutzerkennwort müssen Sie allerdings nicht mehr einrichten, da diese von der vorherigen Vista-Konfiguration übernommen werden. Sie überspringen also die beiden ersten Schritte der genannten Anleitung und beginnen direkt mit Schritt 3 (also der Eingabe des Produktschlüssels für Windows 7) und schließen die Installation dann wie dort gezeigt ab.

Schutzmaßnahmen: Systemdaten sichern und restaurieren

Die Installation und Einstellung von Windows 7 und der eingebauten und angeschlossenen Geräte haben viel Zeit in Anspruch genommen. Sollte später ein schwerer Fehler auftreten, müssen Sie diesen Vorgang im schlimmsten Fall komplett wiederholen. Aus diesem Grund setzt das Betriebsprogramm sogenannte Systemprüfpunkte. Damit sichert es automatisch die wichtigsten Teile Ihres Betriebsprogramms, sodass Sie den Rechner bei einer Komplikation notfalls wieder in den Zustand vor dem Unfall zurücksetzen können. Zum Glück gehen dabei keine Dateien wie Bilder, Texte und Musikdateien verloren – die lässt das Programm unberührt. Das Einzige, was Sie tun müssen, ist darauf zu

Erste Schritte | **Systemwiederherstellung aktivieren**

achten, dass die automatische Sicherung auch eingeschaltet ist. Nur wenn Sie ein neues Programm, ein Spiel oder ein Treiberprogramm installieren, sollten Sie dafür einen extra Systemprüfpunkt einrichten. Aber zunächst prüfen Sie, ob die Systemwiederherstellung aktiviert ist.

Systemwiederherstellung aktivieren

In den meisten Fällen ist die Systemwiederherstellung automatisch eingeschaltet. Zur Sicherheit sollten Sie dies jedoch kontrollieren.

1 Um das Programm für die Systemwiederherstellung zu öffnen, klicken Sie als Erstes auf

und dann im Startmenü auf

Systemsteuerung.

2 In der geöffneten Systemsteuerung klicken Sie als Erstes auf,

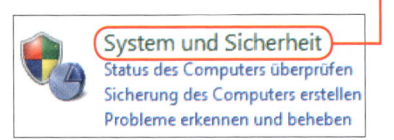

System und Sicherheit
Status des Computers überprüfen
Sicherung des Computers erstellen
Probleme erkennen und beheben

danach auf

System
Arbeitsspeicher und Prozessorgeschwindig

und im folgenden Fenster in der linken Navigationspalte schließlich auf.

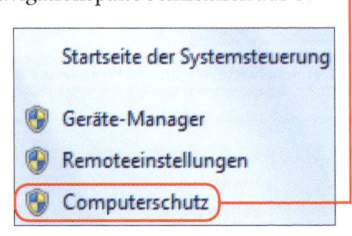

Startseite der Systemsteuerung
Geräte-Manager
Remoteeinstellungen
Computerschutz

Schnellaufruf des Windows-7-System-Fensters

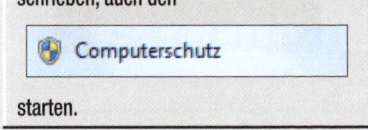

Um den Aufruf des System-Fensters von Windows 7 abzukürzen, können Sie ein Tastenkombination verwenden: Drücken Sie einfach gleichzeitig die ⊞ - und die Pause -Taste. Daraufhin öffnet sich das Fenster mit den Informationen über Ihren Rechner. Hier können Sie, wie in Schritt 2 beschrieben, auch den

Computerschutz

starten.

3 Im Programmfenster sehen Sie, ob die Schutzeinstellung für die Systemwiederherstellung eingeschaltet ist, hier.

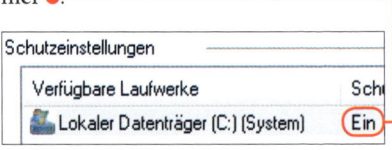

Schutzeinstellungen	
Verfügbare Laufwerke	Sch
Lokaler Datenträger (C:) (System)	Ein

4 Um einen Systemwiederherstellungspunkt zu erstellen, klicken Sie nun

Den Computer wiederherstellen | **Erste Schritte**

⚠ Schutzeinstellung für die Systemwiederherstellung einschalten

Sollte die Systemwiederherstellung nicht aktiv sein ●,

Schutzeinstellungen	
Verfügbare Laufwerke	Sch...
💾 Lokaler Datenträger (C:) (System)	(Aus)

klicken Sie auf

[K̲onfigurieren...].

Markieren Sie im nachfolgenden Fenster mit einem Mausklick ●,

◉ Systemeinstellungen und vorherige Dat

und klicken Sie dann auf

[OK].

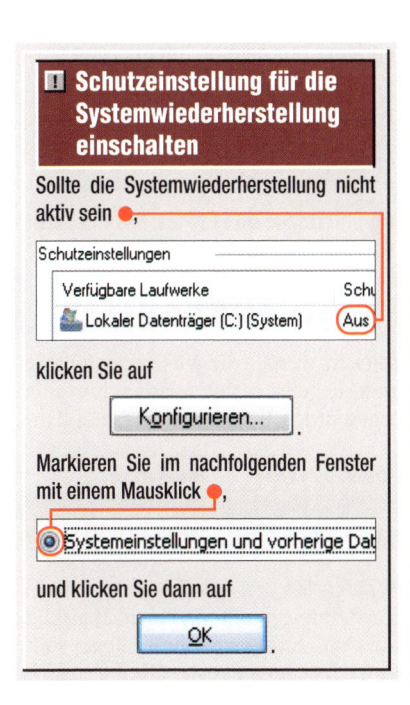

auf den Befehl

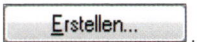

[E̲rstellen...]

Geben Sie dem Prüfpunkt einen beliebigen Namen, im Beispiel ●,

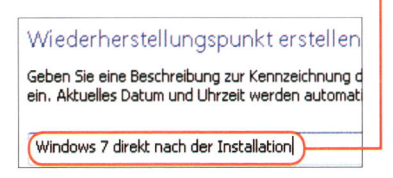

Wiederherstellungspunkt erstellen

Geben Sie eine Beschreibung zur Kennzeichnung d ein. Aktuelles Datum und Uhrzeit werden automat

| Windows 7 direkt nach der Installation |

und klicken Sie dann erneut auf

[Erstellen].

5 Daraufhin wird der Systemprüfpunkt erstellt.

Wiederherstellungspunkt wird erstellt...
▬▬▬▬▬▬▬

Die entsprechende Erfolgsmeldung und das dann noch geöffnete Einstellungsfenster schließen Sie jeweils per Klick auf ●.

Der Wiederherstellungspunkt wurde erfolgreich erstellt.

[S̲chließen]

6 Das war's schon: Sie haben einen Sicherungspunkt angelegt und können die geöffneten Fenster schließen. Im Fenster der Systemeigenschaften klicken Sie auf

[OK]

und im Fenster der Systemsteuerung auf ●.

[_] [□] [**X**]

Den Computer wiederherstellen

Durch die eingeschaltete automatische Systemwiederherstellung sichert Windows 7 die aktuellen Einstellungen automatisch, sodass Sie bei einem Fehler einen Prüfpunkt auswählen können, der zu der Zeit angelegt wurde, als noch

Erste Schritte | **Den Computer wiederherstellen**

keine Komplikationen auftraten. Falls also ein Fehler auftritt, beispielsweise ein Treiber nicht ordnungsgemäß geladen wird, ein Programm nicht richtig startet oder sogar ein Systemabsturz mit einem sogenannten Bluescreen

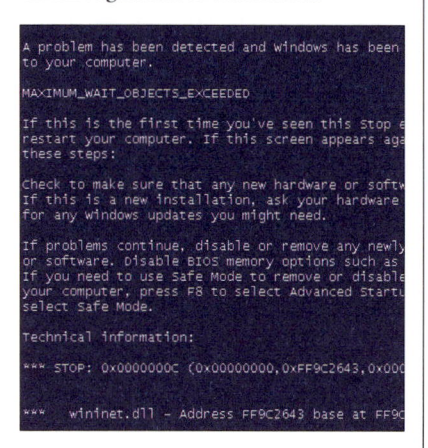

```
A problem has been detected and windows has been
to your computer.

MAXIMUM_WAIT_OBJECTS_EXCEEDED

If this is the first time you've seen this stop e
restart your computer. If this screen appears aga
these steps:

Check to make sure that any new hardware or softw
If this is a new installation, ask your hardware
for any windows updates you might need.

If problems continue, disable or remove any newly
or software. Disable BIOS memory options such as
If you need to use Safe Mode to remove or disable
your computer, press F8 to select Advanced Startu
select Safe Mode.

Technical information:

*** STOP: 0x0000000C (0x00000000,0xFF9C2643,0x000

*** wininet.dll - Address FF9C2643 base at FF9
```

Ihre Arbeit unterbricht, können Sie sich zur Reparatur der Systemwiederherstellung bedienen.

1 Starten Sie das Programm zur Systemwiederherstellung, indem Sie zuerst auf

[Windows-Symbol],

dann auf den Eintrag

▶ Alle Programme,

im Programmmenü auf

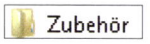

📁 Zubehör

und im Untermenü schließlich auf

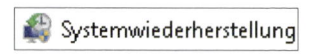

🔧 Systemwiederherstellung

klicken.

2 Sobald Sie im Fenster, das daraufhin erscheint, auf

Weiter >

klicken, werden die Wiederherstellungspunkte gelistet, die bislang schon angelegt wurden, beispielsweise bei Updates.

Datum und Uhrzeit	Beschreibung
30.06.2010 14:53:01	Windows Update
30.06.2010 12:32:25	Windows 7 direkt nach der

Wählen Sie den gewünschten Wiederherstellungspunkt mit einem Mausklick auf den Eintrag aus. In der Regel sollte zunächst der neueste Eintrag ausprobiert werden und erst, wenn sich der Fehler so nicht beheben lässt, auf frühere Wiederherstellungspunkte zurückgegriffen werden.

■ Möchten Sie einen früheren als die angezeigten Wiederherstellungspunkte wählen, markieren Sie das Kontrollkästchen

☑ Weitere Wiederherstellungspunkte

mit einem Mausklick, sodass ein Häkchen davor erscheint wie in der Abbildung, und klicken danach einfach auf

Weiter.

Den Computer wiederherstellen **Erste Schritte**

3 Daraufhin wird Ihnen der ausgewählte Wiederherstellungspunkt noch einmal zur Kontrolle angezeigt.

Uhrzeit:	30.06.2010 12:32:25 (Mitteleuropäische
Beschreibung:	Manuell: Windows 7 direkt nach der Inst
Laufwerke:	Lokaler Datenträger (C:) (System)

Bestätigen Sie die Information mit einem Klick auf

`Fertig stellen`

und den darauf folgenden Warnhinweis per Mausklick auf die Schaltfläche

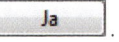

`Ja`.

4 Nun wird die Wiederherstellung eingeleitet

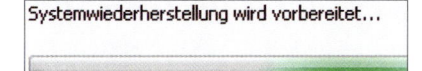

`Systemwiederherstellung wird vorbereitet...`

und der Rechner neu gestartet. Dabei erfolgt die Systemwiederherstellung,

Warten Sie, während die Windows-Dateien und -Einstellungen wiederhergestellt werden. Die Registrierung wird wiederhergestellt...

die nicht unterbrochen werden darf.

5 Direkt nach dem Neustart von Windows wird eine Meldung über die Wiederherstellung ausgegeben. Klicken Sie darin auf die Schaltfläche ●.

Die Systemwiederherstellung wurde erfolgreich abgesch
System wurde auf 30.06.2010 12:32:25 zurückgesetzt.
Dokumente sind davon nicht betroffen.

`Schließen`

Jetzt ist Ihr Rechner auf den Zeitpunkt vor dem aufgetretenen Fehler zurückgesetzt und sollte wieder ordnungsgemäß funktionieren.

Desktop

3 Alles im Blick: Die Benutzeroberfläche

Der sogenannte **Desktop** ist praktisch die Arbeitsoberfläche Ihres Rechners, von der aus Sie alle Funktionen aufrufen können. Über die Start-Schaltfläche haben Sie Zugriff auf sämtliche Programme, Einstellungen und Dateien, während in der Taskleiste einige besonders häufig benötigte Funktionen und Programme eingebaut sind, die sich mit einem Mausklick starten lassen. Das Willkommen-Fenster birgt ebenfalls einige wichtige Funktionen, und die **Minianwendungen** überzeugen mit einigen kleinen praktischen Zusatzprogrammen. Damit Sie immer eine saubere Arbeitsumgebung haben, gibt es noch den Papierkorb, der nicht mehr benötigte Dateien aufnimmt.

Im dritten Kapitel dieses Buches erfahren Sie,
- welche Bedienelemente sich auf dem Desktop befinden,
- was sich in der Taskleiste und im Startmenü verbirgt,
- wie Sie mit Mausgesten Fenster anordnen können,
- wie Sie das Erscheinungsbild von Windows ändern
- und wie Sie Minianwendungen benutzen.

Kapitel-Wegweiser

Die Ordnung des digitalen Schreibtischs 79	Dateien retten 97
Das Startmenü als Schaltzentrale .. 79	Dateien endgültig löschen 99
Eigene Ordner öffnen 80	Das Willkommen-Fenster von Windows 7 99
Laufwerke des Rechners anzeigen 82	Daten mit Windows-Easy Transfer übernehmen 100
Auf Programme zugreifen 83	Das Erscheinungsbild von Windows ändern 104
Windows beenden oder die Arbeit unterbrechen 87	Desktophintergrund auswählen . 104
Schneller Zugriff über die Taskleiste 89	Die Bildschirmauflösung einstellen 106
Programme schneller öffnen 91	Ständig aktuelle Informationen mit Minianwendungen 108
Zu laufenden Programmen wechseln 92	Einstellungen einer Minianwendung ändern 109
Fenster anordnen 94	Weitere Minianwendungen aus dem Internet installieren 110
Der Papierkorb 96	
Dateien löschen 97	

Die Ordnung des digitalen Schreibtischs | Desktop

Die Ordnung des digitalen Schreibtischs

Wenn Sie Ihren Rechner starten, präsentiert sich Ihnen die Oberfläche von Windows. Auf dem Bild, das als Hintergrund dient, finden Sie im Normalfall in der oberen linken Ecke den Papierkorb ❶ und am unteren Rand die **Taskleiste** mit dem Startmenü ❷, den Programmsymbolen für den Schnellstart ❸ sowie dem Infobereich ❹ mit seinen Einstellungsoptionen und der Uhrzeit. Abgesehen davon, dass der Desktop hübsch anzusehen ist, haben die einzelnen Bestandteile auch ihre Funktionen und stehen für eine ganze Sammlung von Programmen.

Das Startmenü als Schaltzentrale

1 Als Zugang zu den Funktionen und Programmen von Windows 7 dient die Start-Schaltfläche am linken unteren Bildschirmrand:

79

Desktop — Eigene Ordner öffnen

Ein Mausklick auf diese Schaltfläche öffnet das Startmenü:

Die Programme, die im Startmenü aufgelistet werden, können Sie mit einem einfachen Mausklick auf das Programmsymbol starten. So öffnet zum Beispiel ein Klick auf

Solitär

das gleichnamige Computer-Kartenspiel.

Geschlossen wird ein Programm oder Ordner einfach mit einem Mausklick auf das Schließkreuz.

Eigene Ordner öffnen

Ihre „eigenen Ordner" sind von Windows 7 schon von vornherein für Sie eingerichtet. In diesen **Ordnern** werden Ihre persönlichen Dateien wie Texte, Musikstücke, Bilder und Videos gespeichert. Der Zugriff darauf ist kinderleicht.

1 Auf der rechten Seite des Startmenüs finden Sie den Eintrag für Ihre persönlichen Ordner. Um diese zu öffnen, klicken Sie auf den Namen, mit dem Sie am Rechner angemeldet sind, im Beispiel **Pit Bit**.

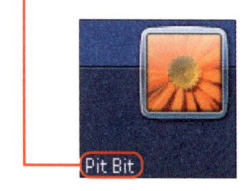

Daraufhin wird ein Fenster mit Ihren persönlichen Ordnern angezeigt.

- Desktop — Dateiordner
- Downloads — Dateiordner
- Eigene Bilder — Dateiordner
- Eigene Dokumente — Dateiordner
- Eigene Musik — Dateiordner
- Eigene Videos — Dateiordner
- Favoriten
- Gespeicherte Spiele

Eigene Ordner öffnen | Desktop

2 Mit einem **Doppelklick** auf ein solches Ordnersymbol, etwa ●,

Eigene Bilder — Dateiordner

wird auch der dazugehörige Ordner geöffnet. Zu Beginn Ihrer Arbeit mit Windows 7 sind diese Ordner so gut wie leer. So finden Sie beispielsweise im Bilderordner nur den Unterordner mit den Beispielbildern: ●.

❗ Doppelklick

Wenn Sie zweimal ganz schnell hintereinander auf die linke Maustaste klicken, spricht man von einem „Doppelklick". Mit einem solchen Doppelklick auf ein Programmsymbol wird zum Beispiel das entsprechende Programm gestartet.

3 Auch dieser Ordner lässt sich mit einem Doppelklick auf das Ordnersymbol öffnen. Anschließend können Sie die in diesem Unterordner enthaltenen Beispielbilder sehen.

4 Wenn Sie von einem Unterordner in den zuletzt angezeigten Ordner wechseln möchten, klicken Sie am linken oberen Rand des Ordners auf den nach links weisenden Pfeil ●.

Schon landen Sie wieder im vorhergehenden Ordner.

5 Danach ist auch der rechte Pfeil farbig hinterlegt, was heißt, dass jetzt beide **Symbole** aktiv sind und mit der Maus angewählt werden können.

Zudem bedeutet dies, dass Sie zum Öffnen des nächsten Ordners nun nicht mehr doppelt auf das Symbol klicken müssen, sondern ein einfacher Mausklick auf den nach rechts weisenden Pfeil genügt.

Desktop Laufwerke des Rechners anzeigen

6 Rechts neben den beiden Pfeilen befindet sich übrigens auch noch ein kleines Dreieck:

Sobald Sie es anklicken, wird eine Liste mit den Ordnern angezeigt, die Sie in der Sitzung schon einmal geöffnet haben.

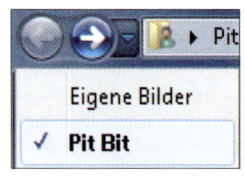

Eigene Bilder
✓ **Pit Bit**

Ein Mausklick auf einen dieser Einträge öffnet dann den jeweiligen Ordner.

7 Zugriff auf eine Auswahl der wichtigsten eigenen Ordner erhalten Sie aber auch direkt über das Startmenü nach einem Klick auf

.

Zu diesen gehören der Ordner für Ihre „Dokumente", für Ihre „Bilder" und für Ihre „Musik":

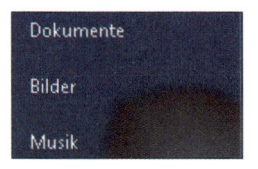

Dokumente
Bilder
Musik

8 Um einen geöffneten Ordner wieder zu schließen, klicken Sie einfach auf das Schließkreuz am oberen rechten Rahmen des Ordners:

Laufwerke des Rechners anzeigen

Wenn Sie alle Ihre **Laufwerke** – wie **Festplatten** oder CD/DVD-Laufwerke – auf einen Blick sehen möchten, genügen auch unter Windows 7 nur wenige Mausklicks.

1 Im Startmenü finden Sie nach einem Klick auf

unterhalb der Ordnersymbole für Ihre eigenen Dateien auch einen Eintrag für Ihren Computer:

Computer

Wenn Sie darauf klicken, werden Ihre Festplatten und eingebauten Geräte wie zum Beispiel das DVD-Laufwerk angezeigt.

▲ Festplatten (1)
  Lokaler Datenträger (C:)
  114 GB frei von 126 GB

▲ Geräte mit Wechselmedien (2)
  DVD-Laufwerk (D:)
  DVD-ROM

Auf Programme zugreifen | Desktop

2 Per Doppelklick auf eines der Laufwerksymbole, beispielsweise,

- Festplatten (1)
  - Lokaler Datenträger (C:)
  - 11,5 GB frei von 31,8 GB

öffnet sich die Anzeige für diese Festplatte, und Sie können alle darin enthaltenen Ordner sehen.

- Benutzer — Dateiordner
- PerfLogs — Dateiordner
- Programme — Dateiordner
- Windows — Dateiordner

Und per Doppelklick auf eines dieser Ordnersymbole öffnen Sie dann den entsprechenden Ordner, wie schon weiter vorne beschrieben.

Auf Programme zugreifen

Wie Sie bereits gesehen haben, werden Programme in Windows mit einem Mausklick auf das entsprechende Programmsymbol gestartet.

Doch zunächst finden Sie die anderen Programme, die Windows 7 von Haus aus mitbringt, im Startmenü. Wenn Sie auf

klicken, erscheint in der ersten Spalte sofort eine Auswahl bekannter Programme,

🛈 Über die Taskleiste direkt zum Programm

Für drei wichtige Programme finden Sie die Startsymbole direkt in der Taskleiste von Windows 7:
- Der Internet Explorer dient der Anzeige von Internetseiten.
- Der Windows-Explorer ermöglicht Ihnen die Organisation und den Zugriff auf Dateien und Ordner Ihres PCs.
- Aufgabe des Media Players ist vor allem die Wiedergabe von Musik- und Videodateien.

Diese drei Programme können Sie also per Klick auf das Taskleistensymbol starten, ohne zuvor das Startmenü zu öffnen. Wie Sie selbst Programmsymbole auf der Taskleiste verankern und somit die Schnellstartfunktionen um eigene Anwendungen bereichern, erfahren Sie auf Seite 91.

die im Folgenden kurz erläutert werden.

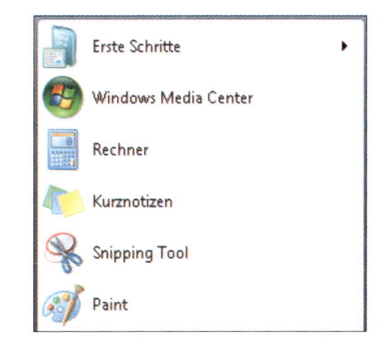

- Erste Schritte ▶
- Windows Media Center
- Rechner
- Kurznotizen
- Snipping Tool
- Paint

Desktop Auf Programme zugreifen

1 Zuoberst finden Sie den Eintrag „Erste Schritte". Darüber können Sie Ihr Windows ganz individuell anpassen. So öffnet ein Mausklick auf das Willkommen-Fenster mit der Funktionsauswahl. Sie können aus dem Startmenü heraus aber auch direkt auf die einzelnen Funktionen zugreifen, indem Sie den Mauszeiger auf dem Eintrag ruhen lassen oder auf den kleinen Pfeil

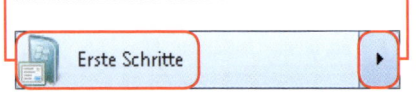

klicken. Daraufhin wird in der rechten Hälfte des Startmenüs ein Untermenü geöffnet, das die Sammlung der Funktionen anzeigt.

Aufgaben
- Windows 7 kennenlernen
- Windows anpassen
- Dateien übertragen
- Für eine Heimnetzgruppe fr...
- Einstellungen für Benutzerk...
- Windows Live Essentials er...

Um einen der genannten Punkte zu starten, klicken Sie den gewünschten Eintrag einfach an.

2 Ein Mausklick im Startmenü auf den zweiten Eintrag

Windows Media Center

öffnet die „Multimediazentrale" Ihres Rechners.

Im Windows Media Center können Sie komfortabel Bilder anzeigen, Musik hören und Filme anschauen, aber auch das laufende Fernsehprogramm empfangen, sofern Ihr PC dafür ausgestattet ist.

3 Ein kleiner, leicht zu bedienender Taschenrechner erscheint auf dem Bildschirm, sobald Sie den dritten Eintrag

Rechner

anklicken:

Auf Programme zugreifen | Desktop

4 Darunter erhalten Sie Zugriff auf das praktische Programm

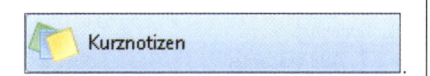

> Kurznotizen

Damit können Sie kleine Erinnerungsstützen – vergleichbar mit den bekannten Klebezettelchen – auf dem Bildschirm platzieren und mit Notizen versehen.

> Überweisungen nicht vergessen!

5 Als Nächstes folgt ein ebenfalls sehr hilfreiches kleines Programm:

> Snipping Tool

Mit dem Snipping Tool können Sie Bildschirmbereiche abfotografieren, wichtige Bereiche kennzeichnen oder beschriften und als Grafik speichern oder per E-Mail versenden.

> Snipping Tool
> Neu | Abbrechen | Optionen
> Ziehen Sie den Cursor um den aufzuzeichnenden Bereich.

6 Wer am Rechner gerne malt, freut sich über das Programm Paint.

> Paint

Mit Paint steht Ihnen ein Malprogramm zur Verfügung, mit dem Sie Freihandzeichnungen anlegen und speichern können.

> Unbenannt - Paint
> Start | Ansicht
> Zwischenablage | Bild | Tools | Pinsel | Formen | Strichstärke
> BUNT!

7 Das nachfolgende Programm schont Ihre Augen:

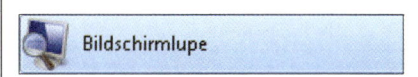

> Bildschirmlupe

Die Bildschirmlupe vergrößert die Bildschirmanzeige aufs Doppelte oder noch mehr, sodass Sie auch kleinste Details erkennen können.

> Bildschirmlupe
> 200 % Ansichten ▼

8 Die Patience gehört seit jeher zu den traditionellen Beigaben von Windows. Ein Klick auf den Eintrag

> Solitär

Desktop — Auf Programme zugreifen

gibt Ihnen Gelegenheit, zwischendurch mal ein Spielchen zu wagen.

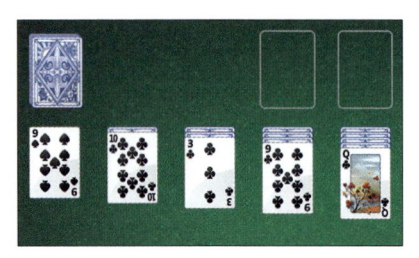

9 Neben diesen Standardprogrammen, die direkt in der linken Spalte der ersten Seite des Startmenüs auftauchen, hat Windows aber noch jede Menge andere vorinstallierte Anwendungen. Sie befinden sich in der linken Spalte auf der zweiten Seite des Startmenüs im Programmordner. Nach einem Mausklick darauf

> ▶ Alle Programme

werden die installierten Programme in einer Liste angezeigt. Einige, beispielsweise ●,

- Internet Explorer
- Minianwendungsgalerie
- Standardprogramme
- Windows 7 Upgrade Advisor
- Windows DVD Maker
- Windows Media Center
- Windows Media Player
- Windows Update
- **Windows-Fax und -Scan**

lassen sich direkt mit einem Mausklick starten. Bei anderen müssen Sie durch Anklicken erst noch einen Ordner ●

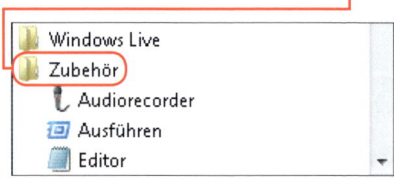

- Windows Live
- **Zubehör**
  - Audiorecorder
  - Ausführen
  - Editor

öffnen, in dem Sie dann die Startsymbole für die Anwendungen finden. Wenn Sie eigene Anwendungen installieren, fin-

---

ℹ️ Das Startmenü verändert mit der Zeit sein Aussehen

Programme, die Sie benutzen, werden automatisch in der linken Spalte auf der ersten Seite des Startmenüs aufgelistet, sodass die Programmpalette mit der Zeit anders aussieht und sich Ihren Bedürfnissen anpasst. Das ist praktisch und lässt sich von Ihnen noch beschleunigen: Programme, die Sie besonders oft brauchen, können Sie fest an der Spitze des Startmenüs verankern. Klicken Sie dazu den Programmnamen einfach mit der *rechten* Maustaste an, und wählen Sie im aufklappenden Kontextmenü den Befehl ●. Und wie Sie hier sehen, ist es genauso einfach, per Klick auf ●

Öffnen
Als Administrator ausführen
Dateipfad öffnen
An Taskleiste anheften
An Startmenü anheften

auch ein Programmsymbol in der Taskleiste zu platzieren.

Windows beenden oder Arbeit unterbrechen — Desktop

den Sie diese zumeist im Programmeordner, oft in einem eigenen Unterordner, von dem aus Sie sie dann starten können.

10 Um wieder auf die erste Seite des Startmenüs zurückzukehren, klicken Sie einfach auf

◀ Zurück

.

Und damit das Startmenü geschlossen wird, brauchen Sie nur daneben auf den Desktop zu klicken oder die ESC-Taste zu drücken.

Übrigens bietet das Startmenü neben den Startsymbolen auf seiner rechten Seite auch Zugriff auf viele Einstellungen, mit denen Sie Windows, den PC und die angeschlossenen Geräte steuern.

> Systemsteuerung
>
> Geräte und Drucker
>
> Standardprogramme
>
> Hilfe und Support
>
> Windows-Sicherheit

Diese Optionen werden Sie im Verlauf dieses Buches noch kennenlernen.

Windows beenden oder die Arbeit unterbrechen

Auf der rechten Seite des Startmenüs finden Sie ebenfalls ganz unten eine Schaltfläche, über die Sie den Rechner ausschalten oder die aktuelle Sitzung zeitweise unterbrechen können.

1 Um die Arbeit mit Windows zu beenden und den PC auszuschalten, klicken Sie auf ●. Hierbei werden alle Programme geschlossen, und Windows wird heruntergefahren. Weitere Möglichkeiten, die Arbeit mit Windows nur zeitweise zu unterbrechen, bieten sich, wenn Sie auf den Pfeil ●

> Herunterfahren ▶

klicken. Dann öffnet sich ein Menü mit verschiedenen Optionen, die sich je nach PC und Konfiguration unterscheiden können.

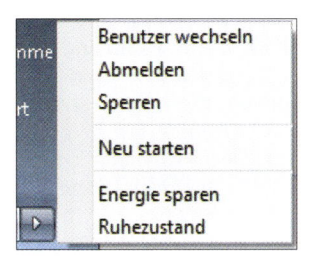

> Benutzer wechseln
> Abmelden
> Sperren
>
> Neu starten
>
> Energie sparen
> Ruhezustand

2 Wenn mehrere Benutzer an einem PC arbeiten, ist die erste Option

Benutzer wechseln

sehr praktisch. Denn dann muss der aktuelle Benutzer nicht alle Programme schließen, während der zweite Benutzer – beispielsweise ein Familienmitglied – den PC benutzt. Das heißt: Wenn Sie per Klick auf die obige Schaltfläche einen anderen Benutzer anmelden, laufen die

Desktop Windows beenden oder Arbeit unterbrechen

geöffneten Programme des ersten Benutzers im Hintergrund weiter. Wenn er später auf die gleiche Weise wieder zu seinem Benutzerkonto zurückwechselt, kann die Windows-Sitzung an genau der Stelle weitergeführt werden, an der sie verlassen wurde.

3 Im Gegensatz hierzu beendet ein Mausklick auf den Befehl

> Abmelden

Ihre aktuelle Sitzung und schließt alle laufenden Programme, allerdings ohne den PC abzuschalten. Sie können sich dann später mit Ihrem Benutzernamen wieder anmelden, ohne den Rechner neu starten zu müssen; allerdings wird eine neue Windows-Sitzung gestartet. Ebenso kann sich ein anderer Benutzer mit seinem Benutzerkonto anmelden.

4 Damit Sie die laufende Sitzung später wieder aufnehmen können, klicken Sie hingegen auf

> Sperren

Damit melden Sie sich ab, jedoch laufen alle Programme weiterhin im Hintergrund.

5 Der nächste Befehl in der Liste,

> Neu starten

fährt Windows herunter – schließt also alle Programme und beendet die laufende Sitzung –, startet den Rechner anschließend aber sofort neu. So können Sie beispielsweise nach der Installation von Programmen den mitunter erforderlichen Neustart mit einem Mausklick ausführen.

6 Falls Sie Ihre Arbeit am PC unterbrechen wollen, aber in kürzerer Zeit wieder aufnehmen gedenken, klicken Sie auf

> Energie sparen

In diesem Fall werden alle geöffneten Programme und Dokumente im Arbeitsspeicher des Computers abgelegt, der weiterhin mit Strom versorgt wird. Um Energie zu sparen, werden jedoch die anderen Geräte wie Festplatte und Bildschirmanzeige abgeschaltet. Da Ihre aktuelle Sitzung im Arbeitsspeicher bereitliegt, ist der Rechner sekundenschnell wieder betriebsbereit, sobald Sie mit der Sitzung fortfahren möchten. Je nach Einstellung genügt ein Tastendruck oder eine Bewegung der Maus, um genau in der Situation weiterzuarbeiten, in der Sie den Energiesparmodus aktiviert haben.

7 Im Unterschied dazu sorgt ein Mausklick auf den

> Ruhezustand

dafür, dass die Daten des Arbeitsspeichers auf der Festplatte gespeichert werden. Auch hier wird die aktuelle Sitzung mit allen laufenden Programmen und geöffneten Dokumenten komplett gesichert – allerdings nicht im flüchtigen

Schneller Zugriff über die Taskleiste — Desktop

Arbeitsspeicher, der mit Strom versorgt werden muss, sondern auf der Festplatte, die ja Daten auch dann bewahrt, wenn kein Strom eingeschaltet ist. Daher wird der Strom des Rechners nach dem Sicherungsvorgang automatisch ausgeschaltet.

■ Insgesamt dauert der gesamte Ablauf etwas länger als beim Energiesparmodus, was Sie vor allem bei der Wiederaufnahme der Sitzung merken. Denn dann - auch hier genügt in der Regel ein Anschlag auf der Tastatur oder der Griff zur Maus - müssen die Daten von der Festplatte in den Arbeitsspeicher kopiert werden, bevor die Windows-Sitzung so weiterläuft, wie sie zuvor verlassen wurde. Da alle Daten zwischenzeitlich auf der Festplatte gespeichert sind, spart der Ruhezustand jedoch mehr Strom als der Energiesparmodus und ist auch sicherer. Selbst ein zwischenzeitlicher Stromausfall gefährdet die unterbrochene Sitzung nicht - Sie könnten sogar das Stromkabel des Rechners im Ruhezustand abziehen und den PC an einer anderen Stelle wieder in Betrieb nehmen.

Schneller Zugriff über die Taskleiste

Die Leiste am unteren Rand des Bildschirms wird „Taskleiste" oder Aufgabenleiste genannt. Zu Beginn Ihrer Arbeit mit Windows sind hier links nur die Start-Schaltfläche ●,

daneben die bereits beschriebenen Startsymbole und ganz rechts - im sogenannten Infobereich - einige Steuersymbole für Windows-Funktionen sowie das Datum und die Uhrzeit zu sehen.

1 Dass zurzeit die deutsche Tastaturbelegung eingeschaltet ist, erkennen Sie am „DE"-Zeichen.

Um bei Bedarf auf die englische Tastaturbelegung umzuschalten, klicken Sie zunächst auf dieses Zeichen und dann im sich öffnenden Fenster auf den Eintrag ●.

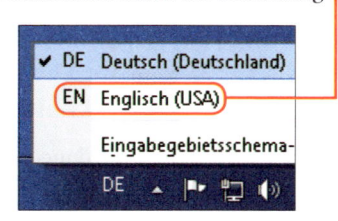

Ebenso einfach können Sie wieder auf „Deutsch" umschalten, falls einmal die englische Tatstaturbelegung aktiv sein sollte. Sie erkennen die englische Tastaturbelegung daran, dass, wenn Sie zum Beispiel auf die Taste „Z" drücken, ein „Y" erscheint.

Desktop — Schneller Zugriff über die Taskleiste

2 Ein Mausklick auf den Pfeil

neben der Spracheinstellung ermöglicht den Zugriff auf die verfügbaren USB-Geräte.

Auch Programme wie Virenscanner oder automatische Updates sind hier je nach Konfiguration mit Symbolen vertreten. Der Zugriff auf die Anwendungen erfolgt nach dem Öffnen des Menüs wie gewohnt mit einem Mausklick.

3 Das kleine Fähnchen rechts daneben

zeigt an, dass Windows aktuell keine wichtigen Meldungen für Sie hat und somit einwandfrei läuft. Sollte es allerdings ein X im roten Kreis aufweisen, besteht Handlungsbedarf für Sie. Klicken Sie dann auf das Fähnchen,

um zu sehen, welche Meldungen Windows für Sie bereithält.

> **1 wichtige Meldung**
> 2 Meldungen insgesamt
>
> Online ein Antivirenprogramm suchen (Wichtig)

Die einzelnen Meldungen können Sie wie gewohnt im Menü anklicken, Dadurch erfahren Sie Näheres und können sich bei Bedarf von Windows bei der Problemlösung helfen lassen.

4 Falls Sie ein Netzwerk eingerichtet haben, finden Sie neben der Sprachauswahl noch das Symbol für Ihr Netzwerk, das entweder per Kabel über die Netzwerkbuchse

oder drahtlos mit einem Funkadapter

verbunden ist.

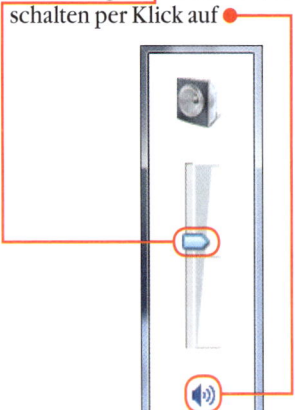

5 Mit einem Mausklick auf das Lautsprechersymbol

können Sie die Lautstärke über einen Schieberegler einstellen, oder aber Sie schalten per Klick auf

Programme schneller öffnen — Desktop

stumm. Das zeigt dann auch das Lautsprechersymbol im Infobereich an.

6 Als letzte Information stehen ganz rechts in der Taskleiste noch das Datum und die Uhrzeit, sodass Sie stets wissen, wie spät es ist.

Programme schneller öffnen

Mit ein paar Mausklicks können Sie auch Programme in der Taskleiste verankern und diese künftig blitzschnell mit einem einfachen Klick starten. Am Beispiel der Kurznotizen wird Ihnen gezeigt, wie's geht:

1 Starten Sie die Kurznotizen im Startmenü mit einem Klick auf

und anschließend auf

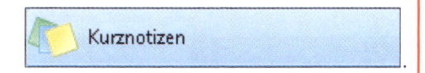

Kurznotizen

In der Taskleiste finden Sie eine Miniaturabbildung für jedes Programm, das gerade ausgeführt wird, nun also auch eine für die Kurznotizen:

2 Klicken Sie mit der *rechten* Maustaste auf dieses Symbol, und wählen Sie im sich öffnenden Kontextmenü den Befehl.

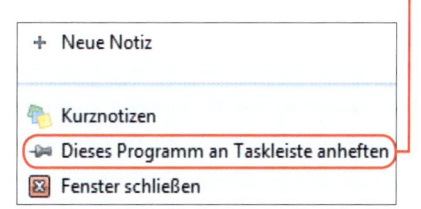

+ Neue Notiz

Kurznotizen

Dieses Programm an Taskleiste anheften

Fenster schließen

Ab diesem Zeitpunkt ist das Programm für die Kurznotizen – selbst wenn es gerade nicht läuft – fest in der Taskleiste verankert und kann per Klick auf das Symbol

gestartet werden.

3 Die Reihenfolge der Startsymbole in der Taskleiste können Sie übrigens leicht verändern, indem Sie die Symbole einfach mit gedrückter Maustaste an eine andere Stelle ziehen

und die Maustaste an der gewünschten Position loslassen. Daraufhin befindet sich das Symbol an der neuen Stelle, im Beispiel hier:

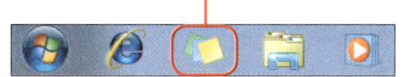

Desktop **Zu laufenden Programmen wechseln**

4 Wenn die Taskleiste zu voll wird oder Sie feststellen, dass Sie ein Programm nicht mehr so oft benutzen wie bisher und darum die Verknüpfung in der Taskleiste löschen wollen, klicken Sie das entsprechende Symbol mit der *rechten* Maustaste an und wählen im Kontextmenü den Befehl ●.

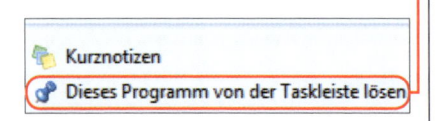

Kurznotizen
Dieses Programm von der Taskleiste lösen

Schon ist das Symbol aus der Taskleiste verschwunden: ●.

dann sehen Sie eine Live-Miniaturansicht, etwa ●.

Um zu dem entsprechenden Programm zu wechseln, klicken Sie einfach darauf.

3 Hat ein Programm mehrere Fenster (weil Sie beispielsweise mehrere Internetseiten im Internet Explorer parallel offen haben), dann wird dessen Symbol in der Taskleiste wie ein Stapel dargestellt.

Wenn Sie den Mauszeiger über ein solches Symbol bewegen, erscheinen alle dazugehörigen Fenster (im Beispiel alle offenen Internetseiten).

Zu laufenden Programmen wechseln

Aufgrund der Leistungsfähigkeit Ihres Rechners werden Sie vermutlich nicht immer nur ein einziges Programm laufen lassen. Schnell gewöhnt man sich an, ein Programm nach dem anderen zu starten, und schon füllt sich Ihre Taskleiste.

1 Sobald Sie ein Programm starten, erscheint es in der Taskleiste und wird dort mit einem Rahmen versehen, beispielsweise ●.

2 Bewegen Sie den Mauszeiger über eines der laufenden Programme,

Zu laufenden Programmen wechseln `Desktop`

Auch hier gilt wieder: Klicken Sie diejenige an, die Sie groß auf dem Bildschirm sehen möchten.

4 Sie können sich auch alle geöffneten Programmfenster auf einmal in einer Vorschau anzeigen lassen. Halten Sie dazu die Taste [Alt] gedrückt, und drücken Sie dann zusätzlich auf die [⇄]-Taste. Daraufhin wird eine Leiste eingeblendet. Das Programm, das mit einem Rahmen markiert ist, etwa ●,

befindet sich im Vordergrund, im Beispiel also der Internet Explorer.

5 Durch erneutes Drücken der [⇄]-Taste wandert diese Markierung eine Position nach rechts: ●.

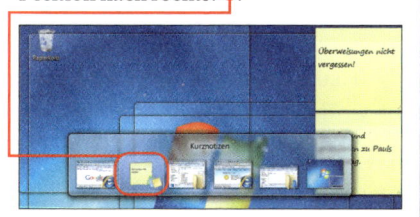

Die Folge sehen Sie auch in der Abbildung rechts oben: Das Programm, hier die Kurznotizen, rückt nach vorne: ●.

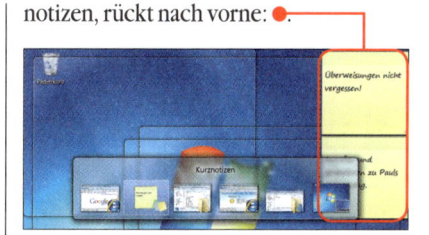

Übrigens: Halten Sie während des Antippens der [⇄]-Taste zusätzlich noch die Taste [⇧] gedrückt, können Sie die Markierung auch nach links verschieben und damit einen Programmwechsel in die andere Richtung durchführen.

6 Eine optisch noch originellere Variante: Statt der Taste [Alt] halten Sie die [⊞]-Taste gedrückt und drücken dann auf die [⇄]-Taste. Sie bekommen dann ebenfalls Vorschaubilder der geöffneten Programme zu sehen. Diese sind allerdings frei schwebend gestapelt angeordnet. Durch mehrmaliges Drücken der [⇄]-Taste oder durch Drehen des Mausrads können Sie durch diese Vorschaubilder blättern. Sobald Sie die [⊞]-Taste loslassen, wird das Programmfenster, das sich gerade vorne befindet, hier ●,

93

Desktop Fenster anordnen

in den Vordergrund geholt, im Beispiel also der Internet Explorer.

Fenster anordnen

Je mehr Programme Sie parallel verwenden, desto mehr Fenster haben Sie geöffnet. Das ist vom Grundsatz her nicht negativ, in der Praxis aber macht es das Leben nicht unbedingt einfacher: Wie Blätter auf einem Schreibtisch legen sich diese übereinander, und bald fällt es schwer, die Übersicht zu behalten. Mittels einfacher Gesten mit der Maus können Sie schnell Ordnung schaffen.

1 Unten rechts an der Taskleiste befindet sich die kleine Schaltfläche ●.

Bewegen Sie den Mauszeiger darauf, werden alle offenen Fenster schlagartig transparent:

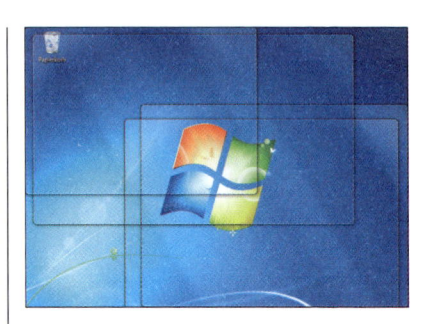

Wenn Sie die Maus ohne einen Klick wieder von der Schaltfläche wegbewegen, erscheinen alle Fenster wieder unverändert.

2 Um alle Fenster zu minimieren und den Hintergrund Ihres Bildschirms zu sehen, klicken Sie auf die Schaltfläche ●.

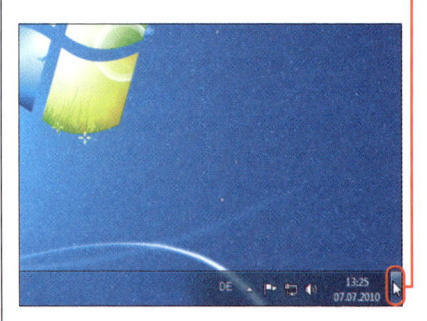

3 Damit alle Fenster außer dem aktuellen minimiert werden, klicken Sie auf die Mitte der Titelleiste eines Fensters ●

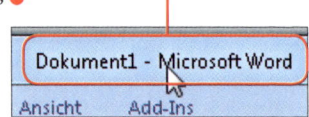

Fenster anordnen — Desktop

und halten die Maustaste gedrückt. Bewegen Sie dann die Maus mit weiterhin gedrückter Maustaste hin und her, als würden Sie das Fenster ausschütteln. Dieses Verfahren wird auch „Aero Shake" genannt.

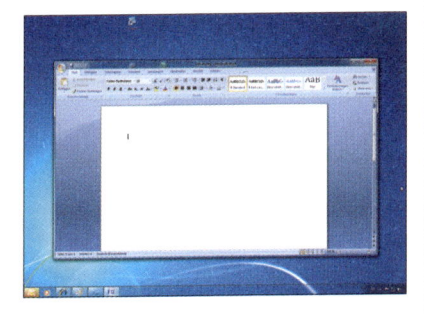

4 Um ein Fenster zu maximieren (also den kompletten Bildschirm ausfüllen zu lassen), klicken Sie in die Mitte der Titelleiste, halten die Maustaste gedrückt und ziehen das Fenster dann mit weiterhin gedrückter Maustaste an den oberen Rand des Bildschirms, bis sich ein transparenter Rahmen im Bildhintergrund abzeichnet:

Sowie Sie die Maustaste loslassen, ist das Fenster maximiert.

■ Um das Fenster wieder in der ursprünglichen Fenstergröße zu sehen, bewegen Sie den Mauszeiger erneut mitten in die Titelleiste und ziehen es dann mit weiterhin gedrückter Maustaste wieder nach unten. Dadurch wird es wieder zu seiner ursprünglichen Größe verkleinert.

5 Häufig gibt es Fälle, in denen Sie zwischen Programmen Informationen austauschen müssen: Sie recherchieren im **Internet** (brauchen also auf der einen Seite den Internet Explorer) und tragen diese Informationen in einem Dokument zusammen (brauchen auf der anderen Seite also Microsoft Word). Beide Fenster sollten daher jeweils eine Hälfte des Bildschirms einnehmen. Früher war dies eine manuelle Geduldsarbeit. Windows 7 macht es Ihnen da deutlich einfacher:

Bewegen Sie den Mauszeiger wieder mitten in die Titelleiste, klicken Sie, halten Sie die Maustaste gedrückt, und ziehen Sie das erste Fenster mit weiterhin gedrückter Maustaste über den linken Bildschirmrand hinaus. Größe und Position werden automatisch so verändert, dass es die linke Bildschirmhälfte einnimmt:

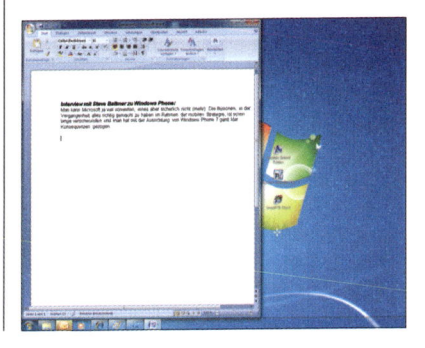

Desktop — Der Papierkorb

■ Analog dazu bewegen Sie den Mauszeiger nun auf die Titelleiste des zweiten Fensters und ziehen es mit gedrückter Maustaste über den rechten Bildschirmrand hinaus: Es nimmt daraufhin automatisch die rechte Hälfte des Bildschirms ein:

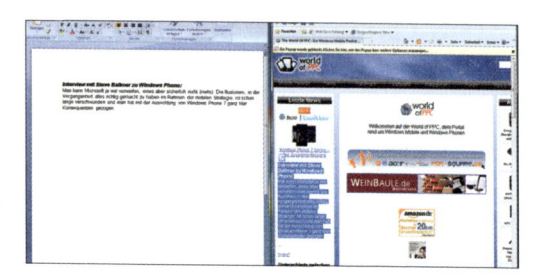

⚠ Gestensteuerung mit Tastenkombinationen

Microsoft hat bei der Gestensteuerung nicht nur an die Finger- und Mausbenutzung gedacht, sondern für viele Gesten auch Tastenschlüssel integriert, mit denen Sie die Fenstersteuerung direkt von der Tastatur aus vornehmen können. Dies geht oft einfacher und schneller. Diese speziellen Tastenkombinationen setzen sich stets aus einer Kombination von ⊞-Taste und Richtungstaste zusammen.

■ Um nur das momentan aktive Fenster auf dem Bildschirm zu behalten und alle anderen zu minimieren, betätigen Sie die Tastenkombination ⊞ und Pos1.

■ Um ein Fenster am rechten Bildschirmrand zu platzieren, sodass es die Hälfte der Bildschirmfläche einnimmt, betätigen Sie die Tastenkombination ⊞ und →. Wenn Sie diese Tastenkombination wiederholen, wechselt das Fenster die Seite zum linken Bildschirmrand – und dann, nach einem erneuten Tastendruck, findet es sich in alter Größe wieder auf dem Bildschirm ein. Ebenso können Sie mit ⊞ und ← ein Fenster in umgekehrter Reihenfolge erst links und dann rechts positionieren und zuletzt in seiner Ausgangsgröße wiederherstellen.

■ Um ein Fenster auf volle Bildschirmgröße zu maximieren, betätigen Sie die Tastenkombination ⊞ und ↑. Sie reduzieren es wieder auf seine Ausgangsgröße mit ⊞ und ↓ – und bei einer Wiederholung dieses Tastenschlüssels minimieren Sie es auf das Symbol in der Taskleiste.

Der Papierkorb

Bei der Arbeit mit Programmen und Dateien fällt immer auch „Abfall" an. Die Gründe dafür sind vielfältig: Eine Arbeit ist beendet, und die dafür benötigten Dateien werden nicht mehr gebraucht. Texte sind mehrfach bearbeitet worden und liegen in unterschiedlichen Versionen doppelt und dreifach auf dem Rech-

Dateien löschen Desktop

ner. Die Szenen des Urlaubsvideos sind zu einem ganzen Film zusammengefügt worden, und einzelne Szenen sind überflüssig geworden. Für all diese Fälle hält der Desktop den Papierkorb bereit.

Dateien löschen

Um eine überflüssige Datei zu löschen, stehen Ihnen zwei verschiedene Möglichkeiten zur Verfügung:

1 Klicken Sie die zu löschende Datei mit der *rechten* Maustaste an,

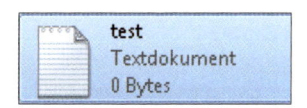

und wählen Sie im aufgeklappten **Kontextmenü** mit einem Mausklick den Befehl.

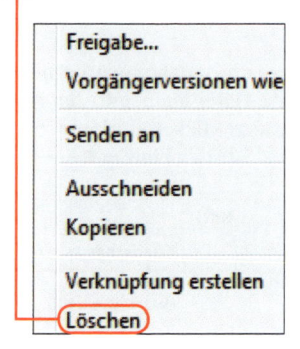

Sobald Sie den folgenden Warnhinweis per Klick auf die Schaltfläche

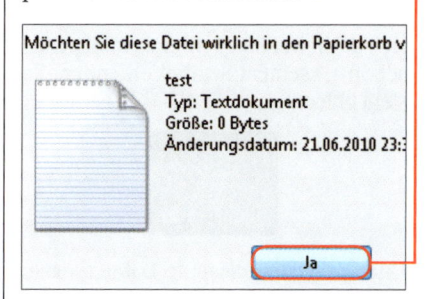

beantworten, wird die Datei gelöscht.

2 Stattdessen können Sie die zu löschende Datei aber auch ganz normal mit der linken Maustaste anklicken, sodass sie markiert ist. Halten Sie dann die Maustaste gedrückt, und ziehen Sie die Datei mit weiterhin gedrückter Maustaste über das Symbol des Papierkorbs,

bis sie genau über dem Papierkorb liegt. Wenn Sie die Maustaste loslassen, wird die Datei ebenfalls gelöscht – in diesem Fall jedoch ohne Warnhinweis.

Dateien retten

Wenn Sie eine Datei mit den beiden soeben beschriebenen Verfahren gelöscht haben, ist sie noch nicht unrettbar verlo-

97

Desktop Dateien retten

ren. Der Papierkorb ist nämlich ein Ordner, in dem die gelöschten Dateien zunächst nur aufbewahrt werden. Dass sich darin Dateien befinden, können Sie schon an seinem Symbol erkennen. So sieht er leer aus:

Und so, wenn gelöschte Dateien darin sind:

1 Mit einem Doppelklick auf das Papierkorbsymbol

öffnen Sie den „Mülleimer".

Jetzt sehen Sie auch, dass alle Ihre gelöschten Dateien dort aufgeführt sind.

2 Um diese Dateien zu „retten", klicken Sie in der Symbolleiste des Fensters auf den Eintrag

Alle Elemente wiederherstellen.

Daraufhin werden die gelöschten Dateien aus dem Papierkorb geholt und wieder in den Ordner verschoben, aus dem sie zuvor gelöscht wurden.

3 Wenn Sie nur eine einzige Datei wiederherstellen möchten, klicken Sie diese im Papierkorb an.

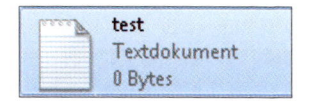

test
Textdokument
0 Bytes

Sofort ändert sich auch der Eintrag in der Symbolleiste. Sowie Sie nun diesen geänderten Eintrag

Element wiederherstellen

anklicken, wird nur die markierte Datei wieder aus dem Papierkorb gefischt und an ihren ursprünglichen Platz zurückgebracht.

4 Alternativ dazu können Sie die zu rettende Datei auch mit der *rechten* Maustaste anklicken und in der ausgeklappten Liste den Eintrag

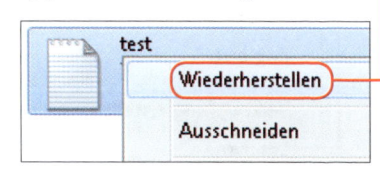

test
Wiederherstellen
Ausschneiden

Das Willkommen-Fenster von Windows 7 — Desktop

auswählen. Damit wird die Datei ebenfalls aus dem Papierkorb geholt und in den früheren Ordner zurückgelegt.

Dateien endgültig löschen

Wie Sie gesehen haben, werden gelöschte Dateien im Papierkorb nur gelagert – und nicht gelöscht. Aber Sie können die Dateien natürlich auch endgültig von Ihrer Festplatte entfernen. Damit sämtliche Dateien im Papierkorb endgültig gelöscht werden, klicken Sie in der Symbolleiste des Papierkorb-Fensters auf den Eintrag

Papierkorb leeren.

Anschließend brauchen Sie die Nachfrage nur noch per Klick auf die Schaltfläche

Ja

zu bestätigen.

Das Willkommen-Fenster von Windows 7

Windows 7 bietet Ihnen mit dem Willkommen-Fenster eine Zusammenstellung der wichtigsten Funktionen, mit denen Sie Ihren PC einrichten können. Auf alle diese Funktionen können Sie auch über die Systemsteuerung oder über das Programmmenü des Startmenüs zugreifen, wie Sie im weiteren Verlauf dieses Buches sehen werden. Für die Ersteinrichtung bietet das Willkommen-Fenster allerdings die beste Übersicht.

1 Öffnen Sie das Willkommen-Fenster, indem Sie auf

und im Startmenü auf ● klicken.

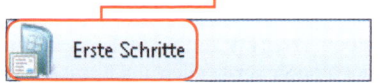

Erste Schritte

2 Im Willkommen-Fenster finden Sie Einträge, mit denen Sie das Erscheinungsbild von Windows anpassen und die Textgröße der Anzeige ändern, Verbindung zum Heimnetzwerk aufnehmen, weitere Benutzer hinzufügen und die Benutzerkontensteuerung anpassen können. Zudem lassen sich hierüber eigene Dateien sichern und die Dateien und Einstellungen einer bestehenden Windows-Konfiguration auf den PC übertragen.

Desktop Daten mit Windows-Easy Transfer übernehmen

3 Um Informationen zu einer der aufgeführten Funktionen abzurufen, markieren Sie den Eintrag mit einem Mausklick, beispielsweise ●. Im oberen Bereich des Fensters sehen Sie daraufhin eine Kurzbeschreibung der markierten Funktion, etwa ●.

Außerdem finden Sie hier eine Startverknüpfung für das gewünschte Programm.

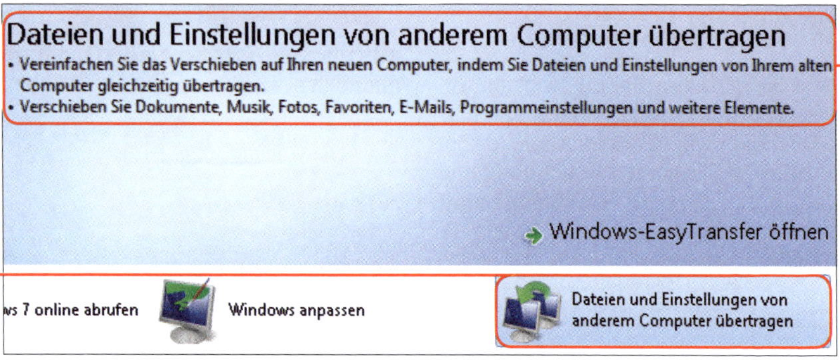

Dateien und Einstellungen von anderem Computer übertragen
- Vereinfachen Sie das Verschieben auf Ihren neuen Computer, indem Sie Dateien und Einstellungen von Ihrem alten Computer gleichzeitig übertragen.
- Verschieben Sie Dokumente, Musik, Fotos, Favoriten, E-Mails, Programmeinstellungen und weitere Elemente.

→ Windows-EasyTransfer öffnen

Daten mit Windows-Easy Transfer übernehmen

Wenn Sie vor der Installation von Windows 7 die Dateien und Einstellungen Ihrer Installation von Windows XP oder Windows Vista gesichert haben (siehe ab Seite 45), können Sie diese nun vom Speichermedium auf Windows 7 übertragen. Ebenso können Sie die Einstellungen einer existierenden Windows-Installation übertragen, sobald die Rechner mit einem speziellen Easy-Transfer-Kabel oder über das Netzwerk verbunden sind. Im Folgenden wird Ihnen gezeigt, wie Sie Ihre zuvor gesicherten Einstellungen für Windows 7 übernehmen.

1 Klicken Sie im Willkommen-Fenster zunächst auf ●

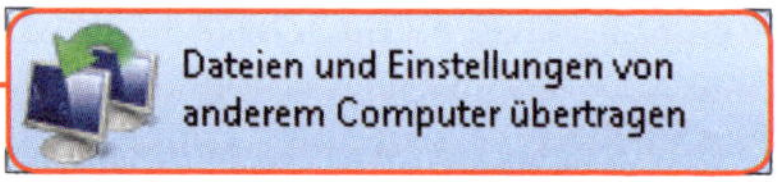

und dann im Bereich direkt oberhalb dieses Eintrags auf die Startverknüpfung

→ Windows-EasyTransfer öffnen.

2 Im Eröffnungsfenster von Windows-Easy Transfer klicken Sie einfach auf die Schaltfläche

Weiter.

Dann bestätigen Sie, dass Sie die Daten von dem Speichermedium übernehmen möchten, auf dem Sie sie zuvor gesichert haben. Dazu klicken Sie im Fenster „Was möchten Sie verwenden, um Elemente auf

Daten mit Windows-Easy Transfer übernehmen — Desktop

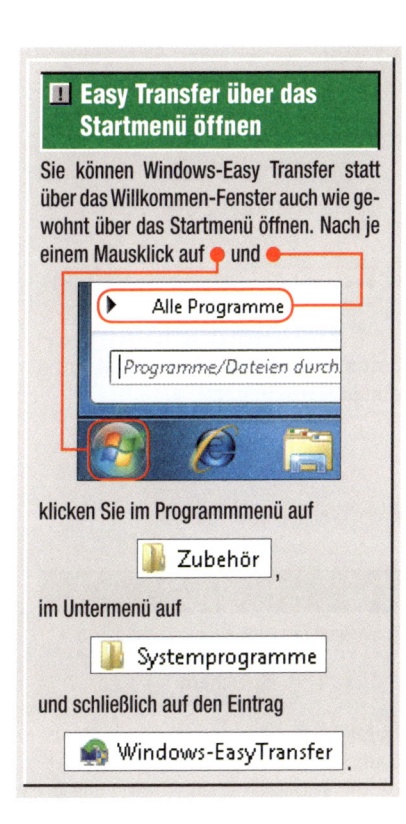

> **❗ Easy Transfer über das Startmenü öffnen**
>
> Sie können Windows-Easy Transfer statt über das Willkommen-Fenster auch wie gewohnt über das Startmenü öffnen. Nach je einem Mausklick auf ● und ●
>
> > ▶ Alle Programme
> >
> > |Programme/Dateien durch|
>
> klicken Sie im Programmmenü auf
>
> > 📁 Zubehör,
>
> im Untermenü auf
>
> > 📁 Systemprogramme
>
> und schließlich auf den Eintrag
>
> > 🔄 Windows-EasyTransfer.

3 Um vorhandene Dateien und Einstellungen in die neue Installation von Windows 7 zu übernehmen, klicken Sie im nächsten Fenster auf ●.

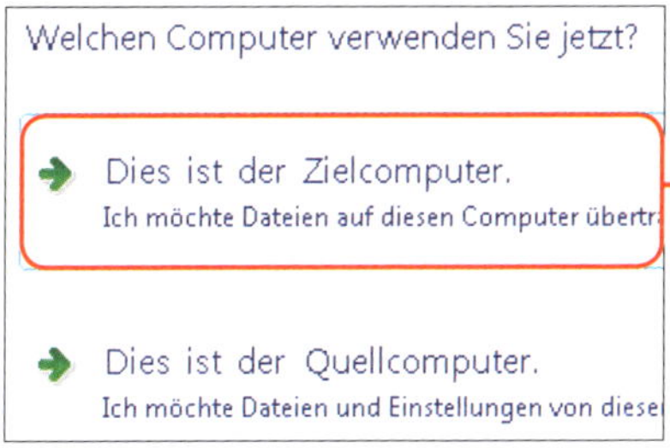

Welchen Computer verwenden Sie jetzt?

➔ Dies ist der Zielcomputer.
   Ich möchte Dateien auf diesen Computer übertr...

➔ Dies ist der Quellcomputer.
   Ich möchte Dateien und Einstellungen von diese...

4 Da Sie bereits eine Sicherung auf einem Datenträger angelegt haben, schließen Sie nun das USB-Speichermedium an und klicken anschließend auf ●.

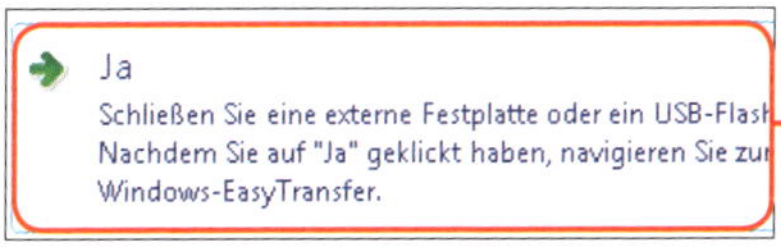

➔ Ja
   Schließen Sie eine externe Festplatte oder ein USB-Flash...
   Nachdem Sie auf "Ja" geklickt haben, navigieren Sie zu...
   Windows-EasyTransfer.

5 Im Laufwerksfenster wählen Sie dann mit einem Mausklick das Speichermedium aus, auf dem Sie die Dateien und Einstellungen zuvor gesichert haben, beispielsweise ●.

den Zielcomputer zu übertragen?" auf ●.

Ein EasyTransfer-Kabel
Ich habe bereits ein EasyTransfer-Kabel für die Ü...
einem Computer auf einen anderen.

Ein Netzwerk
Überträgt Dateien über ein Netzwerk von einem...

Eine externe Festplatte oder ein US...
Erstellt eine EasyTransfer-Datei. Wählen Sie diese...
von Windows-EasyTransfer ein Upgrade auf Win...

Diskettenlaufwerk (A:)

CD-Laufwerk (D:)

BACKUP (F:)
977 MB frei von 0,97 GB

Desktop Daten mit Windows-Easy Transfer übernehmen

6 Markieren Sie jetzt die Sicherungsdatei per Mausklick. Haben Sie, wie in Kapitel 2 gezeigt, die Sicherung mit Windows-Easy Transfer von Windows XP vorgenommen, heißt die Datei.

> Windows-EasyTransfer - Elemente

Wurde die Sicherung mit Windows-Easy Transfer von Windows Vista angelegt, lautet der Dateiname.

> IMG00001

Klicken Sie auf die Schaltfläche

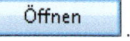

> Öffnen

7 Wenn Sie bei der Sicherung ein Kennwort vergeben haben, müssen Sie es nun in das Feld

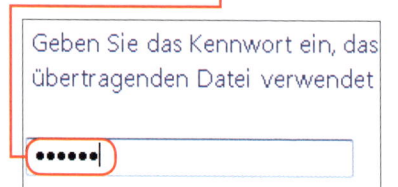

> Geben Sie das Kennwort ein, das übertragenden Datei verwendet
>
> ••••••

eintragen und danach wie gewohnt mit einem Mausklick auf

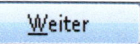

> Weiter

bestätigen.

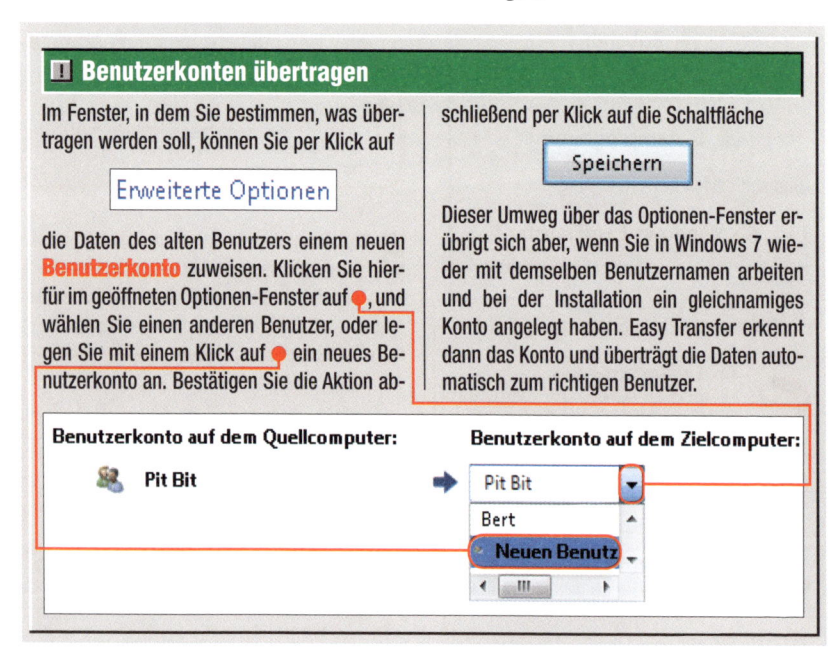

⚠ Benutzerkonten übertragen

Im Fenster, in dem Sie bestimmen, was übertragen werden soll, können Sie per Klick auf

> Erweiterte Optionen

die Daten des alten Benutzers einem neuen **Benutzerkonto** zuweisen. Klicken Sie hierfür im geöffneten Optionen-Fenster auf ●, und wählen Sie einen anderen Benutzer, oder legen Sie mit einem Klick auf ● ein neues Benutzerkonto an. Bestätigen Sie die Aktion abschließend per Klick auf die Schaltfläche

> Speichern

Dieser Umweg über das Optionen-Fenster erübrigt sich aber, wenn Sie in Windows 7 wieder mit demselben Benutzernamen arbeiten und bei der Installation ein gleichnamiges Konto angelegt haben. Easy Transfer erkennt dann das Konto und überträgt die Daten automatisch zum richtigen Benutzer.

Benutzerkonto auf dem Quellcomputer:	Benutzerkonto auf dem Zielcomputer:
😊 Pit Bit ➡	Pit Bit ▼
	Bert
	Neuen Benutz

Daten mit Windows-Easy Transfer übernehmen **Desktop**

8 Damit alle gespeicherten Einstellungen und Dateien übernommen werden, lassen Sie die Voreinstellungen unverändert. Bei Bedarf können Sie in diesem Fenster auch noch die Zuordnung der Benutzerkonten ändern (siehe Kasten). Dies erübrigt sich aber, wenn Sie bei der Installation wieder denselben Benutzernamen eingegeben haben, den Sie bereits unter der früheren Windows-Version verwendeten. In dem Fall klicken Sie einfach auf

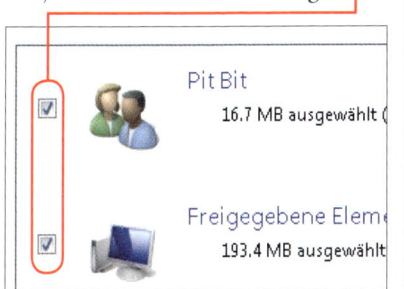

`Übertragen`.

9 Daraufhin überträgt Easy Transfer die Dateien und Einstellungen.

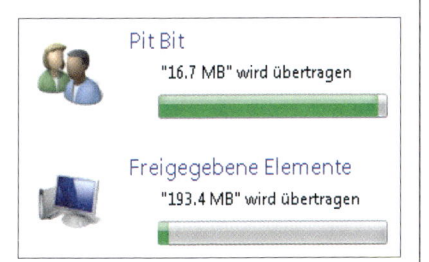

Nach Abschluss der Übertragung können Sie sich zur Kontrolle mit einem Klick auf den Befehl

Übertragene Elemente anzeigen

die übertragenen Elemente anzeigen lassen.

10 Ausführlichere Informationen zu den einzelnen Punkten lassen sich bei Bedarf durch Anklicken von

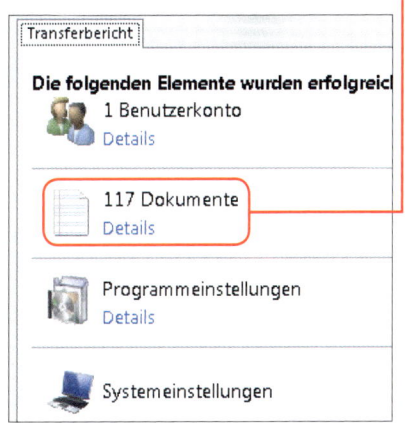

117 Dokumente / Details

abrufen. Das Fenster wird dann per Klick auf

[X]

103

geschlossen. Und um auch noch Windows-Easy Transfer zu beenden, klicken Sie auf

> Schließen .

11 Nach dem Abschluss der Übertragung kann ein Neustart von Windows erforderlich sein. Empfehlenswert ist es, den Start mit einem Mausklick auf ● direkt einzuleiten. Per Klick auf ●

> Jetzt neu starten | Später neu starten

lässt er sich auf einen späteren Zeitpunkt verschieben.

Das Erscheinungsbild von Windows ändern

Je nach Rechner, auf dem Windows vorinstalliert ist, oder je nach durchgeführter Installation zeigt sich Windows in unterschiedlichen Designs. Auch die soeben beschriebene Übertragung der Dateien und Einstellungen kann das Erscheinungsbild beeinflussen. Nichts ist aber einfacher, als das Aussehen von Windows 7 ganz nach Wunsch anzupassen. Sei es nun die Auflösung des Bildschirms oder das Hintergrundbild: Alles lässt sich mit nur wenigen Mausklicks ändern.

Desktophintergrund auswählen

Der Desktophintergrund von Windows 7 sieht ja vielleicht ganz hübsch aus, kann aber mit der Zeit langweilig werden. Windows bringt jedoch eine ganze Reihe von Hintergründen mit, aus denen Sie einen passenden per Mausklick auswählen können. So zaubern Sie etwas Abwechslung auf Ihren Arbeitsplatz.

1 Damit Sie den Hintergrund ändern können, klicken Sie im geöffneten Startmenü zunächst auf ●,

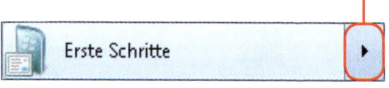

> Erste Schritte ▶

anschließend auf

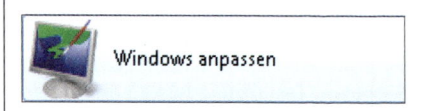

> Windows anpassen

und dann darüber auf die Startverknüpfung

> → Windows anpassen .

■ Stattdessen können Sie auch mit der *rechten* Maustaste auf einen freien Bereich des Desktop klicken

und im Kontextmenü den Eintrag ● wählen.

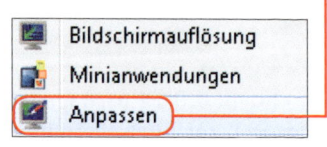

> Bildschirmauflösung
> Minianwendungen
> Anpassen

Desktophintergrund auswählen **Desktop**

2 Im Fenster, das sich nun öffnet, folgt ein Mausklick auf ●.

Daraufhin wird ein Fenster mit unterschiedlichen Bildern eingeblendet. Um alle in Augenschein nehmen zu können, klicken Sie auf den Rollbalken der Bildlaufleiste ●,

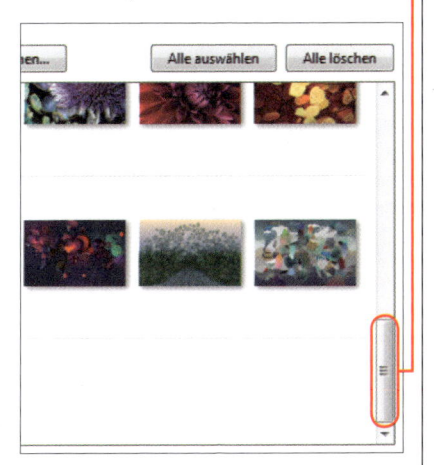

halten die Maustaste gedrückt und ziehen die Anzeige mit weiterhin gedrückter Maustaste nach oben oder unten.

3 Das Design, das Ihnen gefällt, brauchen Sie dann nur noch anzuklicken – und schon erstrahlt Ihr Desktop in neuem Glanz.

4 Wenn Sie einen steten Tapetenwechseln wollen und das Hintergrundbild regelmäßig automatisch gewechselt haben möchten, dann ist Windows 7 auch hierfür offen: Sobald Sie das erste Bild wie oben beschrieben ausgewählt haben, bewegen Sie den Mauszeiger einfach über weitere Bilder. Klicken Sie zur Auswahl oben links in das Viereck ●,

sodass dort ein Haken erscheint: ●.

5 Wiederholen Sie den vorigen Schritt für alle Bilder, die Sie wechselseitig als Hintergrundbilder wünschen. Klicken Sie dann auf ●,

Bild ändern alle:
30 Minuten

Desktop Die Bildschirmauflösung einstellen

und wählen Sie in der aufklappenden Liste

```
10 Sekunden
30 Sekunden
1 Minute
3 Minuten
5 Minuten
```

die Zeit, die zwischen dem Wechsel eines Bildes zum nächsten liegen soll.

6 Das Auswahlfenster schließen Sie per Klick auf

[Änderungen speichern]

und das Einstellungsfenster per Klick auf

[X].

Die Bildschirmauflösung einstellen

Die sogenannte Auflösung legt fest, wie viel Sie auf Ihrem Bildschirm sehen können. Sie muss an die unterschiedlichen Bildschirme angepasst werden, und das gelingt nicht immer automatisch. Mit ein paar Mausklicks ist das Problem jedoch schnell gelöst.

1 Minimieren Sie zunächst alle Fenster (siehe Seite 94), und bewegen Sie den Mauszeiger auf eine freie Stelle des Bildschirms.

❗ Bildschirmsymbole in der gewünschten Größe

Manchmal ist der Bildschirm korrekt eingestellt, aber die Symbole auf dem Desktop erscheinen Ihnen zu groß oder zu klein. Das können Sie ganz rasch ändern. Klicken Sie einfach auf einen freien Platz auf dem Desktop, drücken Sie dann die [Strg]-Taste, halten Sie diese gedrückt, und drehen Sie am Mausrad. Dann wird zum Beispiel aus einem kleinen Papierkorb

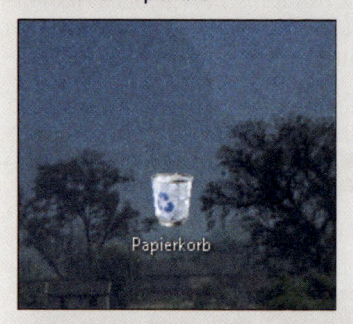

ein ziemlich großer.

Klicken Sie dann die *rechte* Maustaste, und wählen Sie im nachfolgenden Ein-

Die Bildschirmauflösung einstellen — Desktop

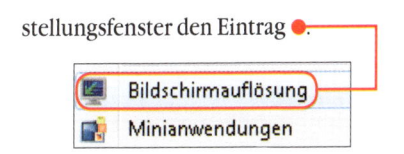

stellungsfenster den Eintrag.

- Bildschirmauflösung
- Minianwendungen

2 Um eine Liste der zur Verfügung stehenden Auflösungen angezeigt zu bekommen, klicken Sie dann auf.

1680 × 1050

Bewegen Sie nun den Mauszeiger auf den Schieberegler,

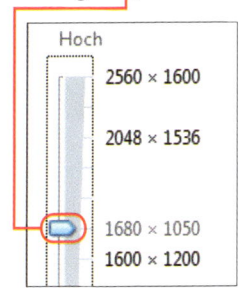

Hoch
2560 × 1600
2048 × 1536
1680 × 1050
1600 × 1200

klicken Sie, halten Sie die Maustaste gedrückt, und ziehen Sie den Regler mit weiterhin gedrückter Maustaste so weit nach oben oder unten, bis die korrekte Auflösung erreicht ist. Dann lassen Sie die Maustaste los.

3 Nachdem Sie Ihre Einstellungen vorgenommen haben, klicken Sie zur Bestätigung einfach auf die Schaltfläche

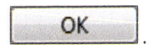

OK

Daraufhin wird der Bildschirm für einen Augenblick dunkel, bevor er mit den

Auflösung für unterschiedlich große Bildschirme

Sie können natürlich so lange probieren, bis Ihnen die Ansicht gefällt. Einfacher ist es aber, im Handbuch Ihres Monitors nachzulesen. Bei Bildschirmen mit 17 und 19 Zoll beträgt die gängige Auflösung 1280 x 1024, bei einem 20-Zoll-Monitor 1600 x 900, bei einem 22-Zoll-Monitor 1680 x 1050 und bei größeren Displays (aber auch bei 21,5 Zoll) 1920 x 1080 Bildpunkte beziehungsweise Pixel. Ab 24 Zoll ist die noch höhere Auflösung von 1920 x 1200 üblich.
Entscheidend für die Auflösung ist aber nicht nur die Größe des Displays, sondern auch und vor allem das Seitenverhältnis: Während im Geschäftsumfeld noch das Format 5:4 mit der Auflösung von 1280 x 1024 Bildpunkten vertreten ist, etabliert sich im Privatkundensegment das Bildformat 16:9 mit der Auflösung von 1920 x 1080 Bildpunkten als Standard. Letzteres entspricht der Auflösung von HDTV-Geräten wie Fernsehern, Spielkonsolen und Blu-ray-Spielern.

neuen Einstellungen wieder startet. Gefällt Ihnen die neue Ansicht, brauchen Sie in der Meldung nur noch auf zu klicken.

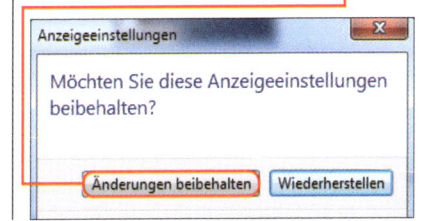

Anzeigeeinstellungen

Möchten Sie diese Anzeigeeinstellungen beibehalten?

Änderungen beibehalten | Wiederherstellen

Desktop Ständig aktuelle Informationen

Ständig aktuelle Informationen mit Minianwendungen

Die „Sidebar" von Windows Vista ist unter Windows 7 von frei positionierbaren „Minianwendungen" abgelöst worden. Mit den Minianwendungen können Sie Informationen, die Ihnen wichtig sind, stets im Blick behalten. So lassen sich beispielsweise eine Uhr, eine kleine, automatische Diashow oder eine Information über die Auslastung Ihres PCs einbinden. Viele Minianwendungen beziehen ihre Inhalte aus dem Internet, etwa der kleine Nachrichtenticker „Feedschlagzeilen", der zu Windows 7 gehört, oder eine Prognose für das lokale Wetter. Zusätzlich zu den mitgelieferten Minianwendungen finden Sie im Internet aber viele weitere attraktive Ergänzungen.

1 Klicken Sie mit der *rechten* Maustaste auf eine freie Stelle des Bildschirms,

und wählen Sie im aufklappenden Kontextmenü den Eintrag.

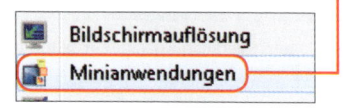

2 Daraufhin öffnet sich ein Fenster, in dem alle aktuell verfügbaren Minianwendungen enthalten sind. Bewegen Sie nun den Mauszeiger auf die Minianwendung, die Sie dem Desktop hinzufügen wollen, beispielsweise das Wetter:

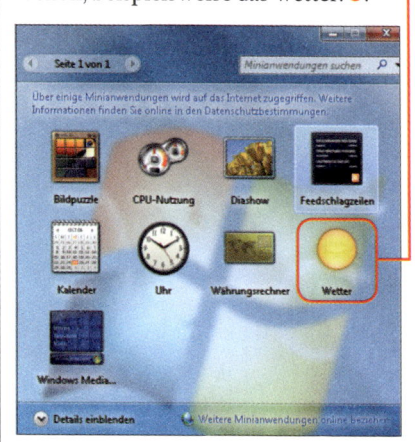

Halten Sie die linke Maustaste gedrückt, und ziehen Sie das Symbol mit weiterhin gedrückter Maustaste an den rechten Bildschirmrand.

Sobald Sie die Maustaste loslassen, bleibt die Minianwendung an der angepeilten Stelle auf dem Bildschirm.

Einstellungen einer Minianwendung ändern — Desktop

> **❗ Minianwendungen anzeigen**
>
> Oft verdecken Programmfenster die Minianwendungen, die auf dem Desktop platziert sind. Aber es gibt eine Tastenkombination, mit der Sie die installierten Minianwendungen schlagartig sichtbar machen: Drücken Sie einfach gleichzeitig die Tasten ⊞ und G. Schon tauchen die Minianwendungen vor den geöffneten Fenstern auf.

Einstellungen einer Minianwendung ändern

Die meisten Minianwendungen lassen sich noch individuell anpassen. So können Sie zum Beispiel für die Wettervorhersage festlegen, für welchen Ort Sie die Prognose wünschen.

1 Bewegen Sie den Mauszeiger über die Minianwendung, deren Einstellungen Sie ändern wollen. Rechts vom Symbol erscheint nun ein Schraubenschlüssel.

Klicken Sie darauf, um die Einstellungen der Minianwendung aufzurufen.

2 Als Nächstes klicken Sie in das Eingabefeld

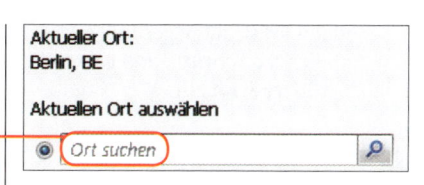

und tippen dann den Namen der Stadt ein, für die Sie die Wettervorhersage sehen wollen, im Beispiel.

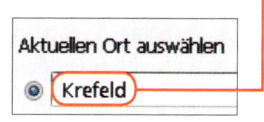

Um die Suche nach der eingegebenen Stadt zu starten, genügt in der Regel ein Klick auf

3 In den allermeisten Fällen wird die von Ihnen eingegebene Stadt gefunden, was Ihnen auch mitgeteilt wird:

"Krefeld, Nordrhein-Westfalen" gefunden. Klicken Sie zum Übernehmen auf "OK".

Sollte dies nicht der Fall sein – beispielsweise, weil Sie sich vertippt haben –, öffnet sich eine Auswahlliste, die mit hoher Wahrscheinlichkeit die gesuchte Stadt enthält. Klicken Sie den Namen dann einfach an, etwa.

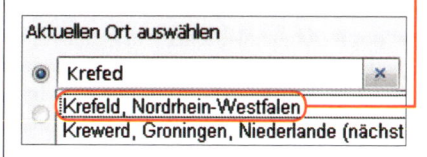

Ist die gewünschte Stadt nicht in der

Desktop: Weitere Minianwendungen installieren

Liste oder wird sie nicht gefunden, dann wiederholen Sie Schritt 2 und geben die nächst größere Stadt ein.

4 Bestätigen Sie die Auswahl der Stadt mit einem Mausklick auf die Schaltfläche

> OK .

Damit haben Sie die aktuelle Wetteranzeige der gewünschten Stadt in Ihrer Minianwendung verankert:

5 Wenn Sie das Wetter mehrerer Städte sehen wollen, wiederholen Sie die beschriebenen Schritte einfach für jede Stadt. Windows 7 ist es egal, wie oft Sie die Minianwendung „Wetter" auf dem Desktop anzeigen.

Weitere Minianwendungen aus dem Internet installieren

Die Palette der Minianwendungen, die Sie mit Windows 7 nutzen können, erschöpft sich bei Weitem nicht in den mitgelieferten Programmen. Es gibt eine Vielzahl von Zusatzfunktionen und Informationsdiensten, mit denen Sie die Arbeit am PC effektiver gestalten können. Hierzu gehören unter anderem Online-Ticker von namhaften Zeitungen oder Eingabefelder, mit denen Sie Suchabfragen ins Internet ohne Umweg abschicken können, um beispielsweise eine Telefonnummer zu recherchieren oder sich einen fremdsprachlichen Begriff übersetzen zu lassen. Diese zusätzlichen Minianwendungen hält Microsoft in einer eigenen Galerie für Sie bereit. Und so greifen Sie darauf zu:

1 Klicken Sie mit der *rechten* Maustaste auf einen freien Bereich des Desktops, und wählen Sie im Kontextmenü den Eintrag.

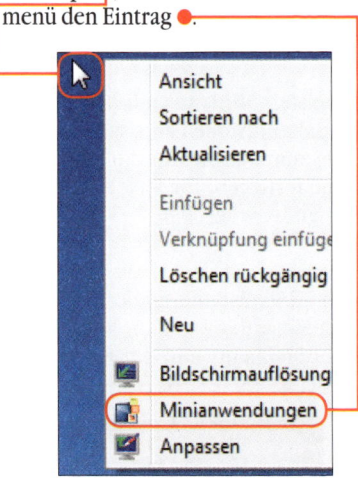

2 Daraufhin erscheint wieder das Auswahlfenster der Minianwendungen, das Sie bereits aus Schritt 2 der vorvorigen Anleitung kennen. Wenn Sie dort unten rechts auf

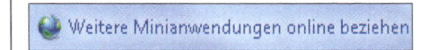

> Weitere Minianwendungen online beziehen

Weitere Minianwendungen installieren — Desktop

klicken, werden Sie mit einer Internetseite verbunden, auf der Sie jede Menge weiterer Anwendungen finden.

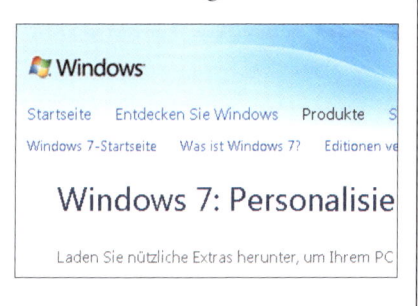

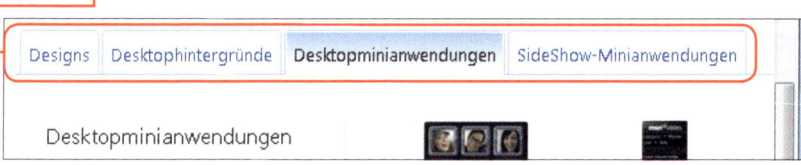

erscheinen. Klicken Sie dann auf,

[Weitere Desktopminianwendungen...]

um sich eine weitere Auswahl von Minianwendungen anzeigen zu lassen.

4 Diese können Sie auf Ihren Rechner überspielen. Wählen Sie mit einem Mausklick zunächst die Kategorie der Minianwendung, die Sie laden möchten, beispielsweise.

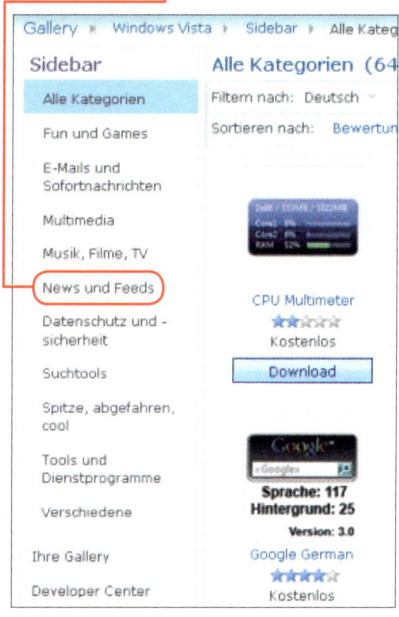

3 Bewegen Sie die Anzeige der Seite nach unten, indem Sie in der Bildlaufleiste auf den Rollbalken

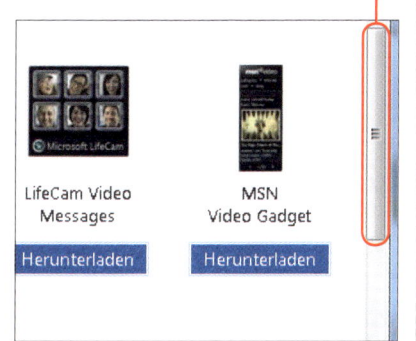

klicken, die Maustaste gedrückt halten und den Balken mit weiterhin gedrückter Maustaste nach unten ziehen, bis die Register

111

Desktop Weitere Minianwendungen installieren

5 Anschließend entscheiden Sie sich per Klick für eines der Programme, im Beispiel ●.

6 Nun wird angezeigt, wer die Minianwendung entwickelt hat. Lesen Sie zunächst den Hinweis, und klicken Sie dann, um die Installation einzuleiten, auf ●.

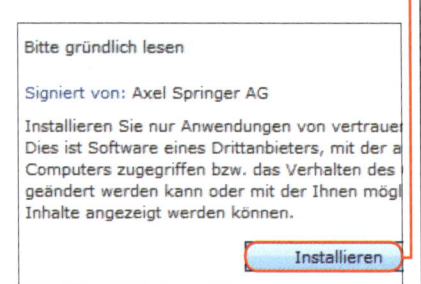

Bestätigen Sie die Sicherheitswarnung, indem Sie als Erstes auf ●

und danach noch auf die Schaltfläche ●

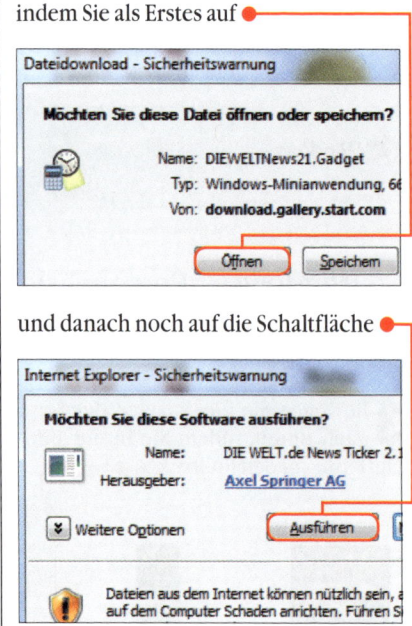

klicken.

7 Zum Schluss genügt ein Mausklick auf die Schaltfläche ●,

112

Weitere Minianwendungen installieren **Desktop**

damit die Minianwendung wunschgemäß auf dem Bildschirm installiert wird:

8 Die neue Anwendung befindet sich nun auch im Auswahlfenster der Minianwendungen:

Wenn Sie viele verschiedene Anwendungen installiert haben, wird diese Anzeige übrigens automatisch um zusätzliche Fenster erweitert. Zwischen diesen Fenstern wechseln Sie, indem Sie auf die Navigationspfeile

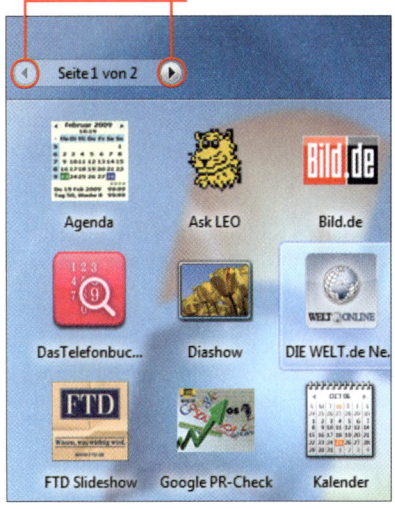

klicken. Das Minianwendungs-Fenster schließen Sie wie gewohnt mit einem Klick auf

113

Peripherie

4 Die Verbindung zur Außenwelt: Externe Geräte

Ihr Rechner kann mit vielen Geräten erweitert werden: Ob Drucker oder Digitalkamera – alle Geräte können über die sogenannten Schnittstellen angeschlossen und für den Rechner nutzbar gemacht werden. Ihr Computer wird dadurch eine echte Multimediamaschine. Der Anschluss und die Verwendung der externen Geräte sind denkbar einfach. Nicht zuletzt, weil Windows 7 schon fast alle benötigten Programme von Haus aus mitbringt. Und die Installation ist dank Windows 7 ebenfalls ein Kinderspiel.

Im vierten Kapitel dieses Buches erfahren Sie,
- was Schnittstellen überhaupt sind und wofür unterschiedliche Schnittstellen verwendet werden,
- wie Sie Ihre Drucker installieren,
- wie Sie einen Drucker im Netzwerk zugänglich machen,
- wie Sie Bilder von einer Digitalkamera auf den Rechner übertragen
- und wie Sie ein mobiles Gerät mit Ihrem Rechner abgleichen.

Kapitel-Wegweiser

Die Schnittstellen des Computers .. 115
Drucker installieren und
   einrichten 120
   Drucker per Programm-CD
     installieren 120
   Drucker ohne Programm-CD
     installieren 122
   Einen Drucker im Netzwerk
     einrichten 125
   Einen lokalen Drucker
     freigeben 126

Bilder von Digitalkamera auf PC
   überspielen 127
Bilder scannen 129
Mobiles Windows unterwegs 131
   Das mobile Gerät
     anschließen 131
   Treiber installieren 132
   Eine Verbindung mit dem PC
     einrichten 133

Die Schnittstellen des Computers

Schnittstellen sind Anschlüsse an Ihrem Computer, über die Sie Ihren Rechner mit externen Geräten verbinden können. Dazu gehören unter anderem Tastatur, Maus und Bildschirm.

Bei einem handelsüblichen Rechner befinden sich die wichtigsten Schnittstellen an der Rückseite des Computers

1 An die beiden **runden Schnittstellen** schließen Sie Tastatur und Maus an.

Diese Schnittstellen sind oft unterschiedlich gefärbt. Die passenden Stecker haben meist die gleiche Farbe, sodass eine Verwechslungsgefahr ausgeschlossen ist.

Zusätzlich zur farblichen Unterscheidung ist neben den Schnittstellen häufig noch eine Prägung angebracht. Für die Tastatur wird eine angedeutete Tastatur verwendet:

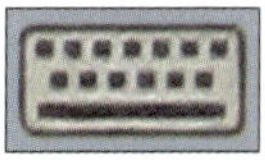

Für den Maus-Anschluss eine stilisierte Maus:

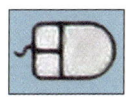

2 **USB-Anschlüsse** sind heutzutage Standard für Mäuse, Tastaturen, Drucker und andere externe Geräte (siehe auch Kasten Seite 116). Diese Anschlüsse

sind schneller in der Datenübertragung als ältere Schnittstellen. Ein weiterer Vorteil der USB-Geräte ist, dass sie auch bei eingeschaltetem Computer angeschlossen werden dürfen. Sofort erkennt Ihr Computer die neuen Geräte, und ohne Neustart können Sie weiterarbeiten. Auch für USB-Schnittstellen ist ein Symbol reserviert:

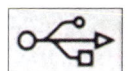

Peripherie Die Schnittstellen des Computers

❗ Aktueller: USB

Moderne Mäuse und Tastaturen haben einen USB-Stecker

und müssen dann über eine USB-Buchse an den Computer angeschlossen werden.

Das gilt ebenfalls für Tastaturen und Mäuse, die drahtlos mit dem PC verbunden werden. Auch beim Funkadapter handelt es sich in der Regel um einen kleinen USB-Stecker

USB-geeignete Peripheriegeräte erkennen Sie am typischen Flachstecker, der ebenfalls meist durch das USB-Symbol gekennzeichnet ist.

3 Die sogenannte **eSATA-Buchse** („**E**xternal **S**erial **ATA**") ist eine spezielle Schnittstelle für den Anschluss schneller, externer SATA-Festplatten. Obwohl sich eSATA grundlegend von USB unterscheidet, gibt es inzwischen Buchsen, die beide Anschlüsse miteinander kombinieren und auf diese Weise Platz sparen:

Ob eine eSATA-Platte oder ein USB-Gerät angeschlossen ist, wird hierbei vom Betriebssystem automatisch erkannt.

4 Neben der USB-Schnittstelle gibt es mit **Firewire** in der Regel eine Buchse für das von Apple entwickelte serielle Bussystem. Offiziell wird dieser Standard als **IEEE-1394** oder als **i.Link** bezeichnet. Die Schnittstelle wird vor allem von Festplatten und anderen Da-

Die Schnittstellen des Computers — Peripherie

tenträgern sowie zum Anschluss von Kameras und DV-Camcordern genutzt. Auch diese Schnittstelle kennzeichnet ein eigenes Symbol: .

5 Die sogenannte **parallele Schnittstelle**, oft auch Parallelport genannt, ist für den Anschluss älterer Drucker gedacht.

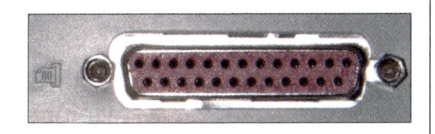

Sie ist deutlich länger als der Anschluss für einen Bildschirm und wird meist durch ein Druckersymbol gekennzeichnet:

Allerdings sind die parallelen Drucker inzwischen weitgehend durch Drucker mit USB-Anschluss ersetzt worden.

6 Der traditionelle Anschluss für den Bildschirm sieht dem parallelen Anschluss ähnlich, ist jedoch viel kleiner, sodass er nicht verwechselt werden kann. An diese sogenannte **VGA-Buchse** („**V**ideo **G**raphics **A**rray")

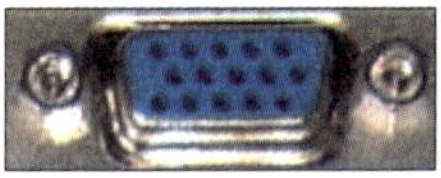

wird das VGA-Kabel

angeschlossen, über welches das Bildsignal analog übertragen wird. VGA war viele Jahre der Standard, wurde aber inzwischen von leistungsfähigeren digitalen Anschlüssen abgelöst.

7 Moderne Kombinationen von Grafikkarte und Bildschirm übertragen das Bildsignal digital. Für die Verbindung verwenden sie statt des im vorigen Schritt gezeigten analogen VGA-Anschlusses meist den sogenannten **DVI-Anschluss** („**D**igital **V**isual **I**nterface")

und das entsprechende DVI-Kabel.

Peripherie — Die Schnittstellen des Computers

Da die meisten DVI-Buchsen zusätzlich auch analoge Signale übertragen können, lassen sich auch analoge VGA-Bildschirme daran anschließen. Allerdings brauchen Sie für den Anschluss eines Monitors mit VGA-Kabel einen im Fachhandel erhältlichen Adapter:

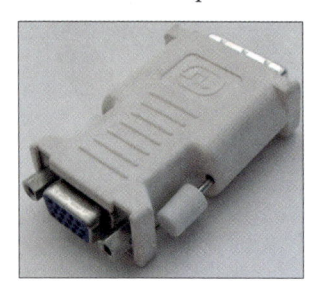

8 Inzwischen ist auch der **HDMI-Anschluss**, den Sie von HDTV-Fernsehern kennen, bei den Grafikanschlüssen des PCs verbreitet:

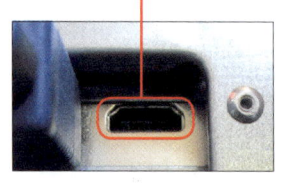

Bei der Verbindung kommt das übliche HDMI-Kabel zum Einsatz.

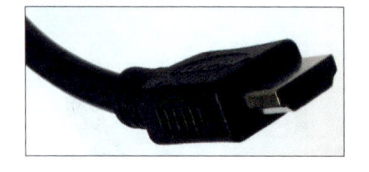

Auch hierbei findet eine digitale Übertragung des Bildsignals statt. Sollte der Monitor über keine HDMI-Buchse verfügen, lässt sich mittels eines Adapters

die Verbindung auch über ein DVI-Kabel herstellen.

9 Zur Normalausstattung eines Rechners gehört auch eine Soundkarte. Sie ermöglicht das Abspielen einer Musik-CD, die Wiedergabe gespeicherter Musikdateien und die Ausgabe von Geräuschen bei Spielen und anderen Multimediaanwendungen. Lautsprecher, Verstärker oder ein Mikrofon schließen Sie an der **Soundkarten-Schnittstelle** an.

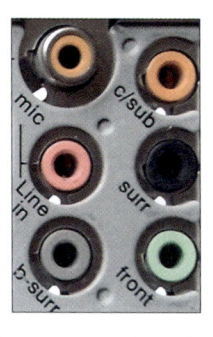

Farbmarkierungen und Symbole helfen Ihnen, Tonausgang (Line-out) und Toneingang (Line-in) sowie den Mikrofon-Anschluss zu unterscheiden. Verbunden werden die entsprechenden Geräte über

Die Schnittstellen des Computers — Peripherie

sogenannte Klinkenstecker:

10 Rechner werden immer mehr zu Multimediamaschinen, die nicht nur Büroaufgaben erledigen, sondern auch Filme wiedergeben, als Spielkonsolen fungieren etc. Viele dieser Programme verwenden nicht nur Stereoklang (der aus einem linken und einem rechten Kanal besteht), sondern Mehrkanalton, bei dem über hinter dem Benutzer platzierte Boxen ein dreidimensionaler Effekt erreicht wird. Daher haben moderne Soundkarten oft mehr als einen Ausgang.

Verlustfrei lassen sich Klänge in und aus dem Rechner über digitale Ein- und Ausgänge übertragen, die allerdings längst nicht bei allen PCs zur Verfügung stehen. Alternativ gibt es für den digitalen Sound-Anschluss **Buchsen für Chinch-** oder **Glasfaserkabel**.

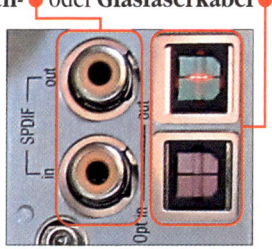

Darüber lassen sich Klänge in bester Qualität von geeigneten Geräten (beispielsweise CD-, DVD- oder Blu-ray-Player) vom PC aufnehmen oder an Wiedergabegeräten (wie Verstärker oder Fernseher) ausgeben.

11 Falls Sie Ihren Rechner gelegentlich auch als Spielkonsole nutzen, werden Sie sich über kurz oder lang einen Joystick anschaffen, mit dem Sie Rennautos noch rasanter über den Bildschirm hetzen oder Flugzeuge noch kunstvoller steuern können als mit Maus und Tastatur. Auch diese virtuellen Steuerknüppel haben bei älteren Rechnern einen eigenen Anschluss, der einer parallelen Schnittstelle ähnelt.

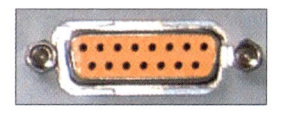

Während die parallele Schnittstelle aber 25 „Löcher" hat, besitzt der **Spiele-Anschluss** 15. Die goldfarbene Färbung hilft bei der Identifikation. Allerdings ist

---

⚠ Gerätewechsel

Geräte wie Drucker, Maus, **Modem** oder Joystick, die *nicht* über den USB-Anschluss verbunden werden, dürfen nur bei ausgeschaltetem Rechner an- oder abgesteckt werden! Beschädigungen am Gerät oder am Rechner sind sonst nicht auszuschließen. Bei den USB-Anschlüssen allerdings, die heute meist verwendet werden, können Geräte problemlos bei eingeschaltetem Rechner angeschlossen werden. Dieses Verfahren nennt sich auch „Plug and Play" („Anschließen und Loslegen").

Peripherie | Drucker installieren und einrichten

der Gameport an neueren PCs kaum noch zu finden, da für den Anschluss spezieller Spielesteuerungen wie Joysticks und anderes Zubehör heute der USB-Anschluss (siehe Schritt 2) verwendet wird.

12 Um Ihren Rechner mit einem Netzwerk zu verbinden (siehe Kapitel 7), benötigen Sie eine **Netzwerk-Schnittstelle**. Diese erkennen Sie meist an einem Symbol für mehrere per Kabel verbundene PCs:

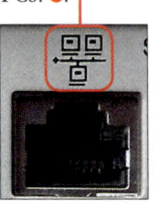

Drucker installieren und einrichten

Eines der meistgebrauchten Geräte am Computer ist der Drucker. Gerne hat man seine Texte, Tabellen und Bilder schwarz auf weiß oder in Farbe auf Papier. Deshalb gehört ein Drucker über kurz oder lang zur Grundausstattung eines PC-Arbeitsplatzes. Für die meisten Drucker hat Windows 7 die notwendigen **Treiber** (Programme für die Geräte) schon parat, sodass eine Installation recht einfach ist. Außerdem werden moderne Drucker mit einer Programm-CD ausgeliefert, auf der sich die notwendigen Programme ebenfalls befinden. Und falls bei einem älteren Drucker mal kein Programm dabei sein sollte, hat Windows 7 in den meisten Fällen die Treiber selbst an Bord.

Drucker per Programm-CD installieren

Die meisten modernen Drucker werden per USB-Kabel mit dem Rechner verbunden, sodass die Verbindung eigentlich auch hergestellt werden kann, wenn der Rechner eingeschaltet ist. Aus Sicherheitsgründen sollten Sie den Rechner jedoch erst ausschalten, dann den Drucker ans Stromnetz anschließen, danach per USB-Kabel mit dem Rechner verbinden und den PC erst dann erneut starten.

Ihr Drucker benötigt zum Basisbetrieb nur einen Treiber. Um seine volle Funktionalität zu entfalten, sind jedoch weitere Programme nötig. Darum wird jeder Drucker mit einer Programm-CD ausgeliefert, auf der sich diese Programme befinden. Um den Drucker zu installieren, gehen Sie wie folgt vor:

1 Legen Sie die Programm-CD des Druckers in Ihr DVD-Laufwerk ein. Im Auswahlfenster, das sich daraufhin öffnet, klicken Sie auf den Eintrag für die Installation des Druckers, im Beispiel:

Programm installieren oder ausführen
setup.exe ausführen
Kein Herausgeber angegeben

Drucker per Programm-CD installieren — Peripherie

🔲 Externe USB-Geräte anschließen

Viele der Geräte werden heutzutage mit einem beiliegenden Kabel an eine der USB-Schnittstellen angeschlossen. Stecken Sie dazu das Ende des Kabels 🔴 in eine freie USB-Buchse an Ihrem Rechner: 🔴

Normalerweise erkennt Windows 7 dann automatisch, wie es das entsprechende Geräte benutzen kann. Durch ein kleines Symbol am unteren rechten Bildschirmrand 🔴

und eine Sprechblasenmeldung 🔴

> Installieren von Gerätetreibersoftw
> Klicken Sie hier, um Statusinformationen zu

werden Sie darüber informiert, dass das Treiberprogramm installiert wird. Ist dieser Vorgang abgeschlossen, erhalten Sie eine entsprechende Erfolgsmeldung.

> Das Gerät kann jetzt verwendet werden.
> Die Gerätetreibersoftware wurde erfolgreich installiert

Mitunter muss aber auch ein sogenannter Treiber, ein kleines Programm, installiert werden. Dies ist entweder bereits in Windows 7 vorhanden oder muss mit einer beiliegenden CD installiert werden.
Im folgenden Abschnitt lesen Sie am Beispiel eines Druckers, wie Sie ein Treiberprogramm manuell von einer CD installieren.

Zur Bestätigung Ihres Wunsches klicken Sie im Hinweisfenster

> Möchten Sie zulassen, dass d
> Programm von einem unbeka
> Änderungen an diesem Comp
> werden?

auf die Schaltfläche

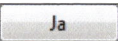

> Ja

und im nachfolgenden Fenster auf

> Weiter >

2 Danach werden die einzelnen Teilprogramme beziehungsweise Installationsmöglichkeiten für Ihren Drucker angezeigt, im Beispiel 🔴.

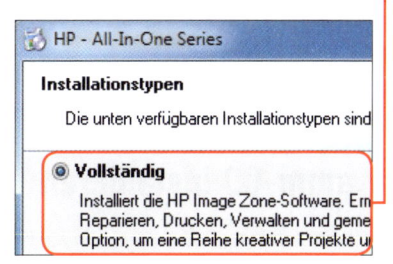

> HP - All-In-One Series
>
> **Installationstypen**
>
> Die unten verfügbaren Installationstypen sind
>
> ⦿ **Vollständig**
>
> Installiert die HP Image Zone-Software. Em
> Reparieren, Drucken, Verwalten und geme
> Option, um eine Reihe kreativer Projekte u

Da die Installation aller auf der CD vor-

121

Peripherie — Drucker ohne Programm-CD installieren

handenen Programme bereits voreingestellt ist („Vollständige Installation"), klicken Sie einfach auf

[Weiter >]

3 Daraufhin wird das Programm für Ihren Drucker installiert.

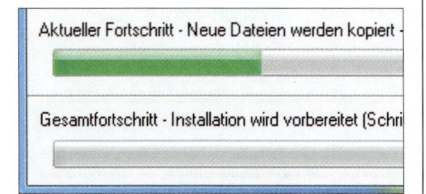

[Aktueller Fortschritt - Neue Dateien werden kopiert]

[Gesamtfortschritt - Installation wird vorbereitet (Schri]

Folgen Sie nun einfach den weiteren Anweisungen auf dem Bildschirm. Ist der erste Teil der Installation abgeschlossen, werden Sie gegebenenfalls aufgefordert, den Drucker einzuschalten. Tun Sie dies.

4 Anschließend sucht das Programm den Drucker und setzt die Installation automatisch fort. Ist die Installation vollständig, müssen Sie den Rechner neu starten. Klicken Sie dazu auf die Schaltfläche

[Neu starten]

Sobald Ihr Rechner neu gestartet wurde, steht Ihnen Ihr Drucker zur Verfügung.

Drucker ohne Programm-CD installieren

Es kann passieren, dass Sie einen älteren Drucker haben, dessen Programm-CD nicht mehr vorhanden ist. Diese Drucker können in den meisten Fällen unter Windows 7 trotzdem verwendet werden, da das **Betriebsprogramm** sehr viele Drucker kennt. Sie müssen nur wissen, wie Ihr Drucker heißt und wie er an Ihren Rechner angeschlossen wird.

1 Schließen Sie Ihren Drucker an das Stromnetz an, und verbinden Sie ihn mit Ihrem Rechner. Sie brauchen den Drucker noch nicht einzuschalten. Klicken Sie als Erstes auf

und im geöffneten Startmenü dann auf

[Geräte und Drucker]

Windows 7 zeigt Ihnen nun eine Auflistung aller Geräte, die bereits zusätzlich an Ihrem Rechner installiert wurden, im Beispiel ●.

▲ Drucker und Faxgeräte (5)

An OneNote 2007 senden | Fax | HP Color LaserJet 2800 Series PS | Microsoft XPS Document Writer

▲ Geräte (2)

IMAC_W7 | Nicht-PnP-Monitor (Standard)

2 Oben in dieser Liste finden Sie zwei Schaltflächen, mittels derer weitere Geräte aufgenommen werden können.

Drucker ohne Programm-CD installieren | Peripherie

Um ein beliebiges Gerät zu verbinden, klicken Sie auf

> Gerät hinzufügen

zum Einrichten eines Druckers wie im aktuellen Beispielfall auf

> Drucker hinzufügen

Windows 7 unterscheidet hier zwischen einem lokalen Drucker ●, also einem Drucker, der per Kabel an den Rechner angeschlossen wird, und einem Netzwerkdrucker ●,

> Welchen Druckertyp möchten Sie instal
>
> → **Einen lokalen Drucker hinzufügen**
> Verwenden Sie diese Option nur dann, wenn S
> werden unter Windows beim Anschließen aut
>
> → **Einen Netzwerk-, Drahtlos- oder Bl**
> Stellen Sie sicher, dass der Computer mit dem
> oder Drahtlosdrucker eingeschaltet ist.

🛈 USB oder parallel

Falls Sie sich wundern sollten, warum der im vorigen Kasten beschriebene USB-Anschluss nicht in der Liste der möglichen Druckeranschlüsse auftaucht: USB-Drucker werden beim Anschluss an Ihren Rechner und beim Einschalten automatisch von Windows 7 erkannt, und deren Treiber wird dann auch automatisch installiert!

also einem Gerät, das für den Zugriff durch mehr als einen Benutzer in einem lokalen Netzwerk vorbereitet wurde oder drahtlos angesteuert wird. Klicken Sie auf den entsprechenden Eintrag.

3 Bei einem lokalen Drucker müssen Sie nun auswählen, an welchen Anschluss er angeschlossen wird. Meist ist dies der sogenannte Parallelanschluss (LPT1:):

> LPT1: (Druckeranschluss)

Klicken Sie anschließend auf

> Weiter >

4 Als Nächstes müssen Sie den Namen des Druckerherstellers ● und des Modells ●

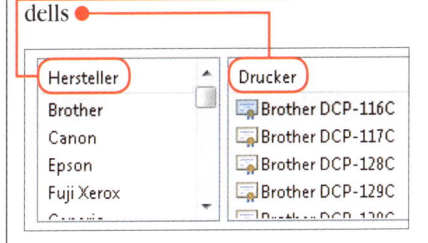

Hersteller	Drucker
Brother	Brother DCP-116C
Canon	Brother DCP-117C
Epson	Brother DCP-128C
Fuji Xerox	Brother DCP-129C

angeben. Dazu klicken Sie neben dem Fenster mit den Herstellern auf den **Rollbalken**,

halten die Maustaste gedrückt und ziehen den Balken mit weiterhin gedrück-

Peripherie — **Drucker ohne Programm-CD installieren**

ter Maustaste so lange nach unten, bis der Name Ihres Druckerherstellers sichtbar wird, im Beispiel „Hewlett Packard" (HP).

```
Gestetner
HP
IBM
```

Nach einem Klick auf den Eintrag erscheinen im rechten Fenster die Druckermodelle des Herstellers.

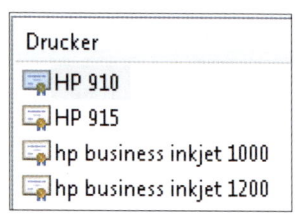

```
Drucker
  HP 910
  HP 915
  hp business inkjet 1000
  hp business inkjet 1200
```

5 Sollte auch in dieser Liste Ihr Druckermodell zunächst nicht sichtbar sein, nutzen Sie wieder den Rollbalken, wie im letzten Schritt gezeigt. Markieren Sie dann den Drucker mit einem Mausklick,

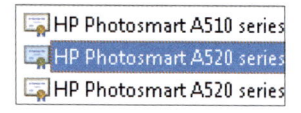

```
HP Photosmart A510 series
HP Photosmart A520 series
HP Photosmart A520 series
```

und klicken Sie danach auf die Schaltfläche

[Weiter >] .

■ Findet sich der Drucker immer noch nicht in der Liste der Windows 7 bekannten Drucker, dann kann es sein, dass dieser neu ist und Windows ihn noch nicht kennt. In einem solchen Fall klicken Sie auf

[Windows Update]

warten, bis die Liste aktualisiert wurde, und führen Schritt 4 erneut durch.

6 Im nachfolgenden Fenster wird der Name des Druckers noch einmal angezeigt. Sie können ihn auf Wunsch überschreiben oder den Vorschlag des Betriebsprogramms übernehmen.

```
Geben Sie einen Druckernamen ein

Druckername:     HP Photosmart A520 series

Dieser Drucker wird mit dem HP Photosmart A520 ser
```

Nach einem erneuten Klick auf

[Weiter >]

beginnt das Programm mit der Installation des ausgewählten Druckers.

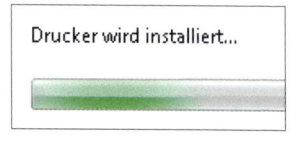

```
Drucker wird installiert...
[====================  ]
```

Ist der Drucker installiert, erhalten Sie eine entsprechende Meldung. Klicken Sie ein weiteres Mal auf

[Weiter >] .

7 Um sicherzugehen, dass der Drucker auch funktioniert, schalten Sie ihn

Einen Drucker im Netzwerk einrichten — Peripherie

jetzt ein und drücken auf die Schaltfläche

`Testseite drucken`.

Daraufhin wird eine Testseite gedruckt. Das Hinweisfenster schließen Sie per Klick auf

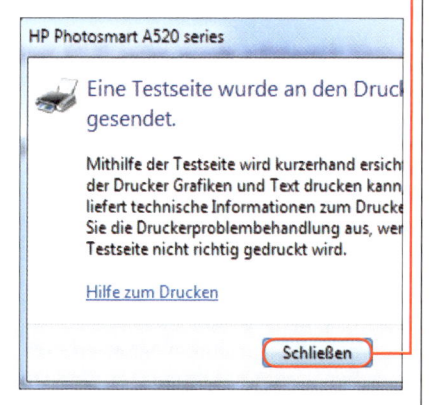

HP Photosmart A520 series

Eine Testseite wurde an den Drucker gesendet.

Mithilfe der Testseite wird kurzerhand ersichtlich, der Drucker Grafiken und Text drucken kann liefert technische Informationen zum Drucker Sie die Druckerproblembehandlung aus, wer Testseite nicht richtig gedruckt wird.

Hilfe zum Drucken

`Schließen`

und das nach wie vor geöffnete Installationsfenster per Klick auf

`Fertig stellen`.

Einen Drucker im Netzwerk einrichten

Wenn Sie ein Netzwerk eingerichtet haben (siehe Kapitel 7), können Sie den Drucker auch von einem anderen Rechner aus verwenden. Der Rechner, an dem der Drucker angeschlossen ist, muss natürlich eingeschaltet sein. Die Einrichtung eines Netzwerkdruckers geht ruck, zuck!

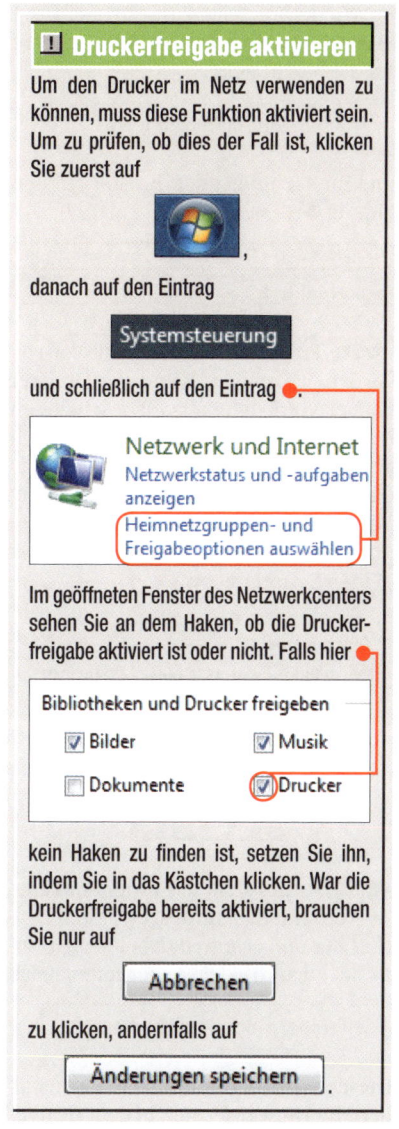

🛈 Druckerfreigabe aktivieren

Um den Drucker im Netz verwenden zu können, muss diese Funktion aktiviert sein. Um zu prüfen, ob dies der Fall ist, klicken Sie zuerst auf

[Windows-Symbol],

danach auf den Eintrag

`Systemsteuerung`

und schließlich auf den Eintrag

Netzwerk und Internet
Netzwerkstatus und -aufgaben anzeigen
Heimnetzgruppen- und Freigabeoptionen auswählen

Im geöffneten Fenster des Netzwerkcenters sehen Sie an dem Haken, ob die Druckerfreigabe aktiviert ist oder nicht. Falls hier

Bibliotheken und Drucker freigeben
- ☑ Bilder
- ☑ Musik
- ☐ Dokumente
- ☑ Drucker

kein Haken zu finden ist, setzen Sie ihn, indem Sie in das Kästchen klicken. War die Druckerfreigabe bereits aktiviert, brauchen Sie nur auf

`Abbrechen`

zu klicken, andernfalls auf

`Änderungen speichern`.

Peripherie | **Einen lokalen Drucker freigeben**

1 Wiederholen Sie zunächst Schritt 1 von Seite 122, und klicken Sie dann auf die Schaltfläche

> Drucker hinzufügen

und im nachfolgenden Fenster auf den Eintrag

> Einen Netzwerk-, Drahtlos- oder Bluetoothdrucker
> Stellen Sie sicher, dass der Computer mit dem Netzwerk verbunden der Bluetooth- oder Drahtlosdrucker eingeschaltet ist.

2 Das Programm sucht nun die vorhandenen Drucker. Wenn der Drucker im Netzwerk an einem eingeschalteten Rechner angeschlossen ist, wird er auch gefunden und angezeigt. Markieren Sie den gewünschten Drucker mit einem Mausklick auf den Eintrag, etwa

> Einen Drucker auswählen
>
> Druckername
> HP Photosmart A520 series an IMAC_W7
> Officejet 7400 series (HP)

und klicken Sie anschließend auf

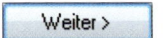

> Weiter >

3 Daraufhin stellt das Programm eine Verbindung zum ausgewählten Drucker her und ermittelt dabei den zu verwendenden Druckertreiber automatisch

> Treibermodell wird ermittelt...

Dieser wird dann automatisch installiert. Im Hinweisfenster, in dem Sie über die abgeschlossene Installation informiert werden, klicken Sie einfach auf die Schaltfläche

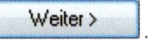

> Weiter >

4 Zum Schluss wiederholen Sie Schritt 6 des vorigen Abschnitts. Danach steht Ihnen der Drucker auch im Netz zur Verfügung. Haben Sie mehrere Rechner in Ihrem Netzwerk, müssen Sie das hier beschriebene Verfahren an jedem Rechner separat durchführen.

Einen lokalen Drucker freigeben

Im vorigen Abschnitt haben Sie gelesen, wie Sie einen Drucker, der an einem anderen Rechner in Ihrem Netzwerk freigegeben wurde, mit Ihrem PC verbinden können. Dies funktioniert natürlich auch genau anders herum: Ihren lokalen Drucker können Sie im Handumdrehen auch für andere Anwender in Ihrem Netzwerk freigeben:

1 Wiederholen Sie Schritt 1 von Seite 122, und bewegen Sie dann die Maus auf den (lokalen!) Drucker, den Sie im Netzwerk freigeben wollen.

Bilder von Digitalkamera auf PC überspielen — Peripherie

Klicken Sie das Symbol mit der *rechten* Maustaste an, und wählen Sie im aufklappenden Kontextmenü den Eintrag.

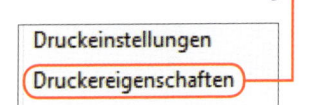

> Druckeinstellungen
> Druckereigenschaften

2 Anschließend holen Sie mit einem Mausklick auf den Registerreiter

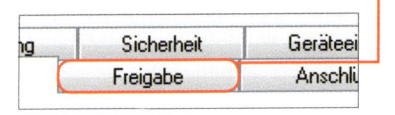

ng	Sicherheit	Geräteei
	Freigabe	Anschlü

das dazugehörige Fenster in den Bildschirmvordergrund. Damit Ihr Drucker für andere Rechner im Netzwerk sichtbar ist, muss hier

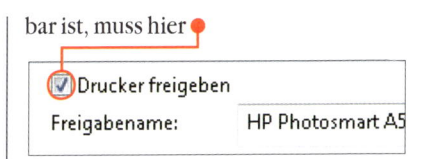

☑ Drucker freigeben	
Freigabename:	HP Photosmart A5

ein Haken gesetzt sein. Ist dies nicht der Fall, klicken Sie in das Kästchen.

3 Schließen Sie die Freigabe mit einem Klick auf

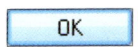

> OK

ab. Der Drucker kann künftig auch von einem anderen Rechner in Ihrem Netzwerk genutzt werden, wie auf Seite 199 beschrieben.

Bilder von Digitalkamera auf PC überspielen

Die Digitalkamera benötigt keine Filme mehr, um Fotos aufzunehmen. Stattdessen werden die Bilder digital auf einer Speicherkarte

gespeichert. Die Bilddateien können Sie auf den Rechner kopieren und dort weiterbearbeiten oder ausdrucken. Digitalkameras werden von Windows 7 meist selbstständig erkannt, sobald sie per USB-Anschluss mit dem Rechner Kontakt haben.

1 Verbinden Sie zunächst Ihre Digitalkamera über den USB-Anschluss

mit Ihrem Rechner, und schalten Sie anschließend Ihre Kamera ein. Das Betriebsprogramm erkennt das neue Gerät und installiert automatisch die benötigten Treiberprogramme.

Peripherie Bilder von Digitalkamera auf PC überspielen

Das Gerät kann jetzt verwendet werden.
Die Gerätetreibersoftware wurde erfolgreich installiert.

2 Danach wird ein Auswahlfenster geöffnet. Da die Option zur Übertragung der Bilder auf den Rechner bereits ausgewählt ist ●,

brauchen Sie den entsprechenden Eintrag nur anzuklicken.

3 Im Importfenster, das anschließend erscheint, können Sie den Bildern auf der Kamera noch einen Namen geben.

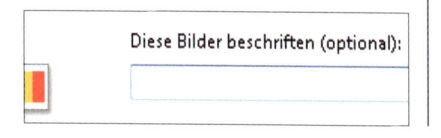

Nach einem Mausklick auf die Schaltfläche

Importieren

werden die Bilder auf den Rechner überspielt.

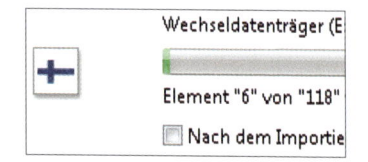

4 Danach wird automatisch der Windows-Explorer mit den übertragenen Bildern angezeigt.

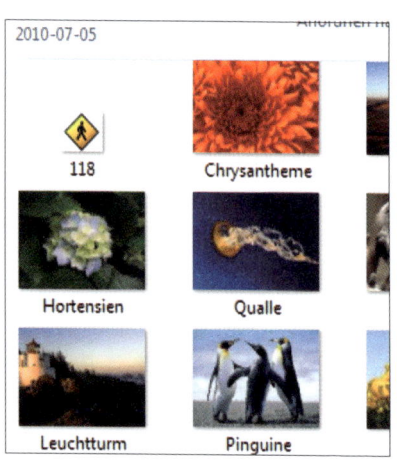

Das Fenster des Windows-Explorers schließen Sie wie gewohnt mit einem Mausklick auf das Schließkreuz

X .

Bilder scannen | Peripherie

⚠ Sicheres Entfernen von Geräten

Obwohl der USB-Anschluss sehr robust ist, sollten Sie kein Gerät von Ihrem Rechner einfach so „abziehen". Für das sichere Entfernen von Geräten hat Windows 7 eine Extrafunktion: Wenn Sie ein USB-Gerät entfernen möchten, klicken Sie am rechten Rand der Taskleiste, wo auch die Uhrzeit zu sehen ist, auf ●.

Bewegen Sie dann den Mauszeiger auf das passende Symbol. Wenn Sie mit dem Mauszeiger nur über das Symbol streichen, wird eine Information über die Funktion eingeblendet: ●.

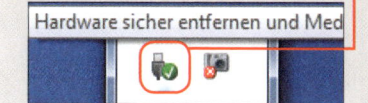

Dadurch gehen Sie sicher, das richtige Symbol zu verwenden. Zum Entfernen von Geräten brauchen Sie nur auf dieses Symbol zu klicken. Windows 7 zeigt Ihnen daraufhin eine Liste der Geräte, die Sie jetzt sicher entfernen können. Sobald Sie hier auf den Eintrag Ihrer Digitalkamera klicken, etwa ●,

> Geräte und Drucker öffnen
> USB Mass Storage Device auswerfen
> - Wechseldatenträger (E:)

trennt Windows 7 die Verbindung zum Gerät „ordentlich":

> Hardware kann jetzt entfernt werden.
> Das Gerät "USB-Massenspeichergerät" kann jetzt v Computer entfernt werden.

Bilder scannen

Fast jeder hat noch Bilder als Papierabzüge vorliegen. Wenn Sie die Fotos auch als digitale Dateien auf dem Rechner haben möchten, benötigen Sie nur einen Scanner. Bei den meisten Scannern liegt ein Programm zur Bedienung des Scanners bei. Sie brauchen es allerdings in den seltensten Fällen, denn Windows 7 bringt alles von Haus aus mit.

1 Schalten Sie Ihren angeschlossenen Scanner ein, und legen Sie das gewünschte Foto auf die Glasplatte des Scanners. Schließen Sie dann die Klappe.

2 Um das Scan-Programm von Windows zu starten, klicken Sie als Erstes auf

[Windows-Symbol],

danach auf

> ▶ Alle Programme

und schließlich auf

> 🖨 Windows-Fax und -Scan.

Peripherie — Bilder scannen

3 Anschließend klicken Sie in der **Menüleiste** auf den Eintrag

Neuer Scan.

Windows 7 ruft nun den beim ersten Anschluss des Scanners an Ihren Rechner automatisch installierten Scannertreiber auf. Dieser kann von Scanner zu Scanner unterschiedlich aussehen. Die weiteren Schritte aber sollten jeweils sehr ähnlich sein.

4 Wenn Sie jetzt auf die Schaltfläche

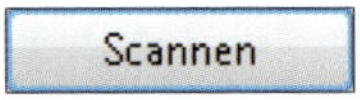

Scannen

klicken, wird das Bild gescannt. Dieser Vorgang kann je nach Scanner schon mal eine Minute dauern.

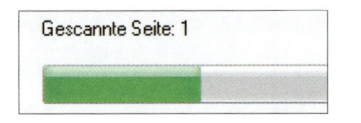

Gescannte Seite: 1

Ist dies erledigt, wird das Bild angezeigt.

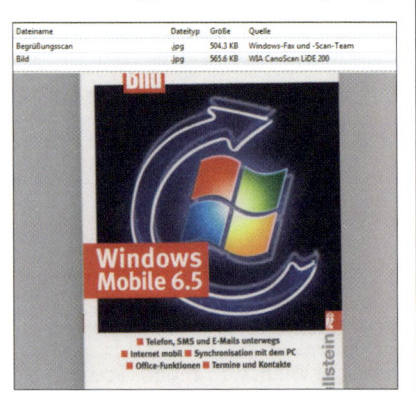

5 Um das Bild zu speichern, klicken Sie dann auf

Speichern unter...

Danach können Sie dem gescannten Bild einen Namen geben,

bevor Sie diesen mit einem Klick auf **Speichern** bestätigen.

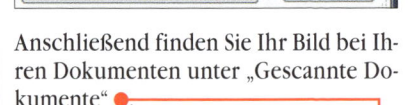

Anschließend finden Sie Ihr Bild bei Ihren Dokumenten unter „Gescannte Dokumente".

Bibliothek "Dokumen...
Hierzu gehören: 2 Orte

Fax
Dateiordner

Gescannte Dokumente
Dateiordner

Mobiles Windows unterwegs | Peripherie

Mobiles Windows unterwegs

Nicht nur auf „großen" Rechnern gibt es Windows als Betriebssystem, sondern auch auf kleinen, mobilen Geräten. Das Betriebssystem der kleinen Geräte, die oft gleichzeitig Telefon und Digitalkamera, Notiz- und Adressbuch sowie Spielkonsole sind, nennt sich Windows Mobile oder Windows Phone.

Das mobile Gerät anschließen

Ihrem mobilen Gerät liegt in der Originalverpackung des Herstellers immer ein sogenanntes Synchronisationskabel bei.

1 Nehmen Sie das breite Ende des Kabels,

und stecken Sie es in die dafür vorgesehene USB-Buchse (siehe Seite 115) an Ihrem Desktop-Rechner:

2 Nehmen Sie das schmale Ende des Kabels,

und stecken Sie es in die entsprechende Buchse an Ihrem mobilen Gerät:

131

Peripherie | Treiber installieren

> **⚠ Vorsicht, aber keine Angst**
>
> Das Anschließen des Kabels an ein mobiles Gerät ist ein typischer Handgriff, den Sie immer und immer wieder ausführen werden. Machen Sie sich keine Sorgen: Die Stecker sind so ausgelegt, dass sie nur in eine – und zwar die korrekte – Richtung ins Gerät passen. Wenn Sie unsicher sind, lesen Sie im dem Gerät beiliegenden Handbuch nach. Gewalt sollten Sie aber niemals anwenden!

Treiber installieren

Beim ersten Anschluss des mobilen Geräts an den Rechner wird dort automatisch ein kleines Programm installiert, der sogenannte **Treiber**. Dieser ist quasi eine Bedienungsanleitung, wie Windows als Betriebssystem mit Ihrem mobilen Gerät „sprechen" muss, um verstanden zu werden. Da der Treiber aus dem Internet geladen wird, bedeutet dies natürlich, dass Sie eine bestehende Internetverbindung haben. Die folgende Beschreibung geht ebenfalls von dieser Annahme aus. Sollte dies nicht der Fall sein, dann konsultieren Sie bitte das Handbuch Ihres Geräts. Den meisten Geräten liegt eine CD bei, auf der sich das Windows Mobile Gerätecenter und der Treiber für das Gerät befinden. Dort wird auch beschrieben, wie diese zu installieren sind.

1 Schließen Sie das mobile Gerät an Ihren Rechner an, wie es im vorigen Abschnitt gezeigt wurde. Daraufhin erscheint auf Ihrem PC am unteren rechten Bildschirmrand der Hinweis, dass ein neues Gerät gefunden wurde und die dazugehörige Treibersoftware installiert wird:

> Installieren von Gerätetreibersoftware
> Klicken Sie hier, um Statusinformationen zu erhalten.

2 Wenn Sie das Symbol mit der linken Maustaste anklicken, öffnet sich ein kleines Informationsfenster.

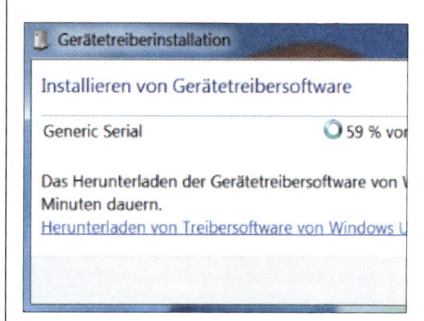

> Gerätetreiberinstallation
>
> Installieren von Gerätetreibersoftware
>
> Generic Serial   ○ 59 % vor
>
> Das Herunterladen der Gerätetreibersoftware von
> Minuten dauern.
> Herunterladen von Treibersoftware von Windows U

Hier können Sie erkennen, wie weit das Herunterladen bereits gediehen ist, und so grob abschätzen, wie lange es noch dauert.

> ○ 59 % von 11.7 MB heruntergeladen...

3 Je nach Internetverbindung kann dieser Vorgang mehrere Minuten in Anspruch nehmen. Die Installation des heruntergeladenen Treiberpakets wird dann automatisch gestartet. Sobald sie beendet ist, startet das Windows Mobile-Gerätecenter automatisch:

4 Beim allerersten Start des Windows Mobile-Gerätecenters fordert Sie das Programm auf, die Lizenzbedingungen zu akzeptieren:

Wenn Sie diese in Ruhe lesen wollen, können Sie sie mit einem Mausklick auf

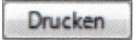

Drucken

ausdrucken. Um Ihr Einverständnis zu erklären, klicken Sie anschließend auf die Schaltfläche

Akzeptiere.

Eine Verbindung mit dem PC einrichten

Damit Ihr PC und Ihr mobiles Gerät miteinander kommunizieren können, müssen Sie die beiden miteinander bekannt machen. Natürlich können Sie auch ganz unverbindlich eine Verbindung herstellen, ohne dass der eine den anderen kennt, aber dann bleiben Ihnen viele hilfreiche Funktionen verwehrt.

> **Mehrere Partnerschaften verwalten**
>
> Sie brauchen keine Angst vor einer Bindung zu haben: Auch wenn Sie eine Partnerschaft zwischen Ihrem mobilen Gerät und Ihrem PC einrichten, ist diese nicht zwangsläufig monogam: Ein Rechner kann mit mehreren mobilen Geräten abgeglichen werden, und ein mobiles Gerät auch mit mehreren Rechnern. Eines allerdings sollten Sie bedenken: Je mehr Geräte Sie miteinander kreuz und quer abgleichen, desto komplizierter wird der Überblick.

1 Beim Anschluss eines neuen Geräts meldet sich das Windows Mobile-Gerätecenter mit einem Begrüßungsbildschirm. Hier können Sie das weitere Vorgehen festlegen.

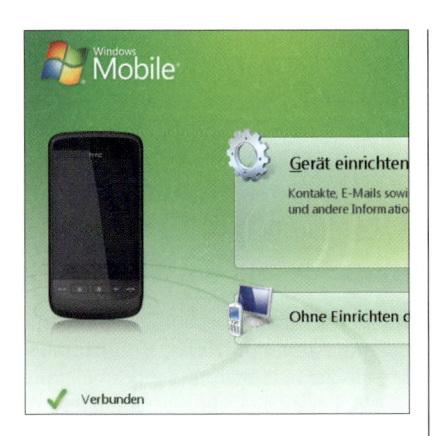

Peripherie | **Eine Verbindung mit dem PC einrichten**

2 Wenn Sie nur eine unverbindliche Verbindung mit dem mobilen Gerät eingehen möchten, also nur den Zugriff auf die Daten auf dem Gerät erlauben wollen (aber nicht den Abgleich von Daten vom Rechner auf das Gerät), klicken Sie auf ●.

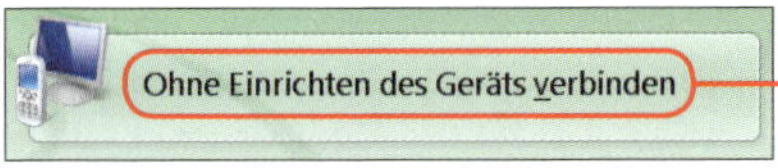

In dem Fall können Sie vom PC aus auf das Mobilgerät zugreifen wie auf ein USB-Laufwerk. Bei Ihrem eigenen Gerät und Ihrem eigenen Rechner werden Sie eine Partnerschaft einrichten. Dazu klicken Sie auf ●.

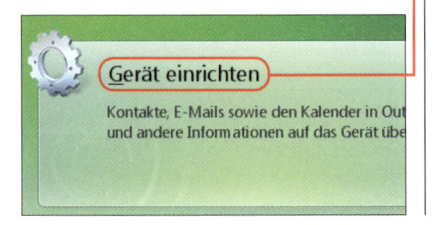

3 Als Nächstes öffnet sich eine Liste mit verschiedenen Kategorien, die von Ihrem PC mit dem mobilen Gerät abgeglichen werden können. Diese Liste kann sich von Rechner zu Rechner unterscheiden. So ist Microsoft Outlook beispielsweise eine Voraussetzung, um E-Mails, Kontakte, Termine etc. mit dem mobilen Gerät abzugleichen. In der folgenden Beschreibung wird daher vorausgesetzt, dass Microsoft Outlook bei Ihnen installiert ist. Sollte dies nicht der Fall sein, holen Sie dies bitte vor dem Einrichten der Partnerschaft nach. Den meisten Geräten liegt eine Testversion von Outlook bei.

4 Wählen Sie nun die gewünschten Elemente aus, die Sie zwischen Ihrem Rechner und dem mobilen Gerät abgleichen wollen. Klicken Sie dazu mit der Maus in die Auswahlkästchen ●,

134

Eine Verbindung mit dem PC einrichten | Peripherie

sodass darin jeweils ein Häkchen erscheint. Zur Bestätigung Ihrer Wahl genügt ein Mausklick auf die Schaltfläche

[Weiter].

5 Nun kommt der große Moment: Geben Sie Ihrem Gerät einen Namen! Dieser ist vor allem dazu da, Ihr Gerät im System zu identifizieren. Alle Einstellungen, die Sie für die Partnerschaft vornehmen, werden unter diesem Namen gespeichert und beim Anschließen des Geräts automatisch geladen und angewendet.

Gerätename: andreass HTC MEGA

Tippen Sie einfach Ihren Wunschnamen über die Tastatur ein. Dann schließen Sie die Einrichtung der Partnerschaft per Klick auf ● ab.

[Einrichten]

6 Anschließend wird entsprechend den von Ihnen vorgenommenen Einstellungen automatisch der erste Abgleich durchgeführt. Dessen Fortschritt können Sie im Windows Mobile Gerätecenter unten links anhand eines Fortschrittsbalkens verfolgen: ●.

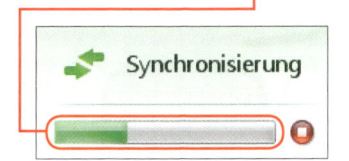

Synchronisierung

Nach Abschluss der Synchronisation zeigt Ihnen das Programm an, wann das letzte Mal synchronisiert wurde, im Beispiel ●.

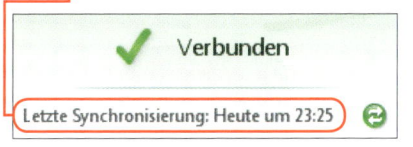

✓ Verbunden

Letzte Synchronisierung: Heute um 23:25

Herzlichen Glückwunsch! Sie haben alle angewählten Informationen aktuell auf Ihr mobiles Gerät gebracht. Bei jedem Anschließen wird der Abgleich jetzt automatisch durchgeführt!

⚠ Abgleich und Synchronisation

Beide Begriffe sind synonym, auch wenn das Windows Mobile-Gerätecenter immer den zweiten Begriff benutzt. Dieser trifft aber auch am besten den Sinn: Beide Geräte werden synchron zueinander gehalten, haben also nach dem Abgleich den identischen Stand. Ein Beispiel: Sie geben einen Termin auf Ihrem mobilen Gerät ein, auf Ihrem Rechner haben Sie die Telefonnummer eines Kontakts geändert. Bei der Synchronisation werden nun alle Elemente auf beiden Geräten miteinander verglichen. Die jeweils aktuellste Version eines jeden Elements wird auf beiden Geräten gespeichert. Das heißt im Beispielfall, dass nach der Synchronisation der Termin auch auf dem Rechner vorhanden ist und die Änderung an der Telefonnummer auch auf dem mobilen Gerät.

Organisation

5 Mit Ordnern und Dateien die Übersicht behalten

Windows 7 verwaltet Dateien in sogenannten **Ordnern** auf der **Festplatte**, in denen Ihre Texte, Bilder, Tabellen und Filmdateien gespeichert werden. Neben den speziellen Ordnern, die Windows 7 von Anfang an für Ihre eigenen Dateien zur Verfügung stellt, gibt es zahlreiche Ordner und Unterordner, die Sie auch selbst neu anlegen können. Die Ordner sind jedoch nicht nur Behältnisse für Dateien. Darüber hinaus bieten sie viele Funktionen, die Sie ganz nach Wunsch nutzen können. So lassen sich die Dateien in Ordnern beispielsweise sortieren und in den unterschiedlichsten Ansichten darstellen, damit die Informationen, die Ihnen wichtig erscheinen, an prominenter Stelle angezeigt werden. Verwalten können Sie Ordner und Dateien bequem über Kontextmenüs. Und damit Sie die wichtigsten Ordner stets im Griff haben, fasst Windows 7 sie in sogenannten Bibliotheken zusammen, die Sie rasch auch um eigene Ordner ergänzen können.

Im fünften Kapitel dieses Buches erfahren Sie,
- wo und wie Ihre Dateien und Ordner gespeichert werden,
- wie Sie Ihre Dateien in den Ordnern wunschgemäß anzeigen,
- wie Sie Ordner Ihren Wünschen entsprechend anpassen,
- was Sie mit den Spezialordnern anfangen können
- und wie Sie Bibliotheken verwalten und nutzen können.

Kapitel-Wegweiser

Perfekte Ablage:	Spezialordner für Bilder, Musik
Ordner und Dateien 137	und Videos 151
Einen neuen Ordner anlegen 138	Diashow aus dem Ordner
Einen Ordner umbenennen 140	„Bilder" 151
Einen Ordner kopieren oder	Wunschmusik aus dem
verschieben 141	Ordner „Musik"........................... 152
Einen Ordner löschen 141	Filmvorführung aus dem
Menübefehle erteilen 142	Ordner „Videos" 153
Jeden Ordner schnell erreichen . 144	Mit Bibliotheken arbeiten 154
Ordner übersichtlich darstellen . 145	Bibliotheken anlegen 154
Details einer Datei anzeigen 148	Ordner einer Bibliothek
Dateien und Ordner	hinzufügen 155
komprimieren 150	

Perfekte Ablage: Ordner und Dateien

Ein Rechner ist mit mindestens einer Festplatte ausgestattet, auf der alle Programme, Dateien und Ordner gespeichert werden. Über die Start-Schaltfläche erhalten Sie ganz einfach Zugriff auf alle diese Programme, Dateien und Ordner.

1 Nach einem Mausklick auf die Start-Schaltfläche

und im geöffneten Startmenü auf den Eintrag

`Computer`

wird die Struktur Ihres Rechners übersichtlich dargestellt:

■ Hinter den Symbolen für Ihre Festplatten ❶ finden Sie die darauf gespeicherten Ordner mit den darin enthaltenen Dateien.

■ Wenn Ihr PC über ein Diskettenlaufwerk verfügt, erkennen Sie es am Eintrag ❷. Darüber können Sie auf Disketten zugreifen.

■ Über das Symbol für Ihren DVD-Brenner ❸ können Sie eingelegte CDs und DVDs lesen oder auch Dateien auf **Rohlinge** brennen.

■ Falls Sie einen sogenannten Kartenleser eingebaut oder einen **USB-Speicherstift** mit dem PC verbunden haben, finden Sie diesen unter dem Begriff „Wechseldatenträger" ❹.

■ Links neben den Symbolen für Ihre Geräte werden im Navigationsbereich Ihre Favoriten für den raschen Zugriff auf Ordner ❺ und die Bibliotheksordner für Ihre Bilder, Dokumente, Musikdateien sowie Videos angezeigt ❻. Außerdem werden auch hier – unterhalb des Heimnetzwerks – die Laufwerke und Ordner Ihres Computers aufgeführt: ❼

137

Organisation Einen neuen Ordner anlegen

2 Wollen Sie sich die Ordner einer Festplatte oder die Dateien eines Ordners anzeigen lassen, öffnen Sie das Gerät oder den Ordner mit einem **Doppelklick** auf das entsprechende Symbol, beispielsweise ●.

Anschließend erscheinen im rechten Teil die Ordner und gegebenenfalls Dateien, die in diesem Ordner gespeichert sind.

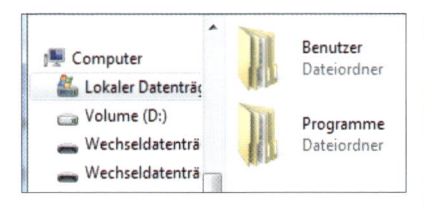

So können Sie sich mit je einem Doppelklick durch die Ordner Ihrer Speichermedien bewegen und sich Unterordner und die darin gespeicherten Dateien anzeigen lassen.

3 Wenn Sie im Ordnerfenster rechts eine Datei mit einem Mausklick **markieren**, zeigt Windows im Detailbereich am unteren Fensterrand weitere Informationen zu dieser Datei.

Und falls es sich bei der angeklickten Datei um ein Bild handeln sollte,

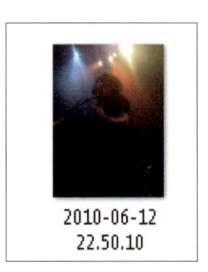

werden Ihnen neben der Vorschaugrafik auch noch weitere Informationen zu diesem Bild präsentiert.

Einen neuen Ordner anlegen

Für Ihre eigene Übersicht können Sie natürlich auch selbst Ordner anlegen. Möchten Sie beispielsweise nicht alle Ihre Dokumente unsortiert im Ordner „Dokumente" unterbringen, können Sie Unterordner erstellen, in denen Sie Ihre Dokumente geordnet sammeln.

1 Wenn Sie im geöffneten Arbeitsplatzfenster auf den Eintrag

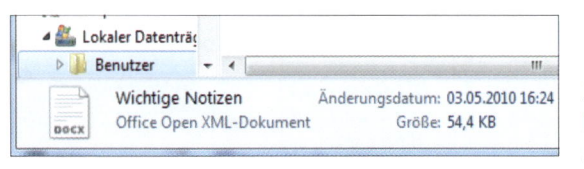

klicken, wird rechts der Dokumente-Ordner angezeigt. Solange Sie noch

Einen neuen Ordner anlegen — Organisation

keine Dateien gespeichert haben, ist er logischerweise noch leer:

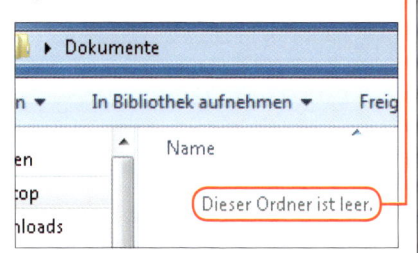

2 Um nun einen neuen Ordner anzulegen, klicken Sie mit der *rechten* Maustaste in diesen leeren Bereich, führen den Mauszeiger im daraufhin geöffneten **Kontextmenü** über den Eintrag

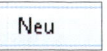

und wählen im rechts erscheinenden Untermenü mit einem Mausklick den Eintrag

3 Anschließend erscheint in dem leeren Fenster ein Ordner. Der Name des Ordners

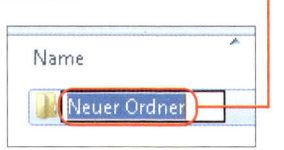

kann natürlich geändert werden. Bei einem neuen Ordner ist er bereits markiert (blau hinterlegt). Sie brauchen also nur einen neuen Namen Ihrer Wahl einzutippen.

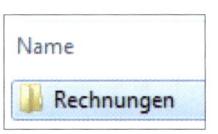

Mit einem Klick an eine Stelle außerhalb des Eingabefeldes wird der Name direkt übernommen.

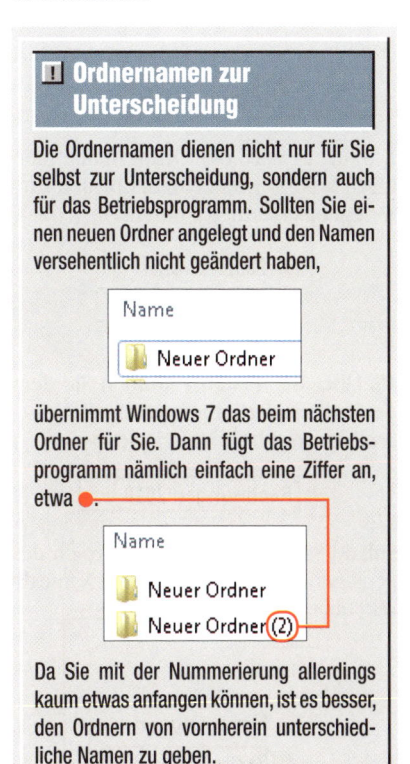

❗ Ordnernamen zur Unterscheidung

Die Ordnernamen dienen nicht nur für Sie selbst zur Unterscheidung, sondern auch für das Betriebsprogramm. Sollten Sie einen neuen Ordner angelegt und den Namen versehentlich nicht geändert haben,

übernimmt Windows 7 das beim nächsten Ordner für Sie. Dann fügt das Betriebsprogramm nämlich einfach eine Ziffer an, etwa

Da Sie mit der Nummerierung allerdings kaum etwas anfangen können, ist es besser, den Ordnern von vornherein unterschiedliche Namen zu geben.

Organisation | Einen Ordner umbenennen

Einen Ordner umbenennen

Genauso einfach, wie sich ein neuer Ordner anlegen lässt, können Sie ihn auf Wunsch auch mit einem anderen Namen versehen.

1 Klicken Sie den Ordner, den Sie umbenennen möchten, als Erstes mit der *rechten* Maustaste an, und wählen Sie im dann erscheinenden Kontextmenü den Befehl

Umbenennen.

Daraufhin wird der Ordnername markiert, was Sie wieder an der blauen Hinterlegung erkennen können.

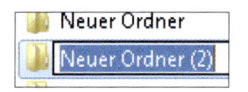

- Neuer Ordner
- Neuer Ordner (2)

2 Über die Tastatur können Sie dem Ordner jetzt einen aussagekräftigeren Namen geben, im Beispiel

- Rechnungen 2010

Sobald Sie in einen leeren Bereich des Fensters klicken, wird der neue Name direkt übernommen:

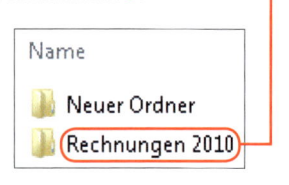

Name
- Neuer Ordner
- Rechnungen 2010

3 Falls Sie jedoch versuchen, einem Ordner einen schon bestehenden Namen zu geben, erhalten Sie eine Fehlermeldung:

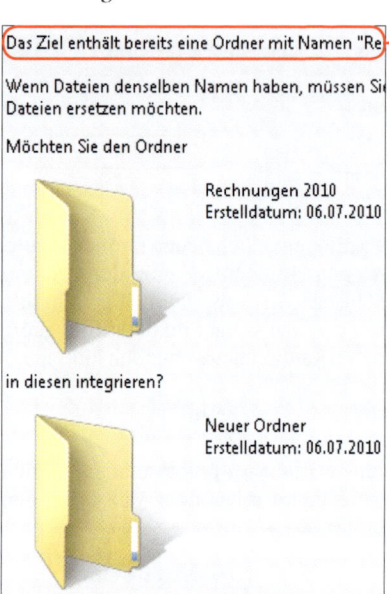

Das Ziel enthält bereits eine Ordner mit Namen "Re

Wenn Dateien denselben Namen haben, müssen Si Dateien ersetzen möchten.

Möchten Sie den Ordner

Rechnungen 2010
Erstelldatum: 06.07.2010

in diesen integrieren?

Neuer Ordner
Erstelldatum: 06.07.2010

Klicken Sie auf die Schaltfläche

Nein,

wird Ihr Ordner nicht umbenannt, und Sie können ihm einen anderen Namen geben. Klicken Sie hingegen auf

Ja,

werden die Dateien in den (bereits existierenden) Ordner mit dem gleichen Namen verschoben. Der neue Ordner wird automatisch gelöscht.

Einen Ordner kopieren oder verschieben

Wenn Sie Ihre persönliche Ablage ändern möchten, können Sie Ordner auch ganz einfach kopieren oder verschieben.

1 Klicken Sie den Ordner, den Sie kopieren wollen, mit der *rechten* Maustaste an,

> Rechnungen 2010

und wählen Sie im daraufhin erscheinenden Kontextmenü den Befehl

> Kopieren

.

2 Als Nächstes klicken Sie doppelt, also zweimal kurz hintereinander auf den Zielordner, im Beispiel.

> Name
> Rechnungen

3 Nun brauchen Sie im geöffneten Zielordner nur noch mit der *rechten* Maustaste in einen leeren Bereich zu klicken und aus dem Kontextmenü den Befehl

> Einfügen

zu wählen. Daraufhin erscheint im Beispiel der Ordner „Rechnungen 2010" als Unterordner im Ordner „Rechnungen".

4 Kopieren Sie einen Ordner, bleibt der kopierte Ordner an seinem ursprünglichen Platz, und eine Kopie des Ordners erscheint im Zielordner. Falls Sie den Ordner jedoch nicht zweimal haben wollen, können Sie den Ordner auch verschieben. Dabei wird der Ordner automatisch am Ursprungsort gelöscht. Dazu müssen Sie nur in Schritt 1 dieser Anleitung im Kontextmenü den Befehl

> Ausschneiden

anklicken.

Einen Ordner löschen

Nichts ist leichter, als einen Ordner, den Sie nicht mehr benötigen, wieder zu löschen. Sie müssen nur daran denken, dass beim Löschen eines Ordners auch alle darin enthaltenen Dateien mitgelöscht werden.

1 Klicken Sie den Ordner, den Sie löschen möchten, mit der *rechten* Maustaste an, und wählen Sie im erscheinenden Kontextmenü den Befehl

> Löschen

.

Die nachfolgende Meldung

> Möchten Sie diesen Ordner wirklich in den Papierkorb
> Rechnungen 2010

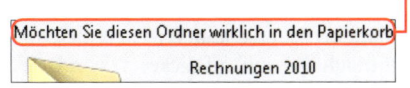

bestätigen Sie per Klick auf

> Ja

.

Organisation Menübefehle erteilen

2 Eine Alternative bietet sich, wenn Sie sich ganz sicher sind und auf die im letzten Schritt erwähnte Warnmeldung verzichten können: Dann markieren Sie den Ordner mit einem Mausklick, halten die Maustaste gedrückt und ziehen das Ordnersymbol mit weiterhin gedrückter Maustaste auf den Papierkorb. Während des Zieh-Vorgangs wird auf dem Bildschirm angezeigt, was Sie gerade tun.

Sobald Sie die Maustaste loslassen, wird der Ordner ohne Nachfrage gelöscht.

Menübefehle erteilen

Ordner sind nicht nur einfache „Lagerstätten" für Dateien und Unterordner. Genau wie in allen Fenstern bei Windows 7 sind auch in Ordnern zahlreiche Funktionen untergebracht. Zugriff darauf erhalten Sie zum Beispiel über die die Menüleiste des Ordnerfensters.

1 Wenn Sie eine Datei in einem Ordner anklicken, sodass diese markiert ist, sehen Sie das an der Hervorhebung. Im Beispielfall ist das Dateisymbol hellblau hinterlegt.

Sobald ein Dateisymbol auf diese Weise markiert ist, erscheinen weitere Befehle, die sich speziell auf diese Art von Datei beziehen.

So wird zum Beispiel per Mausklick auf den Eintrag

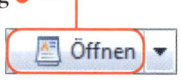

die markierte Datei mit dem zugeordneten Programm geöffnet. Im Beispiel handelt es sich um eine Textdatei, die in der mitgelieferten Textverarbeitung WordPad geöffnet wird.

2 Haben Sie hingegen ein Bild markiert, ändert sich auch das Symbol zum Öffnen der Datei:

Nach einem Mausklick auf diesen Ein-

Menübefehle erteilen Organisation

trag wird das markierte Bild geöffnet und mit der Windows-Fotoanzeige dargestellt.

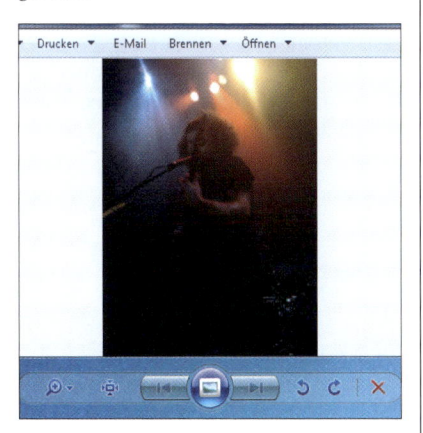

3 Befehle für eine ausgewählte Datei werden auch sichtbar, wenn Sie die betreffende Datei, etwa ●, mit der *rechten* Maustaste anklicken. Daraufhin öffnet sich ein Kontextmenü, aus dem Sie den gewünschten Befehl mit einem Mausklick auf den Eintrag aktivieren können.

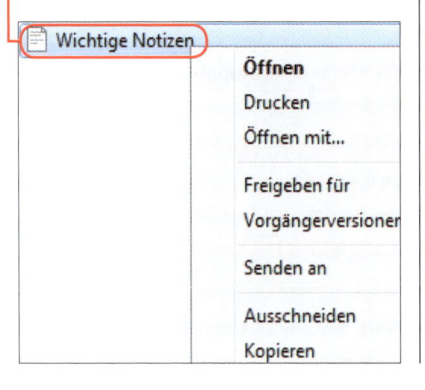

4 Klicken Sie mit der *rechten* Maustaste allerdings in einen freien Bereich des Ordnerfensters (nicht auf eine Datei), werden im Kontextmenü allgemeine Befehle angezeigt. Wenn Sie dort zum Beispiel auf den Eintrag ●

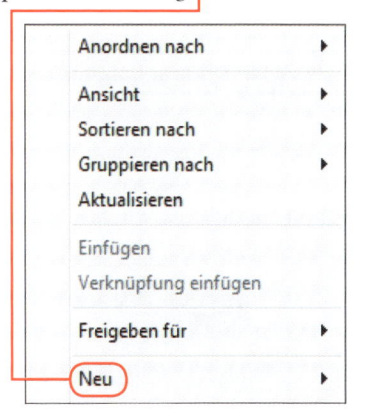

klicken, wird ein weiteres Untermenü geöffnet. Hier finden Sie dann passend zum angeklickten Eintrag weitere Befehle, die sich direkt ausführen lassen. So können Sie beispielsweise per Klick auf ● eine neue Textdatei anlegen.

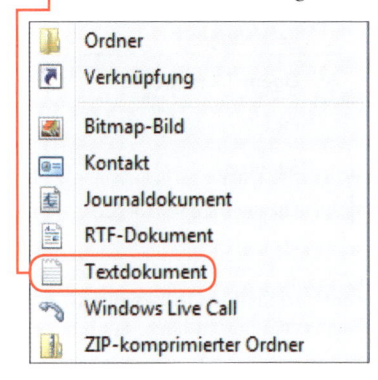

143

Organisation Jeden Ordner schnell erreichen

Jeden Ordner schnell erreichen

Oberhalb der Symbolleiste des Ordnerfensters sehen Sie, welchen Ordner auf der Festplatte Sie gerade geöffnet haben.

> « Pit Bit ▸ Eigene Dokumente ▸

Von dort aus können Sie alle anderen Ordner blitzschnell erreichen.

1 Wenn Sie links neben der Anzeige auf das kleine blaue Dreieck

klicken, werden die Ordner angezeigt, die Sie zuletzt geöffnet haben. Der Ordner, in dem Sie sich gerade befinden, ist markiert, im Beispiel .

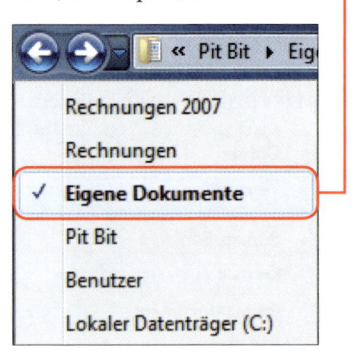

> Rechnungen 2007
> Rechnungen
> ✓ **Eigene Dokumente**
> Pit Bit
> Benutzer
> Lokaler Datenträger (C:)

Per Klick auf einen dieser Einträge wird der entsprechende Ordner direkt geöffnet, sodass Sie nicht lange suchen müssen.

2 Sie können sich auch mit den Pfeilsymbolen zwischen den Ordnern hin- und herbewegen. Wenn Sie auf den nach links gerichteten Pfeil klicken, gehen Sie einen Schritt zurück, das heißt zu dem Ordner, den Sie direkt zuvor verlassen haben. Klicken Sie hingegen auf den nach rechts gerichteten Pfeil ,

gelangen Sie wieder nach vorne.

3 Jeden einzelnen Ordner erreichen Sie auch über die Ordnerliste am linken Rand des Ordnerfensters. Diese sind aufgeteilt in die Bibliotheken (siehe Seite 154), die freigegebenen Ordner im Heimnetzwerk (siehe Kapitel 7) sowie die Festplatten und Wechseldatenträger auf Ihrem Rechner .

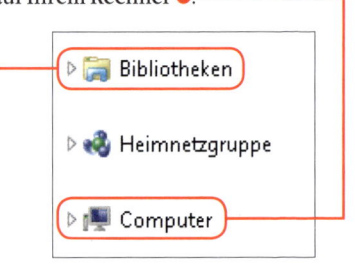

> ▷ 📁 Bibliotheken
>
> ▷ 🌐 Heimnetzgruppe
>
> ▷ 💻 Computer

4 Um die Ordner eines Laufwerks anzuzeigen, klicken Sie auf das Dreieck neben dem Laufwerksnamen .

> ▷ 💻 Computer

Daraufhin wird die Ordnerstruktur eingeblendet.

Ordner übersichtlich darstellen — Organisation

5 Ebenso können Sie sich die Ordner der einzelnen Bibliotheken anzeigen lassen. Klicken Sie auf ●,

so sehen Sie die entsprechenden Ordner, etwa ●. Wenn Sie jetzt noch mal auf das Dreieck vor einem Ordner klicken, beispielsweise ●,

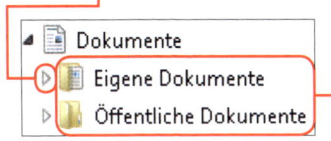

werden die Unterordner angezeigt: ●. Auch hier signalisieren die vor den Ordnersymbolen platzierten Dreiecke ●,

dass sich darunter weitere Ordner befinden, die Sie auf die gleiche Weise öffnen können.

6 Sobald Sie jetzt eines dieser Ordnersymbole anklicken, beispielsweise ●,

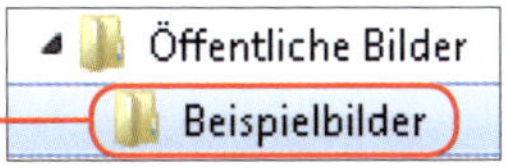

wird der betreffende Ordner geöffnet, und Sie sehen rechts die einzelnen darin enthaltenen Dateien.

7 Um ein Ordnerfenster zu schließen, klicken Sie einfach rechts oben auf das Schließkreuz:

Ordner übersichtlich darstellen

Dateien sind die elektronischen Gegenstücke zu Texten, Bildern, Musikstücken oder Videos – kurz: allen Daten, die Sie

Organisation Ordner übersichtlich darstellen

auf Ihrem Rechner speichern. Im Ordnerfenster stehen Ihnen verschiedene Ansichtsformen zur Verfügung.

1 In einigen Fällen sehen Sie von den Dateien in den Ordnern nur ein Symbol, etwa .

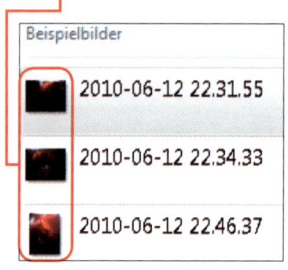

Um mehr zu erfahren, können Sie in der Symbolleiste des Ordners auf das Dreieck neben dem Symbol für die Ansicht klicken: .

Daraufhin wird ein Menü mit den Ansichtsoptionen geöffnet.

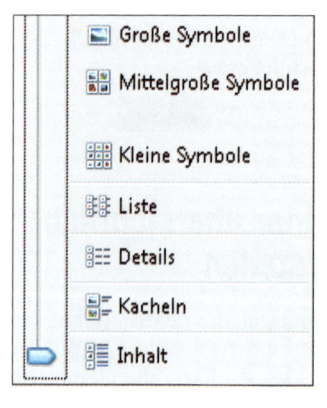

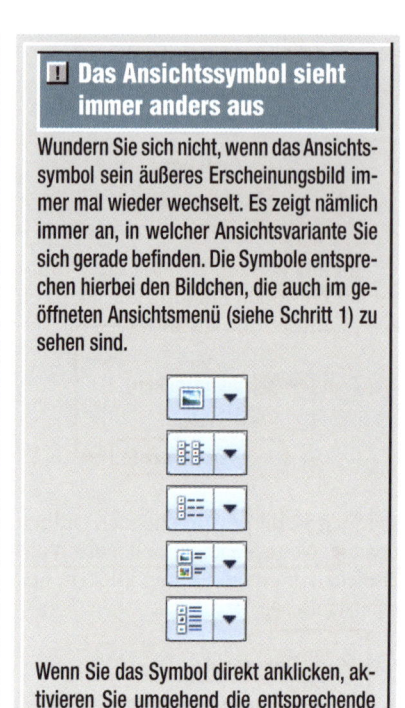

- Große Symbole
- Mittelgroße Symbole
- Kleine Symbole
- Liste
- Details
- Kacheln
- Inhalt

! Das Ansichtssymbol sieht immer anders aus

Wundern Sie sich nicht, wenn das Ansichtssymbol sein äußeres Erscheinungsbild immer mal wieder wechselt. Es zeigt nämlich immer an, in welcher Ansichtsvariante Sie sich gerade befinden. Die Symbole entsprechen hierbei den Bildchen, die auch im geöffneten Ansichtsmenü (siehe Schritt 1) zu sehen sind.

Wenn Sie das Symbol direkt anklicken, aktivieren Sie umgehend die entsprechende Ansichtsvariante.

2 Damit jetzt beispielsweise die Symbole vergrößert werden, klicken Sie auf den kleinen Schieberegler ,

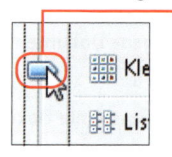

halten die Maustaste gedrückt und ziehen den Regler mit weiterhin gedrückter Maustaste nach oben, bis Sie die Symbole als ganzes Bild sehen können.

Ordner übersichtlich darstellen — Organisation

Sie darin zum Beispiel den Eintrag

Extra große Symbole.

Sofort werden die Dateien als extra große Symbole dargestellt.

- Analog dazu werden die Symbole wieder kleiner, wenn Sie den Regler nach unten ziehen.

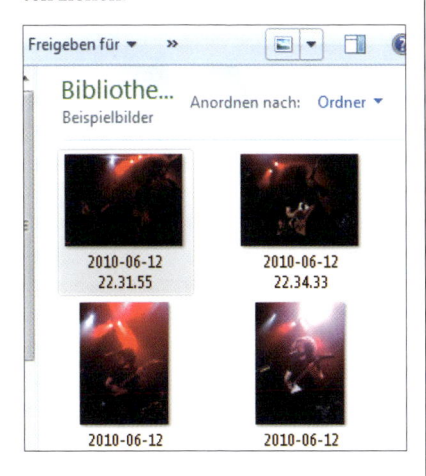

4 Falls Sie viele Dateien in einem Ordner gespeichert haben und nicht den Überblick verlieren möchten, sollten die Symbole nicht ganz so groß sein. Klicken Sie daher einfach auf die Schaltfläche

Kacheln.

Dann werden die Bilder zwar kleiner angezeigt, aber immer noch so, dass Sie sie erkennen können.

3 Statt über den Regler können Sie die Anzeige auch ändern, indem Sie im Menü direkt auf eines der Symbole klicken. Öffnen Sie also per Mausklick auf

wieder das Ansichtsmenü, und wählen

147

Organisation | Details einer Datei anzeigen

5 Die Ansicht mit den großen Symbolen macht natürlich nur dann Sinn, wenn es sich um Bilder beziehungsweise Bilddateien handelt. Bei Textdateien zum Beispiel sind die größeren Symbole wenig hilfreich.

Bei solchen Textdokumenten können Sie sich mit der sogenannten Detailansicht einen besseren Überblick verschaffen. Klicken Sie im geöffneten Ansichtsmenü auf die Schaltfläche

`Details`,

damit weitere Informationen zu den Dateien angezeigt werden.

6 Und wenn Sie noch mehr Einzelheiten über eine Datei wissen wollen, ist auch das kein Problem. In dem Fall klicken Sie die Datei mit der *rechten* Maustaste an und wählen im dann aufklappenden Kontextmenü den Eintrag

`Eigenschaften`.

Sofort wird ein Fenster mit den Eigenschaften dieser Datei eingeblendet.

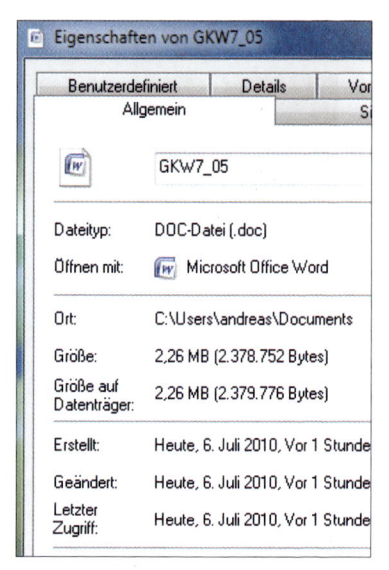

Details einer Datei anzeigen

In der Detailansicht finden Sie Angaben zur Größe, zum Typ und zum Änderungsdatum einer Datei.

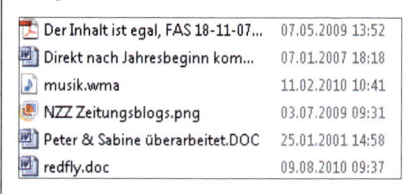

Nicht immer ist das ausreichend und auch wirklich informativ. Es geht jedoch auch anders:

Details einer Datei anzeigen — Organisation

1 Falls Sie eine andere Reihenfolge der Anzeige oder andere Informationen wünschen, klicken Sie im Ordner mit der *rechten* Maustaste auf einen leeren Bereich, wählen im Kontextmenü den Befehl

> Sortieren nach

und klicken in der dann aufgeklappten Liste auf den Eintrag

> Mehr...

Im daraufhin erscheinenden Fenster können Sie aus der Liste mit einem Mausklick auf den entsprechenden Eintrag die Informationen auswählen, die angezeigt werden sollen.

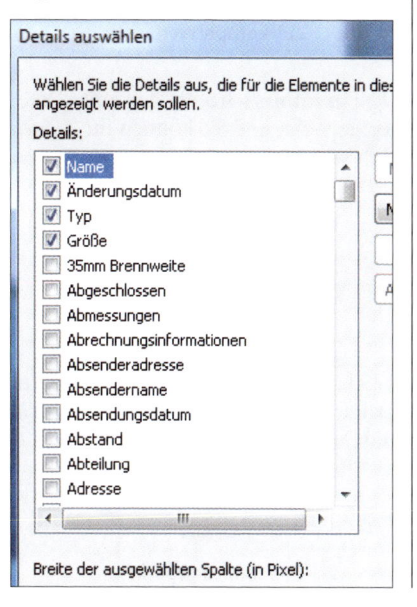

2 Da im Anzeigefenster aus Platzgründen nicht alle Informationen dargestellt werden können, müssen Sie sich auf einige beschränken. Aber Sie können auch den Platz für die einzelnen Anzeigen bestimmen. Um beispielsweise die Breite der Anzeige zu ändern, klicken Sie in das Zahlenfeld

> Breite der ausgewählten Spalte (in Pixel): 190

und geben statt der 190 Pixel zum Beispiel 80 ein. Dann sieht die Anzeige des Titels nicht mehr so

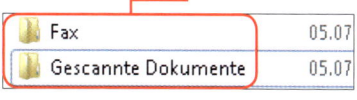

> Fax 05.07
> Gescannte Dokumente 05.07

aus, sondern so:

> Fax 05.07.201
> Gesc... 05.07.201

Die einzelnen Spalten nehmen also nicht mehr so viel Platz ein.

3 In der Detailanzeige fallen eigentlich nur die ersten Einträge direkt ins Auge. Deshalb können Sie die Anzeigenreihenfolge ebenfalls Ihren Wünschen entsprechend ändern. Markieren Sie dazu mit einem Mausklick den Eintrag, den Sie verschieben wollen, etwa

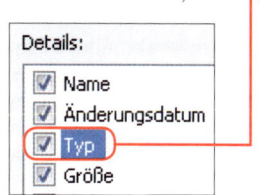

> Details:
> ☑ Name
> ☑ Änderungsdatum
> ☑ Typ
> ☑ Größe

149

Organisation Dateien und Ordner komprimieren

und klicken Sie danach auf

`Nach oben`.

Der Eintrag wird nun schrittweise nach oben verschoben:

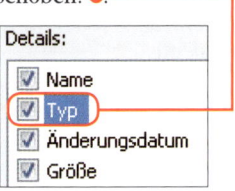

Details:
- ☑ Name
- ☑ **Typ**
- ☑ Änderungsdatum
- ☑ Größe

Im Ordnerfenster sieht die Anordnung danach wie folgt aus:

| Snagit | Dateiordner |
| GKW7_05 | DOC-Datei |

4 Klicken Sie hingegen auf die Schaltfläche

`Nach unten`

wird der markierte Eintrag in der Liste nach unten verschoben. Infolgedessen erscheint er dann auch weiter hinten beziehungsweise rechts in der Anzeige.

Dateien und Ordner komprimieren

Bei der Größe aktueller Festplatten ist fehlender Speicherplatz kaum noch ein Problem. Das ist also kein Grund mehr, eine Datei zu komprimieren. Doch für den Transport zum Beispiel mit einem **USB-Stift** sind komprimierte Dateien oft sehr hilfreich. Der Vorgang des Komprimierens wird als „**Zippen**" bezeichnet, die Dateien, die dabei entstehen, als ZIP-Dateien oder, wenn sie mehrere Dateien beinhalten, auch als ZIP-Archive. Auch wenn Sie Dateien oder Ordner per E-Mail versenden möchten, sind solche ZIP-Dateien die beste Wahl. Das „Verpacken" geht ganz einfach:

1 Klicken Sie den Ordner oder die Datei, die Sie komprimieren möchten, mit der *rechten* Maustaste an, und wählen Sie im erscheinenden Kontextmenü den Eintrag

`Senden an ▶`

und im nachfolgenden Untermenü

`ZIP-komprimierter Ordner`.

2 Daraufhin wird die gewählte Datei gepackt, und Sie können ihr, sofern Sie es wünschen, einen anderen Namen geben.

[schmied]

Klicken Sie dann auf die komprimierte Datei, wird der neue Name der gepackten Datei zugeordnet.

Schmied gepackt

Spezialordner für Bilder, Musik und Videos — Organisation

3 Wenn Sie die Datei vor dem Packen anklicken, können Sie im unteren Teil des Fensters sehen, wie groß sie ist. In diesem Beispiel sind es 67,2 **Kilobyte**

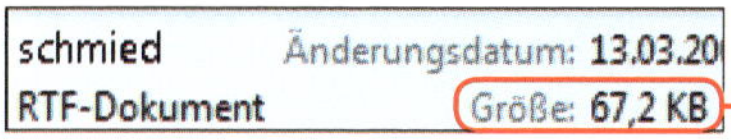

schmied — Änderungsdatum: 13.03.20
RTF-Dokument — Größe: 67,2 KB

Die komprimierte Datei hat dagegen nur noch 27,0 Kilobyte

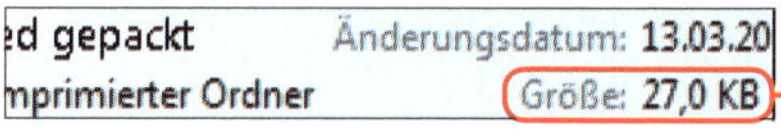

ed gepackt — Änderungsdatum: 13.03.20
mprimierter Ordner — Größe: 27,0 KB

Allerdings bietet nicht jedes Dateiformat solch ein Einsparungspotential.

Spezialordner für Bilder, Musik und Videos

Neben den Ordnern für Programme und „normale" Dateien gibt es noch spezielle Ordner, die Ihnen Windows 7 zur Verfügung stellt. Wenn Sie im geöffneten Startmenü auf die Schaltfläche mit Ihren eigenen Dateien klicken, im Beispiel,

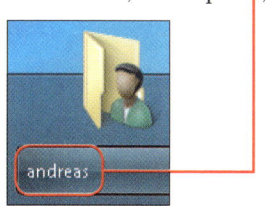

andreas

tauchen unter anderem die Ordner für Bilder, Musik- und Videodateien auf.

Desktop — Dateiordner
Downlo — Dateior
Eigene Bilder — Dateiordner
Eigene — Dateior
Eigene Musik — Dateiordner
Eigene — Dateior

Im Musikordner etwa werden Ihre Musikdateien gespeichert. Kopieren Sie zum Beispiel eine Musik-CD auf Ihren Rechner, landen die Dateien direkt in diesem Ordner und liegen dort zum Abspielen bereit. Im Ordner „Bilder" werden Ihre digitalen Fotos gespeichert und im Ordner „Videos" Ihre Filmdateien.

Diashow aus dem Ordner „Bilder"

1 Nach einem Doppelklick auf den Bilderordner

Bilder
Bibliothek

finden Sie im geöffneten Ordner zunächst nur den Unterordner mit Beispielbildern:

Beispielbilder

151

Organisation Wunschmusik aus dem Ordner „Musik"

Haben Sie jedoch, wie im Kapitel 4 gezeigt, von einer Digitalkamera schon Bilder auf Ihren Rechner überspielt, tauchen hier auch die neuen Unterordner mitsamt den Bildern auf.

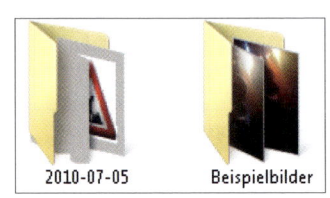

2 Sie können sich die Bilder dann ganz einfach als „Diashow" am Bildschirm ansehen. Markieren Sie einen Bilderordner, und klicken Sie anschließend auf

Diashow.

Sofort beginnt eine Diashow, und die gespeicherten Bilder des Ordners werden der Reihe nach angezeigt. Da dies im sogenannten Vollbildmodus geschieht, Ihr Bildschirm währenddessen also vollständig ausgefüllt ist, können Sie sich die Bilder zunächst nur ansehen.

3 Falls Sie bei dieser Vorführung eingreifen wollen, klicken Sie einfach mit der *rechten* Maustaste. Nun können Sie die Diashow per Klick auf ● anhalten oder mit ● wieder starten. Um das vorige Bild anzuzeigen, klicken Sie auf ●.

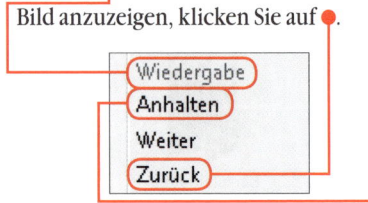

4 Wenn Sie während der Diashow gar nichts machen, dann wird Bild nach Bild automatisch abgespielt. Je nachdem, wie viel Sie noch zwischen zwei Bildern erzählen möchten, kann dies zu langsam oder zu schnell sein. Um dies gegebenenfalls zu ändern, drücken Sie wieder die *rechte* Maustaste und klicken dann auf die gewünschte Geschwindigkeit.

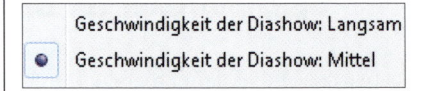

5 Um die Diashow zu beenden, drücken Sie einfach auf Ihrer Tastatur oben links die [Esc]-Taste.

Wunschmusik aus dem Ordner „Musik"

1 Wenn Sie mit einem Doppelklick auf das Ordnersymbol

den Ordner für die Musikdateien geöffnet haben, sehen Sie zu Beginn nur den Ordner mit den Beispielmusikstücken von Windows 7.

Filmvorführung aus dem Ordner „Videos" — Organisation

Sobald Sie jedoch mit dem Media Player Musikstücke auf die Festplatte kopiert haben, tauchen auch die Unterordner mit den kopierten Musik-CDs auf.

2 Um nun Musik zu hören, markieren Sie einen Unterordner mit der darin gespeicherten Musik und klicken dann auf den Befehl

| Alle wiedergeben |

Daraufhin wird der Media Player gestartet und die gespeicherte Musik abgespielt.

3 Den Media Player bedienen Sie per Mausklick wie ein normales Abspielgerät.

Zum Beenden genügt ein Mausklick auf das Schließkreuz:

Filmvorführung aus dem Ordner „Videos"

Alle Filme, die Sie aufgenommen haben, werden im Ordner „Videos" gespeichert. Auch diesen Ordner öffnen Sie per Doppelklick auf sein Symbol. Dann brauchen Sie nur noch eine der Videodateien anzuklicken, im Beispiel ●,

damit der Windows Media Player startet – diesmal als elektronischer Videorekorder – und den Film abspielt.

Die Steuerung funktioniert hier genauso komfortabel wie bei der Musikwiedergabe.

Organisation Mit Bibliotheken arbeiten

Mit Bibliotheken arbeiten

Der Begriff „Bibliothek" hat unter Windows 7 ebenfalls eine strukturierende Funktion und lässt sich vielleicht so veranschaulichen: Ein Ordner in Windows ist nichts anderes als ein Aktenordner, in den Sie Blätter (Dateien) heften. Ordner wiederum lagern Sie in einem Aktenschrank (einem Datenträger wie beispielsweise einer Festplatte). Nun stellen Sie sich vor, Sie haben mehrere Ordner, in denen Sie Rechnungen abgeheftet haben. Wenn Sie jetzt eine bestimmte Rechnung suchen, müssen Sie die einzelnen Ordner erst einmal finden und dann einen nach dem anderen durchsuchen.

Windows 7 macht es Ihnen einfacher: Auf Wunsch werden Ordner, die denselben Dateityp (zum Beispiel Bilder) enthalten, zu einer sogenannten Bibliothek zusammengefasst.

Bibliothek oder Ordner?

Ein Ordner enthält gegebenenfalls weitere Unterordner und Dateien und befindet sich auf genau einem Datenträger, beispielsweise Ihrer Festplatte. Wenn sich zusammengehörige Dateien und Ordner aber über mehrere Datenträger verteilen, dann können sie in einer Bibliothek zusammengefasst werden, um Ihnen das manuelle Durchsuchen mehrerer Laufwerke zu ersparen.
Alle Dateien und Ordner, die Sie einer Bibliothek hinzufügen, werden übrigens weder kopiert noch verschoben, sondern bleiben grundsätzlich an ihrem Ursprungsort.

Bibliotheken anlegen

Windows 7 kennt bereits einige Standard-Bibliotheken, die Sie im Ordnerfenster finden (siehe auch Seite 137):

Diese enthalten die gebräuchlichsten Dateitypen wie Bilder, Dokumente, Musik und Videos. Mitunter wollen Sie aber zusätzlich noch eine eigene Bibliothek anlegen, in der Sie beispielsweise alle Ordner zusammenfassen, die mit Ihren Rechnungen und Belegen zu tun haben.

1 Klicken Sie dazu mit der *rechten* Maustaste in der Navigationsspalte auf •, und wählen Sie dann im erscheinenden Kontextmenü erst

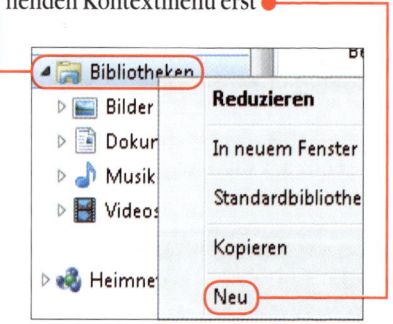

Ordner einer Bibliothek hinzufügen — Organisation

und danach den Eintrag

[Bibliothek].

2 Daraufhin wird unterhalb der bereits bestehenden Bibliotheken eine neue, leere Bibliothek angelegt. Der Name der neuen Bibliothek, der schon automatisch markiert ist,

kann selbstverständlich geändert werden. Sie brauchen nur einen neuen Namen Ihrer Wahl einzutippen. Per Klick an eine Stelle außerhalb des Eingabefeldes wird der Name direkt übernommen.

Ordner einer Bibliothek hinzufügen

Wenn Sie eine neue Bibliothek angelegt haben, ist diese zu Beginn natürlich noch leer. Das sehen Sie auch, sobald Sie deren Namen in der Navigationsspalte anklicken. Im Beispielfall wurde die neue Bibliothek „Rechnungen" genannt:

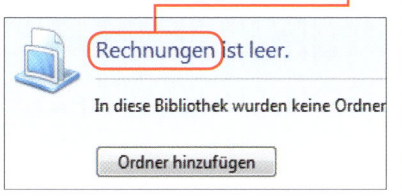

1 Um einen Ordner hinzuzufügen, klicken Sie zunächst auf

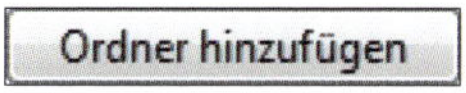

[Ordner hinzufügen].

Wählen Sie, wie auf Seite 144 beschrieben, einen Ordner aus, im Beispiel

und klicken Sie anschließend auf die Schaltfläche

[Ordner aufnehmen].

2 Zu den Ordnern, die sich in der Bibliothek befinden, können Sie weitere Ordner ergänzen, indem Sie mit der *rechten* Maustaste auf den Bibliothekseintrag klicken, hier

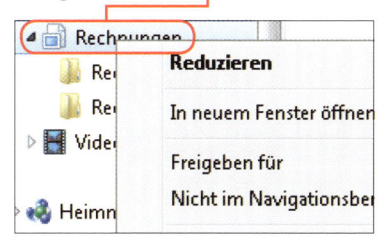

und dann im sich öffnenden Menü den Eintrag wählen.

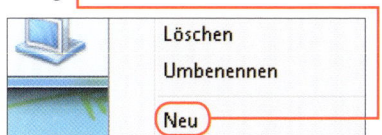

155

Organisation Ordner einer Bibliothek hinzufügen

3 Klicken Sie anschließend erneut auf die Schaltfläche

Ordner hinzufügen,

um einen weiteren Ordner hinzuzufügen, etwa ●.

> Rechnungen_privat
> Dateiordner

Wenn Sie wunschgemäß einzelne Ordnern zur neuen Bibliothek hinzugefügt haben, klicken Sie abschließend zur Bestätigung auf

OK.

4 Nach einem Mausklick auf das Dreieck vor dem Namen der Bibliothek, hier also ●, sehen Sie darunter alle hinzugefügten Ordner, im Beispiel ●.

> ▲ Rechnungen
>   Rechnungen_Firma (C:)
>   Rechnungen_privat (C:)

Im Detailbereich (siehe Seite 138) sind alle Dateien, die sich in den verschiedenen Ordnern der Bibliothek befinden, gemeinsam aufgeführt.

> ▲ Heute (2)
>   Rechnung_Geschenk
>   Rechnung_Taxi

Bedienung

6 Stets zu Diensten: Vom Umgang mit Programmen

Mit Programmen beziehungsweise Anwendungen erwecken Sie Ihren Rechner zum Leben, denn ohne Programme können Sie mit einem Computer nichts anfangen. Neben dem **Betriebsprogramm** selbst bringt Windows 7 noch eine Reihe weiterer Programme mit, von denen Sie in diesem Kapitel einige kennenlernen werden. Sie können jedoch ganz nach Wunsch noch zusätzliche Anwendungen installieren. Wie dies geschieht und wie Sie neue Programme später bei Bedarf auch wieder loswerden, wird Ihnen im Folgenden ebenfalls Schritt für Schritt gezeigt.

Im sechsten Kapitel dieses Buches erfahren Sie,
- wie Sie Programme aufrufen und wieder schließen,
- wie Sie Anwendungen direkt von einer CD installieren,
- wie Sie Programme auf die **Festplatte** kopieren, „entpacken", auf der Festplatte installieren und auf Wunsch auch wieder entfernen
- und wie Sie mit integrierten Windows-Anwendungen rechnen, schreiben, malen und Notizen anlegen.

Kapitel-Wegweiser

Programme starten und beenden .. 158	Der praktische Windows-Rechner .. 166
Der schnelle Start mit der Suchfunktion 159	Multitasking: Ergebnis in andere Programme übertragen .. 169
Fehlende Programme installieren .. 160	Texte schreiben mit WordPad 170
Ein Programm von einer CD/DVD installieren 160	Das Programmfenster von WordPad 170
Komprimiertes Programm auf die Festplatte kopieren 161	Text schreiben und bearbeiten .. 172
	Text gestalten 174
Ein komprimiertes Programm auspacken 162	Text speichern und drucken 175
Ein ausgepacktes Programm installieren 163	Bilder malen mit Paint 176
	Das Programmfenster von Paint.. 177
	Werkzeuge und Farben 177
Überflüssige Programme entfernen 165	Formen und Füllungen 179
	Gedankenstütze: Kurznotizen 180

| Bedienung | Programme starten und beenden |

Programme starten und beenden

Unter dem Betriebsprogramm Windows 7 werden fast alle Programme auf die gleiche oder zumindest sehr ähnliche Weise bedient. Nur die speziellen Funktionen unterscheiden sich natürlich von Programm zu Programm. So hat ein Textprogramm wie „WordPad" beispielsweise andere Befehle als ein digitaler Taschenrechner oder das Malprogramm „Paint". Doch in der grundsätzlichen Bedienung sind alle Programme auf die Windows-Umgebung zugeschnitten, sodass Sie nicht immer umdenken müssen. Egal also, welches Programm Sie verwenden, gestartet werden alle mit vergleichbarer Methode.

1 Um beispielsweise die Textverarbeitung WordPad zu starten, klicken Sie als Erstes auf die Start-Schaltfläche

,

danach im geöffneten **Startmenü** auf den Eintrag

▶ Alle Programme

und schließlich in der aufklappenden Programmliste auf den Eintrag

Zubehör .

ⓘ Alternative Startmethode für Programme

Wenn Sie bereits Dateien auf Ihrem Rechner haben, werden diese in den meisten Fällen von Windows automatisch erkannt. So reicht zum Beispiel bei einer Textdatei, die Sie schon erstellt haben, ein Doppelklick auf das Dateisymbol, etwa ●,

Rechnung_Geschenk

damit das Programm gestartet und das Dokument direkt angezeigt wird. Denn Windows startet immer das Programm, zu dem die jeweilige Datei gehört. Haben Sie beispielsweise Microsoft Word installiert, werden Word-Dokumente auch mit dem entsprechenden Dateisymbol ●

Rechnung_Geschenk

versehen und dann mit Microsoft Word gestartet.

Der schnelle Start mit der Suchfunktion — Bedienung

2 In der Liste der Zubehörprogramme starten Sie dann das Programm mit einem Mausklick auf den Eintrag, im Beispiel

WordPad.

Kurz danach wird das entsprechende Programmfenster geöffnet.

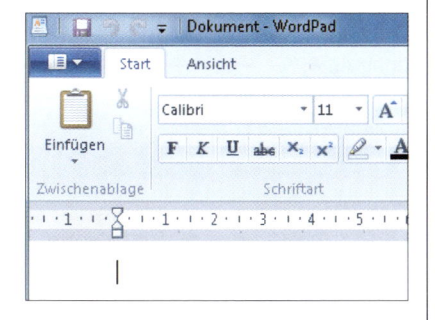

3 Zum Schließen des Programms genügt ein Klick auf das Schließkreuz:

Der schnelle Start mit der Suchfunktion

Mit der eingebauten Suchfunktion von Windows 7 können Sie nicht nur Dateien suchen, sondern auch Programme blitzschnell aufrufen und starten.

1 Öffnen Sie das Startmenü mit einem Mausklick auf

,

und tippen Sie dann den Namen des gewünschten Programms in das Suchfeld ein, beispielsweise

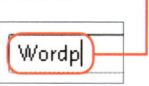

Wordp|

2 Schon während der Eingabe sucht Windows 7 das entsprechende Programm und zeigt es direkt an.

Programme (1)
WordPad

Nun genügt ein Doppelklick auf den Eintrag, um das Programm zu starten.

3 Auf die gleiche Weise können Sie auch ein schon bestehendes Dokument aufrufen und mit dem dazugehörigen Programm starten. Dazu geben Sie ebenfalls den Namen des Dokuments in das Suchfeld ein, etwa

Rechnun|

Auch hier tauchen die Suchergebnisse noch während der Eingabe auf. Nach einem Doppelklick auf den Eintrag wird das Dokument mit dem Programm geöffnet. Sollten mehrere Dateien dem Suchbegriff entsprechen, sodass nicht alle in die Liste passen, lassen Sie sich per Klick auf sämtliche Treffer anzeigen.

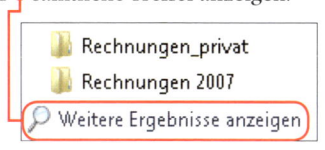

Rechnungen_privat
Rechnungen 2007
Weitere Ergebnisse anzeigen

159

Bedienung | Fehlende Programme installieren

Fehlende Programme installieren

Zwar bringt Windows 7 schon eine Menge Programme direkt mit. Darunter befinden sich das schon angesprochene „WordPad", der für Musik und Videos zuständige „Media Player", die Spielesammlung und das Internetanzeigeprogramm „Internet Explorer". Aber für viele Gelegenheiten fehlen natürlich noch Spezialprogramme oder auch Ihre Lieblingsspiele. Unter Windows 7 ist die **Installation** solcher Anwendungen kinderleicht.

Ein Programm von einer CD/DVD installieren

Die meisten Programme oder Spiele erhalten Sie auf einer CD oder DVD. Windows 7 erkennt Ihre CD/DVD beim Einlegen automatisch und bietet Ihnen sofort die nötige Vorgehensweise an.

1 Nachdem Sie die Programm-CD oder -DVD in Ihr DVD-**Laufwerk** eingelegt haben, schlägt Ihnen Windows 7 vor, die Installation zu starten (auszuführen). Klicken Sie auf den markierten Eintrag

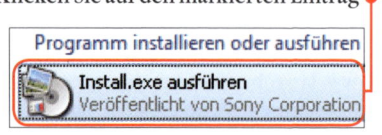

> Programm installieren oder ausführen
> **Install.exe ausführen**
> Veröffentlicht von Sony Corporation

und anschließend in der Sicherheitsmeldung auf

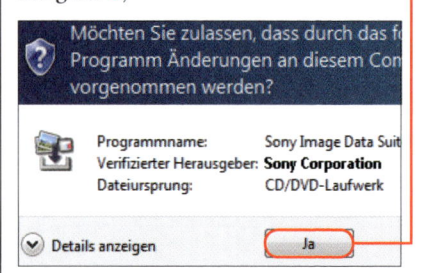

> Möchten Sie zulassen, dass durch das fo Programm Änderungen an diesem Con vorgenommen werden?
>
> Programmname: Sony Image Data Suit
> Verifizierter Herausgeber: **Sony Corporation**
> Dateiursprung: CD/DVD-Laufwerk
>
> Details anzeigen — [**Ja**]

um die Installation in Gang zu setzen. Den nachfolgenden Begrüßungsbildschirm des Programms bestätigen Sie per Klick auf die Schaltfläche

[Weiter].

ⓘ Erst Systemsicherung, dann Installation

Wenn Sie neue Programme installieren, kann es trotz allem zu unerwarteten Schwierigkeiten kommen. So kann beispielsweise eine Installations-CD fehlerhaft sein, oder das neue **Treiber**programm verträgt sich nicht mit Windows 7. Sollten Sie in dem Fall versuchen, ein solches Programm wieder zu entfernen, stoßen Sie auf das nächste Problem. Im schlimmsten Fall verweigert das Betriebsprogramm seinen Dienst, und Sie müssen Ihren Rechner vollständig neu installieren. Daher empfiehlt es sich, vor der Installation immer eine Sicherung vorzunehmen. Wie das geht, lesen Sie in Kapitel 2 im Abschnitt „Schutzmaßnahmen: Systemdaten sichern und restaurieren" ab Seite 73.

Komprimiertes Programm kopieren — Bedienung

2 Den vorgesehenen Speicherort für das Programm legt das Installationsprogramm automatisch fest.

Bestätigen Sie die Einstellung, ebenso wie das dann folgende Fenster, jeweils mit einem Mausklick auf

[Weiter].

3 Damit die Installation jetzt endgültig startet, klicken Sie im nächsten Fenster einfach auf

[Installieren].

Den Verlauf der Installation können Sie am Bildschirm mitverfolgen.

Ist die Installation abgeschlossen, wird eine Meldung ausgegeben. Zum Schluss genügt ein Klick auf

[Fertig stellen].

Komprimiertes Programm auf die Festplatte kopieren

Programme aus dem **Internet** oder von CDs, die beispielsweise Computer- oder Spielezeitschriften beiliegen, sind oft **komprimiert**, das heißt, alle dazugehörigen Dateien sind in einer einzigen Archivdatei zusammengepackt. Solch ein Programmarchiv muss oft erst auf die Festplatte kopiert werden, wo es dann entpackt und anschließend installiert werden kann. Wenn Sie ein Programm aus dem Internet geladen haben – auch hier werden Programme meist in einer Archivdatei übertragen –, wird diese Datei in der Regel in Ihrem Dateiordner „Download" gespeichert.

1 Wenn Sie eine CD oder DVD mit Programmen haben, die Sie nicht direkt, sondern nur von der Festplatte installieren können, legen Sie die CD/DVD mit dem Programm, das Sie installieren möchten, in Ihr DVD-Laufwerk ein. Sobald sich das Auswahlmenü öffnet, klicken Sie auf den Eintrag

Allgemeine Optionen

[Ordner öffnen, um Dateien anzuzeigen mit Windows-Explorer]

2 Als Nächstes klicken Sie auf den Ordner, der das Programm enthält, im Beispiel

[Software]

Daraufhin taucht im rechten Teil des Ordnerfensters der **Ordner** mit dem gewünschten Programm auf. Klicken Sie hier den entsprechenden Eintrag mit der *rechten* Maustaste an, etwa

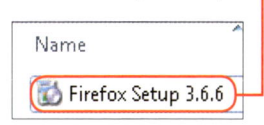

Name
Firefox Setup 3.6.6

und wählen Sie dann im erscheinenden

161

Bedienung — **Ein komprimiertes Programm auspacken**

Kontextmenü den Befehl

> Ausschneiden
> Kopieren

3 Danach klicken Sie im linken Teil des Fensters in der Ordnerliste auf den Ordner für Ihre Dateien (Dokumente),

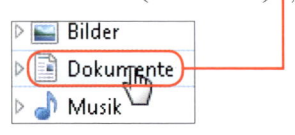

> ▷ 🖼 Bilder
> ▷ 📄 Dokumente
> ▷ 🎵 Musik

damit das entsprechende Fenster geöffnet wird. Klicken Sie darin – wieder mit der *rechten* Maustaste – auf einen freien Bereich, und wählen Sie dann den Eintrag.

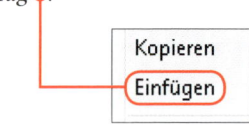

> Kopieren
> Einfügen

Anschließend wird das Programm in Ihren Dokumente-Ordner kopiert.

Ein komprimiertes Programm auspacken

Ein Programm, das komprimiert beziehungsweise gepackt ist, müssen Sie grundsätzlich erst auf die Festplatte kopieren, da das „Entpacken" (Extrahieren) auf einer CD/DVD nicht funktioniert.

1 Haben Sie das gepackte Programm, wie im vorigen Abschnitt gezeigt, auf Ihre Festplatte kopiert, können Sie es sofort auspacken. Klicken Sie das komprimierte Programm dazu mit der *rechten* Maustaste an, im Beispiel

> 🗎 Firefox Setup 3.6.6

und wählen Sie im erscheinenden **Kontextmenü** per Mausklick auf den Eintrag den Befehl

> Alle extrahieren...

2 Im nachfolgenden Fenster erfahren Sie, was mit den ausgepackten Dateien geschieht. Windows 7 legt direkt einen Ordner für das Programm an

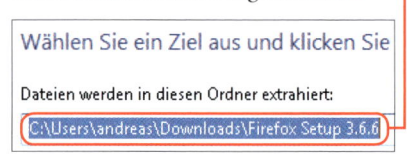

> Wählen Sie ein Ziel aus und klicken Sie
>
> Dateien werden in diesen Ordner extrahiert:
> C:\Users\andreas\Downloads\Firefox Setup 3.6.6

und zeigt diesen dann mit den ausgepackten Dateien an. Sie brauchen also einfach nur auf die Schaltfläche

> Extrahieren

zu klicken.

3 Daraufhin werden die Dateien ausgepackt. Je nach Größe der Datei kann das durchaus ein paar Sekunden dauern.

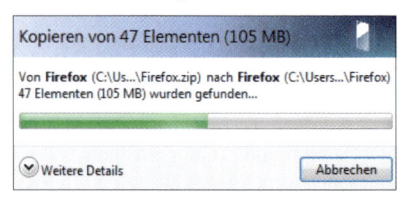

> Kopieren von 47 Elementen (105 MB)
>
> Von **Firefox** (C:\Us...\Firefox.zip) nach **Firefox** (C:\Users...\Firefox)
> 47 Elementen (105 MB) wurden gefunden...
>
> ⌄ Weitere Details   Abbrechen

Ein ausgepacktes Programm installieren | Bedienung

Anschließend wird der neue Ordner mit dem Programm angezeigt

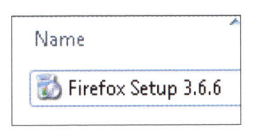

> Name
> 🔶 Firefox Setup 3.6.6

Ein ausgepacktes Programm installieren

Wenn Sie ein Programm von einer CD/DVD auf die Festplatte kopiert und dann ausgepackt haben, sind es nur noch ein paar Mausklicks, bis Ihnen das Programm zur Verfügung steht. Im Beispiel handelt es sich um das kostenlose Grafikprogramm „IrfanView", das Sie übrigens auch im **Download**-Bereich der Internetseite von Computerbild.de finden.

Wie Sie Programme aus dem Internet auf die Festplatte übertragen, erfahren Sie in Kapitel 8 auf Seite 229.

1 Im Normalfall klicken Sie einfach das Programmsymbol doppelt an, damit die Installation in Gang gesetzt wird. Zuerst wird ein Begrüßungsfenster sichtbar.

> 🔶 **IrfanView**   Willkommen zu
>
> Dieses Programm wird IrfanView Version 4.27

Klicken Sie hier und im nächsten Fenster auf die Schaltfläche

> Weiter >

2 Anschließend können Sie festlegen, welche Grafikdateien Sie mit diesem Programm künftig automatisch per Doppelklick starten möchten. Wenn Sie zur Anzeige von Bilddateien weiterhin das Grafik-Anzeigeprogramm von Windows 7 verwenden wollen, lassen Sie alle Kästchen

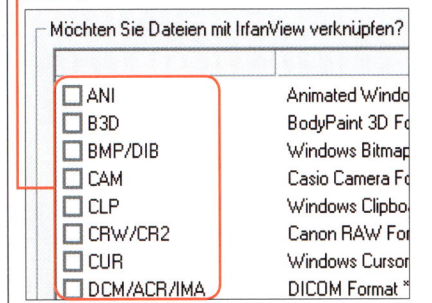

> Möchten Sie Dateien mit IrfanView verknüpfen?
>
> ☐ ANI — Animated Windo
> ☐ B3D — BodyPaint 3D Fo
> ☐ BMP/DIB — Windows Bitmap
> ☐ CAM — Casio Camera Fo
> ☐ CLP — Windows Clipbo
> ☐ CRW/CR2 — Canon RAW For
> ☐ CUR — Windows Cursor
> ☐ DCM/ACR/IMA — DICOM Format

leer und klicken direkt auf

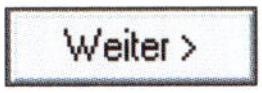

> Weiter >

3 Als Nächstes wird Ihnen die Möglichkeit geboten, die „Google Toolbar" zu installieren. Dieses Programm bietet Ihnen weitere Suchmöglichkeiten auf Ihrem Rechner und im Internet.

> **Gratis! Google Toolbar für Internet Explorer**
>
> ⬅ ➡ ▼ 🔍 http://www.google.com/ig
>
> Google [   ] ▼ 8 ▾ ◆ ▾ ➕ ▾

163

Bedienung — **Ein ausgepacktes Programm installieren**

Nur wenn Sie dieses Programm wirklich wünschen, lassen Sie die Voreinstellung unverändert:

☑ **Installieren Sie die kostenlose Google Toolbar**
Die Deinstallation ist jederzeit problemlos möglich.

Sicherer ist es jedoch, so wenige Programme wie möglich zu installieren. Klicken Sie daher auf den Haken,

☐ **Installieren Sie**
Die Deinstallation

sodass dieser entfernt wird. Es folgt wieder ein Mausklick auf

Weiter >

4 Nach einem erneuten Klick auf die Schaltfläche „Weiter" wird das Programm installiert. Wenn Sie die abschließende Erfolgsmeldung per Klick auf

Fertig stellen

bestätigt haben, finden Sie das Symbol des Programms auf Ihrem Desktop:

IrfanView

Künftig lässt sich das Programm ganz einfach per Doppelklick auf dieses Symbol starten und verwenden.

⚠ Programm mit den benötigten Rechten starten

Sollte sich ein Programm nicht installieren lassen, müssen Sie es als Administrator starten. Denn aus Sicherheitsgründen verweigert Windows 7 die Installation eines Programms, das ihm nicht bekannt ist. Haben Sie das Programm aus einer vertrauenswürdigen Quelle wie zum Beispiel COMPUTER BILD, können Sie ein solches Programm aber trotzdem installieren. Klicken Sie dazu das Programmsymbol mit der *rechten* Maustaste an, und wählen Sie im erscheinenden Kontextmenü mit einem Mausklick den Eintrag

🛡 Als Administrator ausführen

Damit wird das Programm mit den benötigten Rechten versehen und kann installiert werden. Sie müssen nur noch den nachfolgenden

Warnhinweis per Klick auf bestätigen.

Möchten Sie zulassen, dass durch da Programm von einem unbekannten Änderungen an diesem Computer v werden?

Programmname: iview427g_setup.exe
Herausgeber: **Unbekannt**
Dateiursprung: Aus dem Internet herunterge

⌄ Details anzeigen   **Ja**

Die Option, ein Programm als Administrator zu starten, muss in seltenen Fällen auch beim Start von Anwendungen genutzt werden, um das Programm mit übergreifenden Rechten zu betreiben, beispielsweise bei „Adobe Captivate".

Überflüssige Programme entfernen

Manchmal kann es notwendig werden, Programme wieder vom Computer zu entfernen. Beispielsweise dann, wenn Sie die neuere Version eines Programms verwenden möchten. In dem Fall ist es nämlich besser, zuvor die alte Version zu löschen. Oder Sie benötigen ein installiertes Programm nicht mehr. Auch in diesem Fall empfiehlt es sich, das überflüssige Programm einfach zu entfernen. Und so geht's:

1 Um ein Programm wieder von Ihrem Rechner zu entfernen, klicken Sie zunächst auf

[Windows-Symbol],

danach auf den Eintrag

Systemsteuerung

und schließlich in der geöffneten **Systemsteuerung** auf ●.

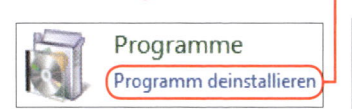

Programme
Programm deinstallieren

2 Im Fenster, das daraufhin auf dem Bildschirm erscheint, wird die Liste mit den installierten Programmen angezeigt, im Beispiel ●. Markieren Sie jetzt das Programm, das Sie entfernen möchten, mit einem Mausklick, etwa ●.

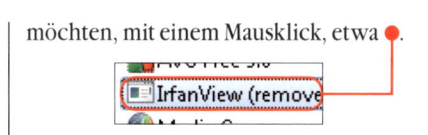

IrfanView (remove

3 Damit das Programm nun entfernt wird, klicken Sie auf die Schaltfläche

Deinstallieren/ändern

Zur Sicherheit fragt Windows noch einmal nach, ob Sie das Programm tatsächlich entfernen wollen: ●. Bestätigen Sie diese Nachfrage per Klick auf ●.

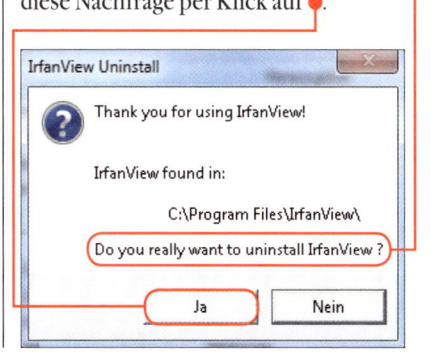

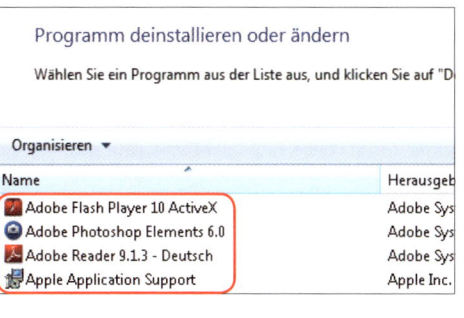

IrfanView Uninstall

Thank you for using IrfanView!

IrfanView found in:

C:\Program Files\IrfanView\

Do you really want to uninstall IrfanView ?

Ja   Nein

Programm deinstallieren oder ändern

Wählen Sie ein Programm aus der Liste aus, und klicken Sie auf "D

Organisieren ▼

Name	Herausgeb
Adobe Flash Player 10 ActiveX	Adobe Sys
Adobe Photoshop Elements 6.0	Adobe Sys
Adobe Reader 9.1.3 - Deutsch	Adobe Sys
Apple Application Support	Apple Inc.

Bedienung Der praktische Windows-Rechner

Danach erscheint wieder ein Warnhinweis, den Sie bestätigen müssen, indem Sie ein weiteres Mal auf die Schaltfläche klicken.

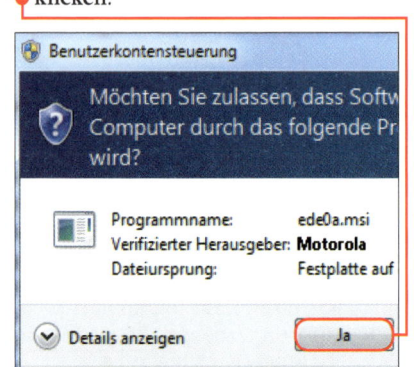

4 Erst dann wird die Deinstallation vorbereitet und durchgeführt.

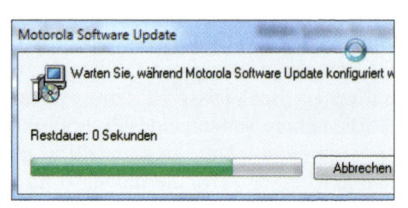

Sobald das Programm aus der Liste verschwunden ist, können Sie das Fenster aus Schritt 2 ebenso wie das der Systemsteuerung mit je einem Mausklick auf schließen.

⚠ Vorsicht beim Entfernen von Programmen

Entfernen Sie ein Programm *nie* anders als auf die hier beschriebene Weise! Denn wenn Sie einfach den Programmordner mit dem Programm löschen, verbleiben immer noch Reste auf der Festplatte – und die stören das Betriebsprogramm erheblich. Dadurch kann der ganze Rechner instabil werden. Und dies wiederum kann zu Datenverlust führen. Im schlimmsten Fall wird dann eine komplette Neuinstallation des Computers notwendig.

Der praktische Windows-Rechner

In kaum einem Büro vergeht ein Tag, ohne dass man einen Taschenrechner benötigt. Aber auch zu Hause können Sie einen Taschenrechner häufig gut gebrauchen. Windows 7 stellt Ihnen daher einen virtuellen Rechenknecht zur Verfügung, mit dem Ihnen alle Rechenoperationen flott und problemlos von der Hand gehen.

1 Um das Rechenprogramm aufzurufen, klicken Sie zunächst auf

,

dann auf den Eintrag

▶ Alle Programme ,

Der praktische Windows-Rechner | Bedienung

danach auf

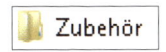

📁 Zubehör

und schließlich im Zubehör-Ordner auf

🔲 Rechner.

2 Daraufhin erscheint das Rechenprogramm, das nicht nur so aussieht wie ein Taschenrechner, sondern praktisch auch genauso bedient wird. Um Zahlen auszuwählen, klicken Sie entweder mit der Maus auf die entsprechenden Schaltflächen ●,

oder Sie geben die Ziffern über die Tastatur ein.

3 Die Rechenoperationen sind grundsätzlich so aufgebaut, dass Sie zuerst einen Operand (also eine Zahl) eingeben, dann die Rechenoperation benennen (also beispielsweise bei einer Addi-

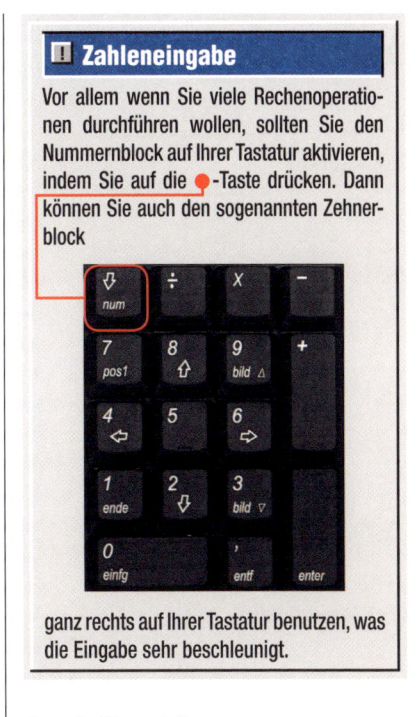

> ### 🔲 Zahleneingabe
>
> Vor allem wenn Sie viele Rechenoperationen durchführen wollen, sollten Sie den Nummernblock auf Ihrer Tastatur aktivieren, indem Sie auf die ●-Taste drücken. Dann können Sie auch den sogenannten Zehnerblock
>
> ganz rechts auf Ihrer Tastatur benutzen, was die Eingabe sehr beschleunigt.

tion ein Pluszeichen

[+]

eingeben), danach die zweite Zahl eintragen und schließlich für das Ergebnis auf

[=]

klicken.

4 In der Standardansicht stehen Ihnen auf dem Bildschirmrechner folgende

Bedienung | Der praktische Windows-Rechner

Tasten beziehungsweise Funktionen zur Verfügung:

[+]

für Addition,

[-]

für Subtraktion,

[/]

für Division,

[*]

für Multiplikation,

[√]

für Wurzelziehen,

[%]

> **Rechenoperationen per Tastatur**
>
> Wer nicht so gerne mit der Maus arbeitet, kann natürlich auch die Funktionstasten des Rechners benutzen. Wollen Sie zum Beispiel addieren, brauchen Sie nicht per Maus auf
>
> [+]
>
> zu klicken, sondern können stattdessen auch die entsprechende Taste auf Ihrer Tastatur drücken, in dem Fall also [+].

für Prozentrechnen,

[1/x]

für Kehrwert. Und mit

[±]

können Sie das Vorzeichen einer angezeigten Zahl verändern.

5 Wenn Sie in der **Menüleiste** auf den Eintrag

[Ansicht]

und danach im geöffneten Ansichtsmenü auf

[Wissenschaftlich]

klicken, verwandeln Sie Ihren einfachen Rechner in einen vollwertigen wissenschaftlichen Rechner, der von Fakultätsberechnungen bis zu trigonometrischen Funktionen kaum noch Wünsche offen lässt.

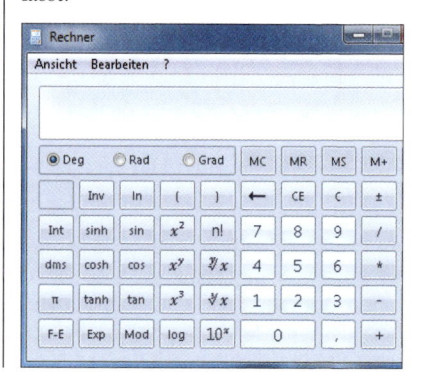

Ergebnis in andere Programme übertragen — Bedienung

Zurück zur Standardansicht kommen Sie wieder mit je einem Klick auf

`Ansicht`

und auf

`Standard`.

Multitasking: Ergebnis in andere Programme übertragen

Unter Windows 7 können Sie gleichzeitig mit mehreren Programmen arbeiten. Der Vorteil dieser sogenannten Multitasking-Fähigkeit lässt sich am Beispiel des Taschenrechners sehr schön erkennen.

1 Lassen Sie Ihr Rechenprogramm geöffnet, und starten Sie nun zusätzlich das Textverarbeitungsprogramm WordPad, indem Sie im geöffneten Startmenü auf

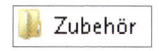

`Zubehör`

und dann auf

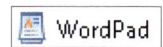

`WordPad`

klicken.

2 Anschließend erscheint auf dem Bildschirm Ihr Textverarbeitungsprogramm. Selbst wenn das Programmfenster den Rechner verdecken sollte, ist er dennoch nicht verschwunden. In der **Taskleiste**, wo geöffnete Programme angezeigt werden, können Sie sich davon überzeugen:

3 Falls Sie nun während der Texteingabe etwas ausrechnen möchten, klicken Sie in der Taskleiste auf den Eintrag

damit der Rechner wieder in den Bildschirmvordergrund rückt.

4 Führen Sie dann wie gewohnt Ihre Berechnung durch. Das Rechenergebnis brauchen Sie nicht einmal manuell in Ihr Textdokument einzufügen. Klicken Sie stattdessen in der Menüleiste des Rechners erst auf und danach auf

`Bearbeiten` ?
`Kopieren`

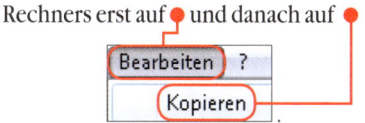

Dadurch fügen Sie das Rechenergebnis in die **Zwischenablage** ein.

5 Als Nächstes klicken Sie an die Stelle in Ihrem Textdokument, an der das Rechenergebnis stehen soll, im Beispiel

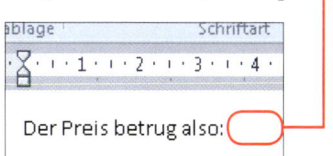

Der Preis betrug also:

Bedienung — Texte schreiben mit WordPad

und wählen aus dem WordPad-Menü den Eintrag

Einfügen

Mithilfe der Zwischenablage wird das Ergebnis nun schnell und fehlerfrei übertragen:

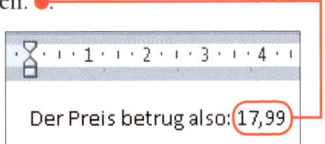

Der Preis betrug also: 17,99

Texte schreiben mit WordPad

Mit WordPad können Sie alle möglichen Texte schreiben, gestalten und ausdrucken. Für Briefe, Rechnungen oder Einladungen benötigen Sie also kein großes Textverarbeitungsprogramm wie zum Beispiel das weit verbreitete „Microsoft Word". Im Gegensatz zum „großen" Word, das eine gewisse Übung erfordert, können Sie mit WordPad im Prinzip sofort loslegen.

Das Programmfenster von WordPad

1 Öffnen Sie WordPad wie gewohnt über das Startmenü mit einem Mausklick auf

WordPad.

Daraufhin wird das kleine Textverarbeitungsprogramm gestartet und das Programmfenster von WordPad angezeigt.

2 In der **Titelleiste** finden Sie den Namen des Programms, das Sie gerade verwenden, hier also ●, und den Namen des Dokuments, das gerade bearbeitet wird. Solange Sie der Datei noch keinen Namen gegeben haben, steht dort nur ●.

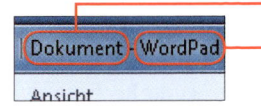

Dokument — WordPad

3 Am rechten Rand der Titelleiste sind die Schaltflächen, mit denen Sie das

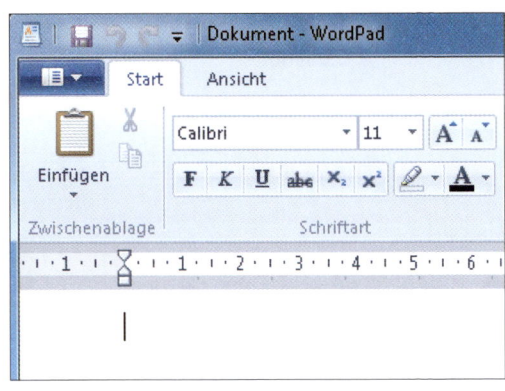

Das Programmfenster von WordPad — Bedienung

Programmfenster in seiner Größe verändern ● oder in die **Taskleiste** verbannen, also minimieren ●

können. Ganz rechts befindet sich das Symbol

,

mit dem Sie das Programmfenster schließen.

4 Über die Menüleiste haben Sie per Mausklick Zugriff auf alle Befehle, die Sie bei der Arbeit mit dem Programm benötigen: ●

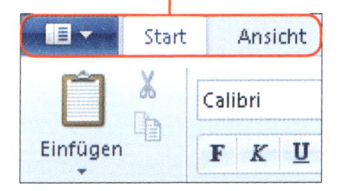

5 Um Ihnen den Weg durch die Menüs so oft wie möglich zu ersparen, sind häufig verwendete Befehle als Symbole hinterlegt. Diese finden Sie in der **Symbolleiste**: ●

🛈 Quickinfo als Gedächtnisstütze

Die Bedeutung der einzelnen Symbole brauchen Sie nicht auswendig zu lernen. Falls Sie sich einmal nicht ganz sicher sein sollten, welche Funktion sich hinter einem Symbol verbirgt, führen Sie einfach den Mauszeiger über das Symbol und lassen ihn einen Augenblick dort verweilen. Dann wird eine kleine Information eingeblendet.

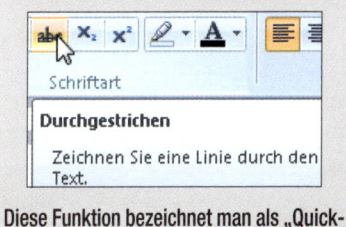

Durchgestrichen
Zeichnen Sie eine Linie durch den Text.

Diese Funktion bezeichnet man als „Quickinfo".

6 In der Symbolleiste befindet sich auch die Formatierungsleiste. Während Titel-, Menü- und Symbolleiste in den meisten Windows-Programmen vorhanden sind, ist die Formatierungsleiste speziell auf eine Textverarbeitung zugeschnitten. Hier finden Sie häufig benötigte Befehle, mit denen Sie das Aussehen der Schrift, die Anordnung des

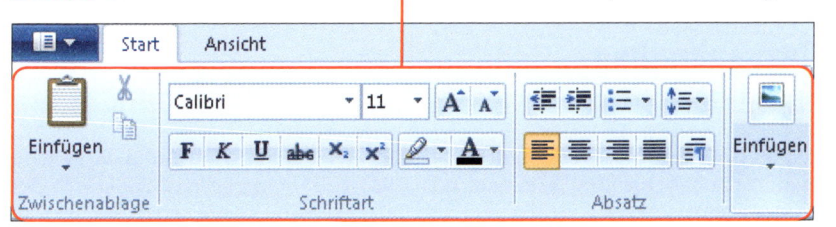

Bedienung   **Text schreiben und bearbeiten**

Textes und Ähnliches beeinflussen können.

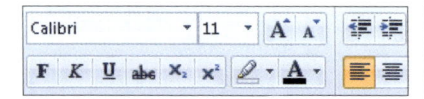

Das Lineal hilft Ihnen bei der optischen Gestaltung Ihrer Dokumente.

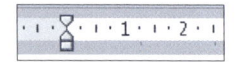

7 Am meisten Raum nimmt die Arbeitsfläche ein. Im Fall der Textverarbeitung WordPad ist das der Bereich, in dem Sie Ihre Texte eintippen:

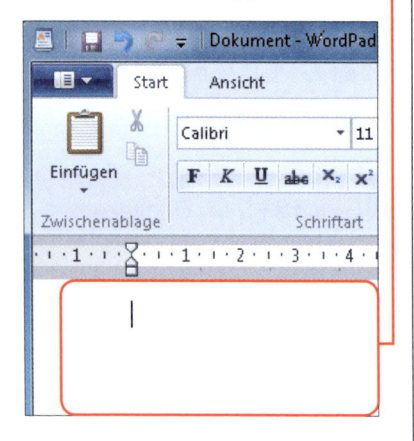

Text schreiben und bearbeiten

Direkt nach dem Start von WordPad ist bereits ein unbenanntes Dokument auf Ihrer Arbeitsfläche.

1 Klicken Sie einfach in die Arbeitsfläche hinein, und tippen Sie los – Ihr Text erscheint sofort auf dem Bildschirm:

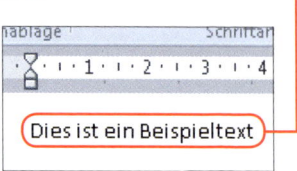

Um die Zeilenumbrüche brauchen Sie sich nicht zu kümmern. WordPad fängt automatisch eine neue Zeile an, wenn Sie den Rand der Arbeitsfläche erreicht haben. Nur wenn Sie einen neuen Absatz beginnen wollen, drücken Sie auf ⏎. Diese Taste wird als Eingabe-, Bestätigungs- oder Entertaste bezeichnet.

2 Falls Sie sich vertippt haben, können Sie mit der ⌫-Taste den Buchstaben *vor* der Einfügemarke löschen, im Beispiel das überflüssige „l" vor der Einfügemarke:

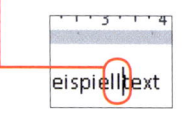

Mit Entf löschen Sie dagegen den Buchstaben *hinter* der Einfügemarke:

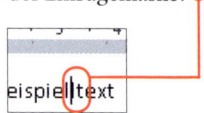

3 Auch die Schriftart und die Schriftgröße können Sie verändern. In der Formatierungsleiste sehen Sie, welche

Text schreiben und bearbeiten **Bedienung**

Schriftart und welche Schriftgröße bei WordPad als Voreinstellung verwendet wird. Wenn Sie in einer anderen Schrift schreiben möchten, Ihren Text also anders formatieren wollen, klicken Sie rechts neben dem Eintrag auf das Dreieck

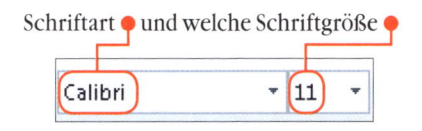

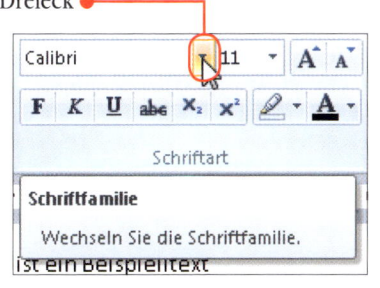

und in der ausklappenden Liste auf die gewünschte Schriftart.

4 Ebenso verfahren Sie mit der Schriftgröße. Klicken Sie neben der Auswahlbox auf das Dreieck, und wählen Sie eine Schriftgröße, etwa.

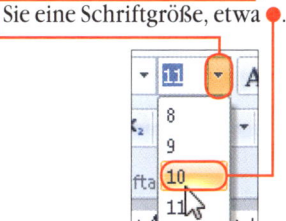

Die Schriftgrößen misst man in der Einheit „Punkt". Entscheiden Sie sich also beispielsweise für die 12, schreiben Sie mit einer 12-Punkt-Schrift.

Die Änderungen bei Schriftart und -größe gelten erst ab der Stelle, ab der Sie die Auswahl getroffen haben.

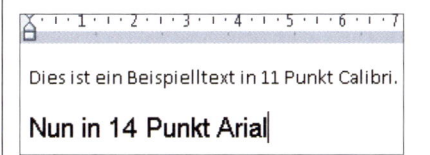

5 Selbstverständlich ist es möglich, auch bereits geschriebenen Text Ihren Wünschen entsprechend zu ändern. Dazu müssen Sie den Text zuvor aber markieren. Mit einer Markierung teilen Sie dem Programm mit, auf welche Stelle sich die nächste Aktion auswirken soll.

Einen Text zu markieren, geht ganz einfach mit der Maus: Klicken Sie an die Stelle, an der die Markierung beginnen soll, halten Sie die Maustaste gedrückt, und ziehen Sie den Mauszeiger mit weiterhin gedrückter Maustaste über den Text. Sobald Sie die Maustaste loslassen,

Bedienung | **Text gestalten**

ist der Bereich markiert – was Sie an der blauen Hintergrundfarbe erkennen.

> Ab hier ist der Text markiert. Jetzt nicht mehr.

Markieren können Sie im Text sowohl vorwärts als auch rückwärts. Klicken Sie in den markierten Text, wird die Markierung wieder aufgehoben.

6 Möchten Sie nur ein *Wort* markieren, genügt ein Doppelklick auf das zu markierende Wort.

Um einen *Absatz* zu markieren, klicken Sie einfach schnell dreimal in den entsprechenden Absatz.

Auch das komplette *Dokument* können Sie markieren. Dazu führen Sie den Mauszeiger links an den Textrand, bis sich der Zeiger in einen schräg nach rechts oben weisenden Pfeil verwandelt.

🛈 Leichter löschen

Die in den Schritten 5 und 6 vorgestellten Markierungstechniken helfen Ihnen auch dabei, wenn Sie einen größeren Abschnitt in Ihrem Text löschen oder umschreiben wollen. Sie brauchen sich also nicht mühsam mit der ⟵-Taste oder der Entf-Taste durch den Text zu quälen. Setzen Sie stattdessen eine größere Markierung, und drücken Sie Entf, wenn Sie diesen Abschnitt löschen möchten, oder tippen Sie einfach Ihren Ersatztext – sofort verschwindet der zuvor markierte Teil.

Statt doppelt klicken Sie dann ebenfalls dreimal kurz hintereinander.

Text gestalten

Wie Sie Schriftart und -größe auswählen, haben Sie bereits im vorigen Abschnitt erfahren. Es stehen Ihnen aber noch weitere Möglichkeiten der Gestaltung zur Verfügung.

1 Textausrichtungen können Sie ganz einfach per Mausklick über folgende Symbole in der Formatierungsleiste vornehmen:

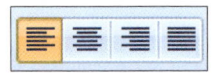

Normalerweise ist ein Text linksbündig ausgerichtet, das bedeutet, dass alle Zeilenanfänge direkt untereinander stehen, während am rechten Rand je nach Zeilenende umbrochen wird.

> Ab hier ist der Text markiert. Jetzt nicht mehr. Wenn man s
> Markieren eines Textes einfach nur einfach und gar kein P
>
> Dies ist ein Beispielltext in 11 Punkt Calibri.

2 Eine rechtsbündige Formatierung setzen Sie per Klick auf ●.

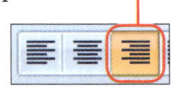

Daraufhin schließt Ihr Text am rechten Rand des Dokuments bündig ab, während links die Zeilenanfänge unterschiedlich sind.

Text speichern und drucken — Bedienung

> cht mehr. Wenn man sich dies genau übelegt, dann ist das
> en eines Textes einfach nur einfach und gar kein Problem.
>
> Dies ist ein Beispielltext in 11 Punkt Calibri.

3 Mit einem Mausklick auf das mittlere Symbol

erscheinen die Zeilen genau in der Mitte, also „zentriert". Diese Formatierung wird vor allem bei Überschriften verwendet.

> t markiert. Jetzt nicht mehr. Wenn man sich dies genau übe
> kieren eines Textes einfach nur einfach und gar kein Proble
>
> Dies ist ein Beispielltext in 11 Punkt Calibri.

4 Als weitere Gestaltungsmöglichkeit können Sie Text fett oder kursiv formatieren sowie unterstreichen. Dafür stehen Ihnen (von links nach rechts gesehen) die Symbole Fett (dicker), Kursiv (schräg) und Unterstrichen zur Verfügung:

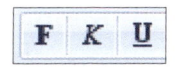

F *K* <u>U</u>

Das Ergebnis sieht dann jeweils so aus:

> Dies ist normaler Text.
> **Dieser Text ist fett**
> *Dieser Text ist kursiv*
> <u>Dieser Text ist unterstrichen</u>

5 Zudem können Sie auf Wunsch noch ein bisschen Farbe ins Spiel bringen. Markieren Sie dazu den Text, den Sie farbig haben wollen, klicken Sie dann auf,

und wählen Sie anschließend in der geöffneten Liste mit einem Mausklick eine Farbe aus, etwa.

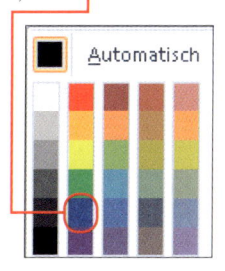

Automatisch

Der markierte Text wird dann in der entsprechenden Farbe angezeigt

> Dies ist ein normaler Text in schw
> dieser ist rot und dieser blau.

und – sofern Sie einen Farbdrucker besitzen – auch in dieser Farbe ausgedruckt.

Text speichern und drucken

Um Ihren Text zu sichern, damit Sie später wieder darauf zugreifen können, müssen Sie Ihr Dokument speichern.

Zur Sicherheit sollten Sie Ihren Text auch dann speichern, wenn Sie ihn nur einmal ausdrucken möchten. Sollten Ihnen nämlich auf Papier noch Fehler auf-

Bedienung: Bilder malen mit Paint

fallen oder Sie nachträglich noch etwas ändern wollen, ist eine gespeicherte Datei die Rettung. Auch das Drucken geht mit Windows 7 ruck, zuck über die Bühne.

1 Um ein geschriebenes Dokument vor dem Drucken zu speichern, klicken Sie als Erstes auf der Menüleiste auf

und danach im geöffneten Dateimenü auf den Eintrag

Speichern.

Stattdessen können Sie auch auf das Symbol

klicken.

2 Im Fenster, das daraufhin angezeigt wird, können Sie Ihrem Dokument einen beliebigen Namen geben, indem Sie den bereits markierten Text

Dateiname:	Dokument
Dateityp:	RTF-Format (RTF)

einfach überschreiben. Klicken Sie dann auf die Schaltfläche

Speichern,

wird Ihr Dokument gespeichert.

3 Wenn Sie das Dokument jetzt direkt ausdrucken wollen, schalten Sie Ihren Drucker ein, klicken wieder auf

wählen aus der geöffneten Liste den Eintrag

Drucken

und klicken im nachfolgenden Fenster auf die Schaltfläche

Schnelldruck
Dokument direkt oh senden

Daraufhin wird Ihr Dokument ausgedruckt.

4 WordPad schließen Sie dann wie gewohnt per Klick auf

X.

Bilder malen mit Paint

Auch ein Malprogramm hat Windows 7 mit an Bord. Allerdings werden Sie mit Paint wohl nur dann ein Kunstwerk hinkriegen, wenn Sie sehr viel Übung darin

Das Programmfenster von Paint | Bedienung

haben. Eine Skizze oder eine einfache Illustration ist mit dem Programm aber leicht möglich.

Das Programmfenster von Paint

1 Um Paint zu starten, klicken Sie im geöffneten Zubehör-Ordner auf den Eintrag

Paint.

Wie WordPad enthält auch das Paint-Programmfenster eine Titel- und eine Symbolleiste.

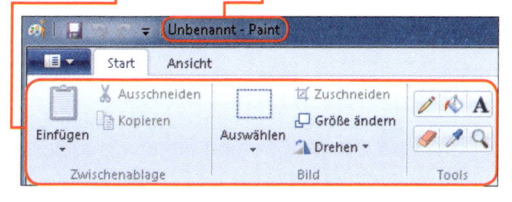

2 Darin finden Sie die digitalen Werkzeuge zum Malen

sowie ganz rechts eine Farbpalette, aus der Sie Ihre Malfarben auswählen können.

Werkzeuge und Farben

Zur Übung sollten Sie anfangs etwas herumexperimentieren. Am besten malen Sie einfach so, wie Sie es mit Malstiften oder Pinsel tun würden.

1 Wählen Sie aus der Werkzeugleiste mit einem Mausklick zum Beispiel den Stift

aus. Wenn Sie dann in die Arbeitsfläche klicken, folgt der Stift automatisch Ihren Mausbewegungen.

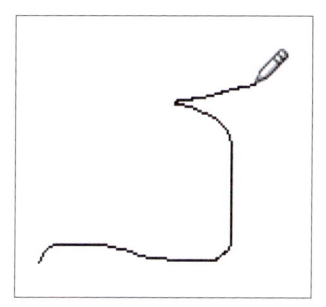

2 Um nun das Werkzeug zu wechseln, können Sie in der Werkzeugleiste beispielsweise auf

klicken und dann aus der Liste per Maus-

177

Bedienung — Werkzeuge und Farben

klick ein Zeichenwerkzeug wählen.

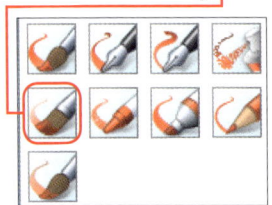

Daraufhin wird der Malstrich dicker:

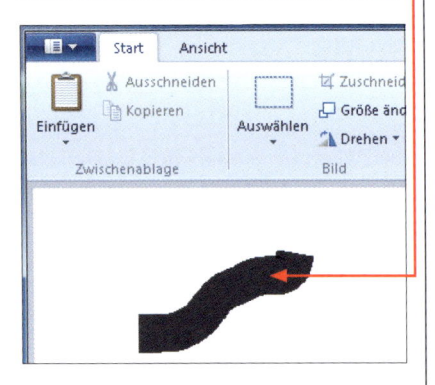

3 Möchten Sie eine andere Strichbreite haben, klicken Sie auf

Strichstärke

und wählen dann aus der sich öffnenden Liste die gewünschte Dicke:

4 Natürlich können Sie auch Farbe ins Bild bringen. Dazu wählen Sie einfach aus der Palette mit einem Mausklick die gewünschte Farbe aus, etwa .

Und schon malt Ihr Pinsel in der gewünschten Farbe.

5 Und falls Ihnen Ihr Gemälde nicht gefallen sollte und Sie etwas ändern möchten, wählen Sie per Klick einfach den Radiergummi aus:

Schon können Sie nach Herzenslust löschen. Der digitale Radiergummi funktioniert sogar dann, wenn Sie mit einem Pinsel gemalt haben.

Formen und Füllungen

Selbstverständlich können Sie bei Kreisen und anderen Flächen die Hilfe des Programms in Anspruch nehmen. Denn wer kann schon aus freier Hand einen ordentlichen Kreis und ein gerades Rechteck malen?

1 Wählen Sie aus der Werkzeugleiste mit einem Mausklick zum Beispiel das Rechteck.

Anschließend können Sie entscheiden, wie die Randstärken und die Farbe der Füllung aussehen sollen.

2 Klicken Sie als Erstes auf, und wählen Sie dann den gewünschten Umriss aus, beispielsweise.

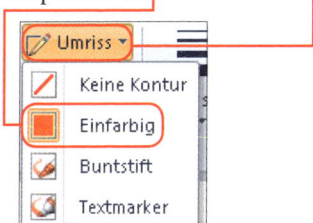

Nach einem weiteren Klick auf bestimmen Sie, welche Art von Füllung Sie wünschen, etwa.

3 Nun können Sie ein Rechteck malen, indem Sie mit der Maus den Anfang des Rechtecks markieren, die Maustaste gedrückt halten und das Rechteck mit weiterhin gedrückter Maustaste auf die gewünschte Größe ziehen.

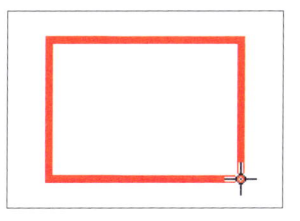

4 Wenn Sie ein farbiges Rechteck bevorzugen, wählen Sie – wie in Schritt 2 gezeigt – Randstärke und Füllung aus und klicken dann – noch vor dem Malen – in der Palette auf das Auswahlfeld für die Füllfarbe.

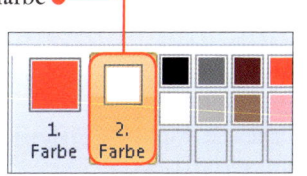

179

Bedienung | **Gedankenstütze: Kurznotizen**

und anschließend auf eine Farbe, beispielsweise ●.

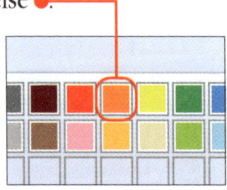

Das Ergebnis:

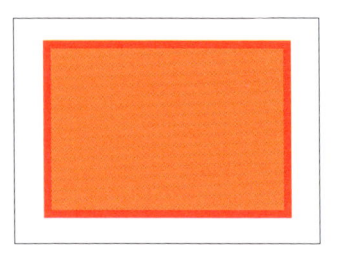

5 Haben Sie ein Rechteck gezeichnet, können Sie das Innere des Rechtecks natürlich auch nachträglich einfärben. Dazu klicken Sie in der Werkzeugleiste auf den Farbeimer

,

wählen dann aus der Farbpalette die gewünschte Farbe aus und klicken schließlich mit dem Farbeimer in das Rechteck.

Diese Schritt-für-Schritt-Anleitung lässt sich natürlich auf jede beliebige Form, die Sie in Schritt 1 auswählen, übertragen.

Gedankenstütze: Kurznotizen

Die Situation ist wahrscheinlich jedem geläufig. Sie haben mitten während der Arbeit an Ihrem Rechner einen Gedankenblitz. Schnell schnappen Sie sich einen Notizzettel, schreiben das Gewünschte auf … und finden den Zettel nie wieder. Warum so kompliziert? Windows 7 hat einen „eingebauten Notizzettel", der sich auf Ihrem Bildschirm ablegt und dort nicht so einfach verschwindet.

1 Klicken Sie wieder als Erstes auf die Start-Schaltfläche

,

danach im geöffneten Startmenü auf den Eintrag

▶ Alle Programme

und schließlich in der aufklappenden Programmliste auf den Eintrag

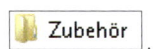

📁 Zubehör .

Gedankenstütze: Kurznotizen — Bedienung

2 Sowie Sie im dann geöffneten Zubehör-Ordner auf

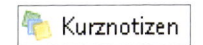

🔖 Kurznotizen

klicken, wird eine neue Kurznotiz angelegt, die direkt auf dem Bildschirm erscheint:

3 Tippen Sie nun einfach über die Tastatur ein, was Sie nicht vergessen sollten.

Sollte Ihnen der Zettel zu klein sein, klicken Sie auf die untere rechte Ecke,

halten die Maustaste gedrückt und ziehen den Zeiger mit weiterhin gedrückter Maustaste nach rechts, um den Zettel breiter, und nach unten, um ihn länger zu machen.

4 Wenn Sie eine weitere Kurznotiz anlegen wollen, genügt ein Klick auf.

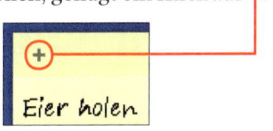

Schon erscheint ein weiterer, noch leerer Notizzettel auf dem Bildschirm.

5 Um die Übersicht zu behalten, sollten Sie Notizen, die Sie nicht mehr benötigen, so rasch wie möglich löschen. Klicken Sie dazu in der oberen, rechten Ecke auf das kleine Kreuz,

und bestätigen Sie die Sicherheitsabfrage, die Sie vor dem versehentlichen Löschen von Notizen schützen soll, per Klick auf.

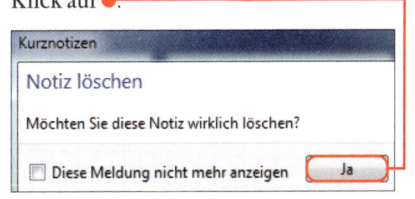

Kurznotizen

Notiz löschen

Möchten Sie diese Notiz wirklich löschen?

☐ Diese Meldung nicht mehr anzeigen [Ja]

Die Kurznotiz wird daraufhin sofort gelöscht.

Netzwerk

7 Rechner miteinander verbinden

In den meisten Haushalten gibt es mittlerweile mehr als nur einen einzigen Rechner. Entweder Sie haben noch einen alten Computer oder ein Notebook zu Hause, oder Ihre Kinder haben schon einen eigenen PC. In solchen Fällen bietet es sich an, diese Rechner über ein kleines Heimnetzwerk miteinander zu verbinden. Dessen Einrichtung ist mit Windows 7 ganz einfach. Dann können Sie über gemeinsame Bibliotheksordner ganz komfortabel Dateien austauschen, auf Bilder-, Musik- und Videodateien zugreifen oder Texte gemeinsam bearbeiten und diese dann auch über einen einzigen, jedem zugänglichen Drucker ausdrucken.

Besonders praktisch ist ein drahtloses Funknetz. Ganz gleich, ob Sie sich im Garten oder in einer anderen Etage aufhalten – von überall aus können Sie ins **Internet** oder auf die anderen Rechner in Ihrem Netzwerk zugreifen. Mit Windows 7 erfolgt ein Großteil der Einrichtung meist schon automatisch bei der **Installation**. Und den Rest können Sie ganz einfach selbst erledigen.

Im siebten Kapitel dieses Buches erfahren Sie,
- wie Sie PCs miteinander vernetzen,
- wie Sie einen Internetzugang einrichten,
- wie Sie ein Funknetzwerk konfigurieren,
- wie Sie Ihr Heimnetzwerk anlegen,
- wie Sie weitere Rechner zum Heimnetzwerk hinzufügen
- und wie Sie Bibliotheken sowie Drucker für alle Benutzer des Netzwerks freigeben.

Kapitel-Wegweiser

Einen PC mit dem Netzwerk und
Internet verbinden 183
   Einen Hub oder Switch
   anschließen 183
   DSL-Router anschließen für die
   schnelle Internetverbindung 185
   Internetzugang im DSL-Router
   einrichten 186
Die drahtlose Internet-
verbindung 188

Router für die drahtlose
   Verbindung einrichten 189
   Das drahtlose Netzwerk
   am PC einrichten 191
Ein Heimnetzwerk auf einem
PC einrichten 192
Einem Heimnetzwerk beitreten 194
Auf freigegebene Bibliotheken
zugreifen 196
Drucker gemeinsam nutzen 199

PC mit Netzwerk und Internet verbinden — Netzwerk

Einen PC mit dem Netzwerk und Internet verbinden

Windows 7 ist auf die Nutzung von Netzwerken sehr gut vorbereitet, und die Einrichtung ist entsprechend unkompliziert. Doch bevor Sie ein Heimnetzwerk konfigurieren können, müssen Sie die PCs des Heimnetzes miteinander verbinden. Diese Verbindung kann verdrahtet mit sogenannten Ethernetkabeln erfolgen oder drahtlos über ein Funknetz. Beide Varianten werden von Windows 7 unterstützt und im Folgenden geschildert. Wenn Sie Ihre Rechner bereits vernetzt haben und jetzt nur noch erfahren möchten, wie Sie das Heimnetzwerk von Windows 7 konfigurieren, können Sie die nächsten Seiten überspringen und direkt mit dem Abschnitt ab Seite 192 fortfahren.

Einen Hub oder Switch anschließen

Das brauchen Sie:

■ Um Rechner in einem kleinen Netzwerk miteinander zu verbinden, benötigen Sie entweder ein gekreuztes Netzwerkkabel oder einen sogenannten Hub ●.

Solche **Hubs** („Mittelpunkt") oder **Switches** („Schalter"), an die sich die Rechner per Kabel anschließen lassen, sind die einfachste Variante.

> **! Hub oder Switch**
>
> Ein Hub verbindet einzelne Rechner per Netzwerkkabel und ist eigentlich nur ein Verteiler ohne eigene „Intelligenz". Der Switch dagegen überwacht zusätzlich den Datenverkehr zwischen den einzelnen Rechnern und kann die Daten schneller verteilen. Allerdings spielt dieser Unterschied in der Praxis des Heimnetzwerks kaum noch eine Rolle: Switches sind heutzutage so preiswert, dass sie die einfacheren Hubs im Handel verdrängt haben. In der Handhabung unterscheiden sich die Verbindungskästchen für den Anwender nicht.
> Um die permanente Doppelung „Hub/Switch" zu vermeiden, sei darauf hingewiesen, dass im Folgenden auch immer der Netzwerk-Switch gemeint ist, wenn vom Hub die Rede ist. Übrigens wird auch bei anderen Knoten, beispielsweise USB-Verteilern, oft von Hubs gesprochen, die allerdings in der folgenden Anleitung nicht berücksichtigt werden.

■ Damit Sie die Rechner Ihres Netzwerks an den Hub anschließen können, brauchen Sie so viele Netzwerkkabel, wie Sie Rechner verbinden möchten.

183

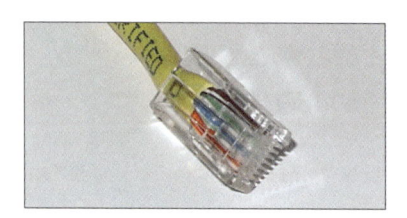

Netzwerk — **Einen Hub oder Switch anschließen**

■ Falls Sie außerdem über einen **DSL**-Router („Vermittlungsknoten") Verbindung ins Internet aufnehmen, benötigen Sie ein weiteres Netzwerkkabel, um den Hub mit dem Router (siehe nächste Anleitung) zu verbinden. Allerdings haben viele Router bereits einen eingebauten Hub

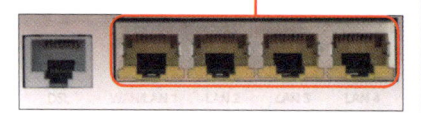

für die Verbindung zu zwei oder mehr PCs, sodass Sie sich in dem Fall den Einsatz eines externen Netzwerk-Hubs ersparen können und die PCs direkt über den Router miteinander verbinden.

1 Schalten Sie sicherheitshalber Ihren Rechner aus, und ziehen Sie vorsichtshalber noch das Stromkabel ab. Dann stecken Sie einen Stecker des Netzwerkkabels in die Buchse der Netzwerkkarte des Rechners.

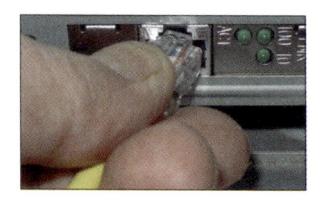

Das andere Ende des Kabels kommt in eine Buchse des Hubs. Da die beiden Enden gleich sind, ist es egal, welches Ende des Kabels Sie verwenden.

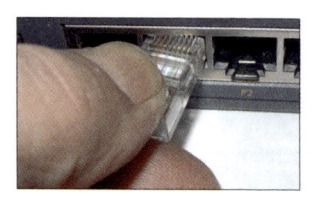

2 Verbinden Sie auf die gleiche Weise alle anderen Rechner ebenfalls mit dem Hub.

> **Die Extrabuchse für einen Router**
>
> Im Prinzip ist es gleichgültig, in welche der vorhandenen Buchsen Sie die Netzwerkkabel einstecken. Mit einer Ausnahme: Wenn eine Buchse extra gekennzeichnet ist, 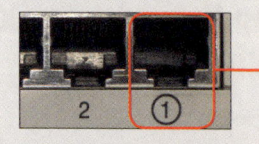
>
> dient sie der Verbindung mit einem **Router** oder einem zweiten Hub. Falls Sie diese Option nutzen oder sich zumindest offenhalten wollen, sollten Sie nur die übrigen Buchsen für die Verbindung zu Computern im Netzwerk verwenden.

3 Nachdem Sie Ihre Rechner mit dem Hub verbunden haben, ist die Installation schon abgeschlossen. Jetzt müssen Sie den Hub nur noch mit Strom ver-

DSL-Router anschließen für schnelles Internet Netzwerk

sorgen und anschalten und danach die Rechner starten. Dass Ihr Hub die Verbindung mit den einzelnen Rechnern aufnimmt, erkennen Sie an den leuchtenden Lämpchen, im Beispiel.

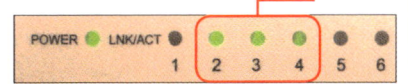

Diese leuchten immer nur dann, wenn der jeweilige Rechner eingeschaltet und verbunden ist.

DSL-Router anschließen für die schnelle Internetverbindung

Wenn Sie eine schnelle Internetverbindung einrichten möchten, erhalten Sie von Ihrem Anbieter einen sogenannten DSL-Router, der einen Breitband-Adapter für den Internetzugang beinhaltet. Daneben bietet er oft auch noch Telefonfunktionen und – wenn es sich um einen WLAN-Router handelt – einen integrierten Zugangspunkt für ein Funknetzwerk.

Normalerweise können Sie sich diese Geräte vom Dienstanbieter entweder vorkonfiguriert anliefern oder vor Ort installieren lassen. Falls Sie die Erstinbetriebnahme lieber selbst erledigen wollen, ist es unbedingt ratsam, sich nach den Gebrauchsanweisungen der jeweiligen Geräte zu richten!

1 In der Regel müssen Sie die DSL-Buchse des Routers mit dem Splitter verbinden, in dem das von außen kommende Telekommunikationskabel endet. Der Splitter (engl. „split" = spalten) teilt die Telefonleitung in eine Datenleitung für das Internet und in die „normale" Telefonleitung auf. Achten Sie darauf, dass der Splitter verschiedene Anschlüsse für Telefon- und Datenleitung hat. Der DSL-Router muss an die DSL-Buchse angeschlossen werden. Wenn der Router zudem über eine integrierte Telefonanlage verfügt, muss die Telefonbuchse

des Splitters außerdem noch mit der Telefonleitung verbunden werden.

185

| **Netzwerk** | **Internetzugang im DSL-Router einrichten**

2 Auf Seiten des DSL-Routers gibt es für die Verbindung von DSL-Leitung und Telefon entweder separate Buchsen

oder - wie bei der „Fritz!Box" - eine Kombibuchse für ein Spezialbabel.

Die Anschlusskabel liegen in der Regel den gelieferten DSL-Routern bei und sind oft farbig markiert oder beschriftet, was den Anschluss erleichtert.

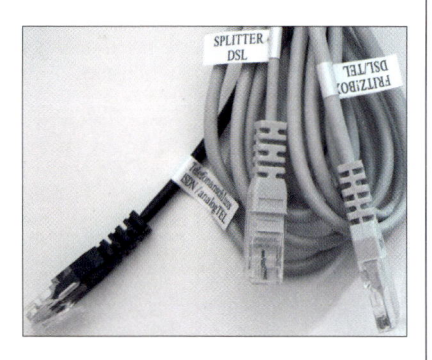

3 Den DSL-Router können Sie mit einem Netzwerkkabel direkt mit dem PC verbinden oder an einen Netzwerk-Hub anschließen. Sobald Sie alles angeschlossen und den Router mit Strom versorgt haben, ist der Rest schnell erledigt.

Internetzugang im DSL-Router einrichten

Als Erstes müssen Sie die Daten, die Sie von Ihrem **Internetdienstanbieter** erhalten haben, im Router eintragen, damit dieser die Verbindung zum Internet auch tatsächlich aufnehmen kann. Als Beispiel dient hier die Bedienoberfläche der Fritz!Box, die Sie - wie auch bei anderen DSL-Routern üblich - bequem über den **Browser** konfigurieren können. Der Ablauf der Erstkonfiguration kann sich je nach Modell des DSL-Routers von dieser Anleitung geringfügig unterscheiden. Grundsätzlich gilt jedoch, dass im Verlauf der Konfiguration stets alle erforderlichen Daten, die Sie von Ihrem Internetanbieter erhalten haben, eingegeben werden müssen - und Sie diese daher bereithalten sollten.

1 Starten Sie Ihr Internetzugangsprogramm, beispielsweise den Internet Explorer, per Klick auf das **Taskleiste**nsymbol.

Tippen Sie dann in das Adressfeld die Adresse des Routers ein, die Sie im entsprechenden Handbuch finden, im Beispiel,

und drücken Sie zur Bestätigung die ⏎-Taste.

Internetzugang im DSL-Router einrichten — Netzwerk

2 Daraufhin wird das Willkommen-Fenster angezeigt, in dem Sie den Zugang zur Ihrer Fritz!Box mit einem **Kennwort** schützen. Tippen Sie ein von Ihnen gewähltes Kennwort identisch in die beiden Felder ● ein, und **klicken** Sie anschließend auf ●.

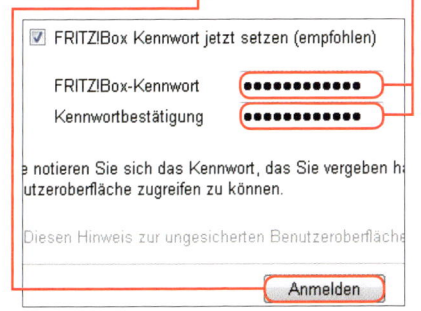

☑ FRITZ!Box Kennwort jetzt setzen (empfohlen)

FRITZ!Box-Kennwort ●●●●●●●●●●●●
Kennwortbestätigung ●●●●●●●●●●●●

e notieren Sie sich das Kennwort, das Sie vergeben ha
utzeroberfläche zugreifen zu können.

Diesen Hinweis zur ungesicherten Benutzeroberfläche

[Anmelden]

3 Starten Sie im nächsten Fenster den Einrichtungsassistenten mit einem Mausklick auf

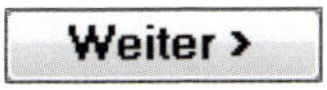

[Weiter >].

Nun öffnen Sie per Klick auf ● eine Liste und wählen darin den Internetanbieter aus, der für Ihren Zugang ins Internet sorgt. Danach klicken Sie erneut auf ●.

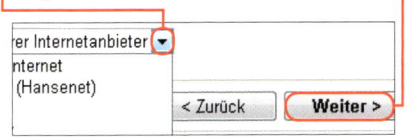

er Internetanbieter ▼
nternet
(Hansenet)
[< Zurück] [**Weiter >**]

4 Als Nächstes müssen Sie die Daten eingeben, die Sie von Ihrem Internetanbieter bekommen haben. Achten Sie auf die korrekte Eingabe, und halten Sie sich exakt an die Vorgaben des Anbie-

ters, da Ihr Internetanschluss ansonsten nicht funktioniert. Das Passwort ●

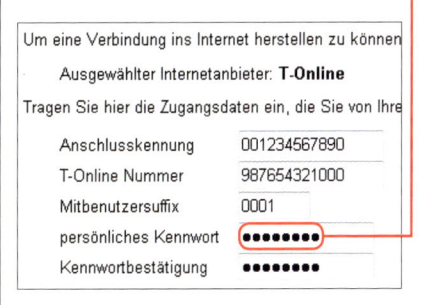

Um eine Verbindung ins Internet herstellen zu können

Ausgewählter Internetanbieter: **T-Online**

Tragen Sie hier die Zugangsdaten ein, die Sie von Ihre

Anschlusskennung   001234567890
T-Online Nummer   987654321000
Mitbenutzersuffix   0001
persönliches Kennwort ●●●●●●●●
Kennwortbestätigung   ●●●●●●●●

wird aus Sicherheitsgründen wieder nur verdeckt angezeigt. Daher müssen Sie es darunter noch einmal eingeben, um sicherzustellen, dass Sie sich auch nicht vertippt haben. Klicken Sie danach ein weiteres Mal auf

[Weiter >].

5 Nun geben Sie den Tarif an, den Sie bei Ihrem Internetanbieter abgeschlossen haben. Bei einer sogenannten Flatrate ● können Sie so lange im Internet bleiben, wie Sie möchten. Wenn Sie diesen Punkt mit einem Mausklick markieren wie in der Abbildung, bleiben Sie bei eingeschalteter Fritz!Box immer mit dem Internet verbunden. Auch beim sogenannten Volumentarif ●

◉ **Flatrate**
FRITZ!Box ist immer mit dem Interr

◯ **Volumentarif**
FRITZ!Box ist immer mit dem Interr

bleibt die Fritz!Box mit dem Internet verbunden, also **online**. Abgerechnet wird

187

Netzwerk Die drahtlose Internetverbindung

aber die Menge der Daten, die Sie bei den Ausflügen ins Internet verbrauchen. Bei einem Zeittarif

○ **Volumentarif**
FRITZ!Box ist immer mit dem Intern

◉ **Zeittarif**
FRITZ!Box ist nur mit dem Internet

wiederum bezahlen Sie die Zeit, die Sie tatsächlich im Internet verbringen. Daher schaltet sich die Fritz!Box nur dann ein, wenn Sie ins Internet gehen, und unterbricht die Verbindung automatisch, sobald Sie einige Minuten nichts mehr im Internet unternehmen. Dies soll sicherstellen, dass keine unnützen Kosten entstehen. Haben Sie Ihren Tarif per Mausklick auf den Eintrag gewählt, klicken Sie wieder auf

[**Weiter >**].

6 Im Fenster, das daraufhin erscheint, werden Ihnen noch einmal alle Ihre Einstellungen angezeigt. Falls Sie noch etwas ändern möchten, kommen Sie per Klick auf

[**< Zurück**]

zur vorherigen Seite zurück. Sind die Einstellungen korrekt, klicken Sie einfach auf

[**Weiter >**].

7 Daraufhin wird Ihre Verbindung zum Internet von der Fritz!Box überprüft.

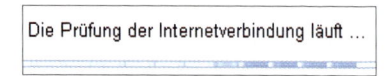

Die Prüfung der Internetverbindung läuft ...

Wenn der Test erfolgreich war, werden Sie darüber informiert.

Die Prüfung der Internetverbindung war erfolgreich.

Nach einem erneuten Klick auf

[**Weiter >**]

brauchen Sie im nächsten Fenster nur noch auf die Schaltfläche

[**Assistent jetzt beenden**]

zu klicken.

Die drahtlose Internetverbindung

Bei den meisten Notebooks und vielen **Desktop**-PCs ist eine drahtlose Funkverbindung bereits eingebaut. Damit können Sie über einen funkfähigen DSL-Router ohne Kabel ins Internet. Sie müssen nur noch sowohl am Router als auch am Laptop die korrekten Einstellungen vornehmen. Mit der Fritz!Box, die hier wieder als Beispiel dient, ist das kein Problem.

Router für drahtlose Verbindung einrichten | Netzwerk

Router für die drahtlose Verbindung einrichten

Es erfordert keine besonderen Fachkenntnisse, um den Router für die drahtlose Funkverbindung einzurichten.

1 Nehmen Sie zunächst wieder Verbindung mit dem Router auf, wie es im vorigen Abschnitt in Schritt 1 gezeigt wurde, geben Sie das Zugangskennwort, das Sie angelegt haben, ins Feld

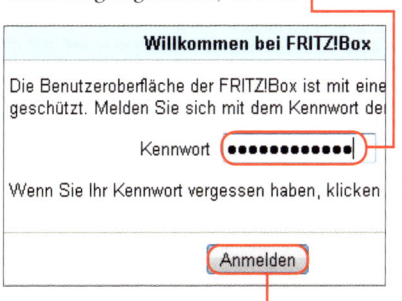

> **Willkommen bei FRITZ!Box**
>
> Die Benutzeroberfläche der FRITZ!Box ist mit eine geschützt. Melden Sie sich mit dem Kennwort de
>
> Kennwort [••••••••••••]
>
> Wenn Sie Ihr Kennwort vergessen haben, klicken
>
> [Anmelden]

ein, und klicken Sie auf. Wenn Sie dann im **Startmenü** der Fritz!Box auf

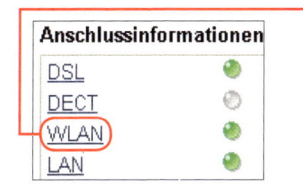

> **Anschlussinformationen**
> DSL 🟢
> DECT ⚪
> WLAN 🟢
> LAN 🟢

klicken, erscheint das Einstellungsfenster für das Funknetz.

2 Hier muss das Kontrollkästchen

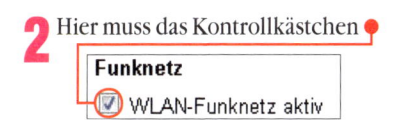

> **Funknetz**
> ☑ WLAN-Funknetz aktiv

markiert sein, also ein Häkchen enthalten. Ist dies nicht der Fall, setzen Sie es mit einem Mausklick in das Feld. Außerdem sollten Sie neben dem Eintrag

> Name des WLAN-Funknetzes (SSID)

ins Feld

> FRITZ!Box Fon WLAN

einen eindeutigen Namen für Ihr Funknetz eingeben, beispielsweise

> Lyrik

Anschließend klicken Sie auf

> [Übernehmen]

> **⚠ Sicherheit im Drahtlosnetzwerk**
>
> Da ein Drahtlosnetzwerk per Funk arbeitet, laufen Sie Gefahr, dass es auch von anderen außerhalb Ihres Hauses missbraucht wird. Aus diesem Grund sollten Sie einen unverfänglichen Namen wählen und Ihr Funknetzwerk mit Netzwerkschlüssel – also einem Passwort für den Zugang – schützen.

3 Jetzt können Sie noch zwei Einstellungen vornehmen. Wenn Sie in der Navigationsspalte des Fensters auf

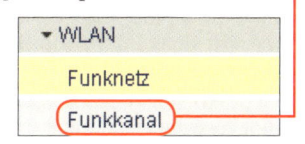

> ▼ WLAN
> Funknetz
> Funkkanal

Netzwerk Router für drahtlose Verbindung einrichten

klicken, lässt sich der Funkkanal ändern, auf dem die Fritz!Box das drahtlose Netzwerk aufbaut. Normalerweise ist die automatische Voreinstellung

Funkkanal-Einstellungen
- ◉ Funkkanal-Einstellungen automatisch setze
- ○ Funkkanal-Einstellungen anpassen
  - WLAN-Standard: 802.11n+g+b
  - Frequenzband: 2,4 GHz
  - Funkkanal: Autokanal

aber absolut ausreichend, sodass Sie nichts daran ändern müssen.

4 Als Nächstes klicken Sie in der Navigationsspalte des Fensters auf

[Sicherheit]

Daraufhin werden Ihnen drei Möglichkeiten angeboten. Die letzte, unverschlüsselte Option sollten Sie auf keinen Fall in Erwägung ziehen. Und auch die WEP-Verschlüsselung bietet keine besonders hohe Sicherheit. Daher ist die WPA-Verschlüsselung als erste und sicherste Variante voreingestellt:

- ◉ WPA-Verschlüsselung
- ○ WEP-Verschlüsselung
- ○ unverschlüsselt

Trotzdem müssen Sie im Handbuch Ihres WLAN-Adapters – also des Funkadapters, mit dem Ihr PC drahtlosen Kontakt zum Router aufnimmt – nachlesen, welche Art von Verschlüsselung Sie überhaupt verwenden können.

5 Für die WPA-Verschlüsselung ist bereits ein WLAN-Netzwerkschlüssel – eine Art Passwortschutz – vorgegeben,

WLAN-Netzwerkschlüssel [2822498749578528]
16 Zeichen eingegeben

den Sie beibehalten können oder durch eine eigene, gleichlange Zeichenkette ersetzen können. Benutzen Sie dabei eine Mischung aus Buchstaben, Zahlen und Sonderzeichen, damit dieses Passwort schwer zu erraten ist. Sie selbst sollten es sich aber gut merken, denn ohne das Passwort kommen auch Sie nicht über das Drahtlosnetzwerk ins Internet. Klicken Sie danach auf

[Übernehmen]

6 Im nächsten Fenster werden Ihnen noch einmal alle Einstellungen inklusive Ihres eingegebenen Passworts angezeigt. Dem Vorschlag, diese Seite per Klick auf

[Diese Seite drucken]

auszudrucken, sollten Sie jedoch *nur* nachkommen, wenn Sie sich sicher sind, dass niemand unberechtigt an diesen Zettel und damit an Ihren Netzwerkschlüssel herankommt. Klicken Sie abschließend auf die Schaltfläche

[Fenster schließen]

7 Nun ist Ihr drahtloses Netzwerk eingerichtet und aktiv. Beenden Sie den Zugriff auf die Konfigurationsseite der

Das drahtlose Netzwerk am PC einrichten Netzwerk

Fritz!Box, indem Sie den Internet Explorer mit einem Mausklick auf

schließen.

Das drahtlose Netzwerk am PC einrichten

Nachdem Sie den Router eingerichtet haben, müssen Sie nun auch noch die entsprechenden Einstellungen an Ihrem PC vornehmen, damit Sie über das drahtlose Netzwerk mit dem Internet verbunden werden können.

1 Sobald der WLAN-Adapter des PCs Signale Ihres drahtlosen Netzwerks empfängt, erscheint in der Taskleiste das Symbol.

Klicken Sie es einfach an, um sich die verfügbaren Drahtlosnetzwerke anzeigen zu lassen.

2 Damit nun eine Verbindung zu einem angezeigten Drahtlosnetzwerk hergestellt wird, klicken Sie auf den Namen des Netzwerks, im Beispiel,

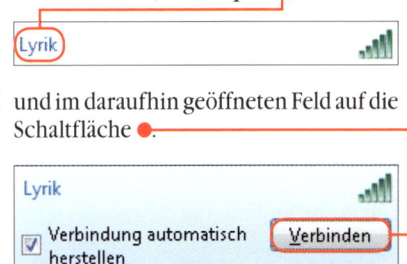

und im daraufhin geöffneten Feld auf die Schaltfläche.

3 Nachdem Windows die Verbindung zu Ihrem Drahtlosnetzwerk hergestellt hat,

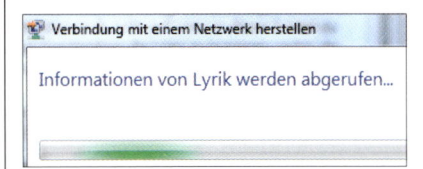

erscheint ein Eingabefenster. Hier tippen Sie den gleichen Netzwerkschlüssel ein, den Sie zuvor (siehe vorige Anleitung, Schritt 5) in Ihrem WLAN-Router eingetragen haben, im Beispiel. Bestätigen Sie anschließend die Eingabe per Klick auf.

191

Netzwerk **Heimnetzwerk auf einem PC einrichten**

4 Sofort nimmt Ihr Rechner die Verbindung mit dem Drahtlosnetzwerk auf.

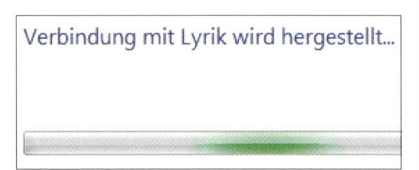

Verbindung mit Lyrik wird hergestellt...

Sobald die Verbindung hergestellt ist, erscheint im Infobereich der Taskleiste das Symbol.

12:48
21.07.2010

5 Sie können die Verbindung zum drahtlosen Netzwerk selbstverständlich auch wieder trennen. Klicken Sie dazu einfach auf das Symbol,

im geöffneten Fenster dann auf den Namen Ihres Drahtlosnetzwerks und danach nur noch auf.

Verbunden
Trennen

Ein Heimnetzwerk auf einem PC einrichten

Ein Netzwerk besteht immer aus mindestens zwei Rechnern, die miteinander verbunden sind. Um diese Verbindung zu vereinfachen und Ihnen einen möglichst hohen Nutzwert zu bieten, stellt Windows 7 auch die Funktion des Heimnetzwerks zur Verfügung. Um Rechner im Heimnetzwerk zu verbinden, müssen Sie das Heimnetzwerk zunächst auf einem Rechner einrichten. Nachdem Sie das Heimnetzwerk konfiguriert haben, können Sie weitere Rechner in dieses Netzwerk aufnehmen. Wie der Beitritt weiterer Windows-7-PCs funktioniert, wird Ihnen dann im nächsten Abschnitt ab Seite 194 geschildert.

1 Um ein Heimnetzwerk einzurichten, klicken Sie als Erstes auf das Startsymbol

,

dann im aufklappenden Startmenü auf den Eintrag

Systemsteuerung

und schließlich in der geöffneten **Systemsteuerung** auf.

Netzwerk und Internet
Netzwerkstatus und -aufgaben anzeigen
Heimnetzgruppen- und Freigabeoptionen auswählen

Im Folgenden gibt es zwei Optionen, die in den Schritten 2 und 3 beschrieben werden.

Heimnetzwerk auf einem PC einrichten Netzwerk

2 Sofern Sie, wie in Kapitel 2 auf Seite 64 gezeigt, den PC schon während der Installation für das Heimnetzwerk vorbereitet haben, erscheint das Fenster.

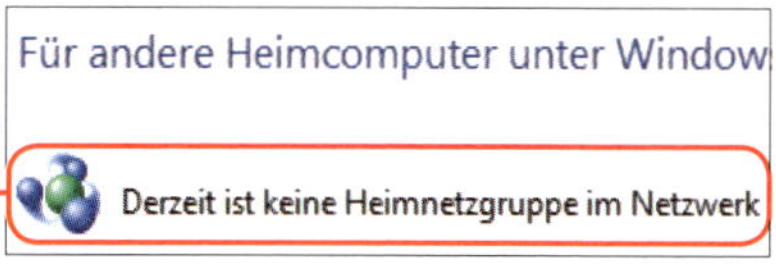

Für andere Heimcomputer unter Window

Derzeit ist keine Heimnetzgruppe im Netzwerk

Klicken Sie hier einfach auf die Schaltfläche

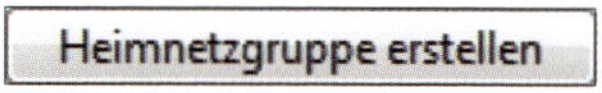

Heimnetzgruppe erstellen.

In diesem Fall können Sie den nächsten Schritt überspringen.

3 Wenn Sie allerdings den Hinweis erhalten, dass keine Verbindung mit einem Heimnetzwerk hergestellt werden kann und die Netzwerkadresse zunächst auf „Privat" festgelegt werden muss, klicken Sie auf

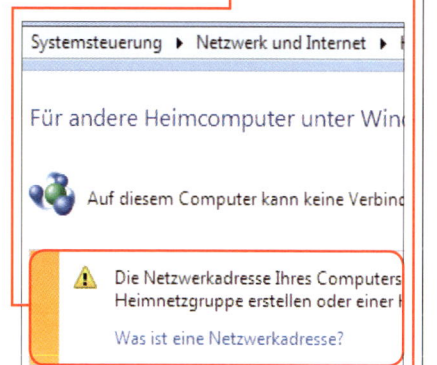

Systemsteuerung ▶ Netzwerk und Internet ▶

Für andere Heimcomputer unter Wind

Auf diesem Computer kann keine Verbind

⚠ Die Netzwerkadresse Ihres Computers
Heimnetzgruppe erstellen oder einer

Was ist eine Netzwerkadresse?

und im nachfolgenden Fenster auf.

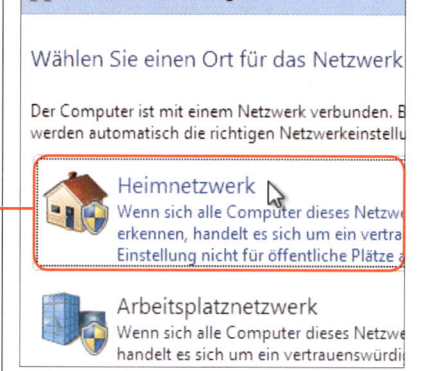

Netzwerkadresse festlegen

Wählen Sie einen Ort für das Netzwerk

Der Computer ist mit einem Netzwerk verbunden. B werden automatisch die richtigen Netzwerkeinstellu

Heimnetzwerk
Wenn sich alle Computer dieses Netzw erkennen, handelt es sich um ein vertra Einstellung nicht für öffentliche Plätze

Arbeitsplatznetzwerk
Wenn sich alle Computer dieses Netzwe handelt es sich um ein vertrauenswürdi

Windows 7 nimmt nun automatisch die erforderliche Konfiguration vor.

4 Als Nächstes entscheiden Sie, welche Bibliotheken Sie im Heimnetzwerk freigeben möchten. Das bedeutet: Jeder Rechner innerhalb des Verbundes kann dann auf diese Bibliotheken zugreifen. Falls Sie also beispielsweise sehr private Fotos auf Ihrem Rechner gespeichert haben, sollten Sie diese natürlich *nicht* freigeben und per Mausklick den Haken aus dem entsprechenden Auswahlkästchen entfernen. Analog dazu können Sie auch Bibliotheken, die noch nicht freigegeben wurden, per Mausklick mit einem Haken versehen und somit im Heimnetzwerk freigeben.

Freizugebende Objekte auswählen:

☑ Bilder   ☑ Dokumente

☑ Musik   ☑ Drucker

☑ Videos

193

Netzwerk Einem Heimnetzwerk beitreten

Übrigens: Auch später können Sie in diesem Fenster immer noch zusätzliche **Ordner** oder Bibliotheken freigeben oder die Freigabe aufheben. Nachdem Sie Ihre Freigabeentscheidung getroffen haben, klicken Sie auf

> Weiter

5 Windows zeigt Ihnen daraufhin ein Kennwort an, im Beispiel ●. Dieses Kennwort benötigen Sie, wenn Sie später weitere Rechner mit Ihrem Heimnetzwerk verbinden möchten. Mit einem Mausklick auf ●

Notieren Sie dieses Kennwort:

8VB7FF7Uq3

Kennwort und Anweisungen drucken

können Sie es auszudrucken, sollten es aber – wie alle Kennwörter – sicher verwahren.

Schließen Sie die Einrichtung des Heimnetzwerks auf dem ersten Rechner ab, indem Sie einfach auf die Schaltfläche

> Fertig stellen

klicken.

6 Die Heimnetzverwaltung, die jetzt wieder sichtbar wird, können Sie sich künftig jederzeit durch Wiederholung von Schritt 1 anzeigen lassen. Daher ist es auch jederzeit möglich, Änderungen an den Freigaben vorzunehmen: ●

Dieser Computer gehört zu einer Heimnetzgr...

Bibliotheken und Drucker freigeben
- ☑ Bilder   ☑ Musik
- ☐ Dokumente ☑ Drucker

Wie können zusätzliche Bibliotheken freigegeben
Wie werden Dateien und Ordner ausgeschlossen?

Medien für Geräte freigeben
- ☑ Eigene Bilder, Musik und Videos an alle Geräte

Einem Heimnetzwerk beitreten

Nun nehmen Sie sich den nächsten PC vor, der Teil Ihres Netzwerks werden soll. Voraussetzung ist, dass auch dieser PC Windows 7 installiert hat und der erste Rechner, auf dem das Heimnetzwerk bereits eingerichtet ist, währenddessen in Betrieb ist, da das Netzwerk sonst nicht erkannt wird!

1 Wiederholen Sie zunächst Schritt 1 der vorigen Anleitung. Sie befinden sich dann im Bereich ●

> Systemsteuerung ▸ Netzwerk und Internet ▸ Heimnetzgruppe

der Systemsteuerung. Wenn der Rechner, den Sie jetzt ins Heimnetzwerk aufnehmen möchten, bereits bei der In-

Einem Heimnetzwerk beitreten | Netzwerk

stallation von Windows 7 für ein Heimnetzwerk vorbereitet wurde (siehe Seite 64), erkennt Windows 7 das bereits eingerichtete Heimnetzwerk automatisch, hier ●,

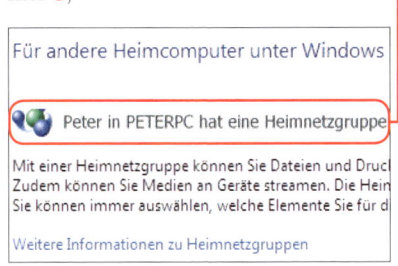

> Für andere Heimcomputer unter Windows
>
> 🌐 Peter in PETERPC hat eine Heimnetzgruppe
>
> Mit einer Heimnetzgruppe können Sie Dateien und Druc
> Zudem können Sie Medien an Geräte streamen. Die Hein
> Sie können immer auswählen, welche Elemente Sie für d
>
> Weitere Informationen zu Heimnetzgruppen

sodass Sie den nächsten Schritt überspringen können.

2 Sollte diese automatische Erkennung nicht erfolgen, da der PC noch nicht für ein Heimnetzwerk vorbereitet wurde, erscheint wieder die Meldung ●,

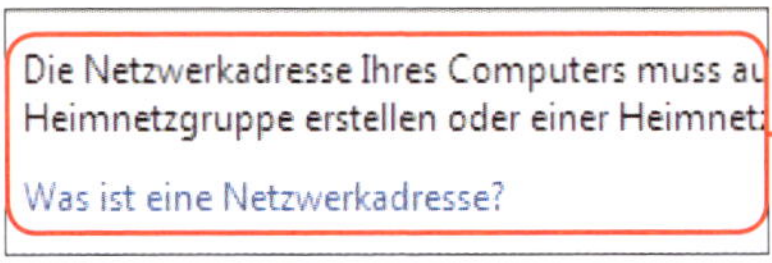

> Die Netzwerkadresse Ihres Computers muss au
> Heimnetzgruppe erstellen oder einer Heimnetz
>
> Was ist eine Netzwerkadresse?

Wiederholen Sie in dem Fall auf dem zweiten Rechner Schritt 3 der vorherigen Anleitung. Erscheint das Fenster ●, klicken Sie einfach auf ●.

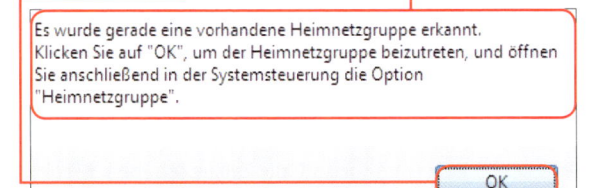

> Es wurde gerade eine vorhandene Heimnetzgruppe erkannt.
> Klicken Sie auf "OK", um der Heimnetzgruppe beizutreten, und öffnen
> Sie anschließend in der Systemsteuerung die Option
> "Heimnetzgruppe".
>
>   OK

3 Wenn Sie im Freigabefenster für das Heimnetzwerk auf die Schaltfläche

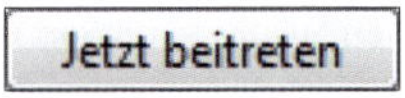

> Jetzt beitreten

klicken, erscheint wieder das Auswahlfenster ●.

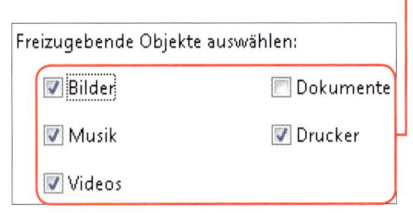

> Freizugebende Objekte auswählen:
>
> ☑ Bilder   ☐ Dokumente
> ☑ Musik   ☑ Drucker
> ☑ Videos

Entscheiden Sie auch hier, welche Bibliotheken Sie freigeben möchten, indem Sie die gewünschten Objektarten markieren. Diese Einstellungen dürfen sich durchaus zwischen den einzelnen Rechnern unterscheiden. Während Sie also auf dem ersten Rechner beispielsweise Ihre Dokumente freigegeben haben, können Sie den Zugriff darauf auf diesem PC problemlos verweigern. Bestätigen Sie die Freigaben mit einem Klick auf

> Weiter

4 Im Folgenden benötigen Sie das Kennwort, mit dem der Zugriff auf das Heimnetzwerk geschützt ist (siehe Schritt 5 im vorigen Abschnitt). Tippen Sie es exakt so ein, wie es auf dem ersten Rechner als Heimnetzwerk-Kennwort vorgegeben war (also

Netzwerk | **Auf freigegebene Bibliotheken zugreifen**

inklusive der korrekten Groß- und Kleinschreibung), im Beispiel ●.

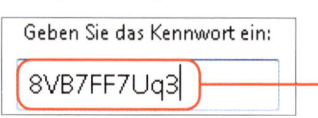

> Geben Sie das Kennwort ein:
>
> 8VB7FF7Uq3

Anschließend folgt wieder ein Mausklick auf

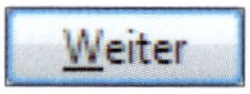

> Weiter

.

5 Sobald Ihnen in einem Hinweisfenster mitgeteilt wird, dass Sie „der Heimnetzgruppe beigetreten" sind ●,

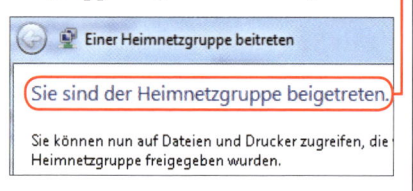

> Einer Heimnetzgruppe beitreten
>
> Sie sind der Heimnetzgruppe beigetreten.
>
> Sie können nun auf Dateien und Drucker zugreifen, die Heimnetzgruppe freigegeben wurden.

brauchen Sie diese Erfolgsmeldung nur noch mit einem Klick auf

> Fertig stellen

zur Kenntnis zu nehmen.

6 Im Verwaltungsfenster, das sich daraufhin öffnet, können Sie bei Bedarf noch einmal ändern, welche Bibliotheken im Netzwerk (also für alle angeschlossenen Rechner) freigegeben werden sollen. Falls Sie von der jeweiligen Vorgabe, etwa ●,

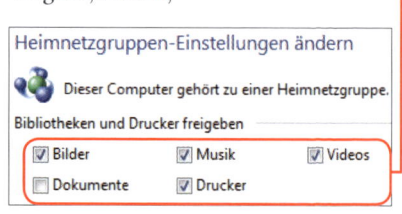

> Heimnetzgruppen-Einstellungen ändern
>
> Dieser Computer gehört zu einer Heimnetzgruppe.
>
> Bibliotheken und Drucker freigeben
>
> ☑ Bilder ☑ Musik ☑ Videos
> ☐ Dokumente ☑ Drucker

abweichen, müssen Sie zur Bestätigung Ihrer Änderungen noch auf

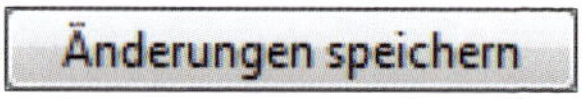

> Änderungen speichern

klicken. Ansonsten können Sie das Fenster einfach schließen.

> **❗ Heimnetzwerk wieder verlassen**
>
> Wenn Sie einen Rechner aus dem Rechnerverbund entfernen möchten, wiederholen Sie Schritt 1 auf Seite 192 und klicken dann im Verwaltungsfenster einfach auf den Befehl ●.
>
> Weitere Heimnetzgruppen-Aktionen
> Kennwort für die Heimnetzgruppe anzeig
> Kennwort ändern...
> Heimnetzgruppe verlassen...

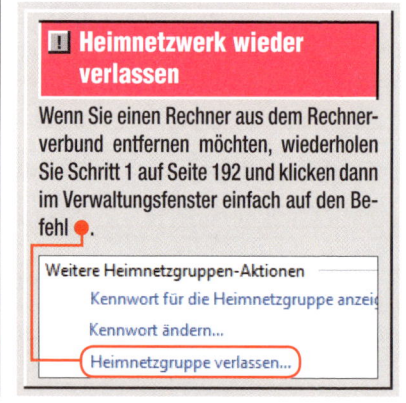

Auf freigegebene Bibliotheken zugreifen

Nachdem Sie zwei Rechner zu einem Heimnetzwerk verbunden haben, können Sie auf die freigegebenen Bibliotheken zugreifen, also beispielsweise

Auf freigegebene Bibliotheken zugreifen — Netzwerk

auf Dokumente, Bilder, Videos und Musik. Für den Zugriff auf die freigegebenen Bibliotheken müssen beide Rechner angeschaltet sein.

1 Um auf eine Bibliothek eines anderen Rechners Ihres Heimnetzes zugreifen zu können, klicken Sie als Erstes auf

und danach auf

Computer.

Daraufhin öffnet sich der Windows-Explorer.

2 In der Navigationsspalte finden Sie nun auch Ihr Heimnetzwerk. Wenn Sie diesen Eintrag

anklicken, werden die anderen Rechner des Netzwerks angezeigt, im Beispiel also.

3 Nach einem **Doppelklick** auf diesen Namen bekommen Sie die freigegebenen Bibliotheken auf diesem Rechner zu sehen.

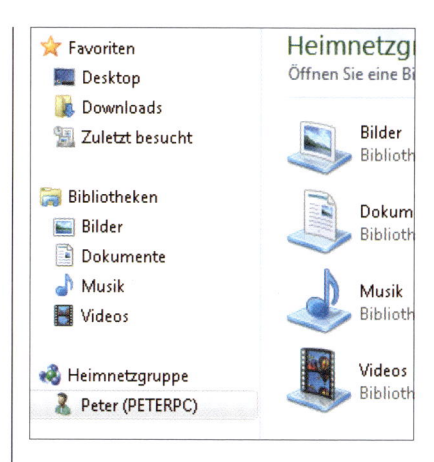

4 Die Navigation auf dem anderen Rechner erfolgt also ganz genauso wie auf dem, den Sie gerade benutzen. Und Sie können auf alle Dateien in den freigegebenen Ordnern zugreifen. Klicken Sie also beispielsweise doppelt auf die Bibliothek „Dokumente", wird deren Inhalt sichtbar. Und wenn Sie dann doppelt auf eine Textdatei klicken, etwa,

startet Ihr Textverarbeitungsprogramm, und Sie können den Brief lesen, obwohl er auf einem anderen Rechner gespeichert ist!

197

Netzwerk Auf freigegebene Bibliotheken zugreifen

5 Änderungen können Sie auf dem anderen PC allerdings nur dann speichern, wenn Sie die erforderliche Berechtigung dazu haben (siehe Kasten). Allerdings ist es möglich, den geöffneten Brief auf dem Rechner zu speichern, an dem Sie gerade sitzen. Und Sie können Dateien auch auf den Rechner kopieren, mit dem Sie gerade arbeiten. Klicken Sie also beispielsweise auf die Datei ●, halten Sie die Maustaste gedrückt, und führen Sie mit weiterhin gedrückter Maustaste eine Ziehbewegung über den Ordner „Eigene Dokumente" ●

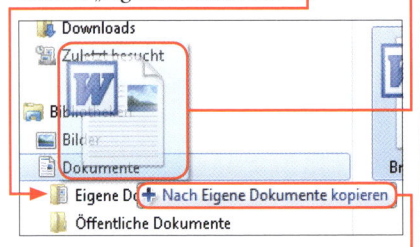

aus. Sobald die Meldung ● erscheint, lassen Sie die Maustaste los.

⚠ Zugriffsberechtigungen im Heimnetzwerk ändern

Während der Zugriff auf Dateien, die in freigegebenen Bibliotheken gespeichert sind, im Heimnetzwerk sehr einfach geht, brauchen Sie eine spezielle Zugangsberechtigung, um in einer fremden Bibliothek auch Dateien zu speichern. So richten Sie solch eine Berechtigung ein:
Öffnen Sie auf dem Rechner, auf dem Sie Dateien von einem anderen PC aus speichern möchten, die gewünschte Bibliothek (hier „Dokumente" ●), und klicken Sie dann auf ●.

Im Menü können Sie die Zugriffsberechtigungen per Mausklick verändern. Damit von einem anderen PC des Heimnetzes aus in diesem Bibliotheksordner auch gespeichert werden kann, klicken Sie auf ●.

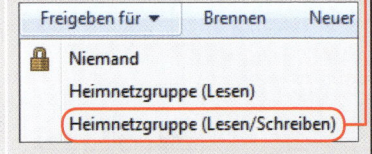

Ebenso einfach können Sie erteilte Berechtigungen in dem Menü auch wieder entziehen. Übrigens lässt sich über das Freigabe-Menü auch bei Ordnern, die nicht zu einer Bibliothek gehören, eine Freigabe einrichten und später gegebenenfalls wieder sperren.

Drucker gemeinsam nutzen

Wenn Sie ein Heimnetzwerk eingerichtet haben, brauchen Sie nicht für jeden PC einen eigenen Drucker. Es reicht, wenn auf einem PC des Heimnetzwerks ein Drucker freigegeben wird. Dann können Sie von allen Rechnern aus gemeinsam darauf zugreifen.

1 Damit ein Drucker von allen anderen Computern im Netzwerk gemeinsam verwendet werden kann, müssen Sie den Drucker zur Verwendung freigeben. Diese Freigabe erfolgt an dem Rechner, an den der Drucker angeschlossen ist. Sofern noch nicht geschehen, schließen Sie den Drucker also an einen beliebigen Rechner des Netzwerks an (siehe Seite 120).

2 Denken Sie bei der Druckerinstallation daran, dass Sie die Druckerfreigabe einschalten müssen (siehe Seite 193). Falls Sie einen Drucker nachträglich freigeben wollen, klicken Sie als Erstes auf

und dann auf

Geräte und Drucker.

3 Im Verwaltungsfenster für Geräte und Drucker klicken Sie mit der *rechten* Maustaste auf den Drucker, den Sie freigeben möchten, etwa ●, und im **Kontextmenü** auf den Eintrag ●.

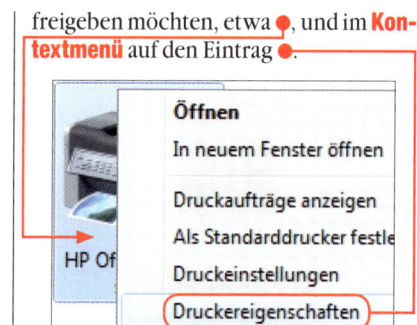

4 Im Dialogfenster, das daraufhin erscheint, holen Sie per Klick auf den **Registerreiter** ● das entsprechende Fenster in den Bildschirmvordergrund und setzen dort mit einem Mausklick in das Kontrollkästchen ●

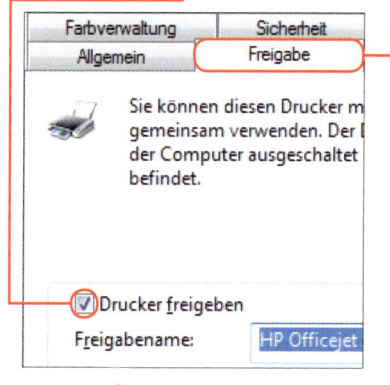

ein Häkchen wie in der Abbildung. Nun brauchen Sie die Freigabe nur noch mit

OK

Netzwerk — Drucker gemeinsam nutzen

zu bestätigen, und dann können Sie den Drucker im Heimnetzwerk freigeben.

5 Wenn diese Voraussetzung erfüllt ist und der Netzwerkdrucker für die gemeinsame Nutzung vorbereitet wurde, klicken Sie auf

danach auf

Systemsteuerung

und schließlich auf

Netzwerk und Internet
Netzwerkstatus und -aufgaben anzeigen
Heimnetzgruppen- und Freigabeoptionen auswählen

6 Kontrollieren Sie, ob im Verwaltungsfenster für das Heimnetzwerk der Drucker für die Benutzer Ihres Netzwerks freigegeben ist:

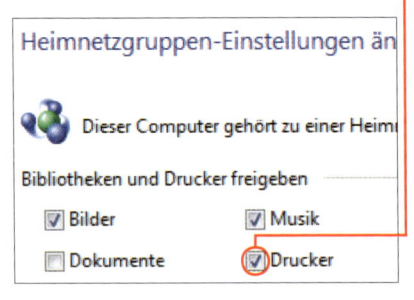

Heimnetzgruppen-Einstellungen än

Dieser Computer gehört zu einer Heim

Bibliotheken und Drucker freigeben

- ☑ Bilder
- ☑ Musik
- ☐ Dokumente
- ☑ Drucker

Sollte dies noch nicht der Fall sein, setzen Sie mit einem Mausklick einen Haken in das Kästchen und klicken zur Bestätigung auf die Schaltfläche

Änderungen speichern.

7 Damit der Drucker auch auf den anderen Rechnern innerhalb des Heimnetzwerks zur Verfügung steht, muss er auf den anderen Heimnetzwerk-PCs noch eingerichtet werden. Hierfür klicken Sie auf dem Rechner, mit dem Sie auf den freigegebenen Drucker zugreifen möchten, auf das Startsymbol

und anschließend auf

Geräte und Drucker.

8 Im Geräteverwaltungsfenster, das daraufhin erscheint, folgt ein Mausklick auf den Befehl

« Hardware und Sound ›

Gerät hinzufügen | **Drucker hinzufügen**

▲ Drucker und Faxgeräte (2)

Fax | Microsoft XPS Document Writer

Drucker gemeinsam nutzen | Netzwerk

9 Wenn Sie im nachfolgenden Fenster auf den Eintrag

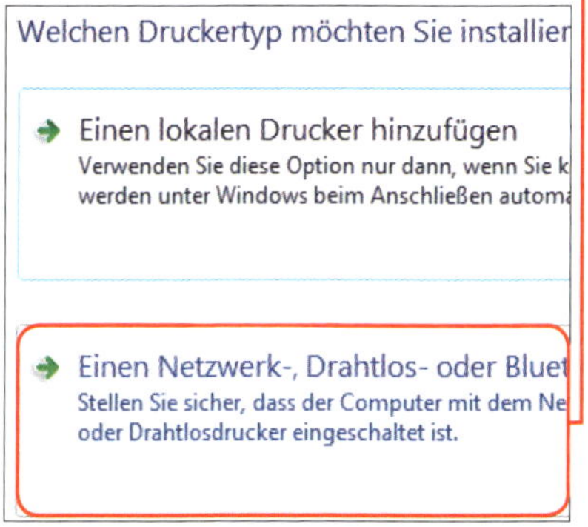

> Welchen Druckertyp möchten Sie installier
>
> → Einen lokalen Drucker hinzufügen
> Verwenden Sie diese Option nur dann, wenn Sie k
> werden unter Windows beim Anschließen automa
>
> → Einen Netzwerk-, Drahtlos- oder Bluet
> Stellen Sie sicher, dass der Computer mit dem Ne
> oder Drahtlosdrucker eingeschaltet ist.

klicken, zeigt Ihnen Windows 7 alle Drucker an, die im Netzwerk freigegeben sind. Markieren Sie den Drucker, den Sie einrichten wollen, hier

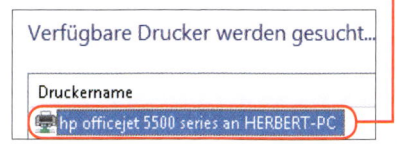

> Verfügbare Drucker werden gesucht...
>
> Druckername
> hp officejet 5500 series an HERBERT-PC

und klicken Sie danach auf

[Weiter]

10 Den Druckernamen können Sie beibehalten oder überschreiben.

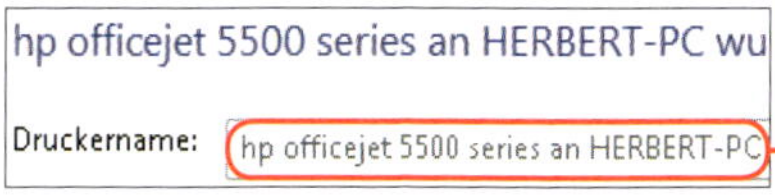

> hp officejet 5500 series an HERBERT-PC wu
>
> Druckername: hp officejet 5500 series an HERBERT-PC

Um fortzufahren, klicken Sie noch einmal auf

[Weiter].

Mit einem Mausklick auf

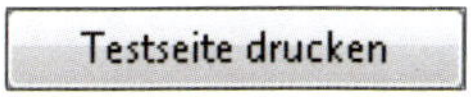

[Testseite drucken]

können Sie gleich testen, ob die Verbindung zum Drucker funktioniert. Um die Einrichtung dann abzuschließen, genügt ein Klick auf

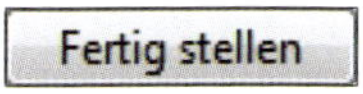

[Fertig stellen].

11 Von nun an erscheint der Netzwerkdrucker des anderen Rechners im Verwaltungsfenster für Drucker und Geräte:

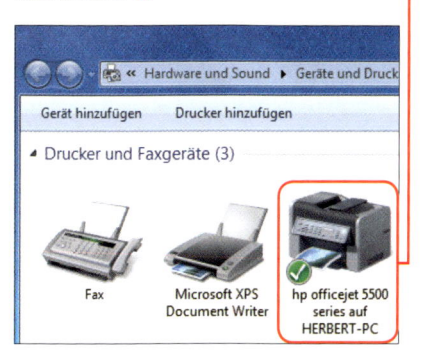

> « Hardware und Sound ▸ Geräte und Druck
>
> Gerät hinzufügen   Drucker hinzufügen
>
> ▲ Drucker und Faxgeräte (3)
>
> Fax   Microsoft XPS Document Writer   hp officejet 5500 series auf HERBERT-PC

Sie können ihn jetzt genauso verwenden, als wäre er an dem eigenen Rechner direkt angeschlossen.

201

Internet

8 Mit dem Computer ins Internet

Über das **Internet** können Sie auf eine riesige Auswahl an Informationen, Musik, Filmen, Programmen und Spielen zugreifen. Windows 7 stellt Ihnen mit dem Internet Explorer das notwendige Zugriffsprogramm von Haus aus zur Verfügung. Allerdings gibt es auch hervorragende Alternativen, mit denen sich Ausflüge in das weltweite Datennetz unternehmen lassen. Diese Programme sind meist kostenlos erhältlich wie zum Beispiel der „Firefox" von Mozilla. Welchen **Browser** Sie benutzen, ist natürlich Geschmackssache. Da der Internet Explorer jedoch automatisch mit dem **Betriebsprogramm** mitinstalliert wird und Sie Ihre ersten Ausflüge ins Internet vermutlich mit ihm machen werden, dient er in diesem Kapitel als Beispiel.

Im achten Kapitel dieses Buches erfahren Sie,
- wie Sie Alternativen zum Internet Explorer installieren,
- wie Sie mit dem Internet Explorer ins Internet starten und gezielt suchen,
- wie Sie sich Internetseiten merken, übertragen und ausdrucken
- und wie Sie Bilder, Musik und Programme aus dem Internet überspielen.

Kapitel-Wegweiser

Ein Internetzugangsprogramm einrichten 203
   Verschiede Browser zur Wahl 203
   Der erste Start des Internet Explorers 205
Surfen mit dem Internet Explorer.. 206
   Mehrere Internetseiten in einem Fenster 209
Informationen finden mit Suchmaschinen 211
   Mit Vorsicht ins Internet 213
   Die Suchmaschine des Internet Explorers und Alternativen 214
   Die Suche mit MetaGer 217
   Den Zugriff auf MetaGer beschleunigen 218

   Neue Nachrichten suchen und schnell finden 220
Internetseiten schneller öffnen 222
   Bereits besuchte Seiten wieder aufrufen 222
   Internetadressen speichern 223
Bilder, Texte und Programme aus dem Internet 225
   Bilder aus dem Internet 225
   Kostenlose Musik aus dem Internet 227
   Programme suchen und speichern 229
Internetseiten und Texte speichern und drucken 231
   Internetseiten speichern 231
   Internetseiten drucken 233

Ein Internetzugangsprogramm einrichten

Um sich im Internet zu bewegen, brauchen Sie eine Verbindung und ein Programm, das Ihnen die Inhalte anzeigt. Was den Zugriff betrifft, so hat sich der schnelle Internetzugang per **DSL** (Abkürzung für „**D**igital **S**ubscriber **L**ine"), quasi als Internet aus der Telefondose, zum Standard entwickelt. Wie Sie Ihren Rechner mit einem DSL-Router verbinden und wie Sie den Router konfigurieren, haben Sie im Kapitel 7 dieses Buches erfahren. Doch der Anschluss ans Internet ist nicht alles. Zusätzlich brauchen Sie noch ein Programm, das die Daten, die Sie aus dem Internet empfangen, möglichst attraktiv und komfortabel sichtbar macht. Hier gibt es eine hohe Bandbreite verschiedener Anwendungen, von denen der Internet Explorer, der zu Windows 7 gehört und im Folgenden als Beispiel dient, nur *eine* Option darstellt.

Verschiedene Browser zur Wahl

Damit Sie sich frei entscheiden können, hat Microsoft sich entschlossen, auch andere Internetzugangsprogramme beziehungsweise Browser vorzustellen. Sobald sich bei Ihnen das Fenster

Eine wichtige Wahl: Ihr Browser

öffnet, haben Sie die Möglichkeit, rasch eine Alternative zum Internet Explorer zu installieren.

1 Um in den Genuss der Browser-Wahl zu kommen, müssen Sie mit dem Internet verbunden sein. Bestätigen Sie dies mit einem Mausklick auf

Bevor Sie den Vorgang fortsetzen
OK

2 Daraufhin erscheint ein Auswahlfenster, das die fünf bekanntesten Browser vorstellt. Wenn Sie das Feld

auf der Bildlaufleiste anklicken, die Maustaste gedrückt halten und dann mit weiterhin gedrückter Maustaste nach rechts ziehen, tauchen noch mehr Alternativen auf. Suchen Sie sich einfach einen der Browser aus. Sollte es Ihnen schwerfallen, sich zu entscheiden, können Sie sich übrigens bei jedem der Browser per Klick auf

Weitere Informationen

Internet | **Verschiedene Browser zur Wahl**

noch auf der Internetseite des Herstellers informieren. Um einen der gelisteten Browser zu installieren, **klicken** Sie unter seinem Eintrag auf

[Installieren].

3 Anschließend wird die Sicherheitswarnung des Dateidownloads angezeigt. Klicken Sie in dem entsprechenden Fenster auf

[Ausführen],

um das Programm herunterzuladen.

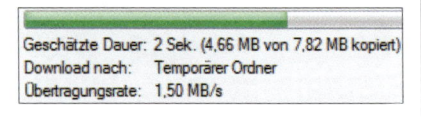

```
Geschätzte Dauer: 2 Sek. (4,66 MB von 7,82 MB kopiert)
Download nach:    Temporärer Ordner
Übertragungsrate: 1,50 MB/s
```

Nach dem **Download** müssen Sie ein weiteres Mal auf

[Ausführen]

klicken, um die Installation zu starten. Bestätigen Sie die Sicherheitsabfrage mit

[Ja].

4 Nun wird der Installations-**Assistent** des gewählten Browsers gestartet, der Sie durch die Einrichtung des Programms führt. Je nach Hersteller genügt es, die folgenden Abfragen mit einem Klick auf

[Weiter >]

zu bestätigen, die Lizenzvereinbarung per Mausklick auf

[Annehmen]

zu akzeptieren und gegebenenfalls noch einmal den Startbefehl zur Installation mit

[Installieren]

zu geben, bis am Ende mit

[Fertig stellen]

die Einrichtung abgeschlossen wird. Je nach Browser können diese Befehle selbstverständlich variieren oder in Englisch erscheinen.

5 Zudem gibt es beim ersten Start des neuen Browsers oft die Möglichkeit, Einstellungen und Daten (wie Favoriten oder Lesezeichen) bereits benutzter Internetanzeigeprogramme zu übernehmen und andere Konfigurationsabfragen zu bestätigen – bis sich dann der ausgewählte Browser öffnet, beispielsweise der ●.

Der erste Start des Internet Explorers

Im Folgenden wird davon ausgegangen, dass Sie den Internet Explorer als Browser einsetzen möchten und ihn das erste Mal starten.

1 Wenn Sie sich dafür entscheiden, den Internet Explorer als Browser zu verwenden, gibt es zum Starten zwei Möglichkeiten: Entweder Sie klicken in der **Taskleiste** auf sein Symbol, oder Sie öffnen per Klick auf

das **Startmenü** und klicken darin erst auf

> ▶ Alle Programme

und dann im aufklappenden Programmmenü auf den Eintrag

> 🅮 Internet Explorer

2 Beim ersten Start erwartet der Internet Explorer, dass Sie ein paar Grundeinstellungen vornehmen. Klicken Sie im ersten Fenster einfach auf die Schaltfläche

> Weiter

Wenn Sie darauf verzichten möchten, dass Angaben über Ihr Surfverhalten an Microsoft übertragen werden, markieren Sie im nächsten Fenster die entsprechende Option

> Möchten Sie auf Websites hingewiesen wer
> interessieren könnten (basierend auf den v
> Websites)?
> ○ Ja, "Vorgeschlagene Sites" aktivieren
> ◉ Nein, nicht aktivieren

mit einem Mausklick, bevor Sie erneut auf

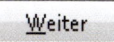

> Weiter

klicken.

3 Als Nächstes können Sie festlegen, dass Sie im Folgenden alle Einstellungen separat konfigurieren möchten. Setzen Sie dazu per Klick einen Punkt in den unteren Kreis. Falls Sie die Einstellungen lieber später ändern wollen, nachdem Sie die verschiedenen Details des Internet Explorers kennengelernt haben, markieren Sie die erste Option

> Bevor Sie beginnen, möchten Sie:
> ◉ Expresseinstellungen verwenden
>   Suchanbieter: Bing
>   Updates für die Suche: Anbieterupdates herunterlad
>   Schnellinfos: Mit Windows Live bloggen, Mit Windo
>   versenden, Mit Bing übersetzen
>   Kompatibilitätsansicht: Updates verwenden
> ○ Benutzerdefinierte Einstellungen auswäl
>   Prüfen und ändern Sie jede Einstellung einzeln.

und bestätigen Ihre Entscheidung mit

> Fertig stellen

4 Wenn die Frage erscheint, ob Sie die Funktion „AutoVervollständigen" aktivieren möchten, so sollten Sie sich

205

Internet Surfen mit dem Internet Explorer

überlegen, wer an Ihrem PC Zugriff auf Ihr **Benutzerkonto** hat. Denn die genannte Funktion ist zwar ausgesprochen komfortabel und vereinfacht oft die wiederholte Eingabe wiederkehrender Informationen in Internetformulare (beispielsweise die Angabe Ihrer Adresse). Doch gibt sie anderen Benutzern im Zweifelsfall auch Auskunft darüber, was Sie beim Surfen im Internet in die verschiedensten Felder eingetragen haben.

Nur wenn Sie keine Bedenken haben und die Komfortfunktion nutzen möchten, klicken Sie auf ●.

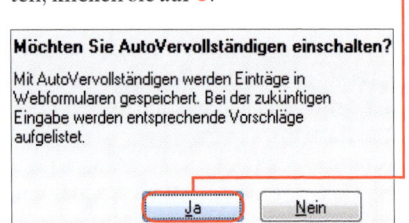

Möchten Sie AutoVervollständigen einschalten?

Mit AutoVervollständigen werden Einträge in Webformularen gespeichert. Bei der zukünftigen Eingabe werden entsprechende Vorschläge aufgelistet.

Ja   Nein

Surfen mit dem Internet Explorer

Nachdem Sie den Internet Explorer eingerichtet oder einen anderen Browser, wie weiter oben beschrieben, installiert haben, können Sie zum Ausflug ins Internet starten.

1 Sollte der Internet Explorer noch nicht gestartet sein, klicken Sie in der Taskleiste auf

oder starten ihn über das Startmenü, wie in Schritt 1 der vorigen Anleitung gezeigt. Daraufhin verbindet sich der Internet Explorer automatisch mit dem Internet und öffnet die voreingestellte Startseite, im Beispiel ●.

2 Um eine andere Internetseite aufzurufen, müssen Sie die Adresse der Seite in das dafür vorgesehene Textfeld ●

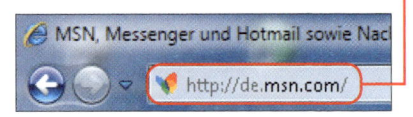

MSN, Messenger und Hotmail sowie Nacl

http://de.msn.com/

eintippen. Möchten Sie zum Beispiel zur

Surfen mit dem Internet Explorer | Internet

🛈 Startseite selbst festlegen

Wenn Sie die Seite, die der Internet Explorer als Erstes anzeigt, selbst festlegen möchten, brauchen Sie nur wenige Mausklicks auszuführen. Wechseln Sie zunächst zur gewünschten Seite, im Beispiel zu **www.computerbild.de**. Klicken Sie dann in der **Menüleiste** des Internet Explorers auf

> Extras ▼

und im geöffneten Menü auf

> 🔧 Internetoptionen

Im nächsten Fenster folgt ein Klick auf

> Aktuelle Seite

Daraufhin erscheint im Fenster darüber die Adresse der eingestellten Startseite.

> Startseite
> Geben Sie pro Zeile eine Adresse an, Startseiten-Registerkarten zu erstelle
> http://www.computerbild.de/

Zur Bestätigung genügt ein Mausklick auf

> OK

Beim nächsten Start des Internet Explorers wird automatisch die eingestellte Seite geöffnet.

Drücken Sie dann die ⏎-Taste, wird die entsprechende Seite aufgerufen und angezeigt.

3 Innerhalb eines Internetauftritts können Sie auf unterschiedliche Weise zu den Unterseiten wechseln. Dazu dienen bei vielen Internetseiten am oberen Rand die **Registerreiter**. Ein Mausklick auf einen solchen Registerreiter, etwa 🔴,

öffnet die dazugehörige Seite.

Seite von COMPUTER BILD wechseln, geben Sie einfach **www.computerbild.de** in das Textfeld ein.

Zu weiteren Seiten dieser Unterseite gelangen Sie, wenn Sie auf die Einträge in

207

Internet | **Surfen mit dem Internet Explorer**

der kleineren Menüleiste darunter klicken, im Beispiel ●.

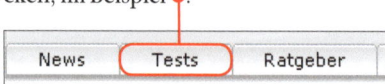

| News | Tests | Ratgeber |

4 Auf den geöffneten Seiten finden Sie dann die sogenannten Links (Verweise), mit denen Sie einen einzelnen Artikel aufrufen können. Sie erkennen einen Verweis meist daran, dass er blau ist und unterstrichen wird, wenn Sie den Mauszeiger darüber bewegen.

Firefox 4: Mozilla zeigt die Browser-Zukunft

Aber selbst wenn er nicht unterstrichen ist, können Sie ihn erkennen: Fahren Sie mit dem Mauszeiger über einen solchen Eintrag, ändert der Zeiger seine Form und wird zu einer kleinen Hand.

Dann genügt ein Mausklick, und die entsprechende Seite wird geöffnet.

5 Selbstverständlich können Sie von jeder beliebigen Internetseite auf eine andere Seite wechseln. Das funktioniert auch von einer Unterseite aus. Sie müssen nur, wie in Schritt 2 gezeigt, die entsprechende Internetadresse in das Textfeld eintippen. Dabei ist die vollständige Adresse meist nach dem gleichen Schema aufgebaut:
 http://www.computerbild.de
Der Internet Explorer ist so eingestellt, dass Sie nur „**www.computerbild.de**" eingeben müssen.

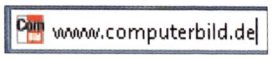

www.computerbild.de

Das vorangestellte „http://" ergänzt das Programm nach einem Druck auf die ⏎-Taste automatisch

http://www.computerbild.de/

> **ℹ Aufbau von Internetadressen**
>
> Internetadressen sind immer gleich aufgebaut. Das „**http**" ist das Protokoll, das im Internet für Internetseiten verwendet wird. Das „**www**" zeigt an, dass sich die Seite im Internet befindet, „**computerbild**" ist dann der Name der Internetseite, und das „**de**" bedeutet, dass es sich um eine deutsche Seite handelt.

6 Wenn Sie eine Internetadresse eintippen, erinnert sich der Internet Explorer daran, welche Internetseiten mit den eingegebenen Buchstaben Sie schon mal aufgerufen haben. Noch während des Tippens, hier ●,

www.com
http://www.computerbild.de/
Verlauf

wird Ihnen direkt eine Liste mit Vorschlägen angezeigt. Ist die gewünschte Internetseite bereits darunter, brauchen Sie nicht weiterzutippen, sondern können

Mehrere Internetseiten in einem Fenster | Internet

sie einfach anklicken, beispielsweise ●:

```
Verlauf
COMPUTER BILD: Tests, Downloads, Ratgeb...
IrfanView - Download - COMPUTER BILD
```

Mehrere Internetseiten in einem Fenster

Im Normalfall wird jede aufgerufene Internetseite in einem neuen Fenster geöffnet. Wenn Sie viele Seiten gleichzeitig geöffnet haben, können Sie dabei leicht die Übersicht verlieren. Aber auch darauf ist der Internet Explorer vorbereitet. Die einzelnen Seiten lassen sich nämlich auch in einem Explorer-Fenster öffnen – was die Übersicht verbessert.

1 Am oberen Fensterrand des Internet Explorers finden Sie die „Tabs", die wie Registerreiter funktionieren. Darin wird die Adresse der geöffneten Seite angezeigt, im Beispiel ●. Daneben ist noch ein leerer Tab zu sehen: ●.

`COMPUTER BILD: Tests, Downloads, Ratgeber & ...`

Klicken Sie auf diesen leeren Tab, wird eine leere Seite innerhalb des Explorer-Fensters geöffnet. Wenn Sie dann in das Adressfeld des Explorers eine Internetadresse eingeben und die ⏎-Taste drücken, wird die neue Internetseite im gleichen Fenster geöffnet, etwa ●.

`COMPUTER BILD: Tests, D...` `MSN, Messenger und ... ✕`

> **❗ Schneller, übersichtlicher Wechsel zwischen Tabs**
>
> Auch wenn Sie den Internet Explorer nicht auf dem Bildschirm sehen, können Sie direkt zwischen den einzelnen Registern wechseln: Bewegen Sie die Maus in der unteren Leiste auf das Symbol ●, werden automatisch Miniabbildungen der einzelnen Register angezeigt, etwa ●.
>
> Klicken Sie einfach in eine der Abbildungen, um die dazugehörige Internetseite zu öffnen.

2 Möchten Sie eine Unterseite auch in einem Tab öffnen, klicken Sie den entsprechenden Link mit der *rechten* Maustaste an, im Beispiel ●,

`Firefox 4: Mozilla zeigt die Browser-Zukunft`

und wählen im aufklappenden **Kontextmenü** den Eintrag

`In neuer Registerkarte öffnen`.

Daraufhin taucht ein neuer Registerreiter mit der ent-

Internet | **Mehrere Internetseiten in einem Fenster**

sprechenden Seite auf, und die Unterseite wird angezeigt.

Registerkarten zusammengehöriger Internetseiten (im Beispiel die COMPUTER BILD-Startseite und die soeben geöffnete Unterseite) werden farbig hinterlegt dargestellt. So ist eine leichtere Identifizierung möglich.

3 Die aktuell angezeigte Internetseite erkennen Sie daran, dass ihr Registerreiter in den Vordergrund tritt, seine farbige Hinterlegung etwas aufgehellt ist und er über ein Schließkreuz verfügt.

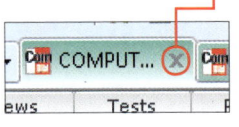

Um nun von einer Seite zur anderen zu wechseln, brauchen Sie nur den entsprechenden Registerreiter anzuklicken. Sofort wird die Seite in den Vordergrund geholt, etwa.

4 Falls Sie gerade besonders viele Seiten geöffnet haben, kann es passieren, dass Sie nicht mehr genau wissen, welche Internetseite sich hinter welchem Registerreiter versteckt. Denn bei Platzmangel werden in der Leiste nur noch die Anfangsbuchstaben angezeigt.

Klicken Sie dann einfach auf das kleine Dreieck links neben den Registerreitern:

Daraufhin klappt eine Liste der geöffneten Internetseiten auf, und Sie können die gewünschte Seite per Klick auf den Eintrag einblenden.

5 Neben dem Dreieck für die Liste der geöffneten Internetseiten finden Sie ein Symbol, über das Sie sich im Fenster des Internet Explorers Vorschaubilder der geöffneten Internetseiten anzeigen lassen können:

Informationen finden mit Suchmaschinen | **Internet**

Wenn Sie auf dieses Symbol klicken, werden die Internetseiten verkleinert dargestellt.

Ein Mausklick auf eines der Vorschaubilder – und der Tab der Seite wird in den Vordergrund geholt und angezeigt.

6 Genauso einfach, wie Internetseiten geöffnet werden, können Sie diese bei Bedarf auch schließen. Der Registerreiter der aktuellen Internetseite hat ein

Schließkreuz.

Ein Mausklick auf dieses Schließkreuz genügt, damit die Internetseite geschlossen wird. Dabei bleiben die anderen Internetseiten weiterhin geöffnet.

Wollen Sie hingegen alle Internetseiten gleichzeitig schließen, klicken Sie auf das Schließkreuz des Internet Explorers:

Sobald Sie den nachfolgenden Warnhinweis per Klick auf

Alle Registerkarten schließen

beantwortet haben, wird der Internet Explorer mit allen angezeigten Seiten geschlossen.

Informationen finden mit Suchmaschinen

Das Internet ist weltumspannend und bietet praktisch für jeden Bereich des Lebens Informationen an. Aber auch einkaufen können Sie im Internet oder Reisen buchen, Erfahrungen austauschen oder Kontakte knüpfen. Für jeden Menschen ist im Internet irgendetwas zu finden – nur, es muss auch gefunden werden! Dazu gibt es extra sogenannte Suchmaschinen, wie zum Beispiel „Google", mit Abstand die bekannteste aller Suchseiten.

Suchmaschinen sind Programme, die das Internet automatisch durchforsten und die Ergebnisse in Datenbanken sammeln.

211

Internet | **Informationen finden mit Suchmaschinen**

1 Viele Suchmaschinen wie zum Beispiel Microsofts Seite Bing (**www.bing.de**) sind jedoch mehr als das. Denn sie bieten Ihnen auf ihren Seiten bereits vorsortierte Suchergebnisse an, von denen die Betreiber annehmen, dass diese für den Besucher interessant sein könnten.

Der Vorteil dieser „Portale" genannten Seiten ist, dass sie schon in Wissens- und Suchgebiete unterteilt sind.

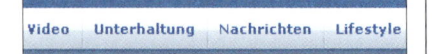

Hinzu kommt, dass die Suchergebnisse häufig auch von Redakteuren aufbereitet wurden.

Auf diese Weise müssen Sie sich nicht durch einen Wust von Informationshäppchen hindurchwühlen, ehe Sie zu einem Ergebnis kommen.

2 Eine Sonderstellung nehmen die „Metasuchmaschinen" ein. Diese Programme geben Ihre Suchanfrage gleichzeitig an mehrere Suchmaschinen weiter und zeigen dann die Ergebnisse an. Dadurch können Metasuchmaschinen einen größeren Bereich abdecken und kommen häufig schneller zum Ziel.

Eine dieser speziellen Suchmaschinen für den deutschsprachigen Raum ist zum Beispiel die „MetaGer" (**www.metager.de**).

Da sie Ihre Anfrage an deutschsprachige Suchmaschinen weitergibt, werden ausländische Angebote nicht so stark berücksichtigt.

3 Schließlich gibt es noch Suchmaschinen, die sich nur um bestimmte Themenbereiche kümmern. Eine, die sich beispielsweise auf deutsche Nachrichten spezialisiert hat, ist die „Romso"-Suchmaschine (**www.romso.de**).

Auf den Seiten dieser Suchmaschine finden Sie direkt neue Nachrichten,

Mit Vorsicht ins Internet | Internet

> **Aktuelle Schlagzeilen (Top News Matr**
> **Brüderle**: +Westerwelle
> **WikiLeaks**: +Assange +Enthüllungs +Pana
> **Hayward**: +Dudley +Ölkatastrophe +Quart

können aber auch selbst nach bestimmten Nachrichten suchen. Welche Suchmaschine Sie verwenden möchten, bleibt Ihnen selbst überlassen. Die beste Methode ist es, ganz einfach einige auszuprobieren.

Mit Vorsicht ins Internet

Bei Ihren Ausflügen ins Internet stoßen Sie leider nicht nur auf nette, informative Seiten. Manchmal werden Ihnen auch Angebote gemacht, die sich später als sehr teuer herausstellen. Oder es wird versucht, auf Ihrem Rechner unbemerkt Schadprogramme zu installieren. Daher sollten Sie grundsätzlich vorsichtig sein. Wenn Sie aber etwas aufmerksam sind und die folgenden Regeln beachten, kann kaum noch etwas schiefgehen.

1 Als erste Regel gilt: Machen Sie nie Internetausflüge als Administrator des Rechners, sondern immer als Standardbenutzer mit eingeschränkten Rechten. Ein Schadprogramm könnte sich sonst mit Ihren Rechten auf dem Computer breitmachen. Legen Sie sich für Ihre Internetausflüge also ein eigenes Konto mit eingeschränkten Rechten an.

Andreas_Inet
Standardbenutzer

2 Laden Sie nie Dateien oder Programme aus dubiosen Quellen herunter. Wenn Sie Bilder, Musik oder Programme aus dem Internet überspielen wollen, gehören Computerzeitschriften wie COMPUTER BILD zu den sicheren Anlaufstellen (siehe auch Kasten auf Seite 52).

3 Lesen Sie jedes Angebot gründlich durch, und klicken Sie nicht einfach, wenn Sie dazu aufgefordert werden. Vor allem wenn die Aufforderung besonders deutlich und penetrant ist, sollten Sie sich den Mausklick noch einmal gut überlegen und im Zweifelsfall *nicht* klicken!

Klicken Sie hier!

4 Selbst wenn sich angeblich Ihr Windows Media Player meldet – und das auch noch auf Englisch –,

Windows Media Player cannot play video file.
Click here to download missing Video ActiveX Object.

sollten Sie diese Internetseite besser sofort per Klick auf das Schließkreuz des *Internet Explorers*

schließen! Versuchen Sie *nie*, eine solche Seite mit einem Mausklick auf das angebotene Schließkreuz innerhalb der Seite zu beenden!

Warnung!!! ❌

Internet Bing und Alternativen

Im einfachsten Fall wird nur eine weitere Seite mit dubiosen Angeboten geöffnet. Im schlimmsten Fall versucht die Seite dann, ein Schadprogramm zu installieren.

Falls sich die Seite nicht schließen lässt, drücken Sie die Tasten [Alt] und [F4] gleichzeitig. Damit schließen Sie die gerade aktive Seite.

5 Wird Ihnen ungefragt Hilfe angeboten, weil Ihr Computer verseucht sei,

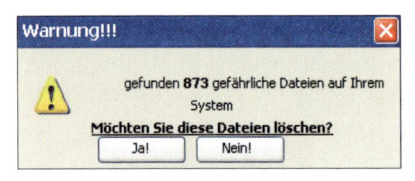

klicken Sie *auf gar keinen Fall* in die Meldung, sondern schließen die Seite mit einer solchen Meldung ebenfalls per Klick auf das Schließkreuz des *Internet Explorers*!

6 In vielen Fällen verhindert der Internet Explorer selbst schon die Ausführung eines verbotenen Befehls.

Sie wissen dann sofort, dass hier Vorsicht geboten ist: Wenn Sie nicht ganz genau und zweifelsfrei wissen, dass die Seite besonders vertrauenswürdig ist (beispielsweise die Internetseite Ihrer Bank), dann schließen Sie das Fenster des Internet Explorers und meiden die Seite in Zukunft.

7 Seien Sie grundsätzlich aufmerksam, und nutzen Sie Ihren gesunden Menschenverstand: Nichts im Leben ist kostenlos, und wer Ihnen normalerweise sehr teure Programme kostenlos oder extrem billig anbietet, der hat meist nichts Gutes im Sinn! Mit all diesen Situationen können Sie im Internet konfrontiert werden. Wenn Sie die obigen Hinweise aber beherzigen, haben Sie die Gefahren schon stark eingeschränkt.

Die Suchmaschine des Internet Explorers und Alternativen

Der Internet Explorer ist auf die Internetsuche gut vorbereitet. Das Programm verfügt über eine Suchmaschine, die Ihnen sehr komfortabel bei der Suche hilft.

1 Öffnen Sie den Internet Explorer wie gewohnt mit einem Mausklick auf sein Programmsymbol.

Im Fenster, das daraufhin erscheint, finden Sie oben rechts ein Textfeld, in das Sie einen Suchbegriff eingeben können.

Bing und Alternativen | Internet

Tippen Sie also einen Begriff für das Gesuchte oder die gesuchte Person ein, im Beispiel,

> Lena Meyer-Landrut

und drücken Sie danach die ⏎-Taste, oder klicken Sie rechts daneben auf die Lupe

🔍 .

2 Anschließend wird die Suche gestartet und das Ergebnis kurz darauf angezeigt. Per Klick auf einen der Einträge, beispielsweise,

> Lena Meyer-Landrut - Die offizielle Website!

wird die dazugehörige Seite geöffnet.

3 Sollten Sie mit den Suchergebnissen nicht zufrieden sein, können Sie auch eine andere Suchmaschine verwenden. Dazu klicken Sie im Suchfeld neben der Lupe auf das Dreieck

und wählen aus der dann geöffneten Liste den Eintrag

> Weitere Anbieter suchen...

Nun werden weitere Suchmaschinen aufgelistet.

Internet | **Bing und Alternativen**

4 Wenn Sie sich für eine entschieden haben, klicken Sie den entsprechenden Eintrag einfach an, im Beispiel ●.

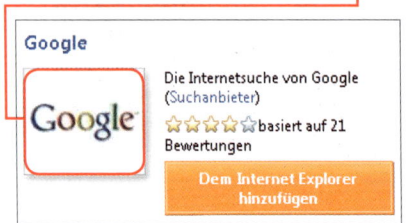

Als Nächstes werden Sie gefragt, ob Sie die Suchmaschine hinzufügen wollen. Sobald Sie die Nachfrage mit einem Mausklick auf

Dem Internet Explorer hinzufügen

bestätigt haben, wird Google in die Liste der über Ihren Internet Explorer erreichbaren Suchmaschinen aufgenommen.

5 Möchten Sie künftig mit Google suchen, geben Sie, wie oben in Schritt 1 gezeigt, den Suchbegriff ein. Danach klicken Sie rechts im Suchfeld aber nicht auf die Lupe, sondern auf das Dreieck ●

und wählen dann aus der aufgeklappten Liste den Eintrag ●.

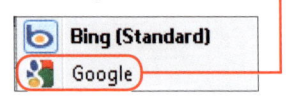

Daraufhin wird die Suche per Google gestartet und das Ergebnis angezeigt.

6 Falls Sie in Zukunft immer mit einer bestimmten Suchmaschine im Internet arbeiten wollen, können Sie diese Suchmaschine zum Standard erklären. Dazu klicken Sie rechts im Suchfeld wieder auf das Dreieck und wählen dann den Eintrag

Suchanbieter verwalten.

Anschließend sehen Sie die Liste der hinzugefügten Suchmaschinen. Wenn Sie hier mit einem Mausklick auf den Eintrag, im Beispiel ●,

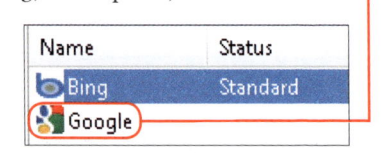

Ihre gewünschte Suchmaschine markieren ●

und die Wahl dann per Klick auf

Als Standard

Die Suche mit MetaGer | Internet

bestätigen und mit einem Klick auf

> Schließen

beenden, wird bei der Suche künftig immer die von Ihnen gewählte Suchmaschine verwendet.

Die Suche mit MetaGer

Wie bereits erwähnt, ist die MetaGer eine deutsche Metasuchmaschine, die gleichzeitig mehrere Suchmaschinen für Sie arbeiten lässt. Wenn Sie als Suchergebnis also nur deutsche Internetseiten erhalten möchten, können Sie die MetaGer mal ausprobieren.

1 Um die MetaGer aufzurufen, geben Sie in das Adressfeld Ihres Internet Explorers die Adresse

> metager.de

ein und drücken dann auf die ⏎-Taste. Sofort wird die Seite aufgerufen und angezeigt.

2 Angenommen, Sie suchen jetzt Informationen zu einem bestimmten Film. Tippen Sie einfach den Filmtitel in das Textfeld ein, im Beispiel

> Herr der Ringe

und klicken Sie danach auf die Schaltfläche

> MetaGer-Suche

3 Die Suchmaschine informiert Sie in einem kleinen Fenster über den Suchvorgang.

> **MetaGer sucht...**

Ist dieser abgeschlossen, werden umgehend die Ergebnisse aufgelistet.

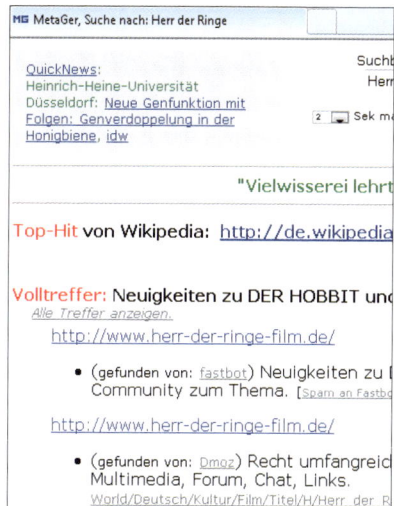

217

| Internet | **Den Zugriff auf MetaGer beschleunigen** |

Steht vor einem der Suchergebnisse

`Volltreffer:`,

bedeutet das, dass die Suchbegriffe genauso auf der Seite gefunden wurden, wie Sie sie eingegeben haben, im Beispiel also (ohne An- und Abführungszeichen)

`DER HERR DER RINGE`

Dadurch müssen Sie sich nicht durch alle Seiten wühlen, auf denen nur „Herr" oder „Ringe", aber nicht der gesuchte Film vorkommt.

4 Ein weiterer Vorteil der MetaGer besteht darin, dass Sie selbst Einfluss auf die Qualität der Suchergebnisse nehmen können. Da Betreiber von Internetseiten davon leben, dass möglichst viele Besucher ihre Seiten aufrufen, ist der eine oder andere schon einmal versucht, einen beliebten Suchbegriff auf seine Seite aufzunehmen – selbst wenn dieser gar nichts mit dem Suchbegriff zu tun hat! Es geht einfach darum, dass Besucher auf den dazugehörigen Link im Suchergebnis klicken sollen. So etwas nennt man wie bei **E-Mail**s „Spam".

Sollten Sie also auf ein solches Suchergebnis stoßen, klicken Sie einfach auf

`[Spam an Fastbot melden]`.

5 Klicken Sie dann in das Eingabefeld

`Ihre E-Mail Adresse:`

und tippen Sie Ihre E-Mail-Adresse ein. Mit einem Mausklick auf

`Meldung absenden`

schicken Sie Ihre Meldung ab. Dies mag ein wenig aufwendig sein, Sie helfen mit solchen Hinweisen aber, dass die Suchergebnisse von MetaGer noch besser werden.

6 Entspricht die Seite Ihren Erwartungen, klicken Sie einfach am unteren Ende der Informationsseite auf die angezeigte Internetadresse, hier

`http://www.herr-der-ringe-film.de/`

Anschließend wird diese dann aufgerufen und dargestellt.

Den Zugriff auf MetaGer beschleunigen

Wenn Sie die MetaGer immer zur Hand haben möchten, können Sie sie in die Suchmaschinen-Sammlung des Internet Explorers aufnehmen. Zwar ist die MetaGer nicht automatisch in der Liste der

Den Zugriff auf MetaGer beschleunigen | Internet

verfügbaren Suchmaschinen enthalten, aber sie lässt sich leicht einbinden.

1 Um die Metasuchmaschine aufzunehmen, klicken Sie auf der MetaGer-Seite auf den Eintrag.

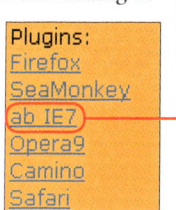

> Plugins:
> Firefox
> SeaMonkey
> **ab IE7**
> Opera9
> Camino
> Safari

Dabei steht die Abkürzung „IE7" für den Internet Explorer in der Version 7. Lassen Sie sich nicht verunsichern: Auch wenn Sie den Internet Explorer 8 nutzen, können Sie MetaGer mit dieser Methode als Suchanbieter hinzufügen! Und für andere Browser lässt sich ebenso verfahren.

Haben Sie auf den Eintrag geklickt, wird eine Informationsseite geöffnet.

MetaGer als Suchanbieter im IE7

Der Internet-Explorer 7 bietet die Möglichkeit, Suchanfra MetaGer in die Liste seiner Standard-Suchmaschinen korrigieren.

Auf der Website von Microsoft gibt es zwei wichtige Infor

Internet Explorer 7 Suche
  Die FAQ beschreibt, wie man die Suchmaschine a
Suchanbieter zu Internet Explorer 7 hinzufügen
  Die Konfigurationsseite, die (im IE7) erlaubt, einer

2 Der Internet Explorer braucht für das Hinzufügen einer ihm unbekannten Suchmaschine die Internetadresse, mit der er sie ansprechen kann. Auf der Informationsseite von MetaGer finden Sie diese hier:

> • URL der Ergebnisseite:
>
> `http://www.metager.de/me`

Um sie nun zu markieren, klicken Sie vor den ersten Buchstaben, halten die Maustaste gedrückt und streichen mit weiterhin gedrückter Maustaste über den Eintrag. Dann lassen Sie die Maustaste los.

`http://www.metager.de/meta/cgi-bin`

Stattdessen können Sie die Zeile auch dreimal schnell hintereinander anklicken. Dann ist die gesamte Zeile ebenfalls vollständig markiert. Damit der markierte Eintrag jetzt kopiert wird, drücken Sie gleichzeitig die Tasten [Strg] und [C].

3 Wenn Sie anschließend auf den Verweis

Suchanbieter zu Internet Explorer 7 hinzufügen
  Die Konfigurationsseite, die (im IE7) erlaubt,

klicken, können Sie auf der nächsten Seite die MetaGer in die Liste der Suchmaschinen eintragen. Klicken Sie dazu in das Eingabefeld,

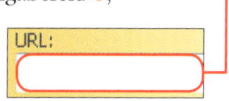

> URL:
> [   ]

und drücken Sie dann gleichzeitig die Tasten [Strg] und [V]. Daraufhin wird die zuvor kopierte Zeile eingefügt.

> URL:
> http://www.metager.de/meta/cg

219

Internet — Neue Nachrichten suchen und schnell finden

4 Nun können Sie Ihrer neuen Suchmaschine noch einen Namen geben, etwa ●. Dann brauchen Sie nur noch auf ●

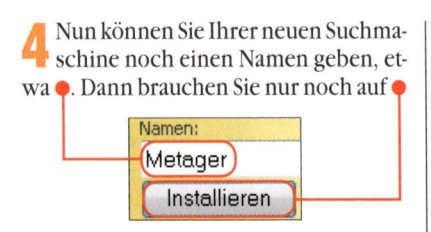

> Namen:
> Metager
> Installieren

und in der nachfolgenden Meldung auf die Schaltfläche ● zu klicken. Falls Sie MetaGer direkt als Standard-Suchmaschine verwenden wollen, klicken Sie zuvor auf ●.

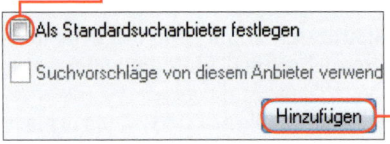

> ☐ Als Standardsuchanbieter festlegen
> ☐ Suchvorschläge von diesem Anbieter verwend
> Hinzufügen

Anschließend taucht auch MetaGer in der Liste der verfügbaren Suchmaschine (siehe Schritt 6 auf Seite 216): ●.

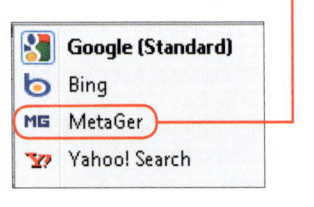

> 🔍 **Google (Standard)**
> b Bing
> MG MetaGer
> Y! Yahoo! Search

Neue Nachrichten suchen und schnell finden

Brauchen Sie zu einem aktuellen Thema Informationen, ist das mit Suchmaschinen kein Problem. Mit einer Spezialsuchmaschine geht es jedoch noch schneller und komfortabler. Die Suchmaschine „Romso" ist auf aktuelle Nachrichten spezialisiert. Und die Suche nach Nachrichten gestaltet sich damit denkbar einfach.

1 Um die Nachrichten-Suchmaschine aufzurufen, tippen Sie in das Adressfeld Ihres Internet Explorers die Adresse ●

> R http://www.romso.de/

ein und drücken dann die ⏎-Taste. Daraufhin wird die Seite geladen und angezeigt.

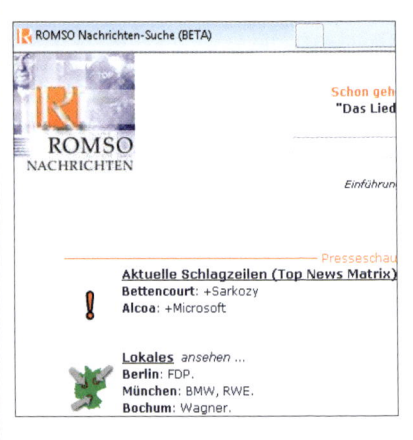

> R ROMSO Nachrichten-Suche (BETA)
>
> **ROMSO NACHRICHTEN**
>
> Schon geh
> "Das Lied
>
> Einführun
>
> — Presseschau
> **Aktuelle Schlagzeilen (Top News Matrix)**
> ! Bettenconrt: +Sarkozy
> Alcoa: +Microsoft
>
> **Lokales** ansehen ...
> Berlin: FDP.
> München: BMW, RWE.
> Bochum: Wagner.

2 Suchen Sie zum Beispiel Nachrichten zur „Fußballweltmeisterschaft", geben Sie den Suchbegriff per Tastatur in das Textfeld ● ein und klicken dann auf die Schaltfläche ●.

> Fußballweltmeisterschaft   Nachrichten

Anschließend sucht das Programm entsprechende Nachrichten und zeigt Ihnen als Erstes die sogenannte Zeitleiste,

Neue Nachrichten suchen und schnell finden — Internet

eine Übersicht, der Sie entnehmen können, wie oft das gesuchte Thema in den vergangenen Tagen in Nachrichtenquellen gefunden wurde. Daran können Sie gut erkennen, wie „interessant" das gesuchte Thema für die Nachrichten ist.

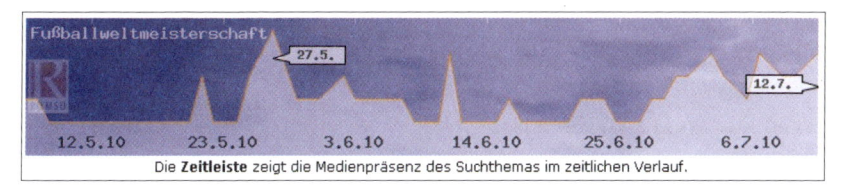

Die **Zeitleiste** zeigt die Medienpräsenz des Suchthemas im zeitlichen Verlauf.

Darunter werden die Nachrichten zu diesem Thema nach dem jeweiligen Datum sortiert. Vor jedem Eintrag befinden sich Stichwörter

und daneben eine Kurzfassung des entsprechenden Artikels.

3 Um nun einen dieser Artikel zu lesen, genügt ein Mausklick auf die jeweilige Kurzfassung.

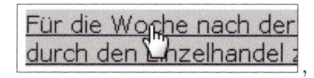

Die entsprechende Internetseite wird daraufhin geladen und angezeigt.

4 Es muss jedoch nicht immer ein internationales Großereignis sein. Die Nachrichten-Suchmaschine findet auch Informationen aus Ihrem direkten Umfeld. Falls Sie zum Beispiel an Nachrichten über Krefeld interessiert sind, geben Sie in das Textfeld einfach den Suchbe-

221

Internet | Internetseiten schneller öffnen

griff ein ● und klicken wieder auf die Schaltfläche ●.

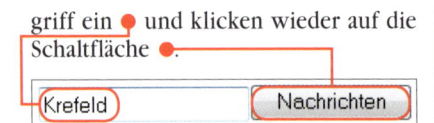

| Krefeld | Nachrichten |

Schon werden die Nachrichten gesucht und aufgelistet.

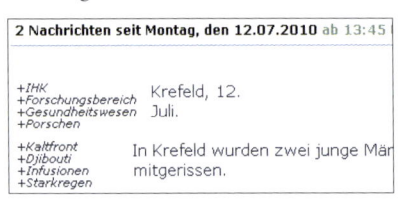

```
2 Nachrichten seit Montag, den 12.07.2010 ab 13:45

+IHK
+Forschungsbereich   Krefeld, 12.
+Gesundheitswesen    Juli.
+Porschen
+Kaltfront
+Djibouti            In Krefeld wurden zwei junge Män
+Infusionen          mitgerissen.
+Starkregen
```

5 Auch an dieser Stelle genügt ein Mausklick auf den Kurztext, im Beispiel ●,

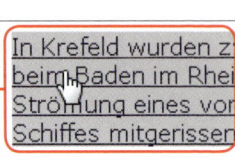

> In Krefeld wurden z
> beim Baden im Rhei
> Strömung eines vor
> Schiffes mitgerissen

damit die Seite mit dem vollständigen Artikel geladen und angezeigt wird. Auf diese Weise können Sie sich blitzschnell durch aktuelle Nachrichten „klicken".

Internetseiten schneller öffnen

Sind Sie häufiger im Internet unterwegs, stoßen Sie immer wieder auf Internetseiten, die Ihnen interessant erscheinen und die Sie später noch einmal besuchen möchten. Sie brauchen sich solche Internetadressen dann natürlich nicht auf einen Zettel zu schreiben. Diese Aufgabe nimmt Ihnen der Internet Explorer auf zweierlei Weise ab.

Bereits besuchte Seiten wieder aufrufen

Der Internet Explorer besitzt ein „Gedächtnis", in dem er besuchte Internetseiten speichert, die Sie bei Bedarf ganz komfortabel erneut aufrufen können.

1 Starten Sie wie gewohnt den Internet Explorer. Um nun eine schon be-

suchte Seite wieder aufzurufen, klicken Sie im Adressfeld am rechten Rand einfach auf das Dreieck ●

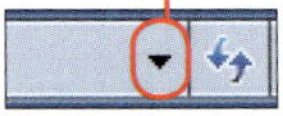

| ▼ | ↻ |

und in der daraufhin aufklappenden Liste, die alle bisher von Ihnen besuchten Seiten enthält,

> ✹ http://de.msn.com/
>   http://msn.de/
>   http://www.romso.de/
>   http://metager.de/

auf die gewünschte Internetadresse, im Beispiel ●.

> http://msn.de/
> http://www.romso.de/

Internetadressen speichern | Internet

2 Sollten Sie die gewünschte Seite nicht sofort in der Liste finden, können Sie den Internet Explorer selbst suchen lassen. Tippen Sie einfach den Anfang der Adresse einer bereits besuchten Seite in das Adressfeld ein. Dabei brauchen Sie nicht mal das „www" der Internetadresse voranzustellen. Es genügt, wenn Sie damit beginnen, den Namen der Seite einzugeben. Noch während der Eingabe, etwa ●,

> com

zeigt Ihnen der Internet Explorer passende Einträge, zum Beispiel ●.

> com
> http://www.computerbild.de/
> http://computerbild.de/

Auch hier reicht ein Mausklick auf den gewünschten Eintrag – und die Seite wird geladen.

Internetadressen speichern

Ihre Lieblingsseiten lassen sich speichern. Dazu müssen Sie die Adressen nur zu den sogenannten Favoriten hinzufügen.

1 Möchten Sie eine Internetadresse für die spätere Verwendung aufbewahren, müssen Sie die Seite als Erstes laden. Klicken Sie dann auf

> ⭐ Favoriten

⚠ Besuchte Seiten löschen

Wenn Sie Ihren Rechner nicht alleine nutzen, sondern mit Familienmitgliedern oder Arbeitskollegen teilen, wollen Sie in der Regel nicht, dass diese die letzten von Ihnen besuchten Seiten sehen können. So wäre es doch beispielsweise schade, wenn Ihr Sohn schon vor seinem Geburtstag sieht, dass Sie sich bei einem Händler im Internet die neuesten LEGO-Modelle angeschaut haben, oder dass Ihr Kollege die von Ihnen aufgerufene Adresse der Jobbörse im Internet entdeckt. Um die Liste der besuchten Seiten zu löschen, klicken Sie im Internet Explorer zunächst auf

> Extras ▼

und dann auf den Eintrag

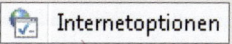

> 🔲 Internetoptionen

Um den Verlauf, also die bisher aufgerufenen Internetseiten zu löschen, brauchen Sie jetzt nur noch auf die Schaltfläche ● zu klicken.

> Browserverlauf
> Löscht temporäre Dateien, den Verla
> Kennwörter und Webformularinform
> ☐ Browserverlauf beim Beenden lös
> Löschen...

Sobald Sie dieses Löschen des Verlaufs mit einem weiteren Klick auf

> Löschen

bestätigt haben, ist die Liste der besuchten Seiten leer.

Internet | **Internetadressen speichern**

und danach auf

🌟 Zu Favoriten hinzufügen.

2 Im Fenster, das daraufhin angezeigt wird, können Sie den Titel der Seite, im Beispiel ●, noch ändern, indem Sie ihn einfach überschreiben. Oder Sie klicken zur Bestätigung direkt auf die Schaltfläche ●.

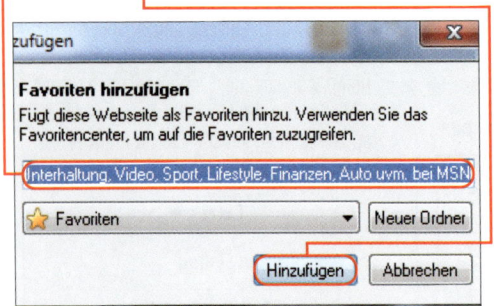

Anschließend wird diese Internetadresse in die Liste Ihrer Favoriten beziehungsweise bevorzugten Seiten aufgenommen.

3 Wollen Sie später eine dieser Seiten aufsuchen, geht das ganz einfach. Klicken Sie dazu auf das Sternchen (ohne Pluszeichen) ●

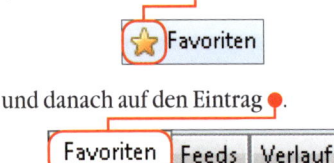

🌟 Favoriten

und danach auf den Eintrag ●.

Favoriten | Feeds | Verlauf

Sobald Sie in der dann geöffneten Liste die gewünschte Seite per Klick auf den Eintrag ausgewählt haben, etwa ●,

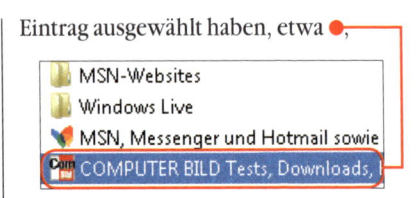

- MSN-Websites
- Windows Live
- MSN, Messenger und Hotmail sowie
- COMPUTER BILD Tests, Downloads,

wird die Seite geladen und angezeigt.

4 Direkt über den Registerreitern beziehungsweise Tabs, hinter denen sich die einzelnen Registerkarten der aktuell offenen Internetseiten befinden, gibt es einen weiteren Favoritenbereich ●.

Um eine Seite in dieser Favoritenleiste abzulegen, rufen Sie sie wie gewohnt auf und klicken dann auf

🌟

.

Der Eintrag ist nun in der Favoritenleiste dauerhaft verfügbar. Um einen solchen Favoriten später erneut aufzurufen, klicken Sie in der Favoritenleiste einfach auf den entsprechenden Eintrag, im Beispiel ●.

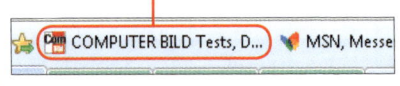

5 Standardmäßig wird das Fenster mit den Favoriten geschlossen, sowie Sie

Bilder, Texte und Programme aus dem Internet | Internet

eine Seite ausgewählt haben. Wenn Sie die Liste mit den Favoriten aber immer zur Hand haben wollen, klicken Sie in der **Symbolleiste** des Favoriten-Fensters auf

.

Daraufhin wird die Liste der Favoriten offen gehalten, und Sie haben immer direkten Zugriff auf die gesammelten Adressen. Damit die Liste bei Bedarf wieder geschlossen wird, klicken Sie einfach in der Symbolleiste auf das Schließkreuz

.

Bilder, Texte und Programme aus dem Internet

Nicht nur Informationen finden Sie im Internet, sondern auch Bilder und Musik. Und das Schönste ist: Viele Bilder und Musikstücke können Sie ganz einfach auf Ihren Rechner laden und verwenden.

Bilder aus dem Internet

Falls Ihnen die Hintergründe für Ihren **Desktop** zu langweilig geworden sind, können Sie leicht Abhilfe schaffen. Es gibt eine Riesenauswahl an Motiven im Internet. Und mit der gezielten Suche werden Sie ganz rasch fündig.

1 Öffnen Sie wie gewohnt Ihren Internet Explorer, geben Sie in das Suchfeld den Begriff

Desktop Hintergrund

ein, und drücken Sie dann auf die ⏎-Taste. Daraufhin werden Ihnen die Such-

ergebnisse präsentiert.

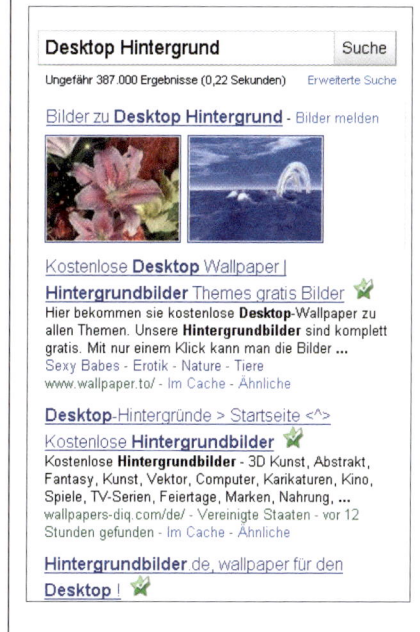

2 Hier können Sie aus den angezeigten Internetseiten ein Angebot auswählen, indem Sie den dazugehörigen Ver-

Internet **Bilder aus dem Internet**

weis einfach anklicken, im Beispiel ●.

> **Hintergrundbilder**
> mehr als nur ein Bild
> Landschaften, Wasserfälle, Tiere
> www.**hintergrund**bild.com

Sofort wird die entsprechende Internetseite aufgerufen.

und dann direkt daneben auf die gewünschte Größe, im Beispiel ●.

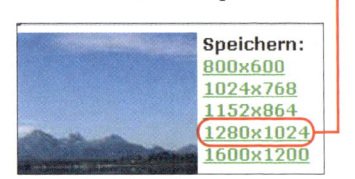

Speichern:
800x600
1024x768
1152x864
1280x1024
1600x1200

Schon wird das Bild angezeigt.

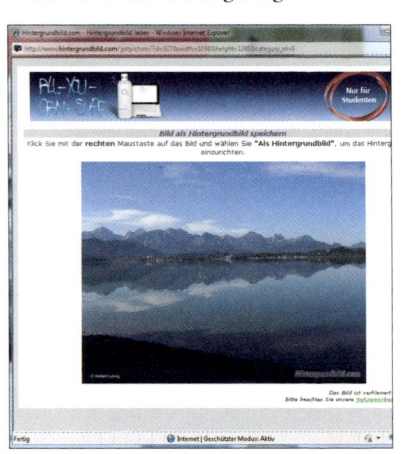

3 Für den Desktop-Hintergrund müssen Sie natürlich ein Bild nehmen, das in der richtigen Größe vorliegt. Sehen Sie dazu im Handbuch Ihres Bildschirms nach. In vielen Fällen ist „1280 x 1024" die richtige Größe. Klicken Sie nun zuerst auf das Bild, das Sie verwenden möchten, beispielsweise ●,

4 Um es zu übernehmen, klicken Sie es mit der *rechten* Maustaste an und wählen im Kontextmenü den Eintrag

Als Hintergrund.

Wenn Sie die nachfolgende Meldung per Klick auf die Schaltfläche

Ja

bestätigt haben, präsentiert sich Ihr Desktop gleich in ganz neuer Optik.

Kostenlose Musik aus dem Internet | Internet

Kostenlose Musik aus dem Internet

Kostenpflichtige Musik finden Sie ganz schnell im Internet. Es geht aber billiger: Um in den Genuss kostenloser Musik zu kommen, nutzen Sie einfach die Angebote entsprechender Profis, zum Beispiel bei „kostenlos.de".

1 Geben Sie in das Adressfeld Ihres Internet Explorers die Adresse

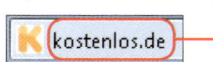

> kostenlos.de

ein, und drücken Sie zur Bestätigung wie üblich die ⏎-Taste.

2 Auf der Seite, die nun erscheint, tippen Sie in dem dafür vorgesehenen Feld den Suchbegriff ein, im Beispiel,

> Musik Download | Finden

und drücken danach wieder die ⏎-Taste. Daraufhin werden Ihnen die Suchergebnisse (mit Kurzbeschreibungen) angezeigt.

135 Suchergebnisse für **Musik Downloa**

Google-Anzeigen
Musicload Downloadportal
6 Mio. MP3-Songs zur Auswahl! Einfach beim Original **downloaden**.
www.**Music**load.de
Musik Download
Musik legal und günstig **downloaden**. Ab 0,69 € pro Song! Jetzt te
www.**musicstar**.de
SATURN Musik mp3 Download
Gigantisch günstige Alben für 4,99€ nur bis 18.Juli. Jetzt zuschlager
mp3.SATURN.de
Special: Musik Download
Jetzt 7 Tage kostenlos testen - die Musicflatrate von Napster!
flatrate.napster.de/Music-Download

TuneStar: MP3 Download mit Chart Flatrat testen

Bei TuneStar können Sie jetzt unbegrenzt Musik höre Flatrate zu einem unschlagbar günstigen Preis von 2,

Die Musik-Flatrate
Finde jetzt Deine Lieblings-Musik:
Ohne Limit: 100% Musik - 0% Risiko!

Musik-Downloads günstig bei Musicload
Alben & Songs in CD-Qualität beim Testsieger schnell & ...

3 Wenn Sie sich für ein Angebot entschieden haben, klicken Sie zunächst

227

Internet | **Kostenlose Musik aus dem Internet**

⚠ Urheberrecht beachten!

Wenn Sie Texte, Bilder und Grafiken aus dem Internet speichern, dürfen Sie diese in der Regel nur privat verwenden. Denn fast alle Texte und Bilder unterliegen dem Urheberrecht, dem sogenannten Copyright. Sie dürfen Texte daher nur in kurzen Auszügen zitieren, und auch immer nur unter Angabe der Quelle, also Verfasser und Ort (zum Beispiel „Wikipedia"). Für Bilder und Grafiken gilt das Gleiche. Auch diese dürfen Sie nicht einfach so verwenden, zum Beispiel für Ihre eigene Internetseite oder einen öffentlichen Vortrag.

Sie benötigen für die Verwendung von fremden Texten, Bildern und Medien immer die Erlaubnis des Besitzers. Das gilt auch, wenn Sie Musik oder Videos laden: Nur Seiten, die vom Rechteinhaber dazu autorisiert sind, dürfen diese im Internet verbreiten. Nun gibt es im Internet unzählige Adressen, auf denen Medien angeboten werden. Aber Vorsicht: Nicht alle diese Angebote sind legal. So wird beispielsweise in Tauschbörsen oder in Newsgroups häufig massiv gegen das Urheberrecht verstoßen. Um legale von illegalen Angeboten zu unterscheiden, sind Sie auf Ihren gesunden Menschenverstand angewiesen. So ist es doch zum Beispiel höchst unwahrscheinlich, dass das neueste Album eines Superstars der Musikszene kostenlos und dennoch legal im Internet zu bekommen sein soll.

Also achten Sie darauf, Dateien im Internet nicht illegal zu laden und schon gar nicht zu verbreiten. Kommen Sie also nicht etwa auf die Idee, vielleicht sogar in bester (Werbe-)Absicht, ein Musikstück auf Ihrer Internetseite vorzustellen und zum Überspielen anzubieten. Für Ihre eigenen Kompositionen gilt das natürlich nicht. Wenn Sie selbst Rechteinhaber sind, steht Ihnen der Vertriebsweg Internet selbstverständlich offen.

---

auf den Titel, beispielsweise ●,

> **betterPropaganda: Neuer The Pains Heart Song kostenlos**
>
> Einen neuen Song der New Yorker Shoegaze Heart" können Sie jetzt kostenlos bei better
> mehr...

und danach auf den Verweis, der direkt zum Angebot führt, im Beispiel ●.

> ▶ **Direkt zum Angebot von betterPropaganda**
> ▶ Mehr von betterPropaganda

4 Die Seite des Anbieters wird anschließend geöffnet. Dort klicken Sie auf ●

> **The Pains of Being Pure at Hea...**
> **song:** Higher Than The Stars
> **album:** Higher Than The Stars (Slumber
> [play] [download mp3]

Wenn nun am oberen Rand der Internetseite die Meldung ● erscheint,

> betterPropaganda - free MP3 Downloads The Pai.
> Der Download von Dateien von dieser Site auf den
>
> Datei herunterladen...
> Welches Risiko besteht?

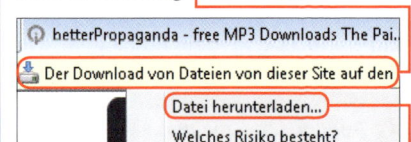

klicken Sie sie mit der *rechten* Maustaste an und klicken dann im Kontextmenü auf ●.

Programme suchen und speichern — Internet

5 Klicken Sie anschließend in den folgenden Fenstern zweimal nacheinander auf die Schaltfläche

`Speichern`,

damit das Musikstück auf Ihren Rechner übertragen wird.

6 Ist der Vorgang beendet, bestätigen Sie den entsprechenden Hinweis per Klick auf die Schaltfläche

`Ordner öffnen`.

Nun können Sie sich den Song direkt nach einem **Doppelklick** auf den Dateinamen anhören.

`The_Pains_Of_Being_Pure_At_Heart`

Programme suchen und speichern

Ebenso wie Bilder und Musik finden Sie auch zahlreiche Programme im Internet – und viele dazu auch noch kostenlos.

1 Eine sichere und gute Quelle für Programme stellen zum Beispiel die großen Computerzeitschriften wie COMPUTER BILD dar. Dort werden Sie immer mit den neuesten Programmen versorgt. Starten Sie also wie gewohnt Ihr Internetzugriffsprogramm, und tippen Sie die Adresse

`http://www.computerbild.de/`

⚠ Vorsicht bei Programmen aus dem Internet

Gerade bei Programmen müssen Sie besonders vorsichtig sein, denn diese werden auf Ihrem Rechner später ja installiert und gestartet. Dabei besteht die Gefahr, dass Sie mit den Programmen unbemerkt auch Schadprogramme erhalten. Benutzen Sie also grundsätzlich nur vertrauenswürdige Quellen, und lassen Sie alles andere links liegen (siehe dazu auch den Kasten auf Seite 52).

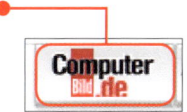

ein. Nachdem Sie die Eingabe mit der ⏎-Taste bestätigt haben, klicken Sie auf der dann geladenen Seite auf den Registerreiter

`Computer Bild.de`

und danach unten auf der Seite auf den Registerreiter

`Downloads`

2 Als Nächstes folgt ganz rechts oben auf der Seite ein Mausklick in das Eingabefeld

Downloads
Downloadsuche:

Suchen Sie zum Beispiel ein Programm für die Bildbearbeitung, geben Sie in das

229

Internet | **Programme suchen und speichern**

dafür vorgesehene Textfeld eben diesen Suchbegriff

Downloadsuche: Bildbearbeitung

ein und klicken anschließend auf die Schaltfläche

Los!

Wenn Sie noch eingrenzen wollen, dass nur deutsche und/oder nur kostenlose Programme gefunden werden, klicken Sie in die entsprechenden Kästchen.

☐ deutsch ☐ kostenlos

3 Daraufhin werden Ihnen ganz schnell die Suchergebnisse präsentiert.

> 01.06.2010 | Grafik & Foto
> **Photoscape** Version 3.5
> „Photoscape" ist eine Bildbearbeitungssoftware, welche neben den Werkzeugen über zusätzliche Funktionen wie einen ...
> Grafik & Foto › Bildbearbeitung (Komplettpakete)
>
> 28.05.2010 | Grafik & Foto
> **Adobe Photoshop CS5 Extended** Version 12.0
> Wenn es um professionelle **Bildbearbeitung** geht, ist „Adobe Pho Platzhirsch. In Sachen Foto-Optimierung, Montage und Bildretusche
> Grafik & Foto › Bildbearbeitung (Komplettpakete)
>
> 26.04.2010 | Grafik & Foto
> **Paint.NET** Version 3.55.3767.28608
> Die kostenlose **Bildbearbeitung** „Paint.NET" bietet vielfältige Funk Optimieren Ihrer Fotos, etwa zum „Entfernen" ...
> Grafik & Foto › Bildbearbeitung (Komplettpakete)
>
> 21.12.2009 | Grafik & Foto
> **PhotoFiltre** Version 6.4.0
> Die kostenlose Grafik-Software „PhotoFiltre" zeichnet sich durch vi Funktionen zur **Bildbearbeitung** und zahlreiche Filter und Effekte
> Grafik & Foto › Bildbearbeitung (Komplettpakete)
>
> 02.02.2010 | Grafik & Foto
> **Image Tricks (Mac)** Version 2.4.2 (219)
> „Image Tricks" ist ein Bildbearbeitungsprogramm. Es bietet Ihnen Funktionen, um Ihre Fotos aufzupeppen. So stellen Sie ...
> Grafik & Foto › Bildbearbeitung (Spezialfunktionen, Filter & Effekte

Wenn Sie die Beschreibungen durchgelesen und sich für ein Programm entschieden haben, klicken Sie auf den Titel des Programms, etwa

> 01.06.2010 | Graf
> **Photoscape** Ver
> „Photoscape" ist ein

4 Auf der nächsten Seite erhalten Sie nähere Informationen. Damit das Programm nun auf Ihre **Festplatte** übertragen wird, klicken Sie unter dem Artikel auf

⌄ Download

und in der folgenden Auswahl auf die Schaltfläche

Speichern

Nachdem Sie auch die dann folgende Meldung per Mausklick auf die gleiche Schaltfläche bestätigt haben, wird das Programm auf Ihrer Festplatte gespeichert.

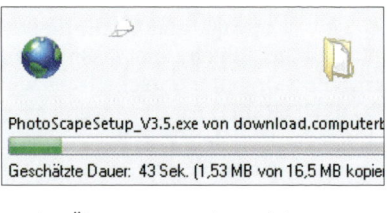

PhotoScapeSetup_V3.5.exe von download.computerb

Geschätzte Dauer: 43 Sek. (1,53 MB von 16,5 MB kopier

Ist die Übertragung abgeschlossen, genügt ein Klick auf

Schließen

Internetseiten speichern und drucken | Internet

5 Sollten Sie sich nicht sicher sein, wo das übertragene Programm gespeichert wurde, so finden Sie es in aller Regel im **Ordner** „Downloads". Dort werden standardmäßig aus dem Internet heruntergeladene Dateien gesammelt (engl. „download" = „herunterladen").

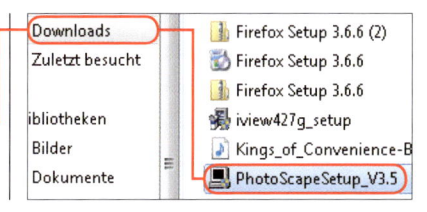

Internetseiten und Texte speichern und drucken

Im Internet können Sie sich über alles Erdenkliche umfassend informieren. Nur ist es nicht jedermanns Sache, viel Text am Bildschirm zu lesen. Vielleicht wollen Sie auch Informationen unterwegs lesen, wenn Sie gerade nicht am Rechner sitzen. Dann ist es von Vorteil, wenn Sie sich die gewünschten Seiten zuvor einfach aus dem Internet überspielen und anschließend ausdrucken. Und außerdem können Sie, wenn Ihr Internetzugang im Zeittakt abgerechnet wird (siehe Seite 187/188), auch Kosten sparen, indem Sie die Verbindungszeit so kurz wie möglich halten: Laden Sie Internetseiten auf den PC und lesen Sie sie dann später in Ruhe.

Internetseiten speichern

Eine sehr gute Anlaufstelle im Internet für alle Wissensgebiete ist das Internetlexikon „Wikipedia". Für einen ersten Überblick finden Sie praktisch alles, was Sie suchen. Und mit ein paar Mausklicks haben Sie die Informationen auch schon gespeichert und können sich danach ohne Internetverbindung darin vertiefen.

1 Um Wikipedia aufzurufen, geben Sie in das Adressfeld Ihres Internet Explorers den Namen **wikipedia.org** ein. Damit es auch direkt die deutsche Seite ist, setzen Sie ein „**de.**" für Deutschland davor. Also:

`http://de.wikipedia.org/`

Sobald Sie dann auf die ⏎-Taste drücken, wird die deutsche Hauptseite angezeigt.

231

Internet | **Internetseiten speichern**

2 Suchen Sie zum Beispiel nach Informationen über den Dichter Friedrich Schiller, geben Sie den Namen per Tastatur in das Suchfeld ein und klicken dann auf ●.

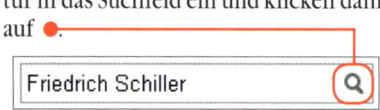

| Friedrich Schiller | 🔍 |

Daraufhin wird die Seite über Schiller geladen und angezeigt.

Friedrich Schiller

← Dieser Artikel behandelt den Dichter Friedrich Schiller; zu

Johann Christoph Friedrich von Schiller (* 10. November
Philosoph und Historiker. Er gilt als der bedeutendste deutsc
Theater. Auch als Lyriker war er erfolgreich: Seine Gedanke

Wie Sie schon am Inhaltsverzeichnis erkennen können, ist die Abhandlung sehr umfangreich.

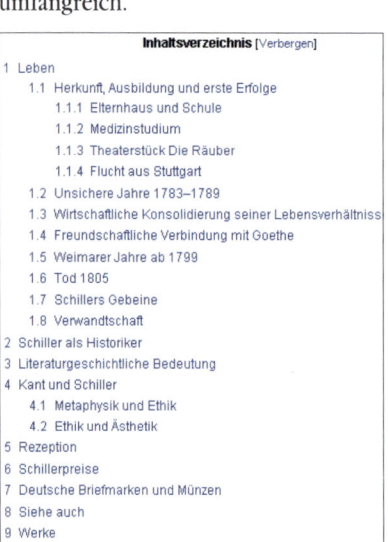

Inhaltsverzeichnis [Verbergen]
1 Leben
   1.1 Herkunft, Ausbildung und erste Erfolge
      1.1.1 Elternhaus und Schule
      1.1.2 Medizinstudium
      1.1.3 Theaterstück Die Räuber
      1.1.4 Flucht aus Stuttgart
   1.2 Unsichere Jahre 1783–1789
   1.3 Wirtschaftliche Konsolidierung seiner Lebensverhältniss
   1.4 Freundschaftliche Verbindung mit Goethe
   1.5 Weimarer Jahre ab 1799
   1.6 Tod 1805
   1.7 Schillers Gebeine
   1.8 Verwandtschaft
2 Schiller als Historiker
3 Literaturgeschichtliche Bedeutung
4 Kant und Schiller
   4.1 Metaphysik und Ethik
   4.2 Ethik und Ästhetik
5 Rezeption
6 Schillerpreise
7 Deutsche Briefmarken und Münzen
8 Siehe auch
9 Werke

Also empfiehlt es sich, diesen Artikel zu speichern.

3 Um die komplette Internetseite mit allen Unterkapiteln zu speichern, klicken Sie in der Symbolleiste des Internet Explorers auf

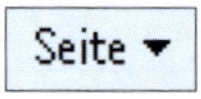

| Seite ▼ |

und in der aufgeklappten Liste auf den Eintrag

| 📝 Speichern unter... |

4 Wenn Sie dann neben dem Eintrag „Webarchiv, einzelne Datei" auf das Dreieck ●

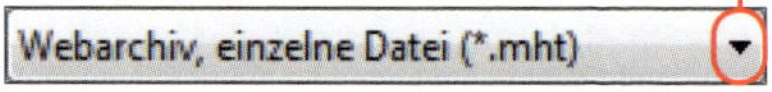

| Webarchiv, einzelne Datei (*.mht) | ▼ |

klicken, so bieten sich Ihnen gleich mehrere Möglichkeiten zur Auswahl:

■ Bei der ersten Option

| Webseite, komplett (*.htm;*.html) |

wird die gesamte Internetseite genauso gespeichert, wie sie ist. Dabei wird auch ein Ordner für die Bilder und Grafiken angelegt, sodass Sie darauf ebenfalls Zugriff haben.

■ Bei der zweiten Option

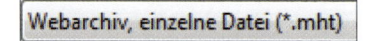

| Webarchiv, einzelne Datei (*.mht) |

werden Bilder, Grafiken und Text in eine einzige Datei verpackt.

Internetseiten drucken | Internet

- Bei der dritten Option hingegen

`Webseite, nur HTML (*.htm;*.html)`

werden Bilder und Grafiken weggelassen und nur die Texte mit allen Formatierungen gespeichert.

- Und bei der letzten Option

`Textdatei (*.txt)`

wird nur der reine, unformatierte Text übertragen. Welche Wahl Sie auch treffen, den Text können Sie immer komfortabel lesen.

5 Haben Sie Ihre Entscheidung getroffen, klicken Sie auf die Schaltfläche

`Speichern`.

Daraufhin landet die Internetseite auf Ihrem Rechner, und zwar ebenfalls in Ihrem „Downloads"-Ordner.

Friedrich Schiller – Wikipedia

6 Jetzt können Sie den Internet Explorer mit einem Mausklick auf das Schließkreuz

beenden. Anschließend können Sie das Dokument per Doppelklick auf das Symbol öffnen und in aller Ruhe lesen – ohne dass bei der Internet-Abrechnung auf Basis eines Zeittakts zusätzliche Verbindungskosten anfallen. Bei einer Flatrate oder einem Volumentarif gibt es allerdings diesen Spareffekt nicht.

Internetseiten drucken

Lesen Sie nicht gerne am Rechner, können Sie Internetseiten auch ausdrucken, damit Sie sie auf Papier vor sich haben. Das geht genauso einfach wie das Übertragen der Internetseiten.

1 Schalten Sie als Erstes Ihren angeschlossenen Drucker ein, und legen Sie genug Papier ein.

2 Auf der Internetseite, die Sie ausdrucken möchten, klicken Sie dann in der Symbolleiste des Internet Explorers auf das Druckersymbol

.

Daraufhin wird die Internetseite sofort ausgedruckt.

Multimedia

9 Musik, Videos und Fernsehen mit dem PC

Längst hat sich der PC vom Arbeitsplatzrechner zur Unterhaltungsmaschine gemausert. Wo früher Dateiverwaltung, Textverarbeitung und Datenbanken das Feld beherrschten, erklingen längst die neuesten Hits oder flimmern abendfüllende Videos über den Bildschirm. Windows 7 bringt ein ganzes Paket von Programmen mit, die sich für die Wiedergabe und Bearbeitung von Medien eignen. Mit dem „Media Player" können Sie Musik, Bilder und Videos verwalten und wiedergeben, auf mobile Abspielgeräte übertragen und auf CDs brennen. Einen bequemen Zugriff auf alle Mediendateien und sogar das laufende Fernsehprogramm bietet Ihnen zudem das integrierte „Media Center" von Windows 7.

Im neunten Kapitel dieses Buches erfahren Sie,
- wie Sie mit dem Media Player Musik abspielen und kopieren,
- wie Sie Musik auf CD brennen
- und wie Sie das Windows Media Center verwenden.

Kapitel-Wegweiser

Musik und andere Medien abspielen mit dem PC 235	Musik im ganzen Haus 250
Bilder und Videos wiedergeben .. 238	Fernsehen und Medien im Windows Media Center 253
Musik-CDs anhören mit dem Media Player 239	TV-Empfang im Media Center einrichten 253
Eine Musik-CD auf den Rechner überspielen 241	Das Media Center steuern 256
Wiedergabeliste mit Musiktiteln erstellen 243	Fernsehen mit dem Media Center 257
Musik auf CDs oder Abspielgeräte kopieren 244	Fernsehaufnahmen wiedergeben 262
Audio- und Daten-CDs brennen .. 245	Musik und Videos im Media Center 264
Musik auf ein mobiles Abspielgerät übertragen 247	

Musik und andere Medien abspielen | **Multimedia**

Musik und andere Medien abspielen mit dem PC

Digitale Musik- und Bildmedien bereichern die Arbeit und vor allem das Freizeitvergnügen am PC. Der Media Player von Windows 7 bietet Ihnen – quer durch die Mediengattungen Musik, Video und Foto – stets einfachen und komfortablen Zugriff.

1 Um den Media Player zu starten, klicken Sie als Erstes in der **Taskleiste** auf ●.

Statt über die Taskleiste können Sie den Media Player selbstverständlich auch über das **Startmenü** öffnen. Klicken Sie dazu auf ●, im geöffneten Startmenü auf ●

und in der aufklappenden Programmliste auf

> Windows Media Player

2 Wenn Sie den Media Player das erste Mal starten, erscheint ein Einrichtungs-**Assistent**. Nun haben Sie die Wahl zwischen einer Schnelleinrichtung mit Standardvorgaben oder einer benutzerdefinierten Variante. Wenn Sie selbst Einfluss auf die Einrichtung nehmen möchten, markieren Sie mit einem Mausklick ●,

> ○ **Empfohlene Einstellungen**
> Legen Sie Windows Media Player als St
> laden Sie automatisch Nutzungsrechte
> Mediendateien herunter, und senden
> Guide als aktiven Onlineshop konfiguri
>
> ● **Benutzerdefinierte Einstellungen**
> Passen Sie Datenschutz-, Wiedergabe

sodass dort ein Auswahlpunkt erscheint, und klicken dann auf

> Weiter

.

3 Im nächsten Fenster legen Sie fest, welche Daten der Media Player aus dem **Internet** beziehen soll. Bedenken Sie, dass hierfür auch immer Daten von Ihnen ins Internet übertragen werden. Per Mausklick können Sie die Markierung der Dienste entfernen, an denen Sie nicht teilnehmen möchten, beispielsweise ●.

> **Erweiterte Wiedergabefunktionen**
> ☑ Medieninformationen aus dem Internet anzei
> ☑ Musikdateien durch Abrufen von Medieninfor
> ☐ Mediennutzungsrechte automatisch erwerber
> *Hinweis: Abgerufene Medieninformationen sind*
>
> **Erweiterte Inhaltsanbieterdienste**
> ☐ Eindeutige Player-ID an Inhaltsanbieter send

Multimedia — Musik und andere Medien abspielen

Außerdem bestimmen Sie in diesem Fenster, welche Daten sich der Media Player auf Ihrem PC merken soll.

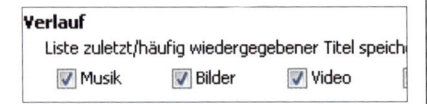

Verlauf
Liste zuletzt/häufig wiedergegebener Titel speich
☑ Musik   ☑ Bilder   ☑ Video

Diese Funktion vereinfacht zwar die Bedienung, lässt aber andere Benutzer unter Umständen sehen, was Sie zuletzt gehört oder angeschaut haben.

4 Wenn Sie in der Regel kein anderes Wiedergabeprogramm für Mediendateien verwenden wollen, lassen Sie den Punkt im Kreis ● stehen, bevor Sie fortfahren. Ansonsten haben Sie nach einem Klick in den unteren Kreis ●

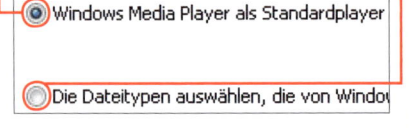

⦿ Windows Media Player als Standardplayer

⦾ Die Dateitypen auswählen, die von Windo

auch die Möglichkeit, individuelle Einstellungen vorzunehmen.

5 Im letzten Assistentenfenster setzen Sie per Klick auf ● einen Punkt.

⦿ Jetzt keinen Shop einrichten

Beenden Sie die Einrichtung mit einem Mausklick auf

   Fertig stellen

6 Daraufhin wird die Medienbibliothek des Media Players angezeigt. Hier finden Sie Verweise zu den Mediendateien, die in den Bibliotheken (siehe Seite 154) gespeichert sind. Über die Navigationsspalte können Sie wie gewohnt einen **Ordner** anklicken, etwa ●, und dadurch öffnen. Die im markierten Ordner gespeicherten Mediendateien werden dann rechts daneben angezeigt. Um ein gespeichertes Medium – beispielsweise eine Musikdatei – abzuspielen, genügt ein **Doppelklick** auf das Symbol oder den Titel, im Beispiel ●.

```
                    Album
📑 Medienbibliothek   Bob Acri
▶  Wiedergabelisten
▲ 🎵 Musik            Bob A
    🎤 Interpret       Bob A
    💿 Album           Jazz
    🎭 Genre           2004
🎞 Videos
🖼 Bilder              Mr. Scruff
💻 TV-Aufzeichnungen   mr.Scruff  Ninja
                                 Mr. Sc
```

7 Die Steuerung der Wiedergabe erfolgt über die Bedienleiste am unteren Fensterrand, die sich wie üblich per Mausklick bedienen lässt. Durch Ziehen des Schiebereglers ❶ mit gedrückter Maustaste stellen Sie die Lautstärke ein, per Klick auf ❷ schalten Sie den Ton aus und danach wieder an. Mit einem Mausklick auf ❸ oder ❹

[❹ ⏮ ⏸ ⏭ ❸ ❷ 🔊 ━━● ❶]

springen Sie zum nächsten oder vorigen Titel. Um die laufende Musik dauerhaft

Musik und andere Medien abspielen — Multimedia

zu wiederholen, genügt ein Klick auf ❺, während ein Mausklick auf ❻

Musiktitel in zufälliger Reihenfolge abspielt. Mit

unterbrechen Sie die Wiedergabe. Um sie danach an gleicher Stelle erneut zu starten, klicken Sie auf

.

8 Übrigens können Sie die gespeicherte Musik auch ganz nach Ihrem Geschmack bewerten. Klicken Sie hierfür einfach auf eines der fünf Sternchen.

Länge	Bewertung	Mitwirkender
3:20	★★★☆☆	Bob Acri
5:48	★★★★☆	Mr. Scruff
2:49	★★★★★	Richard Stoltz

Je besser Ihnen ein Stück gefällt, umso mehr Sternchen können Sie vergeben.

9 Damit Ihre Lieblingsstücke in der Reihenfolge Ihrer Bewertung gelistet werden, klicken Sie einfach auf ●. Ebenso einfach können Sie Ihre Medien per Klick auf die entsprechenden Felder beispielsweise alphabetisch nach Titel ●,

Titel	Länge	Bewert... ▼	Mitwirkender
Kalimba	5:48	★★★★☆	Mr. Scruff
Sleep Away	3:20	★★★☆☆	Bob Acri

Spieldauer ● oder nach Interpreten ● sortieren.

🛈 Datenschutzoptionen des Media Players ändern

Wenn Sie die Datenschutzoptionen, die Sie bei der Ersteinrichtung des Media Players vorgenommen haben, später ändern möchten, klicken Sie im Programmfenster des Media Players auf

Organisieren ▼,

im dann geöffneten Menü auf

Optionen...

und im Optionen-Fenster auf das Register ●.

Player	Musik kopieren	Geräte
Medienbibliothek	Plug-Ins	Datenschutz

Geben Sie Datenschutzeinstellungen
Datenschutzbestimmungen onli

Erweiterte Wiedergabe- und Gerätefunktio
☑ Medieninformationen aus dem Internet
☑ Musikdateien durch Medieninfoabruf a

Hier finden Sie Optionen, die die Übertragung und Speicherung Ihrer Daten betreffen, und können sie auf Wunsch ändern.

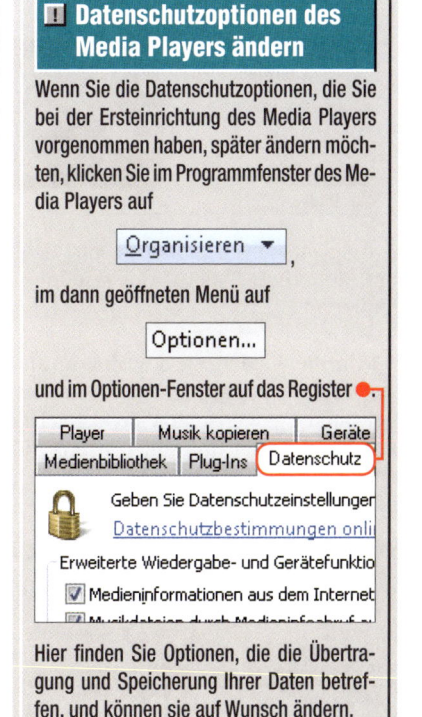

Multimedia | **Bilder und Videos wiedergeben**

Bilder und Videos wiedergeben

Ebenso einfach, wie Sie mit dem Media Player Musikstücke abspielen können, lassen sich auch Videos und Fotos anzeigen.

1 Der Start eines Videos funktioniert dabei genauso wie die Wiedergabe eines Musikstücks. Für den Start öffnen Sie in der Medienbibliothek mit einem Mausklick auf

den gleichnamigen Ordner. Er entspricht der Bibliothek „Videos" des Windows-Explorers.

2 Um die Wiedergabe des Films im Media Player zu starten, klicken Sie doppelt auf die gewünschte Videodatei. Die Bedienleiste am unteren Fensterrand entspricht der Steuerung der Musikwiedergabe. Sollten die Steuersymbole nicht zu sehen sein, bewegen Sie einfach den Mauszeiger. Mit einem Mausklick auf

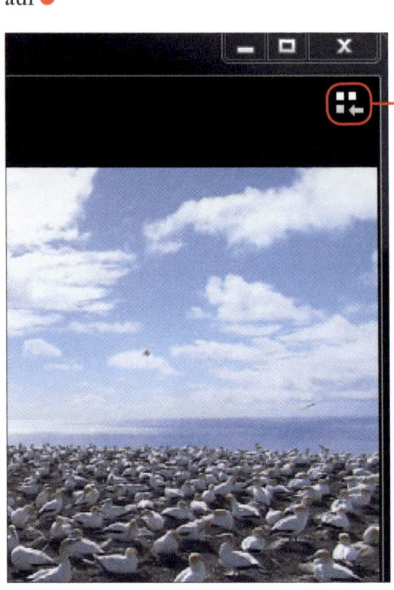

kehren Sie zur Medienbibliothek zurück.

3 Wenn Sie Fotos mit dem Media Player vorführen wollen, öffnen Sie zunächst mit einem Mausklick auf

die gleichnamige Medienbibliothek. Darin sind die Fotos der Ordner versam-

Musik-CDs anhören mit dem Media Player **Multimedia**

melt, die Sie im Windows-Explorer in der Bibliothek „Bilder" verwalten.

4 Um mehrere Bilder mit dem Media Player nacheinander anzuzeigen, markieren Sie die Fotos, beispielsweise indem Sie mit gedrückter Maustaste einen Rahmen um sie ziehen:

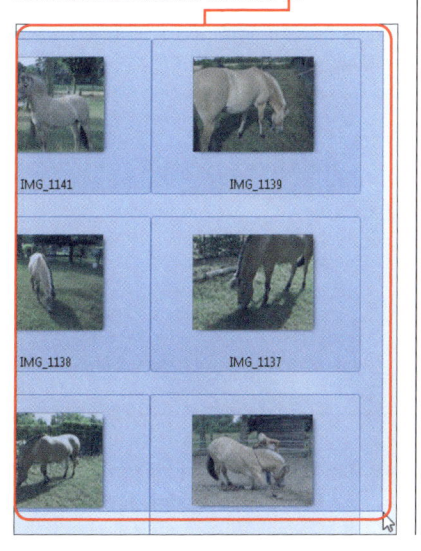

5 Sobald Sie dann unten im Fenster auf das Symbol

klicken, zeigt die Diashow des Media Players die zuvor markierten Fotos.

Wieder erfolgt die Bedienung über die Steuersymbole, die nach kurzer Mausbewegung am unteren Bildschirmrand auftauchen.

Musik-CDs anhören mit dem Media Player

Mit dem Windows Media Player können Sie nicht nur Musik-CDs abspielen, sondern diese auch auf die **Festplatte** übertragen und deren Titel dann ohne eingelegte CD abspielen. Dafür besorgt sich der Media Player – sofern Sie dies wünschen und zulassen – aus dem Internet Zusatzinformationen.

1 Um eine Musik-CD mit dem Media Player abzuspielen, brauchen Sie das Programm nicht manuell zu starten. Das funktioniert automatisch. Legen Sie die Musik-CD in das CD- oder DVD-**Laufwerk** Ihres Rechners ein. Nach wenigen Sekunden startet die Wiedergabe.

Bei bestehender Internetverbindung

239

Multimedia — Musik-CDs anhören mit dem Media Player

besorgt sich der Media Player auch gleich ein Album-Cover und zeigt es an, im Beispiel ●. Das geschieht natürlich nur, sofern Sie bei der Einrichtung (siehe Schritt 3 auf Seite 235) die entsprechende Option gewählt haben. Wenn Sie den Mauszeiger bewegen, werden am unteren Rand und in der rechten oberen Ecke ●

Steuerelemente eingeblendet. Halten Sie die Maus ruhig, verschwinden sie nach wenigen Sekunden.

2 Damit die Wiedergabe beendet wird, klicken Sie auf das Symbol ❶. Möchten Sie, dass die CD später an genau dieser Stelle fortgesetzt wird, klicken Sie stattdessen auf ❷.

Durch Klicks auf ❸ beziehungsweise ❹ starten Sie die Wiedergabe des vorigen beziehungsweise nächsten Stücks.

Wiedergabe aus dem Windows-Explorer starten

Wie im Kapitel 5 schon gezeigt, können Sie Musikstücke, die Sie in einem Ordner – beispielsweise in einem Ordner Ihrer Musikbibliothek – gespeichert haben, auch direkt abspielen. Entweder klicken Sie die Musikdatei doppelt an, oder Sie klicken in der **Menüleiste** auf ●,

wenn Sie alle Titel des Ordners hören wollen.

3 Per Klick auf das Lautsprechersymbol ❺ können Sie den Ton aus- und wieder einschalten. Rechts daneben befindet sich der Lautstärkeregler. Falls er nicht zu sehen sein sollte, klicken Sie auf den Pfeil ●.

Nun können Sie mit gedrückter Maustaste den Schieberegler ●

nach links (leiser) oder rechts (lauter) ziehen, um die Lautstärke zu verändern.

Eine Musik-CD auf den Rechner überspielen | Multimedia

4 Wenn Sie ein bestimmtes Lied auf der eingelegten CD anhören möchten, klicken Sie rechts oben auf das Symbol.

Dadurch wechseln Sie zur Medienbibliothek, in der alle Stücke der CD aufgelistet werden. Dasjenige, das gerade abgespielt wird, ist farbig hervorgehoben, hier. Wollen Sie ein anderes Lied hören, klicken Sie den Titel doppelt an, im Beispiel.

Unusual [...		1	Money Changes Everyt...
uper		2	Girls Just Want to Have ...
		3	When You Were Mine
		4	Time After Time
		5	She Bop
		6	All Through the Night

Eine Musik-CD auf den Rechner überspielen

Es hat Vorteile, die Lieder einer Musik-CD auf den eigenen Rechner zu kopieren. Denn in dem Fall können Sie Songs verschiedener Alben abspielen, ohne die CD wechseln zu müssen, und gleichzeitig wird die Originalscheibe geschont.

1 Um eine Musik-CD auf die Festplatte zu kopieren, legen Sie sie ein und wechseln dann, wie im vorigen Abschnitt in Schritt 4 gezeigt, zur Medienbibliothek. Hier werden die Titel der CD

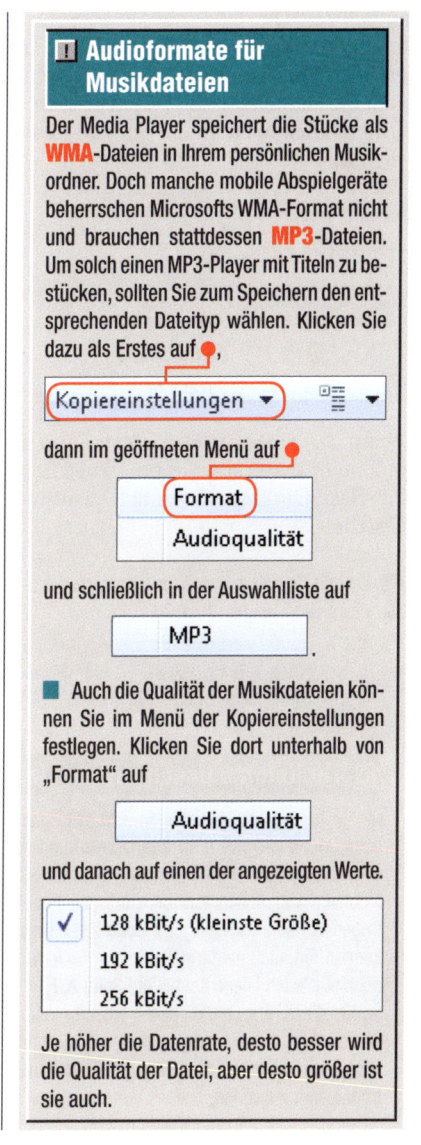

ⓘ Audioformate für Musikdateien

Der Media Player speichert die Stücke als **WMA**-Dateien in Ihrem persönlichen Musikordner. Doch manche mobile Abspielgeräte beherrschen Microsofts WMA-Format nicht und brauchen stattdessen **MP3**-Dateien. Um solch einen MP3-Player mit Titeln zu bestücken, sollten Sie zum Speichern den entsprechenden Dateityp wählen. Klicken Sie dazu als Erstes auf,

Kopiereinstellungen ▼

dann im geöffneten Menü auf

Format
Audioqualität

und schließlich in der Auswahlliste auf

MP3

■ Auch die Qualität der Musikdateien können Sie im Menü der Kopiereinstellungen festlegen. Klicken Sie dort unterhalb von „Format" auf

Audioqualität

und danach auf einen der angezeigten Werte.

✓	128 kBit/s (kleinste Größe)
	192 kBit/s
	256 kBit/s

Je höher die Datenrate, desto besser wird die Qualität der Datei, aber desto größer ist sie auch.

Multimedia   Eine Musik-CD auf den Rechner überspielen

aufgelistet. Die Titel, die Sie kopieren möchten, müssen mit einem Häkchen markiert sein. Um alle Titel zu markieren oder die Markierung aller wieder zu entfernen, klicken Sie in das oberste Kästchen.

🌐 CD kopieren	Kopiereinstellungen ▼	
☑	Nu...	Titel
ion [Dis... ☑	1	Virginia Plain
☑	2	Do the Strand
☑	3	Street Life

Wenn Sie einen Titel *nicht* kopieren möchten, entfernen Sie per Mausklick den Haken im entsprechenden Auswahlkästchen.

2 Damit der Kopiervorgang startet, klicken Sie auf den Befehl

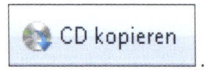

🌐 CD kopieren

Währenddessen werden Sie darüber auf dem Laufenden gehalten, ob ein Titel bereits in die Medienbibliothek aufgenommen wurde, gerade kopiert wird

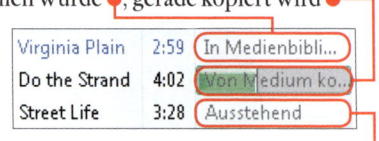

Virginia Plain	2:59	In Medienbibli...
Do the Strand	4:02	Von Medium ko...
Street Life	3:28	Ausstehend

oder noch in der Warteschlange steht.

3 Nach Abschluss des Kopiervorgangs können Sie die CD aus dem Laufwerk nehmen und die kopierte Musik ohne CD am Rechner anhören. In der Medienbibliothek führt ein Klick auf

- 📚 Medienbibliothek
  - ▶ Wiedergabelisten
  - 🎵 **Musik**
    - 👤 Interpret
    - 💿 Album
    - 🏷️ Genre

❗ Titelinformationen aus dem Internet

Die Liste mit den Musiktiteln erscheint nur dann, wenn Sie mit dem Internet verbunden sind und bei der Einrichtung erlaubt haben, dass Medieninformationen aus dem Internet übertragen werden dürfen (siehe Seite 235). Dies können Sie auch nachträglich in den Optionen noch einstellen (siehe Kasten auf Seite 237). Sollte diese Erlaubnis nicht vorliegen oder keine Internetverbindung bestehen, kann das Programm nicht auf die benötigte Datenbank im Internet zugreifen, sodass nur eine durchnummerierte Liste angezeigt wird.

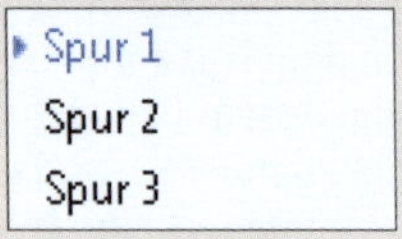

> ▶ Spur 1
> Spur 2
> Spur 3

Hat der Media Player die Informationen jedoch einmal aus dem Internet geladen, werden die Titel beim Einlegen der CD immer angezeigt – und zwar auch dann, wenn Sie nicht mit dem Internet verbunden sind.

Wiedergabeliste mit Musiktiteln erstellen — Multimedia

dazu, dass die gespeicherten Alben angezeigt werden. Um ein Stück anzuhören, reicht ein Doppelklick auf einen der Titel, etwa ●. Und mit einem Doppelklick auf das Cover, etwa ●, spielen Sie das ganze Album ab.

Wiedergabeliste mit Musiktiteln erstellen

Mit Wiedergabelisten können Sie Musikstücke hintereinander weg in einer festgelegten Reihenfolge anhören. Wählen Sie einfach bestimmte Songs aus, und sortieren Sie sie Ihren Wünschen entsprechend. Dann brauchen Sie die Wiedergabeliste nur noch zu starten.

1 Öffnen Sie wie gewohnt die Medienbibliothek, und klicken Sie darin auf

Wiedergabeliste erstellen

.

2 Daraufhin erscheint in der Navigationsspalte am linken Rand die neue Liste. Der Platzhaltertext ist bereits markiert: ●

Tippen Sie also einfach einen aussagekräftigen Namen ein, im Beispiel ●,

und drücken Sie zur Bestätigung die Taste ⏎.

Multimedia Musik auf CDs oder Abspielgeräte kopieren

3 Als Nächstes geht es darum, diese neue Wiedergabeliste mit Musikstücken zu füllen. Wenn Sie auf

klicken, werden Ihre Alben angezeigt. Klicken Sie nun ein Lied an, das in die Liste aufgenommen werden soll, halten Sie die Maustaste gedrückt, und führen Sie den Zeiger mit weiterhin gedrückter Maustaste über den Eintrag der Wiedergabeliste. Sobald die Meldung

erscheint, lassen Sie die Maustaste los. Diesen Vorgang wiederholen Sie mit allen Titeln, die auf der Party für gute Stimmung sorgen sollen. Die Musikstücke selbst verbleiben natürlich an ihrem Platz. In der Wiedergabeliste sind lediglich Verweise gespeichert.

4 Sollten Sie später nicht mehr genau wissen, welche Lieder Sie im Einzelnen zusammengestellt haben, klicken Sie einfach auf die Liste, im Beispiel also . Dann bekommen Sie rechts davon den Inhalt angezeigt:

Mit einem Doppelklick auf die Liste startet die Wiedergabe. Für jede Stimmung oder jeden Anlass können Sie auf diese Weise geeignete Musikzusammenstellungen speichern.

Musik auf CDs oder Abspielgeräte kopieren

Mit dem Media Player können Sie dafür sorgen, dass Sie Musikalben, die Sie auf die Festplatte übertragen haben, auch mitnehmen und unterwegs hören können. Das traditionelle Medium für Musik ist die Audio-CD, die in den CD-Spieler eingelegt und abgehört werden kann. Doch auf CDs lassen sich stattdessen auch Musikstücke im Dateiformat speichern und dann auf speziellen CD- oder DVD-

Audio- und Daten-CDs brennen | Multimedia

Spielern oder anderen PCs wiedergeben. Noch komfortabler ist es, die Titel auf ein mobiles Abspielgerät wie einen MP3-Player zu überspielen und dann unterwegs den Musikgenuss in der Tasche zu haben.

Audio- und Daten-CDs brennen

Gespeicherte Musikstücke können Sie nicht nur am PC hören, sondern auch wieder als ganz normale Musik-CDs brennen, um diese dann zum Beispiel im Auto zu verwenden. Außerdem können Sie unterschiedliche Musiktitel von verschiedenen Alben auf eine Musik-CD brennen, sodass Sie Ihre ganz eigene Zusammenstellung erhalten.

> **Unterschiedliche Musikdateien**
>
> Auf einer Musik-CD oder -DVD liegen die einzelnen Musikstücke in einem speziellen Dateiformat vor. Diese Stücke werden beim Kopiervorgang mit dem Media Player in das Musikformat von Windows umgewandelt und verkleinert (**komprimiert**). Die so kopierten Dateien werden beim Brennvorgang durch den Media Player wieder in das normale Musikformat umgewandelt, sodass sich eine solche gebrannte CD/DVD auch wie eine normale Musik-CD auf jedem CD- und DVD-Abspielgerät verwenden lässt. Hierfür müssen Sie aber darauf achten, dass die CD im Audioformat gebrannt wird (siehe Schritt 4 der nebenstehenden Anleitung).

1 Starten Sie den Media Player wie gewohnt, öffnen Sie die Medienbibliothek, und klicken Sie im rechten Bereich des Fensters auf den Eintrag ●.

Sofern dies noch nicht geschehen ist, legen Sie nun einen CD-**Rohling** in den CD/DVD-Brenner Ihres PCs ein. Die freie Speicherkapazität wird dann angezeigt, hier ●:

2 Mit gedrückter Maustaste **ziehen** Sie jetzt die Titel, Alben oder Wiedergabelisten, die Sie angelegt haben, aus Ihrer Musikbibliothek in den Bereich unter dem CD-Symbol. Wenn Sie sämtliche Musikstücke eines Albums auf CD brennen möchten, ziehen Sie einfach das Coverbild ●

245

Multimedia — Audio- und Daten-CDs brennen

in die Brennliste. Sobald Sie die Maustaste über der Brennliste loslassen, erscheinen alle Titel des Albums in der Liste, die die zum Brennen vorgesehenen Musikstücke enthält, im Beispiel ●.

Datenträger 1 (53.45MB)	
Money Changes Everything	5:06
Girls Just Want to Have Fun	3:58
When You Were Mine	5:06
Time After Time	4:03
She Bop	3:51
All Through the Night	4:33
Witness	3:40
I'll Kiss You	4:12
He's So Unusual	0:45
Yeah Yeah	3:18
Money Changes Everything [*][Fro...	4:35
She Bop [#][*][Live]	5:20
All Through the Night [#][*][Live]	4:48

Wiederholen Sie diesen Vorgang, bis Sie alle gewünschten Alben oder Einzeltitel in die Brennliste aufgenommen haben. Ebenso können Sie auch die Titel, die Sie bereits in Wiedergabelisten zusammengestellt haben, auf einen Schlag übernehmen.

3 Welche Kapazität Ihre Brennliste hat, wird am Kopf der Liste eingeblendet. Darüber sehen Sie, wie viel Platz noch auf der CD verbleibt, beispielsweise ●. Vor allem aber sehen Sie, dass der Media Player die CD als „Datenträger" ● brennen wird.

Datenträger
644 MB von 702 MB frei

4 Um eine CD zu brennen, die sich auf jedem CD- oder DVD-Spieler – beispielsweise im Auto – wiedergeben lässt, müssen Sie darauf achten, dass Sie das Brennformat der CD korrekt eingestellt haben. Solange die Datenkapazität angezeigt wird, brennen Sie nämlich eine Daten-CD, die Sie nur auf speziellen Abspielgeräten und selbstverständlich am PC wiedergeben können. Um das Brennformat zu ändern, klicken Sie daher auf ● und im geöffneten Menü auf ●.

rten   Liste löschen
- Liste ausblenden
- ✓ Datenträger nach dem
- ● Daten-CD oder -DVD
- Audio-CD

CD-Laufwerk (Q:)
Datenträger
644 MB von 702 M
Nächstes Laufwer

Daraufhin zeigt der Media Player, dass er nun eine „Audio-CD" ● brennen wird. Und statt der Datenkapazität zeigt er darunter die freie Restzeit ●

Audio-CD
23:20 von 80 min. frei
Nächstes Laufwerk ▶

der CD und die Spieldauer der bereits angelegten Brennliste an. Solch eine CD eignet sich für jeden CD-Spieler.

5 Wenn Sie mehr Titel in die Brennliste ziehen, als auf eine CD passen, legt der Media Player automatisch weitere CDs an. Nachdem Sie alle Titel, die Sie auf CD brennen möchten, in die Brennliste

Musik auf mobiles Abspielgerät übertragen — Multimedia

gezogen haben, brauchen Sie oberhalb der Liste nur noch auf die Schaltfläche

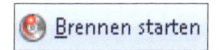

🔴 Brennen starten

zu klicken – und schon wird Ihre neue CD mit den ausgewählten Musikstücken gebrannt.

Audio-CD
Brennen: 80% abgeschlossen

Anschließend wird die fertige Musik-CD ausgeworfen. Sie können sie dann wie gewohnt abspielen.

Musik auf ein mobiles Abspielgerät übertragen

Noch einfacher als das Brennen einer Musik-CD ist es, Musik für ein mobiles Abspielgerät wie einen MP3-Player verfügbar zu machen. Solche Abspielgeräte haben einen internen Datenspeicher, in den die Musikdateien übertragen werden können.

1 Stecken Sie zunächst das Abspielgerät in die USB-Buchse des PCs, und warten Sie, bis Windows in einer Sprechblase meldet, dass es die Gerätetreibersoftware des eingestöpselten Geräts installiert hat: ●.

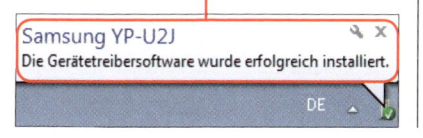

Samsung YP-U2J
Die Gerätetreibersoftware wurde erfolgreich installiert.

Wenn Sie nun in der Medienbibliothek des Media Players auf ● klicken, sehen Sie, wie viel Speicherplatz auf dem Gerät noch frei ist, im Beispiel ●.

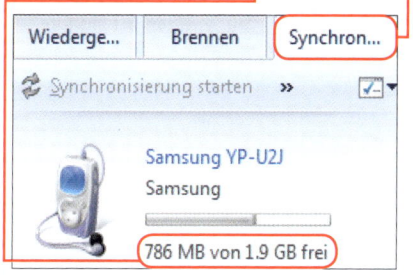

| Wiederge... | Brennen | Synchron... |

Synchronisierung starten »

Samsung YP-U2J
Samsung

786 MB von 1.9 GB frei

2 Genauere Auskunft, welche Dateien momentan auf dem Abspielgerät gespeichert sind, erhalten Sie, wenn Sie in der Navigationsleiste der Medienbibliothek neben dem Gerätenamen auf das Dreieck ● klicken und damit die verschiedenen Ordner anzeigen lassen. Klicken Sie hier beispielsweise auf ●,

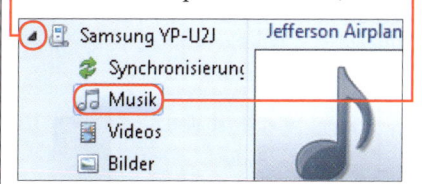

▲ 🖳 Samsung YP-U2J   Jefferson Airplan
   🔄 Synchronisierung
   🎵 Musik
   🎬 Videos
   🖼 Bilder

damit Sie sehen können, welche Musik auf dem Gerät gespeichert ist.

3 Um Stücke zu löschen und somit Speicherplatz freizugeben, klicken Sie einen Titel, etwa ●,

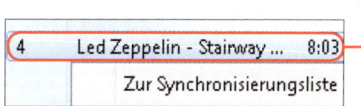

4	Led Zeppelin - Stairway ...	8:03
	Zur Synchronisierungsliste	

247

Multimedia — Musik auf mobiles Abspielgerät übertragen

mit der *rechten* Maustaste an und wählen dann im **Kontextmenü** den Befehl ●.

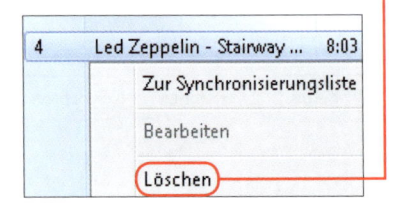

Bestätigen Sie die nachfolgende Sicherheitsabfrage mit einem Mausklick auf ●.

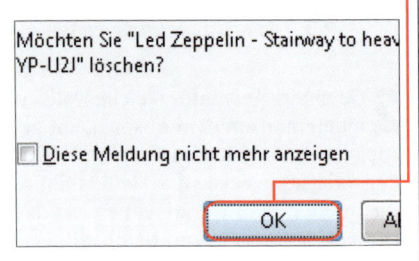

4 Wenn Sie Musiktitel aus Ihrer Medienbibliothek auf das Abspielgerät übertragen möchten, öffnen Sie mit einem Mausklick den Ordner ●.

Gehen Sie nun genauso vor, wie zuvor auf Seite 245/246 in Schritt 2 beschrieben, nur dass Sie die Titel mit gedrückter Maustaste statt in die Brennliste jetzt in die Synchronisierungsliste ziehen.

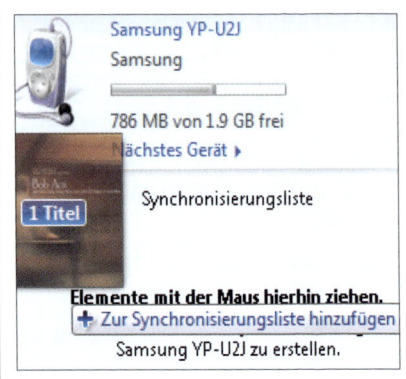

5 Achten Sie bei diesem Vorgang darauf, dass die Speicherkapazität ● des Abspielgeräts nicht überschritten wird.

Um Stücke wieder aus der Synchronisierungsliste zu entfernen, öffnen Sie mit einem *rechten* Mausklick auf den Titel, hier ●, das Kontextmenü und klicken darin auf ●.

Musik auf mobiles Abspielgerät übertragen — Multimedia

⚠ Automatische Synchronisierung einrichten

1 Sie können sich die Synchronisierung Ihres Geräts vereinfachen, indem Sie den Vorgang automatisieren. Klicken Sie dazu auf ● und im Menü auf ●.

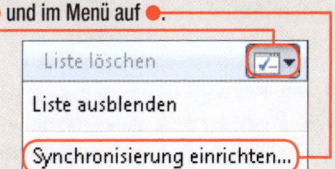

```
Liste löschen           [✓▼]
Liste ausblenden
Synchronisierung einrichten...
```

Setzen Sie dann mit einem Mausklick ein Häkchen ins Feld ●.

```
[✓] Gerät automatisch synchronisieren
```

2 Nun sehen Sie in der rechten Spalte die Wiedergabelisten, die automatisch mit dem Gerät synchronisiert werden sollen. Neben den eigenen Wiedergabelisten sind darunter auch Listen, die auf Ihren Bewertungen basieren (siehe Schritt 8 auf Seite 237) oder automatisch vom Media Player auf der Basis Ihrer Hörgewohnheiten generiert werden. Alle Titel, die einer dieser Listen entsprechen, werden automatisch auf das Gerät übertragen, wenn Sie es das nächste Mal mit dem PC verbinden. Um eine der Wiedergabelisten von der Synchronisierung auszuschließen, markieren Sie sie per Klick, beispielsweise ●,

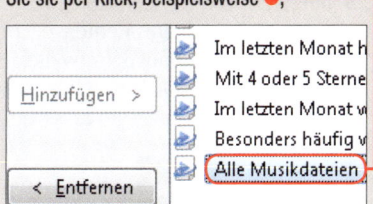

```
                    Im letzten Monat h
                    Mit 4 oder 5 Sterne
Hinzufügen >        Im letzten Monat w
                    Besonders häufig v
< Entfernen         Alle Musikdateien
```

und klicken dann auf den Befehl ●.

```
                    Party
                    Automatisch mit 5
                    Im letzten Monat h
                    Mit 4 oder 5 Sterne
Hinzufügen >        Im letzten Monat w
                    Besonders häufig v
< Entfernen         Alle Musikdateien
```

3 Umgekehrt können Sie aus der Spalte der verfügbaren Wiedergabelisten auch markierte Listen in die automatische Synchronisierung aufnehmen. Dazu genügt dann ein Klick auf

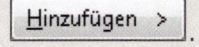

```
Hinzufügen >
```

Um bei Bedarf zwischen der Anzeige selbst angelegter und automatisch generierter Wiedergabelisten umzuschalten, klicken Sie auf ●.

```
Wiedergabelisten synchronisieren ▼
Persönliche Wiedergabelisten
Wiedergabelisten synchronisieren
     Alle Videos
```

4 Bestätigen Sie Ihre Einstellungen abschließend mit einem Klick auf

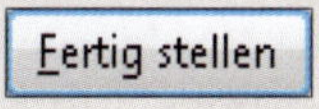

```
Fertig stellen
```

Wenn Sie das Abspielgerät das nächste Mal mit dem PC verbinden, wird die Synchronisierung auf der Basis Ihrer Einstellungen automatisch durchgeführt.

Multimedia Musik im ganzen Haus

6 Sobald Sie in der Synchronisierungsliste alle Titel versammelt haben, die Sie auf das Abspielgerät übertragen möchten, klicken Sie oberhalb der Synchronisierungsliste einfach auf den Befehl

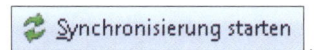

> Synchronisierung starten.

Während die Synchronisierung läuft,

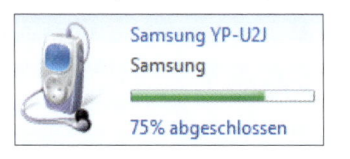

> Samsung YP-U2J
> Samsung
> 75% abgeschlossen

sollten Sie das Gerät nicht trennen.

7 Sobald die Synchronisierung beendet ist, können Sie sich mit einem Mausklick auf

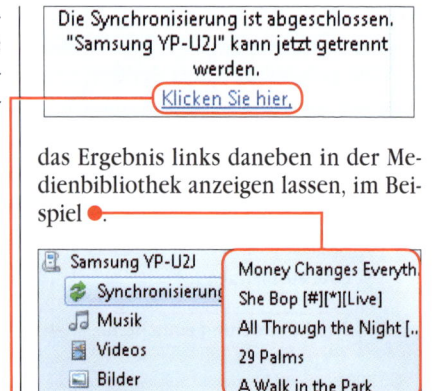

> Die Synchronisierung ist abgeschlossen. "Samsung YP-U2J" kann jetzt getrennt werden.
> Klicken Sie hier.

das Ergebnis links daneben in der Medienbibliothek anzeigen lassen, im Beispiel

> Samsung YP-U2J
> Synchronisierung
> Musik
> Videos
> Bilder
>
> Money Changes Everyth
> She Bop [#][*][Live]
> All Through the Night [..
> 29 Palms
> A Walk in the Park

Wenn alles zu Ihrer Zufriedenheit ausgeführt wurde, trennen Sie das Gerät wieder vom PC. Nun können Sie die übernommenen Musiktitel unterwegs mit dem Abspielgerät anhören.

Musik im ganzen Haus

Im Kapitel 7 wurde Ihnen gezeigt, wie Sie mehrere Rechner zu einem Heimnetzwerk verbinden können. Wenn Sie die entsprechenden Freigaben erteilen, können Sie von jedem der beteiligten PCs aus auf alle Mediendateien sämtlicher Rechner zugreifen. Auch wenn Sie im Wohnzimmer sitzen, haben Sie also Zugriff auf die Musiksammlung eines PCs, der zum Beispiel im Arbeitszimmer steht. Der Media Player ermöglicht aber noch mehr. So können Sie Medien aktiv an einen anderen Rechner „senden", im Beispielfall also vom Wohnzimmer aus die Wiedergabe im Arbeitszimmer steuern. Diese Technik wird als Streaming bezeichnet. Dazu sind nur wenige Einstellungen im Heimnetzwerk und im Media Player nötig.

1 Als Erstes nehmen Sie sich Ihr Heimnetzwerk vor. Beginnen Sie mit dem Rechner, auf dem die Medien gespeichert sind, die später auf dem zweiten PC abgespielt werden sollen. Klicken Sie also nacheinander auf

Musik im ganzen Haus | **Multimedia**

dann auf

Systemsteuerung

und schließlich auf

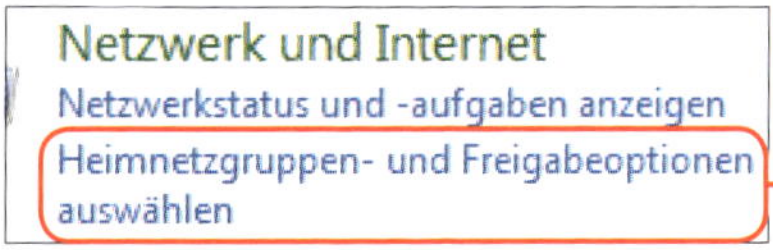

Netzwerk und Internet
Netzwerkstatus und -aufgaben anzeigen
Heimnetzgruppen- und Freigabeoptionen
auswählen

2 Mit je einem Mausklick setzen Sie danach Haken in die Kästchen,

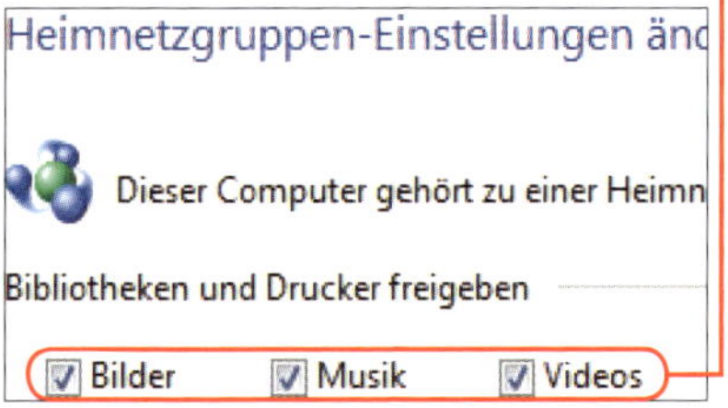

Heimnetzgruppen-Einstellungen änd

Dieser Computer gehört zu einer Heimn

Bibliotheken und Drucker freigeben

☑ Bilder   ☑ Musik   ☑ Videos

sofern diese nicht sowieso schon vorhanden sind. Dadurch geben Sie die Mediendateien für die anderen Rechner im Netzwerk frei.

3 Jetzt kommt das Besondere: Um den Rechner, wie eingangs erwähnt, „sendefähig" zu machen, klicken Sie in das Kästchen,

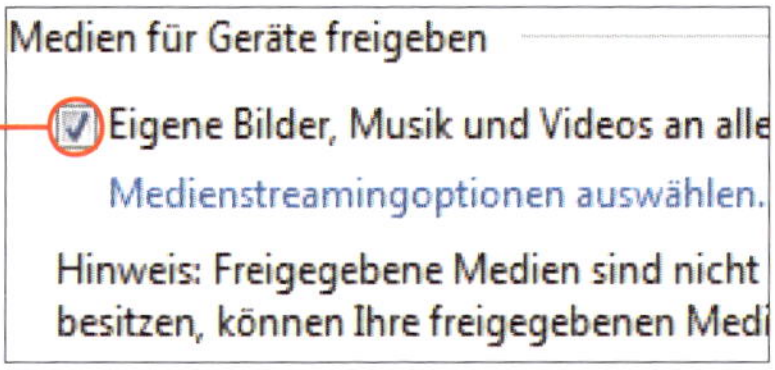

Medien für Geräte freigeben

☑ Eigene Bilder, Musik und Videos an alle
Medienstreamingoptionen auswählen.

Hinweis: Freigegebene Medien sind nicht
besitzen, können Ihre freigegebenen Medi

sodass darin ein Haken erscheint wie in der Abbildung. Zur Bestätigung genügt ein Klick auf

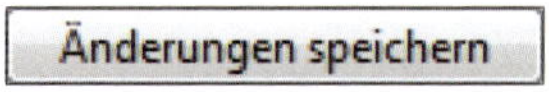

Änderungen speichern

4 Nun starten Sie am zweiten Rechner, an dem die Medien des ersten, soeben konfigurierten PCs abgespielt werden sollen, den Windows Media Player. In der Medienbibliothek haben Sie jetzt auch Zugriff auf die Medien des ersten Rechners. Nach einem Klick auf den Namen dieses Heimnetz-PCs, im Beispiel

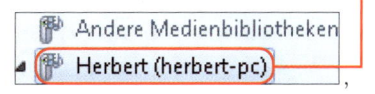

Andere Medienbibliotheken
▸ Herbert (herbert-pc)

sehen Sie, dass Sie sogar auf die fremden Wiedergabelisten zugreifen können.

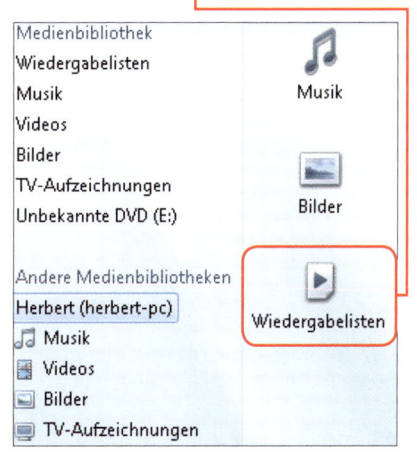

Medienbibliothek
Wiedergabelisten
Musk   Musik
Videos
Bilder
TV-Aufzeichnungen
Unbekannte DVD (E:)   Bilder

Andere Medienbibliotheken
Herbert (herbert-pc)   ▶
♫ Musik   Wiedergabelisten
▦ Videos
▢ Bilder
▯ TV-Aufzeichnungen

5 Als Nächstes nehmen Sie am zweiten PC im Media Player eine Einstellung vor, die es dem ersten Rechner erlaubt, Medien an diesen (zweiten) PC zu sen-

251

Multimedia | Musik im ganzen Haus

den (vgl. dazu Schritt 3). Klicken Sie auf den Befehl ●,

dann auf den Befehl ●

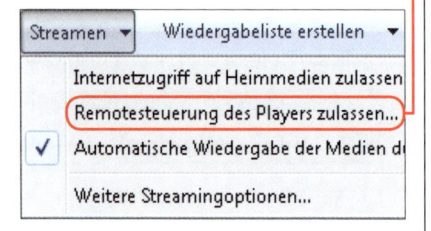

und im nachfolgenden Fenster zur Bestätigung auf ●.

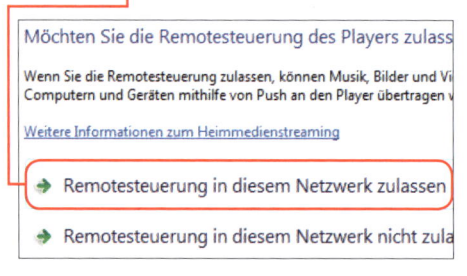

Der zweite Rechner ist somit empfangsbereit für die Medien des ersten PCs.

6 Zurück zum ersten Rechner. Öffnen Sie dort den Media Player. Markieren Sie dann in der Medienbibliothek mit einem Mausklick ein Musikstück, das Sie auf dem *zweiten* Rechner abspielen möchten.

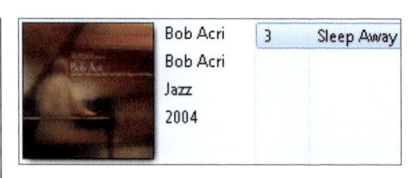

Holen Sie rechts oben im Programmfenster gegebenenfalls das Register ● in den Vordergrund, und klicken Sie dann auf das Symbol ●

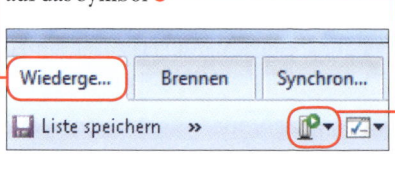

sowie anschließend auf den Namen des zweiten Rechners ●,

an den Sie das zuvor markierte Musikstück senden wollen.

7 Im Fenster, das daraufhin erscheint,

Fernsehen im Windows Media Center | Multimedia

finden Sie am unteren Ende die gewohnte Wiedergabesteuerung:

Das Stück wird aber nicht auf diesem Rechner, sondern auf dem *zweiten* Rechner im Media Player abgespielt! So können Sie beispielsweise vom Arbeitszimmer aus die Musikwiedergabe im Wohnzimmer starten oder auch Hörspiele auf dem Rechner im Kinderzimmer wiedergeben. Die Steuerung kann natürlich auch auf dem zweiten Rechner erfolgen. Achtung: Zu Beginn des Streaming-Vorgangs muss der Media Player auf dem Empfangs-Rechner, also dem zweiten PC, ebenfalls geöffnet sein.

Fernsehen und Medien im Windows Media Center

Wie Sie gesehen haben, können Sie mit dem Media Player Filme anschauen oder Musik hören und mit der Fotogalerie Bilder betrachten. Alles unter einem Dach finden Sie im „Media Center" von Windows 7. Dabei handelt es sich um eine Art Zentrale, von der aus Sie alle Multimediainhalte verwalten und verwenden können. Beim ersten Start des Media Centers muss das Programm noch eingerichtet werden, was allerdings fast automatisch passiert.

TV-Empfang im Media Center einrichten

Wenn Sie einen TV-Empfänger in Ihrem PC integriert haben, können Sie mit dem Media Center auch das Fernsehprogramm anschauen. Solch ein Empfänger lässt sich auch nachträglich noch installieren. Hierfür gibt es beispielsweise **USB-Sticks** für den Empfang des digitalen terrestrischen Fernsehens (DVB-T).

1 Um das Media Center zu starten, klicken Sie auf

und im geöffneten Startmenü auf

Windows Media Center

.

2 Für die Konfiguration des Media Centers klicken Sie im Eingangsfenster erst mal einfach auf

Weiter

und im nachfolgenden Fenster auf.

Multimedia — TV-Empfang im Media Center einrichten

3 Um nun die Fernsehfunktion des Media Centers einzurichten – dies setzt wie gesagt einen TV-Empfänger in Ihrem PC voraus –, klicken Sie im nächsten Fenster auf.

Damit wird die Einrichtung der Fernsehempfangseinheit gestartet.

4 In den folgenden Fenstern bestätigen Sie Ihre Einstellungen stets per Klick auf

Weiter.

Wählen Sie zunächst Ihre Region. Sofern die automatische Analyse korrekt ist, klicken Sie auf.

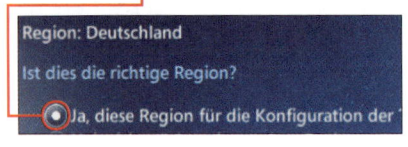

Region: Deutschland
Ist dies die richtige Region?
● Ja, diese Region für die Konfiguration der

Tragen Sie dann Ihre Postleitzahl ins Feld

Postleitzahl
Anhand Ihrer Postleitzahl werde
verfügbaren TV-Programmlisten
Beispiel: 10785
40670

ein. Stimmen Sie sowohl den rechtlichen Hinweisen

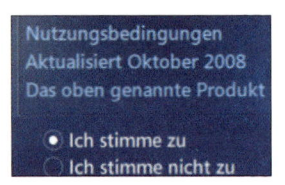

Nutzungsbedingungen
Aktualisiert Oktober 2008
Das oben genannte Produkt
● Ich stimme zu
○ Ich stimme nicht zu

als auch den Lizenzbestimmungen

Diese Lizenzbestimmungen s
Microsoft Corporation (oder
Konzerngesellschaft, wenn di
erwerben, die Software lizenz
● Ich stimme zu

zu, und warten Sie ab, bis die folgenden automatischen Datenübertragungen und Einrichtungsvorgänge abgeschlossen sind.

5 Sollte das Ergebnis der TV-Signalerkennung negativ ausfallen, können Sie beispielsweise beim Einsatz eines DVB-T-Empfängers die Senderkonfiguration manuell

Wie möchten Sie das TV-Signal konfigurieren?
○ Windows Media Center erneut suchen la
● TV-Signal manuell konfigurieren

TV-Empfang im Media Center einrichten — Multimedia

starten. Oder aber Sie markieren per Mausklick,

> ● Digital terrestrisch (DVB-T) ohne Signal

wenn das Media Center Ihren DVB-T-Empfänger automatisch erkannt hat, beispielsweise

> ✓ Cinergy T-Stick Dual Tuner

In diesem Fall können Sie direkt mit Schritt 7 fortfahren. Auch in den folgenden Fenstern bestätigen Sie Ihre Einstellungen jeweils mit einem Klick auf

> Weiter

6 Falls der Empfänger nicht automatisch einer Empfangsweise zugeordnet werden konnte, müssen Sie im weiteren Verlauf angeben, wie Sie das Fernsehprogramm empfangen,

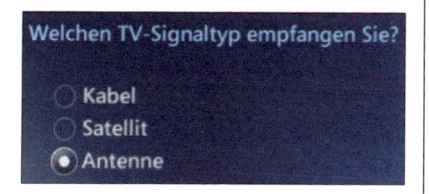

> **Welchen TV-Signaltyp empfangen Sie?**
> ○ Kabel
> ○ Satellit
> ● Antenne

ob das Signal analog oder digital ist

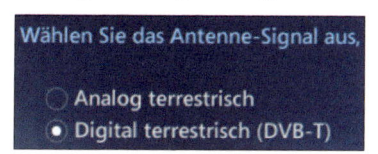

> **Wählen Sie das Antenne-Signal aus,**
> ○ Analog terrestrisch
> ● Digital terrestrisch (DVB-T)

und ob Sie beim digitalen Empfang einen Empfänger für die Entschlüsselung des Signals verwenden.

> **Besitzen Sie eine Set-Top-Box?**
> ○ Ja
> ● Nein

7 Beim DVB-T-Empfang folgt als Nächstes die Auswahl des TV-Signalanbieters, im Beispiel

> **Wählen Sie den Digital terrestrisch (DVB-T) folgenden Liste aus.**
> DVB-T Allgemeine Kanalliste
> **DVB-T Düsseldorf-Ruhrgebiet**
> DVB-T Köln-Bonn

und dann noch einmal die Kontrolle der Konfiguration.

> **Konfiguration des TV-Signals**
> Die folgenden TV-Signale werden für Windows Med
> Digital terrestrisch (DVB-T): DVB-T Düsseldorf-Ruhr

Anschließend beginnt die Suche nach den Sendern.

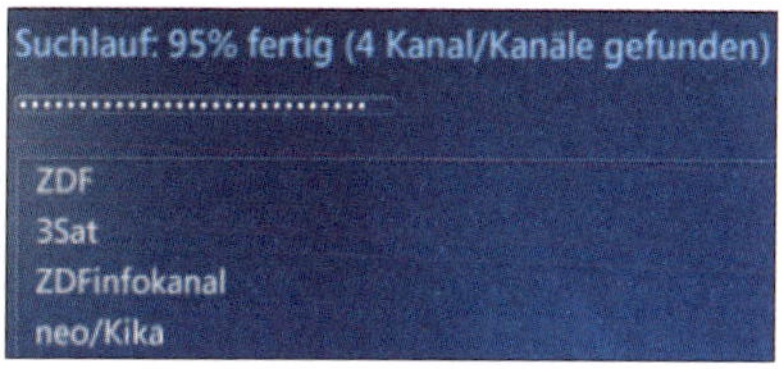

> Suchlauf: 95% fertig (4 Kanal/Kanäle gefunden)
> ....
> ZDF
> 3Sat
> ZDFinfokanal
> neo/Kika

8 Das Ergebnis des Sendersuchlaufs

> 26 Kanal/Kanäle gefunden
> CNN International
> Viva

Multimedia | Das Media Center steuern

bestätigen Sie mit einem letzten Mausklick auf

> Weiter .

Zum Beenden der TV-Einrichtung

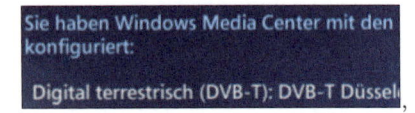

> Sie haben Windows Media Center mit den konfiguriert:
> Digital terrestrisch (DVB-T): DVB-T Düssel,

genügt dann ein Klick auf

> Fertig stellen .

Das Media Center steuern

Die Steuerung des Media Centers ist recht einfach und komfortabel, da die Bedienung der verschiedenen Medien im Prinzip über die gleichen Symbole und Elemente erfolgt.

1 Wenn Sie im Fenster des Media Centers den Mauszeiger bewegen, erscheinen an der oberen linken Ecke zwei Symbole. Während Sie ein Klick auf zur zuvor geöffneten Seite zurückbringt, ruft ein Mausklick auf

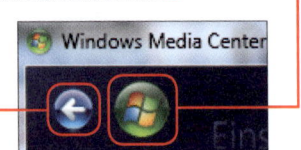

von jeder Unterseite aus die Startseite des Media Centers auf.

Zusätzlich zu den beiden Navigationssymbolen erscheint bei einer Mausbewegung im Fenster unten die Leiste für die Wiedergabesteuerung

Die Steuerungssymbole sind in allen Fenstern gleich. Darüber ist es möglich, sowohl Musik, Bilder und Videos wiederzugeben, als auch den Fernsehempfang zu steuern (siehe Seite 260).

2 Auf der Startseite sind alle verschiedenen Bereiche des Media Centers untereinander angeordnet. Um die Liste zu bewegen, drehen Sie entweder das Mausrad, oder Sie führen den Mauszeiger auf den obersten oder untersten Eintrag, sodass ein Navigationspfeil erscheint: .

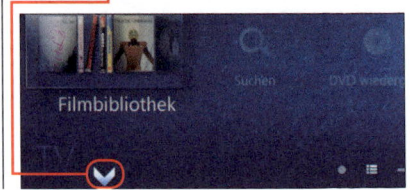

Fernsehen mit dem Media Center | Multimedia

Per Klick darauf bewegen Sie die Einträge der Liste nach unten oder oben. Der vorletzte Eintrag ist stets hervorgehoben und zeigt die jeweiligen Unterfunktionen, im Beispiel ●.

sehfunktionen. Mit einem Mausklick auf den Eintrag „Live-TV" ● startet das Media Center direkt die Wiedergabe des aktuellen Fernsehprogramms.

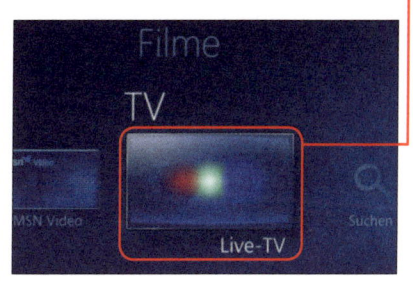

3 Um einen beliebigen Eintrag an die vorletzte Stelle der Liste zu setzen, ihn hervorzuheben und seine Unterfunktionen anzeigen zu lassen, genügt es, ihn anzuklicken, beispielsweise

Im Beispielfall sehen Sie nun, welche Optionen das Media Center fürs Fernsehen bietet: ●.

Auf der Startseite reicht ein Mausklick auf den gewünschten Eintrag, um das entsprechende Unterfenster zu öffnen. In der TV-Sparte bietet sich Ihnen also die Wahl zwischen verschiedenen Fern-

Fernsehen mit dem Media Center

Wenn Sie mit dem Media Center fernsehen möchten, haben Sie zunächst zwei verschiedene Startmöglichkeiten: Entweder Sie beginnen das Fernsehprogramm direkt mit dem zuletzt eingestellten Sender, wie zum Ende des letzten Abschnitts gezeigt. Dies entspricht dann der gewohnten Art, Fernsehen zu konsumieren: einschalten und dann zwischen den Sendern umschalten, bis etwas mehr oder minder Sehenswertes gefunden wurde. Hilfreich ist hierbei erfahrungsgemäß eine Programmzeitschrift. Doch die muss nicht länger in gedruckter Form auf dem Tisch liegen, da ja eine elektronische Programmübersicht im Media Center integriert ist. Um mit ihrer Hilfe gezielt fernzusehen, rufen Sie zunächst die Programmübersicht auf und wählen die Sendung aus, die Sie sehen wollen.

Multimedia Fernsehen mit dem Media Center

1 Um die digitale Programmzeitschrift des Media Centers zu öffnen, klicken Sie im Startfenster auf den Eintrag •.

2 Im elektronischen Programmführer können Sie nun sehen, was gerade in den einzelnen Sendern läuft.

Sieben Sender sehen Sie auf einen Blick, weitere Sender, wenn Sie die Programmvorschau mit dem Mausrad nach oben oder unten bewegen. Stattdessen können Sie auch auf den Navigationspfeil • klicken, der sich zeigt, sobald der Mauszeiger auf der obersten oder untersten Zeile der Programmliste ruht. Unter der markierten Fernsehsendung werden Informationen zum Programm eingeblendet, etwa •.

Diese Zusatzinformation unter der Programmvorschau ist auch deshalb sinnvoll, weil nicht alle Namen der Sendungen in voller Länge zu sehen sind. Die Größe der einzelnen Felder entspricht nämlich immer nur der Dauer der Sendung.

3 Möchten Sie im Programmführer sehen, welche Sendungen das Fernsehen in Zukunft bietet, führen Sie die Maus auf eines der rechten Programmfelder. Hier erscheint wieder ein Navigationspfeil •,

den Sie nur anzuklicken brauchen, um spätere Ausstrahlungen angezeigt zu bekommen.

4 Wenn Sie eine Sendung aufzeichnen wollen, die in der Zukunft liegt, klicken Sie den Eintrag, im Beispiel •, einfach mit der *rechten* Maustaste an und wählen im Kontextmenü den Befehl •.

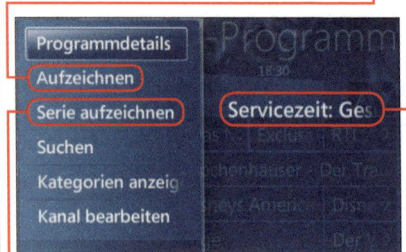

Handelt es sich dabei um die Folge einer Sendungsreihe, können Sie per Klick auf • auch gleich die ganze Serie aufnehmen.

Fernsehen mit dem Media Center Multimedia

5 Welche Sendungen zur Aufzeichnung programmiert sind, erkennen Sie direkt an dem Symbol ●. Sieht das Symbol hingegen so aus ●,

bedeutet dies, dass nicht nur eine Einzelausstrahlung, sondern die ganze Sendereihe zur Aufnahme programmiert wurde. Löschen lassen sich Programmierungen übrigens wieder über das (mit der *rechten* Maustaste zu öffnende) Kontextmenü, in dem Sie auf ● klicken.

6 Um eine laufende Fernsehsendung zu verfolgen, klicken Sie in der Programmübersicht einfach auf den Eintrag, etwa ●.

Das angeklickte Programm wird dann im Fenster des Media Centers angezeigt.

▣ Programme nach Kategorien sortieren

Wenn Sie eine spezielle Programmgattung suchen, können Sie sich mit einem Klick auf ● verschiedene Kategorien anzeigen lassen. Die Inhalte der Liste bewegen Sie wieder über die Pfeile ●.

Per Mausklick beispielsweise auf ● lässt sich die Auswahl auf Nachrichtensendungen beschränken.

7 Wenn Sie im Programmfenster die Maus bewegen, erscheinen die Steuerungssymbole für die Wiedergabe. Sie sind – wie bereits erwähnt – in allen Fenstern des Media Centers gleich, haben

259

Multimedia Fernsehen mit dem Media Center

aber – wie Sie gleich sehen werden – beim Fernsehempfang die meisten Funktionen. Im Zentrum steht das Symbol

mit dem Sie die Wiedergabe starten und anschließend pausieren lassen können.

Daneben sind die verschiedenen Symbole für den schnellen Vor- und Rücklauf. Links davon stoppen Sie mit einem Klick auf

die Wiedergabe. Der rechte Bereich dient mit dem Plus- und Minuszeichen der Lautstärkeregelung. Ein Klick auf das Lautsprechersymbol

schaltet – wie in der Abbildung gezeigt – die Tonwiedergabe aus und nach einem erneuten Klick aufs Symbol wieder an.

8 Oberhalb der Steuerungsleiste wird bei der Fernsehwiedergabe, aber auch bei Videos und TV-Aufzeichnungen, die Sie mit dem Media Center gemacht haben, eine Zeitleiste eingeblendet.

> ### ⚠ Wiedergabe unterbrechen beim Fernsehen
>
> Mit einem Klick auf das Pause-Symbol
>
> können Sie übrigens auch das laufende Fernsehprogramm anhalten, beispielsweise wenn Ihr Telefon klingelt oder Sie sich ein Getränk aus der Küche holen wollen. Wenn Sie zurück sind, klicken Sie einfach auf ❶ und sehen die Sendung genau an der Stelle weiter, an der Sie sie angehalten haben. Doch das Media Center kann noch mehr: Sie können mit den Navigationssymbolen für den raschen Rück- und Vorlauf ❷
>
> in der laufenden Sendung zurück oder nach vorne spulen, wenn Sie ein TV-Programm zuvor angehalten haben und eine Szene noch einmal sehen oder die Werbung überspringen möchten. Mit den Symbolen für den Vor- und Rücksprung ❸ springen Sie in der Sendung um rund 10 Sekunden nach vorne oder hinten. Auf diese Weise können Sie zum Beispiel eine Passage wiederholen, die Sie vielleicht akustisch nicht verstanden haben.

Darauf können Sie mit gedrückter Maus-

Fernsehen mit dem Media Center — Multimedia

taste den Positionsanzeiger nach vorne oder hinten ziehen und so, durch Freigeben der Maustaste, eine bestimmte Stelle direkt anspringen. Beim Fernsehprogramm und bei aufgezeichneten Fernsehsendungen erscheint zudem beim Ziehen oberhalb der Zeitleiste ein kleines Vorschaubild,

das Ihnen die Orientierung erleichtert.

9 Ganz links in der Steuerungsleiste sind die vier Symbole

für die Fernsehwiedergabe reserviert. Mit ❶ wechseln Sie zum vorigen oder nächsten TV-Programm der Senderliste. Den elektronischen Programmführer blenden Sie per Klick auf ❷ ein, und mit einem Klick auf ❸ nehmen Sie die laufende Sendung auf.

10 Die laufende Aufnahme wird auch in der Zeitleiste angezeigt, die ober-

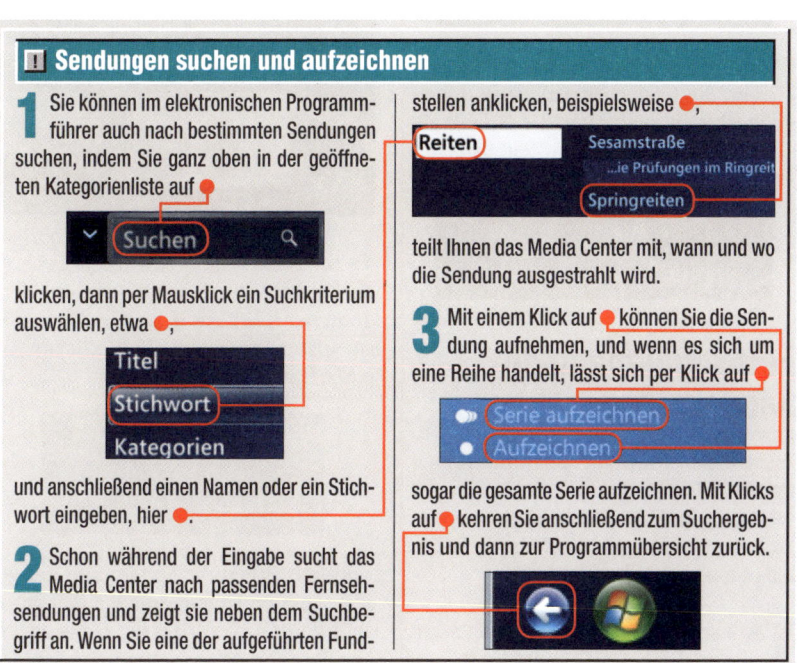

Sendungen suchen und aufzeichnen

1 Sie können im elektronischen Programmführer auch nach bestimmten Sendungen suchen, indem Sie ganz oben in der geöffneten Kategorienliste auf

Suchen

klicken, dann per Mausklick ein Suchkriterium auswählen, etwa

- Titel
- Stichwort
- Kategorien

und anschließend einen Namen oder ein Stichwort eingeben, hier.

2 Schon während der Eingabe sucht das Media Center nach passenden Fernsehsendungen und zeigt sie neben dem Suchbegriff an. Wenn Sie eine der aufgeführten Fundstellen anklicken, beispielsweise,

Reiten — Sesamstraße
...ie Prüfungen im Ringreit
Springreiten

teilt Ihnen das Media Center mit, wann und wo die Sendung ausgestrahlt wird.

3 Mit einem Klick auf können Sie die Sendung aufnehmen, und wenn es sich um eine Reihe handelt, lässt sich per Klick auf

- Serie aufzeichnen
- Aufzeichnen

sogar die gesamte Serie aufzeichnen. Mit Klicks auf kehren Sie anschließend zum Suchergebnis und dann zur Programmübersicht zurück.

261

Multimedia | **Fernsehaufnahmen wiedergeben**

halb der Steuersymbole erscheint. Wenn Sie das Aufnahmesymbol

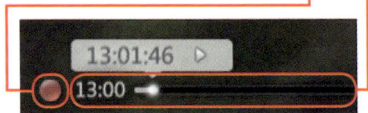

noch einmal anklicken, haben Sie damit eine Serienaufnahme programmiert. Das heißt, neue Folgen einer Sendereihe werden automatisch aufgenommen. Dies erkennen Sie bei einer laufenden Sendung in der Zeitleiste am Symbol.

Um die laufende Aufnahme zu stoppen, klicken Sie in der Steuerleiste einfach noch ein weiteres Mal auf das Aufnahmesymbol, sodass es aus der Zeitleiste verschwindet:

Fernsehaufnahmen wiedergeben

Wenn einmal trotz aller Suchfunktionen im aktuellen Programm nichts Sehenswertes zu finden ist, können Sie sich einfach die Sendungen anschauen, die Sie aufgenommen haben.

1 Klicken Sie dazu als Erstes im Startfenster des Media Centers auf.

Im Aufzeichnungsfenster sind alle Sendungen, die Sie bereits aufgenommen haben, versammelt. Klicken Sie einfach auf das Bild der Sendung, die Sie jetzt sehen möchten, etwa.

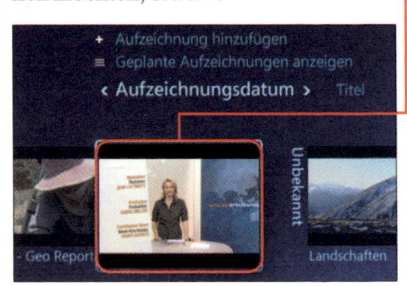

2 Im daraufhin geöffneten Fenster können Sie die aufgenommene Sendung per Klick auf starten. Wenn Sie sie später löschen wollen, klicken Sie einfach auf.

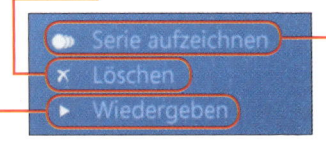

Und falls Ihnen die Sendereihe gut gefällt, können Sie mit einem Klick auf auch dafür sorgen, dass die nächsten Folgen der Serie aufgenommen werden.

262

Fernsehaufnahmen wiedergeben — Multimedia

3 Um die Sendung auf CD oder DVD zu brennen, klicken Sie in diesem Fenster auf ●.

Übersicht Aktionen

ARTE Journal
Mo, 26.07, 12:58 – 13:04 CH 35 arte

Danach lässt sich der Brennvorgang mit einem Klick auf ● starten. Um festzulegen, wie lange die Aufnahme auf Ihrer Festplatte gespeichert bleiben soll, klicken Sie auf ●.

Zusätzliche Befehle
Beibehalten bis
CD/DVD brennen

4 Im nächsten Fenster haben Sie verschiedene Optionen, um die automatische Löschfunktion zu aktivieren. Voreingestellt ist ●. Wenn Sie sichergehen wollen, dass die Aufnahme nicht automatisch gelöscht wird, klicken Sie auf ●.

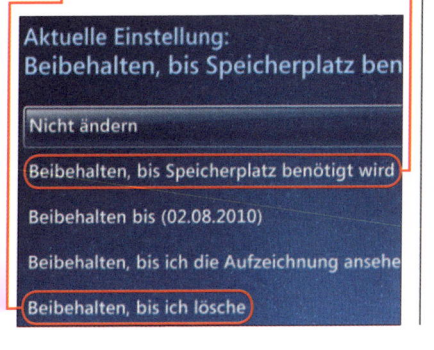

Aktuelle Einstellung:
Beibehalten, bis Speicherplatz ben

Nicht ändern

Beibehalten, bis Speicherplatz benötigt wird

Beibehalten bis (02.08.2010)

Beibehalten, bis ich die Aufzeichnung ansehe

Beibehalten, bis ich lösche

❗ Internet-TV mit dem Media Center ansehen

Das Media Center bringt Ihnen neben dem normalen Fernsehprogramm auch kostenloses Internet-TV ins Haus. Wenn Sie hiervon Gebrauch machen möchten, klicken Sie im Startfenster auf ●,

msn Video
TV-Programm   MSN Video

akzeptieren im nächsten Fenster mit einem Mausklick ins Kästchen ● die Nutzungsbedingungen und klicken anschließend auf ●.

✓ Ich habe die Nutzungsbedingungen und die Datenschutzbestimmungen gelesen und verstanden.

Installieren

Nach dem **Download** und der automatischen Installation stehen Ihnen die Sendungen von MSN-Video zum freien Empfang zur Verfügung. Neben vielen Informationsbeiträgen finden Sie hier auch Videoclips zu den Themenbereichen Auto, Computer, Stars, Kino und Musik.

Leicht, elegant, sexy: Die Mode der Zukunft
Auf der Düsseldorfer cpd wird derzeit wieder die Mode der Zuku

Der Start und die Steuerung der Videoclips erfolgt wie gewohnt über die Wiedergabesymbolleiste.

Multimedia — Musik und Videos im Media Center

Musik und Videos im Media Center

Wie schon erwähnt, beherrscht das Media Center nicht nur den Empfang des Fernsehprogramms, sondern ist auch in der Lage, die in Ihren Bibliotheken gespeicherten Musikstücke, Fotos und Videos wiederzugeben. Darüber hinaus können Sie im Media Center auch DVDs abspielen.

1 In den verschiedenen Medienbereichen, die Sie über das Startfenster des Media Centers erreichen, können Sie wie gewohnt per Mausklick die Medien auswählen, die Sie wiedergeben möchten. Diese Steuerung erfolgt weitgehend auf die gleiche Weise. Wenn Sie beispielsweise auf den Eintrag ● klicken, wird Ihre Musikbibliothek angezeigt.

2 Klicken Sie dann in Ihrer Bibliothek einfach auf einen Eintrag, zum Beispiel ●.

> ### ⚠ Ordner zur Medienbibliothek hinzufügen
>
> Wenn Sie im Startmenü eine Medienfunktion aufrufen, die Sie zuvor noch nicht gestartet haben, macht Ihnen das Media Center ein Angebot: Sie können in die betreffende Bibliothek Medien aufnehmen, die Sie zwar auf der Festplatte haben, die bislang aber noch nicht in der Bibliothek sind. So erhalten Sie beispielsweise beim Aufruf von ● 
>
> die Möglichkeit, Musikstücke für Ihre Musikbibliothek hinzuzufügen. Klicken Sie dazu einfach auf ●, und wählen Sie die Ordner aus. Hierbei können Sie auch Ordner hinzufügen, die auf anderen Computern Ihres Netzwerks freigegeben sind und Medien enthalten. Wenn allerdings alle Medien, die Sie benutzen möchten, in Ihren eigenen Bibliotheken gespeichert sind, klicken Sie einfach auf ●.
>
> **Medienbibliotheken**
> Über "Aufgaben", "Einstellungen", "Mediendateien" können Sie der Bibliothek Musik hinzufügen. Möchten Sie jetzt weitere Musik hinzufügen?
>
> [Musik hinzufügen]   [Abbrechen]

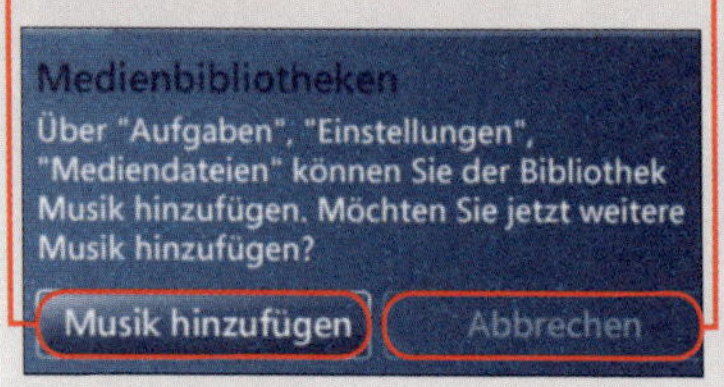

Musik und Videos im Media Center — **Multimedia**

Anschließend werden Informationen zum ausgewählten Medium eingeblendet. Ein Mausklick auf ●

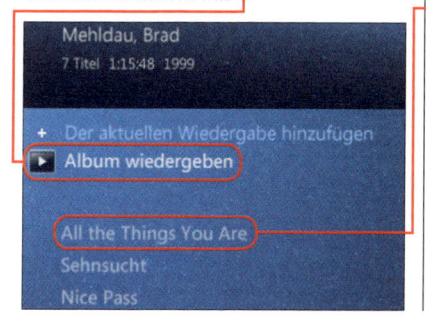

startet die Wiedergabe des ganzen Albums, während ein Klick auf ein Musikstück, etwa ●, ein weiteres Fenster öffnet.

3 Hier können Sie das Stück mit einem Mausklick auf das Startsymbol beziehungsweise ● abspielen oder in eine Wiedergabeliste aufnehmen. Die Steuerung erfolgt im unteren Teil des Fensters über die **Symbolleiste**, die erscheint, sobald Sie die Maus im Fenster bewegen. Links davon sehen Sie, welcher Titel gerade läuft, hier ●.

🄵 Diashow mit Musik hinterlegen

Um eine attraktive Diashow am Bildschirm zu zeigen, legen Sie zunächst, wie auf Seite 243 beschrieben, eine Wiedergabeliste mit passenden Musikstücken an und klicken dann im Startfenster auf ●.

per Klick auf das erste Foto, hier ●.

Nun können Sie über die Wiedergabeleiste die Musik steuern, während die Diashow Ihre Fotos zeigt.

In der Bildbibliothek starten Sie die Diashow

Multimedia | Musik und Videos im Media Center

4 Um eine DVD anzusehen, klicken Sie auf ●.

Sollte im DVD-Laufwerk jetzt keine DVD liegen, erscheint die Meldung ●, die Sie per Klick auf OK bestätigen müssen.

Legen Sie also eine DVD ein, und klicken Sie anschließend noch einmal auf das Symbol ●.

5 Daraufhin wird der Film im Media Center abgespielt. Wie üblich kann er über die Wiedergabeleiste gesteuert werden.

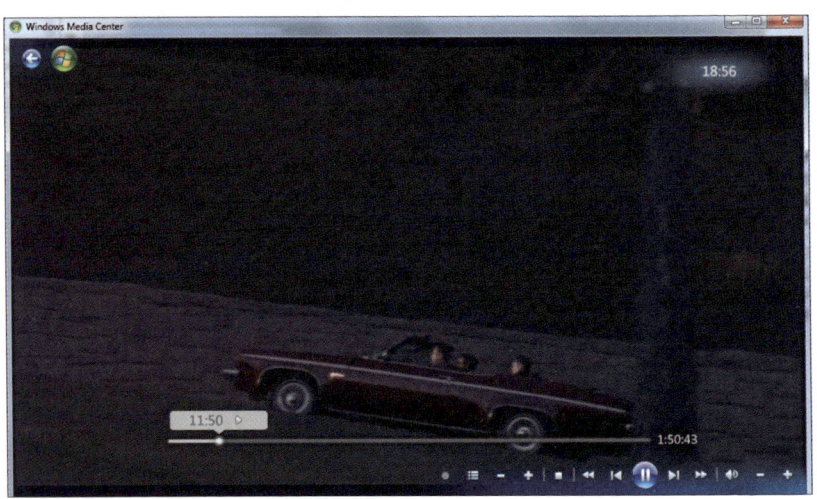

Um Filme im Vollbildmodus zu genießen, klicken Sie auf das Maximierfeld ●. Geschlossen wird das Media Center wie üblich per Mausklick auf das Schließkreuz ●, das im Vollbildmodus nach einer kurzen Mausbewegung erscheint.

Word

10 Textverarbeitung leicht gemacht

Eines der wichtigsten Programme, das im Prinzip von jedem Computernutzer gebraucht wird, ist die Textverarbeitung. Bei vielen Rechnern wird das Textverarbeitungsprogramm Microsoft Word zumindest in einer Starter-Edition gleich mitgeliefert. Word 2010 gehört zur Programmsammlung Office 2010, für die auf vielen PCs mit „Office Starter 2010" eine Edition bereitliegt, die Sie ohne weitere Kosten installieren können. Zwar ist der Funktionsumfang der Starter-Version beschränkt, doch genügt er, um einfache Dokumente und Tabellen zu gestalten und vor allem einen ersten Eindruck von Word 2010 und Excel 2010 zu erhalten. Und wer mehr braucht, kann bei Microsoft einen Produktschlüssel erwerben, mit dem sich Office Starter zur gewünschten Vollversion aktivieren lässt. Im Folgenden erhalten Sie eine Einführung in die Grundfunktionen von Word 2010 mit seinem dynamischen **Menüband**, das Ihnen immer die gerade benötigten Befehle und Funktionen anbietet.

Kapitel-Wegweiser

Office 2010 installieren
und starten 268
Die Oberfläche von Word 2010 271
Erste Schritte mit Word 274
   Klicken und eingeben 274
   Markieren von Text 275
   Text kopieren und einfügen 276
   Dokument drucken 277
   Dokument speichern
   und schließen 278
   Dokument öffnen 279
Fehleingaben berichtigen mit
Word 281
   Manuell korrigieren 281
   Automatische Korrektur 281
   Automatische Korrektur
   zurücknehmen 282
   Suchen und Ersetzen 283

Textgestaltung ganz einfach 285
   Schriftart und Zeichengröße
   ändern 285
   Standardauszeichnungen 286
   Besondere Zeichengestaltung ... 287
Seiten professionell gestalten 289
   Seitenformat einrichten 289
   Seitenränder einrichten 290
   Absätze ausrichten 291
   Tabulatoren verwenden 292
Grafiken in Texte aufnehmen 293
   Grafik einfügen 294
   ClipArt einfügen 295
   Bilder mit der Maus
   positionieren 296
   Grafiken formvollendet
   einbinden 297
   Grafiken effektvoll gestalten 298

Office 2010 installieren und starten

Wenn Office Starter 2010 auf Ihrem PC für die Verwendung bereitliegt, müssen Sie lediglich eine kurze Installationsprozedur starten, um anschließend mit den Starter-Editionen von Word 2010 oder Excel 2010 arbeiten zu können.

1 Für die **Installation** der Office-Starter-Edition öffnen Sie zunächst das **Startmenü** von Windows 7 per Klick auf

.

Klicken Sie dann im geöffneten Menü auf

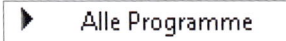

▶ Alle Programme,

und starten Sie die Einrichtung mit einem Mausklick auf

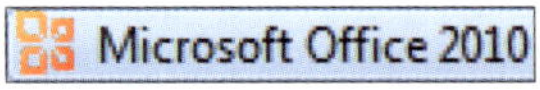

Microsoft Office 2010.

2 Um die Starter-Edition zu verwenden, klicken Sie im Eröffnungsfenster des Installationsprogramms auf ●. Wenn Sie bereits einen Produktschlüssel für Office 2010 besitzen (siehe Kasten rechts), können Sie per Mausklick auf ●

Ich habe Office 2010 bereits erworben	Aktivieren
Microsoft Office 2010 online erwerben	Kaufen
Office Starter 2010 verwenden	Verwenden

auch direkt – also ohne Installations-CD – eine Office-Vollversion aktivieren. Die nötigen Dateien befinden sich bereits auf der **Festplatte** und müssen nur noch durch den Produktschlüssel freigeschaltet werden.

3 Damit die Installation der Starter-Edition beginnt, klicken Sie im nächsten Fenster auf ●.

Microsoft® Office Starter 2010

Was ist Microsoft Office Starter 201
- Enthält Word Starter 2010 und Excel St und -tabellenkalulation
- Enthält nicht PowerPoint 2010 oder Ou
- Ist auf dem Computer vorinstalliert und
- Enthält Werbung

Öffnen

Nach einem Mausklick in der Sicherheitsabfrage der **Benutzerkontensteuerung** auf

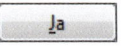

Ja

brauchen Sie nur noch abzuwarten, bis die Office-Programme installiert sind.

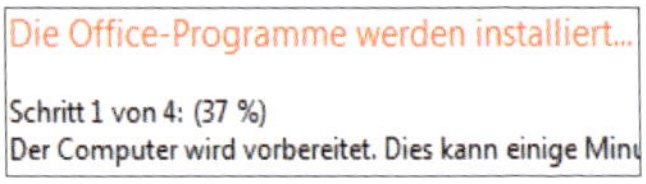

Die Office-Programme werden installiert...
Schritt 1 von 4: (37 %)
Der Computer wird vorbereitet. Dies kann einige Minu

Office 2010 installieren und starten | Word

❗ Produktschlüssel für eine Office-Vollversion erwerben

Den Produktschlüssel für eine Edition von Office 2010 können Sie direkt im Eröffnungsfenster von Office Starter bei Microsoft erwerben. Klicken Sie dazu auf ●,

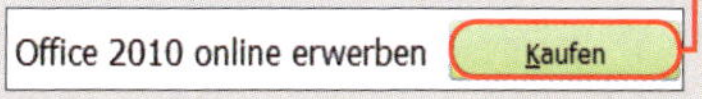

| Office 2010 online erwerben | **Kaufen** |

um die Internetverbindung zu Microsofts Verkaufsseite aufzubauen. Hier stehen Ihnen nach einem Klick auf

Vergleich der Features aller Office-Versionen

drei verschiedene Office-Editionen – „Home and Student", „Home and Business" und „Professional" – zum Kauf zur Verfügung.

Doch zur Kaufentscheidung haben Sie auch später noch Gelegenheit, nachdem Sie Office Starter kennengelernt haben. Das Auswahlfenster der Starter-Edition können Sie nämlich auch *nach* der Installation und der Benutzung von Word und Excel – wie in den Schritten 1 und 2 gezeigt – jederzeit aufrufen.

4 Nach der Installation startet automatisch Word Starter 2010. Wenn eine Anwendung von Office 2010 das erste Mal gestartet wird, erwartet das Programmpaket einige Eingaben von Ihnen, die dann auch für die anderen installierten Office-Anwendungen gelten. Zunächst erscheint ein Fenster, in dessen Eingabefelder Sie Ihren Namen, im Beispiel ●, und Ihre Initialen, hier ●,

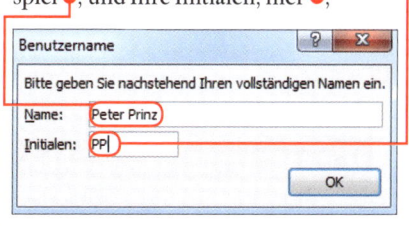

Benutzername

Bitte geben Sie nachstehend Ihren vollständigen Namen ein.

Name: Peter Prinz
Initialen: PP

OK

eintippen. Diese Informationen werden in Office verwendet, um Sie als Urheber und Bearbeiter von Dokumenten zu benennen und Überarbeitungen, die Sie in anderen Dokumenten vornehmen, auf Wunsch zu kennzeichnen.

5 Anschließend müssen Sie mit einem Mausklick auf

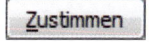

Zustimmen

die Lizenzbestimmungen von Microsoft akzeptieren. Im nächsten Fenster markieren Sie per Klick die Option ●,

Empfohlene Einstellungen verw
○ Wichtige und empfohlene Updates für Office, Window und Microsoft-Software erhalten, online nach Lösunge Problemen unterstützen, Office-Inhalte automatisch a

Nur Updates installieren
◉ Wichtige und empfohlene Updates für Office, Window Office- und Microsoft-Software erhalten.

269

Word Office 2010 installieren und starten

damit Ihr Office mit Updates auf dem neuesten Stand gehalten wird. Bestätigen Sie Ihre Entscheidung mit

[OK]

und die nachfolgende Abfrage in der Benutzerkontensteuerung mit

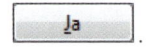

[Ja].

6 Im nächsten Fenster legen Sie den Dateityp fest, den Sie in Office 2010 verwenden wollen. Word 2010 und Excel 2010, aber auch PowerPoint 2010 unterstützen zahlreiche verschiedene Dateiformate, in denen Sie Ihre Dokumente sichern können. In diesen Dateiformaten werden nicht nur Texte, Tabellen und Bilder, sondern auch die Gestaltung Ihrer Dokumente gespeichert. Beim ersten Start von Office 2010 bietet sich die Wahl zwischen zwei Formaten, von denen Sie eines als Standardformat für Ihre Arbeit mit Office 2010 festlegen. Um in Ihren Dokumenten alle Funktionen auszu-

---

! Darauf müssen Sie verzichten

Die Starter-Edition von Office 2010 bietet längst nicht alle Funktionen, die Sie bei Vollversionen von Word oder Excel erwarten dürfen. Hier einige Punkte, auf die Sie verzichten müssen:

■ Sie können in Word und Excel weder in der Symbolleiste für den Schnellzugriff noch im Menüband Befehle ergänzen.

■ Sie können in Word und Excel keine Makros aufzeichnen, um wiederkehrende Aufgaben zu automatisieren.

■ Sie können in Word-Dokumenten weder Kommentare ergänzen, Dokumente vergleichen und Änderungen verfolgen, noch Inhaltsverzeichnisse oder Fußnoten erstellen.

■ Sie können in Excel-Tabellen keine Daten in Pivot-Tabellen analysieren oder Verbindungen zu externen Datenquellen herstellen.

■ Und da weder PowerPoint noch OneNote oder Outlook enthalten sind, können Sie keine PowerPoint-Präsentationen erstellen, keine OneNote-Notizbücher erfassen und müssen auf die Verwaltung Ihrer **E-Mail**s, Termine und Kontakte mit Outlook verzichten.

Doch keine Sorge: Diese Handicaps hindern Sie nicht daran, Word-Dokumente und Excel-Tabellen zu speichern, die genau das gleiche Dateiformat haben wie die Vollversionen und die sich daher mit einer Vollversion ohne Einschränkung weiterverarbeiten lassen. Und umgekehrt können Sie auch Dokumente, die mit einer Vollversion von Word oder Excel 2010 bearbeitet wurden, öffnen und weiterbearbeiten – selbst wenn beispielsweise eingestellt ist, dass Änderungen protokolliert werden. Zwar fehlt Ihnen diese Funktion in der Starter-Edition, aber Ihre Überarbeitungen werden dokumentiert. Auch eingefügte Kommentare können Sie lesen. So bieten die Starter-Editionen von Word und Excel 2010 auch einen umfassenden Einblick in Dokumente und Tabellen, die Sie von anderen empfangen.

Die Oberfläche von Word 2010 — Word

schöpfen, die Ihnen Office 2010 bietet, setzen Sie per Mausklick einen Punkt in das Feld.

- **Office Open XML-Formate**
  Wählen Sie diese Option, um d...
  Microsoft Office ausgelegt ist,
  Weitere Informationen
- **OpenDocument-Formate**
  Wählen Sie diese Option, um di...

Anschließend bestätigen Sie Ihre Wahl mit einem Klick auf

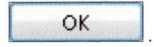

OK.

Hiermit haben Sie für Word, aber auch für Excel das Docx-Dateiformat für die Speicherung Ihrer Dokumente vorgewählt. Dieses Dateiformat wird in Zukunft automatisch benutzt. Allerdings haben Sie die Möglichkeit, einem Dokument beim Speichern immer noch ein anderes Dateiformat zuzuweisen.

7 Nun zeigt sich Word mit dem ersten, automatisch geöffneten Dokument, das Sie über den Einsatz von Microsoft Office Starter 2010 informiert. Sie navigieren durch das Dokument, indem Sie die Bildlaufleiste

mit gedrückter Maustaste nach unten **ziehen**. Um Word 2010 zu beenden, klicken Sie auf das Schließkreuz des Fensters:

Die Oberfläche von Word 2010

Das Aussehen des Programmfensters von Word 2010 gleicht weitgehend der alten Version Word 2007, unterscheidet sich aber stark von noch früheren Versionen.

1 Um Word zu starten, klicken Sie zunächst auf

,

danach im geöffneten Startmenü auf

▶ Alle Programme ,

271

Word — Die Oberfläche von Word 2010

dann in der aufklappenden Liste der Programme auf ● und schließlich auf den Eintrag ●.

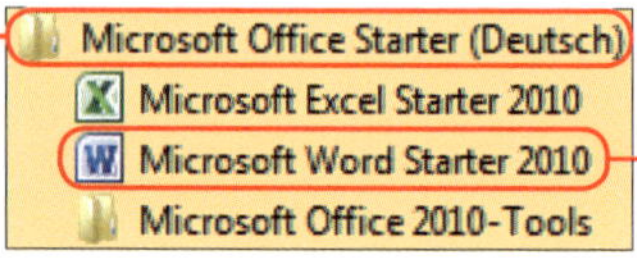

nen, Dokumente neu anlegen oder drucken können: ●. Per Klick auf Befehle ohne Symbole werden im rechten Teil des Fensters weitere Optionen eingeblendet. So können Sie nach einem Mausklick auf ●

2 Word startet direkt mit einem leeren Dokument auf der Arbeitsfläche: ●. Wenn Sie nun über die Tastatur ein Wort eintippen, beispielsweise ●,

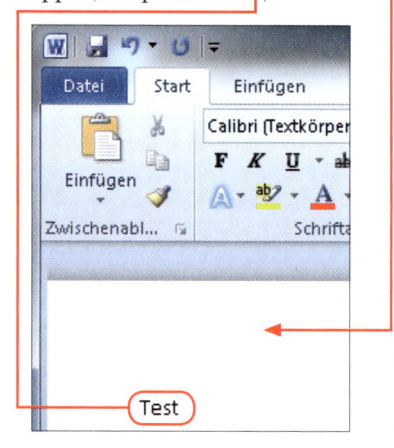

so erscheint es direkt auf der weißen Schreibfläche.

beispielsweise auf Vorlagen zugreifen und damit neue Dokumente anlegen.

3 Ganz links finden Sie das Dateimenü: ●.

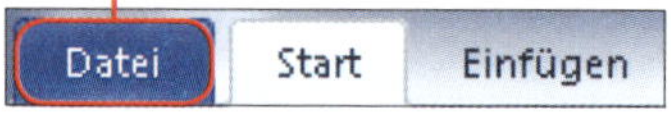

Nach einem Klick darauf überlagert Word ein eigenes Fenster mit Befehlen, über die Sie Dateien speichern oder öff-

4 Ganz oben schließt sich rechts neben dem Word-Symbol die sogenannte „Symbolleiste für den Schnellzugriff" an. Klicken Sie hier auf das Diskettensymbol ●, wird das Dokument gespeichert. Um den letzten eingegebenen Befehl rückgängig zu machen, klicken Sie auf ●,

um den letzten Befehl zu wiederholen, auf ●. Übrigens erklären sich die Office-Symbole in einem sogenannten „Quick-

272

Die Oberfläche von Word 2010 — Word

tipp", wenn Sie den Mauszeiger einen Moment auf ihnen ruhen lassen.

5 Neben der Symbolleiste für den Schnellzugriff folgt die **Titelleiste** mit dem Namen des geladenen Dokuments. Sollten Sie dem Dokument noch keinen Namen gegeben haben, steht dort einfach .

Dokument1 - Microsoft Word Starter

6 Sämtliche notwendigen Funktionen von Word erreichen Sie über das sogenannte Menüband (früher hieß es Multifunktionsleiste): .

Je nachdem, welchen **Registerreiter** Sie

⚠ Registerwechsel per Mausrad

Bei der großen Vielfalt der Möglichkeiten des Programms werden Sie anfangs garantiert noch bestimmte Funktionen und Befehle suchen und dazu nacheinander alle Register anklicken. Schneller geht das jedoch mit dem Mausrad: Klicken Sie einen Registerreiter an, und drehen Sie dann das Mausrad. Damit werden nacheinander alle Registerreiter angesprochen und die entsprechenden Befehle und Funktionen angezeigt.

⚠ Office mit Werbung

Wenn Sie bei Word oder Excel Starter 2010 oberhalb vom Zoomregler (siehe Schritt 7) die Werbeeinblendung

stört, müssen Sie sich eine Vollversion von Office 2010 kaufen: So komisch es auch anmuten mag, die Reklame ist der Tribut, den Sie fürs kostenlose Programm zollen; aber das kennen Sie ja vom Fernsehen.

angeklickt haben, zum Beispiel ,

werden die dazu passenden Befehle im Menüband angezeigt.

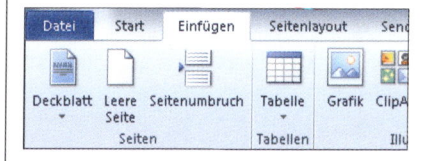

7 Die Statusleiste finden Sie wie immer am unteren Rand des Fensters. Hier werden Ihnen Informationen zu dem ge-

273

Word Erste Schritte mit Word

rade bearbeiteten Dokument gegeben.

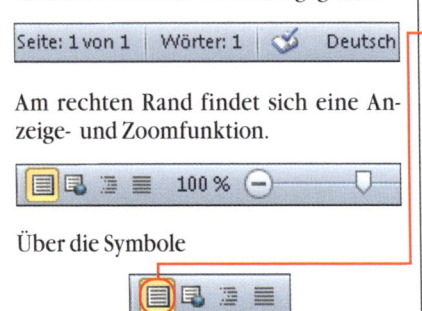

`Seite: 1 von 1 | Wörter: 1 | Deutsch`

Am rechten Rand findet sich eine Anzeige- und Zoomfunktion.

`100 %`

Über die Symbole

können Sie die Ansicht Ihres Dokuments ändern. Voreingestellt ist die sogenannte Layout-Ansicht. Dabei sehen Sie das Dokument so, wie es später ausgedruckt wird. Mit dem kleinen Schieberegler des Zooms

`100 %`

lässt sich die Anzeige Ihres Dokuments vergrößern oder verkleinern. Klicken Sie den Regler einfach an, halten Sie die Maustaste gedrückt, und ziehen Sie den Regler mit weiterhin gedrückter Maustaste nach links oder rechts.

Erste Schritte mit Word

Die wichtigsten Funktionen eines Textprogramms sind das Schreiben und Ausdrucken eines Textes. Direkt nach dem Start von Word können Sie loslegen.

Klicken und eingeben

Fangen Sie einfach an, einen Text zu schreiben. Wo genau Sie schreiben, sehen Sie an der Einfügemarke. Das ist ein blinkender Strich auf Ihrer Arbeitsfläche.

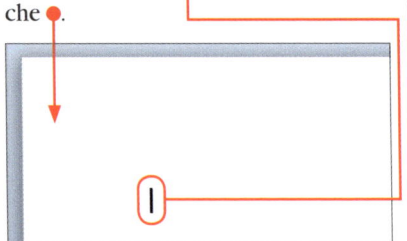

Sie können Ihren Text genauso schreiben, wie Sie es bei WordPad in Kapitel 6 bereits gelernt haben.

1 Wenn Sie jetzt einfach drauflos schreiben, werden Sie sehen, dass die Einfügemarke immer direkt vor dem nächsten Buchstaben ist, den Sie tippen.

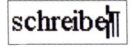

`schreibe¶`

Sehen Sie keine Absatzmarke?

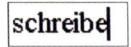

`schreibe`

Dann **klicken** Sie einfach im Menüband auf den Registerreiter

`Start`

und anschließend auf

Markieren von Text — Word

¶.

Danach ist die Absatzmarke

¶

sichtbar, und zwar an jeder Stelle des Dokuments, an der Sie die ⏎-Taste gedrückt haben. Um sie wieder auszublenden, genügt ein erneuter Klick auf das Symbol

¶.

Das Symbol wird hervorgehoben dargestellt, solange die Absatzmarken und übrigens auch andere Formatierungssymbole, die im Ausdruck nicht in Erscheinung treten, sichtbar sind. Hierzu gehören Leerzeichen, manuelle Zeilenschaltungen

> Hierzu·gehören·Leerzeichen,·⏎
> manuelle·Zeilenschaltungen·und·
> → gesetzte·Tabulatoren.¶

und gesetzte Tabulatoren.

2 Möchten Sie nicht direkt am Anfang der Seite beginnen, können Sie den Startpunkt auch selbst bestimmen. Klicken Sie einfach doppelt an eine Stelle Ihres noch leeren Dokuments. Dann erscheint die Einfügemarke an der gewählten Position, und Sie können mit der Eingabe beginnen.

> Hier beginnt der Te

3 Klicken Sie an einer beliebigen Stelle in bereits geschriebenen Text, taucht die Einfügemarke dort auf, und Sie können mittendrin weiterschreiben.

> Mittendrin|weiter

Dabei wird der nachfolgende Text nicht überschrieben, sondern weiter nach rechts geschoben.

Markieren von Text

Bevor Sie irgendetwas mit einem schon geschriebenen Text machen können, beispielsweise die Schrift ändern oder Wörter und Passagen löschen, müssen Sie den Text markieren.

1 Um einen Teil eines Textes zu markieren, klicken Sie an die Stelle, an der die Markierung beginnen soll, sodass dort die Einfügemarke erscheint. Halten Sie dann die Maustaste gedrückt, und ziehen Sie den Mauszeiger mit weiterhin gedrückter Maustaste über den zu markierenden Text. Lassen Sie die Maustaste los, ist der entsprechende Text markiert:

> Klicken Sie an der Stelle, an der die Markierung
> so dass dort die Einfügemarke steht. Halten

2 Um nur ein Wort zu markieren, genügt ein **Doppelklick** auf das gewünschte Wort.

Word Text kopieren und einfügen

> der Stelle, an der die
> lie Einfügemarke stel

3 Einen ganzen Absatz markieren Sie, indem Sie dreimal kurz hintereinander in diesen Absatz klicken.

> Einen ganzen Absatz markieren Sie, indem Sie drei Mal schnell darauf klicken.

4 Damit eine Markierung wieder entfernt wird, klicken Sie einfach in den markierten Bereich.

Text kopieren und einfügen

Nachdem Sie einen Teil eines Textes markiert haben, können Sie diesen einfach kopieren und an anderer Stelle wieder einfügen.

1 Klicken Sie dazu mit der *rechten* Maustaste in den markierten Bereich, etwa ●,

> der Stelle, an der die
> lie Einfügemarke stel

und wählen Sie aus dem sich öffnenden **Kontextmenü** mit einem Mausklick den Befehl ●.

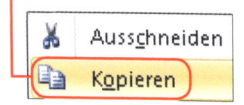

> ✂ Ausschneiden
> 📋 Kopieren

❗ Texte gestalten beim Einfügen

Wie Sie in Schritt 2 sehen, bietet Ihnen Word im Kontextmenü verschiedene Einfügevarianten. Solange es sich um reinen Text handelt, den Sie kopiert haben, leisten alle drei Symbole den gleichen Dienst. Aber das ändert sich, sobald Sie Zeichen kopieren, die Sie zuvor gestaltet haben, beispielsweise fett. Wenn Sie nun auf das Symbol ❶ klicken, behält der Text die Zeichengestaltung, die die Quelle der Zeichen hat, hier ❶. Klicken Sie dagegen auf das Symbol ❷, erhält der eingefügte Text zusätzlich die Gestaltung der Zeichen der Einfügestelle, hier ❷.

> Einfügeoptionen:
> 📋 ↪ A
> ❶ ❷ ❸

> Das Ziel der **Kopie** *Kopie* Kopie ist ku
> ❶ ❷ ❸

Und ein Klick auf das mit A gekennzeichnete Symbol ❸ ignoriert die Gestaltung der Quelle und fügt die Zeichen entsprechend der Gestaltung des Ziels ein ❸. Wenn Sie sich beim Einfügen einmal vertun, so ist das kein Problem. Direkt nachdem Sie den Text eingefügt haben, erscheint darunter ein Symbol: ●. Wenn Sie es anklicken, öffnet sich ein Kontextmenü ●, in dem Sie die Gestaltung des eingefügten Textes per einfachem Klick noch einmal korrigieren können.

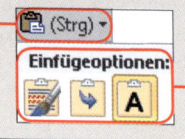

> 📋 (Strg) ▼
>
> **Einfügeoptionen:**
> 📋 ↪ A

Dokument drucken | Word

2 Anschließend klicken Sie an die Stelle, an der der Text eingefügt werden soll, sodass dort die Einfügemarke erscheint, im Beispiel ●.

nnell dar

Wenn Sie dann mit der *rechten* Maustaste klicken und im Kontextmenü auf ● klicken,

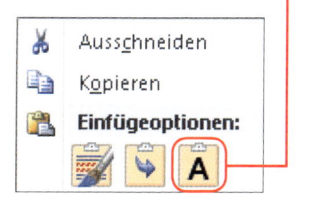

- Ausschneiden
- Kopieren
- **Einfügeoptionen:**

wird der kopierte Text an der angegebenen Stelle sichtbar: ●.

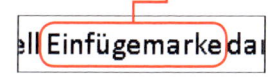

ell Einfügemarke dar

Dokument drucken

Haben Sie einen Drucker installiert und eingeschaltet, können Sie Ihren Text auch direkt ausdrucken.

1 Klicken Sie dazu als Erstes auf das Dateimenü

Datei

und dann in der geöffneten Liste auf

Drucken

Rechts im Fenster erscheint nun das Drucken-Menü.

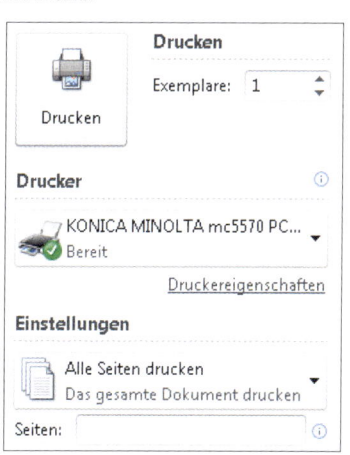

Drucken
Exemplare: 1

Drucker
KONICA MINOLTA mc5570 PC...
Bereit
Druckereigenschaften

Einstellungen
Alle Seiten drucken
Das gesamte Dokument drucken
Seiten:

2 Im Drucken-Menü können Sie noch Einzelheiten zum jeweiligen Druckvorgang festlegen. So lässt sich beispielsweise mit einem Klick auf ● der Drucker wechseln. Dazu brauchen Sie aus der sich öffnenden Liste nur ein anderes Modell auszuwählen, etwa ●.

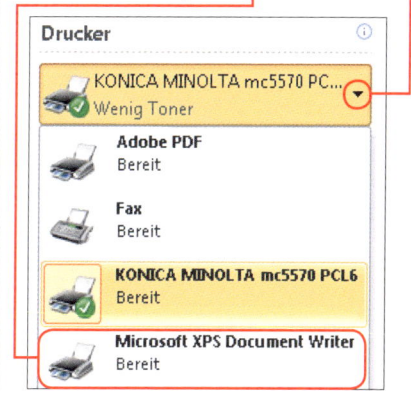

Drucker
- KONICA MINOLTA mc5570 PC... Wenig Toner
- Adobe PDF — Bereit
- Fax — Bereit
- KONICA MINOLTA mc5570 PCL6 — Bereit
- Microsoft XPS Document Writer — Bereit

Word Dokument speichern und schließen

3 Wenn Sie mehrere Seiten auf einem Blatt ausdrucken möchten, öffnen Sie die entsprechende Auswahlliste mit einem Klick auf ●.

1 Seite pro Blatt ●
1 Seite pro Blatt
2 Seiten pro Blatt

4 Wie viele Exemplare ausgedruckt werden sollen, können Sie im Feld ● eingeben. Und um das Dokument schließlich zu drucken, genügt ein Mausklick auf die Schaltfläche ●.

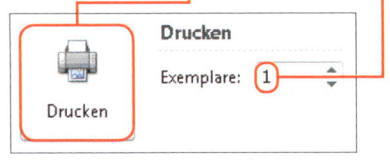

Drucken
Exemplare: 1 ●

Dokument speichern und schließen

Wenn Sie ein Dokument fertig bearbeitet haben, können Sie es zur Aufbewahrung speichern. Das hat den Vorteil, dass Sie es auch später noch überarbeiten oder drucken können.

1 Um ein Dokument zu speichern, klicken Sie zunächst auf

Datei

und danach auf den Befehl

Speichern unter.

2 Im Fenster, das daraufhin angezeigt wird, geben Sie Ihrem Dokument im dafür vorgesehenen Textfeld noch einen beliebigen Namen, hier ●.

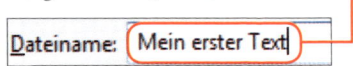

Dateiname: Mein erster Text

Nach einem Mausklick auf

Speichern

wird Ihr Dokument mit dem eingegebenen Namen gespeichert.

⚠ Speichern für ältere Word-Versionen

Falls Sie Ihr Dokument an Personen weitergeben wollen, die ältere Word-Versionen oder andere Textverarbeitungen verwenden, können Sie Ihr Dokument auch anders abspeichern. Klicken Sie dazu im Speichern-Fenster, *bevor* Sie auf die Schaltfläche „Speichern" klicken, ins Feld ●, und wählen Sie mit einem Mausklick ein anderes Dateiformat, beispielsweise ●.

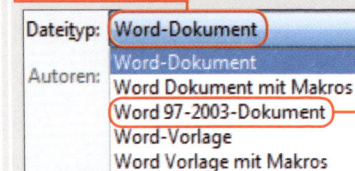

Dateityp:	Word-Dokument ●
Autoren:	Word-Dokument
	Word Dokument mit Makros
	Word 97-2003-Dokument ●
	Word-Vorlage
	Word Vorlage mit Makros

Danach speichern Sie das Dokument, wie in Schritt 2 beschrieben.

Dokument öffnen

Gespeicherte Dokumente können Sie wieder aufrufen und weiterbearbeiten. Dazu genügt ein Doppelklick auf das entsprechende Dateisymbol, oder Sie verwenden die schnelle Startfunktion von Word.

1 Sie finden Ihre Dokumente üblicherweise in der Bibliothek

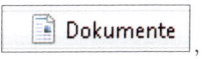

> 📄 Dokumente

die Sie per Mausklick öffnen. Dann brauchen Sie nur noch doppelt auf das Dateisymbol des Dokuments zu klicken, im Beispiel

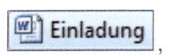

> 📄 Einladung

und schon startet Word direkt mit diesem Dokument.

2 Aber auch über das Startmenü von Windows 7 können Sie ein Dokument öffnen, beispielsweise wenn Sie nicht mehr wissen, in welchem Ordner Sie die Datei gespeichert haben. Sollten Sie den Namen des Dokuments kennen, klicken Sie auf ● und tippen den Dateinamen ins Suchfeld ein, im Beispiel ●.

Sobald das Dokument oben im Startmenü angezeigt wird, etwa ●,

> Dokumente
> 📄 Einladung

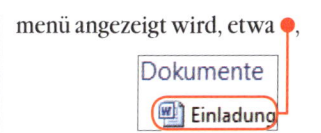

können Sie es ebenfalls per Doppelklick öffnen.

3 Selbstverständlich können Sie Ihre Dokumente auch mit Word direkt komfortabel laden. Wenn Sie im Word-Programmfenster per Klick auf ● das Dateimenü öffnen und dann auf ●

klicken, tauchen rechts Ihre zuletzt bearbeiteten Dokumente auf, etwa ●.

4 Sollte das Dokument hier nicht dabei sein, klicken Sie auf

> 📂 Öffnen

Im Öffnen-Fenster wiederum klicken Sie auf den **Ordner**, in dem Sie Ihr Dokument gespeichert haben, beispielsweise ●.

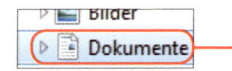

> 📄 Dokumente

Word Dokument öffnen

Falls Sie nicht mehr wissen, in welchem Ordner sich das Dokument befindet, klicken Sie ins Feld

Dokumente durchsuchen

und tippen den Dateinamen oder ein Stichwort ein, das in dem Dokument vorkommt.

5 Sollte das Dokument mit dieser Information im aktuellen Ordner immer noch nicht gefunden werden, können Sie die Suche ausweiten, zum Beispiel auf die gesamte Festplatte Ihres Computers oder darüber hinaus auf die freigegebenen Ordner Ihrer Heimnetzgruppe.

Heimnetzgruppe *Computer*

Sobald Sie Ihr Dokument gefunden haben, markieren Sie den Dateinamen mit einem Mausklick, im Beispiel

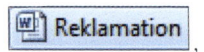

Reklamation,

und klicken auf

Öffnen.

Verlorene Dokumente wiederherstellen

Mitunter passiert es, dass der Rechner abstürzt, sei es durch Stromausfall oder durch einen Fehler in einem Programm. Das ist besonders ärgerlich, wenn gerade ein Dokument bearbeitet wurde, bei dem die Änderungen noch nicht gespeichert sind. Im schlimmsten Fall kann dies die Arbeit von mehreren Stunden betreffen. Unabhängig von der im Folgenden beschriebenen Hilfsfunktion von Word gilt: Speichern Sie regelmäßig! Dazu müssen Sie oben im Dokumentfenster in der Symbolleiste für den Schnellzugriff nur auf das Diskettensymbol klicken.

Word speichert dann das aktuelle Dokument unter seinem Dateinamen. Sollte es noch nicht benannt sein, öffnet sich das Fenster „Speichern unter", in dem Sie die Datei, wie auf Seite 278 gezeigt, unter einem Dateinamen speichern können. Das ist die sicherste Methode.

■ Doch Word sorgt auch vor, wenn Sie im Eifer des ungesicherten Schreibens das Malheur eines Absturzes ereilt. Denn das Programm speichert die geöffneten Dokumente automatisch in einer Sicherungsdatei. Wenn Sie Word 2010 das nächste Mal starten, erscheint eine Liste der Texte, die beim abrupten Programmende geöffnet waren. Per Mausklick auf den Dateinamen, im Beispiel,

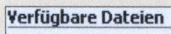

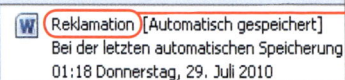

Verfügbare Dateien

Reklamation [Automatisch gespeichert]
Bei der letzten automatischen Speicherung
01:18 Donnerstag, 29. Juli 2010

öffnen Sie das Dokument samt seiner automatisch gesicherten Eingaben in Word, wo Sie es dann wie ein ganz normales Dokument, am besten aber unter einem neuen Dateinamen speichern. Leider fehlen meist die allerletzten Änderungen, da Word in der Standardeinstellung nur alle zehn Minuten speichert.

Fehleingaben berichtigen mit Word

Fehler sind ganz normal, vor allem wenn Sie viel schreiben. Unbemerkt schleichen sich Tippfehler oder Buchstabendreher ein, die Sie auch beim Korrekturlesen leicht übersehen können. Sie stehen mit diesem Problem jedoch nicht allein da, denn Word stellt Ihnen eine Rechtschreibprüfung zur Verfügung.

Manuell korrigieren

Viele Tippfehler erkennen Sie schon bei der Eingabe. Sie lassen sich blitzschnell korrigieren.

1 Sollten Sie beim Eingeben des Textes zufällig auf eine falsche Taste geraten, ist das nicht weiter schlimm. Schreiben Sie zum Beispiel das Wort „ein", können Sie leicht auf die Zifferntaste „8" oder „9" abrutschen:

2 Um diesen Fehler zu korrigieren, klicken Sie direkt neben den Fehler, sodass dort die Einfügemarke erscheint:

Haben Sie die Einfügemarke *hinter* dem falschen Zeichen gesetzt, drücken Sie die ←-Taste. Haben Sie die Einfügemarke dagegen *vor* dem Fehler positioniert, drücken Sie die Entf-Taste. In beiden Fällen verschwindet der Fehler umgehend.

3 Möchten Sie ein ganzes Wort löschen, weil Sie es zum Beispiel versehentlich doppelt geschrieben haben,

haben haben

markieren Sie eines der beiden Wörter per Doppelklick

haben habe

und drücken dann auf die Entf-Taste. Schon ist die Doppelung verschwunden.

Automatische Korrektur

Die Korrekturhilfe arbeitet unbemerkt im Hintergrund mit und zeigt Ihnen viele Fehler direkt bei der Texteingabe an. Fehler werden vom Korrekturprogramm entweder automatisch korrigiert oder rot unterschlängelt, sodass ein falsch geschriebenes Wort sofort zu erkennen ist.

1 Falls das Korrekturprogramm ein falsch geschriebenes Wort finden sollte, wird es mit einer roten Schlangenlinie kenntlich gemacht.

Höuser

Klicken Sie das falsch geschriebene Wort nun mit der *rechten* Maustaste an, erscheinen im Kontextmenü die Korrek-

Word Automatische Korrektur zurücknehmen

turvorschläge, im Beispiel

> Heuser
> Häuser
> Hauser

Ein Mausklick auf das richtig geschriebene Wort, etwa

> Heuser
> **Häuser**
> Hauser

und das fehlerhafte Word wird ausgewechselt.

3 Manchmal kennt das Korrekturprogramm ein Wort nicht, obwohl es existiert und richtig geschrieben ist. Auch dann wird es rot unterschlängelt.

> Hintertupfingen

Stört Sie die rote Schlängellinie, klicken Sie das Wort wieder mit der *rechten* Maustaste an und wählen den Eintrag

> Ignorieren

Daraufhin verschwindet die Wellenlinie.

4 Sollte das Wort in einem Text häufiger vorkommen, klicken Sie im Kontextmenü von Schritt 3 auf

> Alle ignorieren

Anschließend ignoriert das Korrektur-programm das unbekannte Wort im ganzen Text.

5 Und wenn Sie einen Word unbekannten Begriff sogar in mehreren Texten verwenden, bringen Sie dem Korrekturprogamm das Wort einfach bei. Dazu wählen Sie im Kontextmenü von Schritt 3 den Eintrag

> Hinzufügen zum Wörterbuch

Danach beanstandet Word den Begriff in allen Ihren Texten nicht mehr und macht ihn demzufolge auch nicht mehr mit der roten Schlangenlinie kenntlich.

Automatische Korrektur zurücknehmen

Word korrigiert viele Fehler aber auch vollautomatisch. Dazu gehören einfache „Buchstabendreher" wie zum Beispiel

> dei

woraus Word sofort

> die

macht. Auch Wörter nach einem Punkt oder Fragezeichen schreibt Word, ohne dass Sie etwas dazutun müssen, automatisch groß. Mitunter möchten Sie an einer Stelle aber die ursprüngliche Schreibweise beibehalten. Kein Problem:

1 Wenn Sie mit dem Mauszeiger über den korrigierten Text fahren, sehen

Suchen und Ersetzen Word

Sie an der korrigierten Stelle eine Unterstreichung, etwa

Zeigen Sie auf die Unterstreichung, wird Ihnen mitgeteilt, dass an dieser Stelle eine automatische Korrektur vorgenommen wurde:

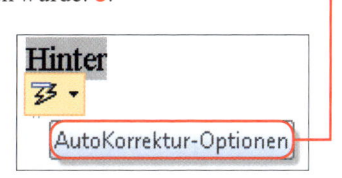

2 Um die Korrektur jetzt zurückzunehmen, klicken Sie einfach auf das Symbol, und das Korrekturfenster wird geöffnet. Mit einem Mausklick auf den Eintrag

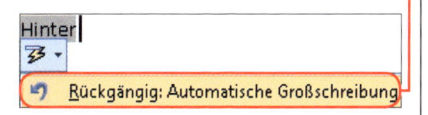

wird die automatische Korrektur zurückgenommen.

3 Die AutoKorrektur können Sie aber auch mit einem einzigen Mausklick zurücknehmen. Wenn Sie mitbekommen haben, dass Word soeben korrigiert hat, klicken Sie neben dem Diskettensymbol sofort auf

Die Korrektur wird daraufhin zurückgenommen. Das funktioniert jedoch nur dann, wenn Sie nicht weitergeschrieben haben, da über dieses Symbol immer nur der jeweils letzte Schritt zurückgenommen wird.

Suchen und Ersetzen

Nicht alle Korrekturen lassen sich automatisch durchführen, denn oft muss im Umfeld einer Korrektur Hand angelegt werden. Gesetzt den Fall, in einem Prospekt soll „TV-Gerät" durch „Fernseher" ersetzt werden, so können Sie dies mit Word rasch und gezielt erledigen.

1 Um im ersten Arbeitsgang einfach die Wörter gegeneinander auszutauschen, klicken Sie im Start-Menüband auf und anschließend auf

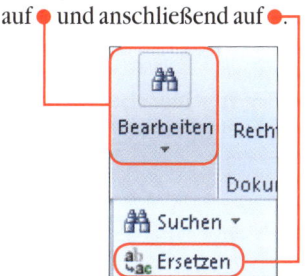

2 Im Fenster „Suchen und Ersetzen" geben Sie nun im oberen Feld den Suchbegriff ein, im Beispiel, und im unteren das Wort, durch das er ersetzt werden soll, also

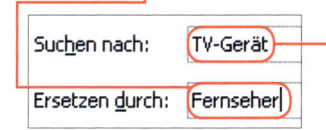

283

Word Suchen und Ersetzen

Um alle entsprechenden Wörter im Dokument zu ersetzen, klicken Sie nun auf die Schaltfläche

Alle ersetzen.

3 Nachdem der Vorgang beendet ist, bestätigen Sie die Erfolgsmeldung mit einem Klick auf

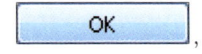

OK,

und schließen das Fenster mit

Schließen.

4 Jetzt ist Ihre Arbeit aber noch nicht erledigt: Schließlich heißt es „*das* TV-Gerät", aber „*der* Fernseher". Und so kommen Sie um eine Kontrolle und manuelle Korrektur nicht herum. Doch auch hierbei hilft Word. Um den fraglichen Begriff – hier also den „Fernseher" – zu suchen, klicken Sie wieder auf ●,

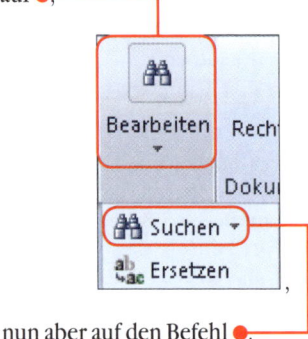

Bearbeiten

Suchen

nun aber auf den Befehl ●.

5 Daraufhin öffnet Word am linken Rand des Fensters eine Navigationsspalte, in deren Eingabefeld Sie als Suchbegriff „Fernseher" eingeben. Noch während Sie tippen ●,

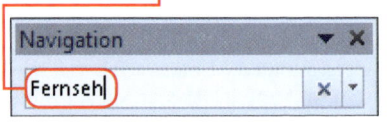

Navigation
Fernseh

hat Word schon alle Fundstellen entdeckt, im Dokument markiert

das Fernseher. Auch
Sein altes Fernsehe
riesige Bildröhre
gte. Letztes Jahr, al

und in der Navigationsspalte gelistet. Wie Sie sehen, wird auch der Kontext angezeigt, sodass Sie direkt erkennen können, an welcher Stelle Korrekturbedarf besteht. Klicken Sie die Stelle in der Navigationsspalte einfach an, etwa ●,

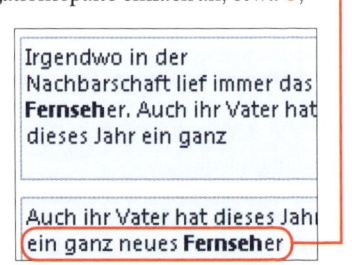

Irgendwo in der Nachbarschaft lief immer das **Fernseh**er. Auch ihr Vater hat dieses Jahr ein ganz

Auch ihr Vater hat dieses Jahr ein ganz neues **Fernseh**er

und nehmen Sie die Berichtigung des Artikels dann manuell im Text vor.

6 Wenn Sie sie nicht mehr brauchen, schließen Sie die Navigationsspalte einfach mit einem Mausklick auf ●.

Navigation

Textgestaltung ganz einfach

Mit Word können Sie Texte nicht nur schreiben, sondern auch gestalten. Windows 7 bringt eine große Anzahl von Schriften mit, aus denen Sie ganz nach Wunsch eine auswählen können. Zudem ist es möglich, die Schriftgröße zu ändern und bestimmte Teile des Textes schräg, fett oder unterstrichen darzustellen.

Schriftart und Zeichengröße ändern

Die Schrift, in der Sie ein Dokument schreiben, lässt sich mit wenigen Mausklicks ändern. Die Änderung gilt dann ab der Position der Einfügemarke für den Text, den Sie neu eingeben. Um die Schriftart bereits erfasster Textes zu ändern, müssen Sie die Zeichen zuvor markieren.

1 Klicken Sie im Menüband auf den Registerreiter

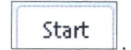

Start,

damit die benötigten Funktionen in den Bildschirmvordergrund rücken.

2 Um die Liste der Schriftarten zu öffnen, klicken Sie neben dem Schriftart-Feld auf das Dreieck ●.

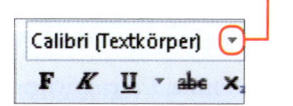

Die Namen der Schriftarten werden gleich in ihrer jeweiligen Typographie dargestellt.

3 Nun klicken Sie am rechten Rand der Schriftenliste in der Bildlaufleiste auf den **Rollbalken** ●,

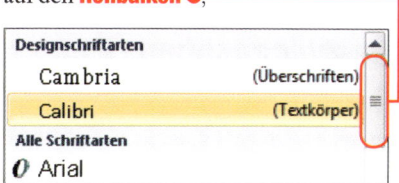

halten die Maustaste gedrückt und ziehen den Balken mit weiterhin gedrückter Maustaste nach unten oder oben. Auf diese Weise kommen mit der Zeit alle Schriften in Ihr Blickfeld. Sie brauchen dann nur noch die gewünschte Schriftart anzuklicken, um sie im Dokument zu verwenden.

4 Genauso einfach ist es, die Schriftgröße für folgende Texteingaben oder markierte Zeichen anzupassen. Kli-

Word Standardauszeichnungen

cken Sie dazu im Start-Menüband neben der Schriftgrößenangabe auf das Dreieck, und wählen Sie aus der geöffneten Liste per Mausklick eine andere Schriftgröße, hier 8 Punkt.

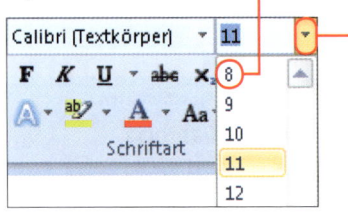

Anschließend schreiben Sie mit der neuen Zeichengröße weiter:

Die Schriftgröße 11 Punkt wechselt hier auf 8 Punkt.

Standardauszeichnungen

Neben Schriftart und Zeichengröße gibt es noch weitere Möglichkeiten, einzelne Textteile optisch hervorzuheben.

1 Im Startregister finden Sie im Menüband auch die Funktionen für die Schriftauszeichnungen. Wenn Sie hier auf das „F" (für „Fett", also dicker)

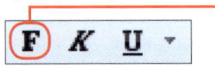

klicken, wird der nachfolgende Text fett geschrieben.

Normal **Fett**

ⓘ Zeichenformate in der Vorschau

Wenn Sie im Dokument Zeichen markiert haben, erscheinen diese in der markierten Typographie, sobald Sie den Mauszeiger in der Liste – ohne zu klicken – über den Namen einer Schriftart führen. So gewinnen Sie einen realistischen Eindruck davon, wie sich die Änderung im Umfeld des Textes auswirken würde. Dies gilt übrigens auch für viele andere Formatierungen, bei denen Sie in Listen mehrere Optionen haben. So zum Beispiel auch bei Texteffekten, die Ihnen Word nach einem Klick auf bietet.

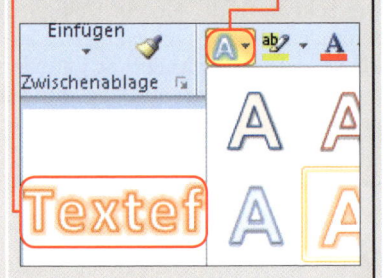

2 Nach einem Mausklick auf den Buchstaben „K" (für „Kursiv", also schräggestellt) erscheint der Text schräg.

Normal *Kursiv (schräggestellt)*

3 Klicken Sie hingegen auf das unterstrichene „U" (für Unterstreichung), wird der folgende Text unterstrichen.

Normal Unterstrichen

Besondere Zeichengestaltung Word

> **🛈 Zeichengestaltung direkt im Text**
>
> Für viele Zeichenformatierungen brauchen Sie den Mauszeiger gar nicht ins Menüband zu bewegen. Wenn Sie nämlich im Text Zeichen markieren, etwa 🔴, erscheint darüber automatisch eine kleine **Symbolleiste** 🔴, 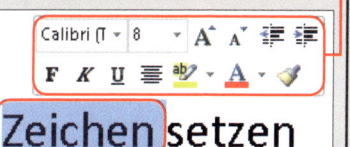
>
> in der Sie die gewünschten Formatierungen direkt anklicken können. So lässt sich bereits geschriebener Text rasch gestalten.

Besondere Zeichengestaltung

Darüber hinaus gibt es zur Zeichengestaltung noch andere Effekte, die allerdings seltener zum Einsatz kommen.

1 Wenn Sie im Menüband des Startregisters beispielsweise auf die Schaltfläche

klicken, wird die Schrift durchgestrichen.

~~Durchgestrichen~~

2 Daneben finden Sie die Schaltfläche, mit der Sie Zeichen bei Bedarf deutlich tieferstellen können:

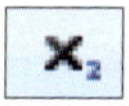

Wenden Sie diese Auszeichnung an, sieht der Text anschließend so aus:

Normal Tiefer$_{gestellt}$

3 Umgekehrt können Sie mit der nächsten Schaltfläche Zeichen höherstellen:

Dann sieht der Text wie folgt aus:

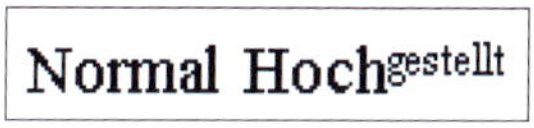

Normal Hoch^{gestellt}

4 Zudem besteht die Möglichkeit, Text einzufärben. Dazu klicken Sie neben dem bunt unterstrichenen „A" auf das Dreieck 🔴

und wählen mit einem Mausklick in der geöffneten Farbpalette eine beliebige Farbe aus. Ihr Text 🔴

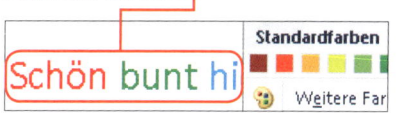

Word · Besondere Zeichengestaltung

erscheint danach in der gewünschten Farbe und lässt sich sogar noch mit einem Farbverlauf

gestalten. Und falls Sie einen Farbdrucker haben, wird der Text dann so bunt ausgedruckt, wie er formatiert wurde.

5 Des Weiteren lässt sich Text wie mit einem Textmarker hervorheben. Dazu klicken Sie neben der entsprechenden Schaltfläche auf das Dreieck und wählen dann aus der Palette per Mausklick eine Farbe aus, beispielsweise

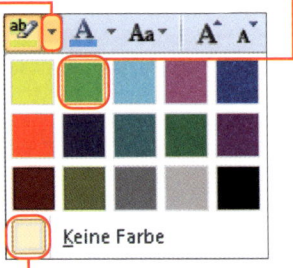

(Der Eintrag dient übrigens dazu, vorgenommene Markierungen wieder zu löschen). Sobald Sie eine Farbe angeklickt haben, verwandelt sich Ihr Mauszeiger in einen symbolisierten Marker

Mit gedrückter Maustaste können Sie damit nun über die wichtigen Textpassagen streichen, um sie farblich hervorzuheben. Zum Beenden der Markierung klicken Sie im Menüband auf

oder drücken die ESC-Taste.

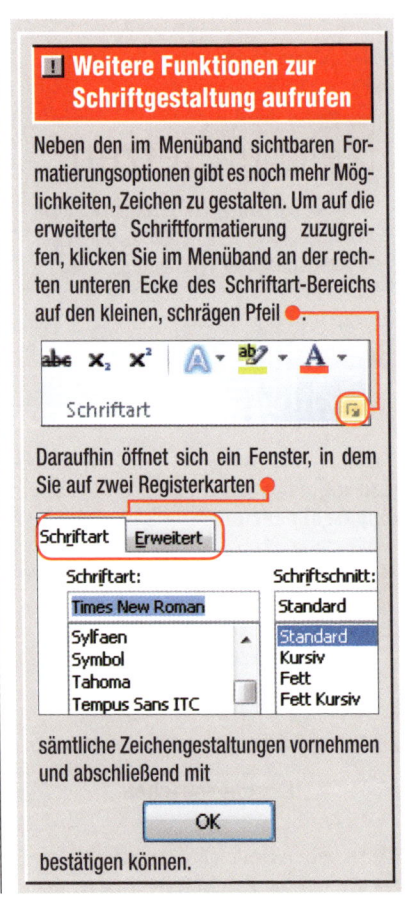

❗ Weitere Funktionen zur Schriftgestaltung aufrufen

Neben den im Menüband sichtbaren Formatierungsoptionen gibt es noch mehr Möglichkeiten, Zeichen zu gestalten. Um auf die erweiterte Schriftformatierung zuzugreifen, klicken Sie im Menüband an der rechten unteren Ecke des Schriftart-Bereichs auf den kleinen, schrägen Pfeil

Daraufhin öffnet sich ein Fenster, in dem Sie auf zwei Registerkarten

sämtliche Zeichengestaltungen vornehmen und abschließend mit

OK

bestätigen können.

Seiten professionell gestalten

In Word ist das Standardformat für eine normale Schreibpapierseite voreingestellt. Dieses Format wird als DIN A4 (210 x 297 mm) bezeichnet. Die Seiten sind auch wie bei einem normalen Schreibblock im Hochformat eingerichtet. All dies können Sie in Word jedoch ganz nach Belieben ändern.

Seitenformat einrichten

In den meisten Fällen ist es sinnvoll, die Voreinstellung für die Seitengröße beizubehalten, da das normale Schreibpapier eben genau diese DIN-A4-Größe hat. Auf Wunsch lässt sich dies aber blitzschnell anpassen.

1 Die Befehle für die Seitengestaltung finden Sie im Register

    Seitenlayout

Nach einem Mausklick auf diesen Registerreiter klicken Sie im dazugehörigen Menüband auf den Eintrag

    Größe

2 In der Liste, die daraufhin aufklappt, können Sie das gewünschte Format per Mausklick auswählen, im Beispiel DIN A5,

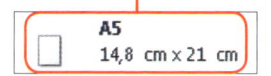

    A5
    14,8 cm x 21 cm

was einer halben DIN-A4-Seite entspricht. Das Seitenformat wird sofort angepasst. Sah Ihre Seite zuvor in DIN A4 so aus,

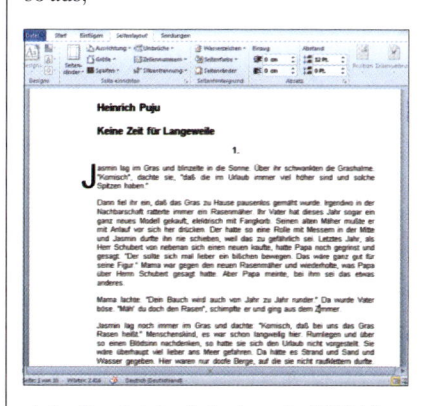

sieht die gleiche Seite jetzt in DIN A5 so aus:

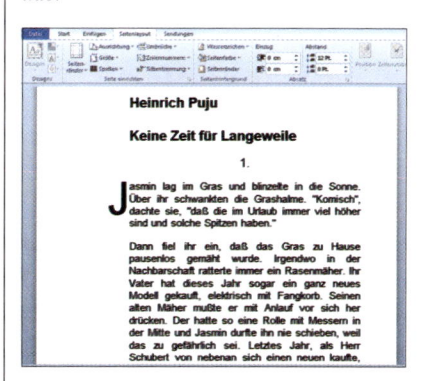

3 In manchen Fällen ist es auch besser, vom normalen Hochformat ins Querformat zu wechseln. So kann beispiels-

Word Seitenränder einrichten

weise eine kurze Mitteilung im Querformat größer geschrieben werden und damit besser zur Geltung kommen. Dazu klicken Sie auf ● und in der geöffneten Liste auf den Eintrag ●.

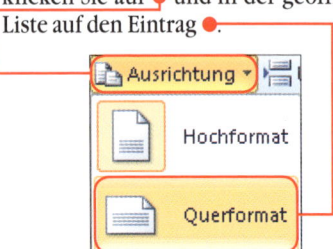

Seitenränder einrichten

Auch Ihren Text selbst können Sie auf der Seite Ihren Vorstellungen entsprechend einrichten.

1 Wenn Sie im Menüband des Startregisters auf den Eintrag

klicken, wird eine Liste mit unterschiedlichen Seitenrändern angezeigt. Aktiv ist momentan ●. Darunter ist eine Seite mit schmalen Rändern ●,

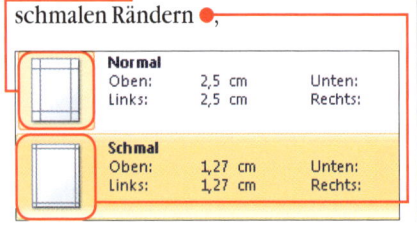

die Sie anklicken, wenn mehr Text auf die Seite passen soll.

2 Möchten Sie dagegen Platz für Anmerkungen am Rand lassen, wählen Sie einfach mit einem Mausklick die Seite mit breiten Rändern ●.

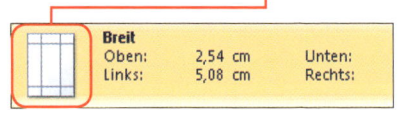

3 Sie können Ihre Seitenränder jedoch auch ganz individuell festlegen. Wenn Sie zum Beispiel bei einer Arbeit bestimmte formale Vorgaben einhalten müssen oder das Dokument abheften wollen, empfiehlt sich ein breiterer Rand an der linken Seite des Blattes. Dazu klicken Sie in der Liste ganz unten auf

Benutzerdefinierte Seitenränder...

Überschreiben Sie im nachfolgenden Fenster den Eintrag für den linken Rand ●

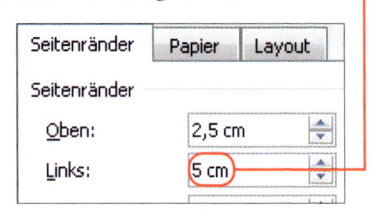

mit dem gewünschten Wert.

4 Falls Sie im vorigen Schritt für den linken Rand beispielsweise „5,0 cm" eingegeben haben, sieht die Seite in einer Vorschaugrafik mit der entsprechenden Einstellung so aus:

Sind Sie damit einverstanden, genügt ein Klick auf

OK.

Daraufhin bekommt Ihr Dokument links den gewünschten Rand von fünf Zentimetern.

Absätze ausrichten

Im Normalfall schreiben Sie erst mal drauf los, ohne sich um das Layout einer Seite zu kümmern. Nur wenn Sie einen Absatz haben möchten, drücken Sie die ⏎-Taste, damit Word für Sie einen Absatz einfügt. Ein Text fängt am linken Rand an und wird am rechten Rand automatisch umbrochen und danach am linken Rand fortgesetzt. Diese Ausrichtung wird „linksbündig" genannt und kann natürlich geändert werden.

1 Wollen Sie die Ausrichtung eines Absatzes verändern, klicken Sie zunächst auf den Registerreiter

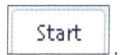

Start.

Dann haben Sie direkten Zugriff auf die benötigten Funktionen. An der Markierung

sehen Sie, dass Ihr Text derzeit linksbündig ausgerichtet ist.

2 Damit zum Beispiel eine Überschrift in der Mitte der Seite, also „zentriert" erscheint, klicken Sie auf das Symbol

Anschließend wird der Text immer den gleichen Abstand zum linken und zum rechten Rand der Seite haben.

Dies ist eine zentrierte Überschrift.

3 Wenn Sie hingegen möchten, dass ein Absatz mit dem rechten Rand der Seite abschließt, also „rechtsbündig" ist, klicken Sie auf das Symbol

Das Ergebnis sehen Sie sofort:

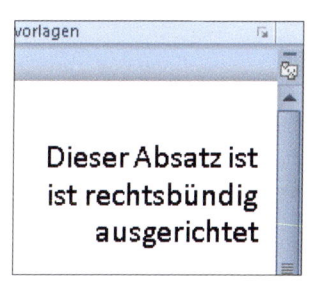

vorlagen

Dieser Absatz ist
ist rechtsbündig
ausgerichtet

Word | **Tabulatoren verwenden**

4 Vielleicht bevorzugen Sie Ihre Texte aber auch im Blocksatz? Dann reicht ein Mausklick auf das Symbol

,

und umgehend sieht Ihr Text so aus, als ob er von einem Buchdrucker hergestellt (gesetzt) worden wäre.

> Dann fiel ihr ein, daß das Gras zu Hause pausenlos gemäht wurd
> Nachbarschaft ratterte immer ein Rasenmäher. Ihr Vater hat dies
> ganz neues Modell gekauft, elektrisch mit Fangkorb. Seinen alter
> mit Anlauf vor sich her drücken. Der hatte so eine Rolle mit Me
> und Jasmin durfte ihn nie schieben, weil das zu gefährlich sei.
> Herr Schubert von nebenan sich einen neuen kaufte, hatte Papa
> gesagt: "Der sollte sich mal lieber ein bißchen bewegen. Das v
> seine Figur." Mama war gegen den neuen Rasenmäher und wied
> über Herrn Schubert gesagt hatte. Aber Papa meinte, bei ihr
> anderes.

Tabulatoren verwenden

Schreiben Sie Listen oder zum Beispiel ein Inhaltsverzeichnis, wünschen Sie in der Regel, dass alle Einträge ordentlich untereinander stehen. Sie können dazu Leerzeichen verwenden, was allerdings nicht optimal ist. Für das korrekte Positionieren von Text bietet Word die sogenannten **Tabulatoren** an. Damit können Sie Ihren Text exakt platzieren.

1 Damit in einer Liste die einzelnen Einträge ordentlich untereinander stehen, ist manchmal viel Aufwand erforderlich. Nicht jedoch, wenn Sie die ⇄-Taste nutzen.

| Nüsse | 6 Päckchen | 11,24 Euro |
| Milch | 1 Liter | 0,97 Euro |

Schreiben Sie einfach eine Liste wie im obigen Beispiel, und drücken Sie zwischen den einzelnen Posten jeweils die ⇄-Taste. Sollten Sie die Steuerzeichen eingeschaltet haben,

¶ ,

können Sie die eingefügten Tabulatoren sogar sehen:

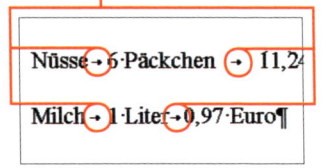

Nüsse → 6·Päckchen → 11,2⟨
Milch → 1·Liter → 0,97·Euro¶

2 Um jetzt die einzelnen Posten korrekt zu positionieren, markieren Sie die Liste und klicken im Start-Menüband neben dem Eintrag „Absatz" auf den kleinen Pfeil

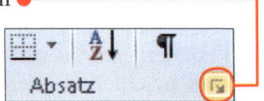

▱ ▾ | A↓ | ¶
Absatz

und im geöffneten Absatz-Fenster auf die Schaltfläche

Ta**b**stopps...

3 Im Fenster, das daraufhin geöffnet wird, tippen Sie die Zentimeter für die Tabstopps in die dafür vorgesehenen Felder ein:

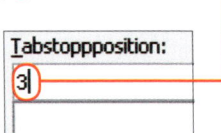

Tabstoppposition:
3

Grafiken in Texte aufnehmen **Word**

Klicken Sie danach auf die Schaltfläche **Festlegen**.

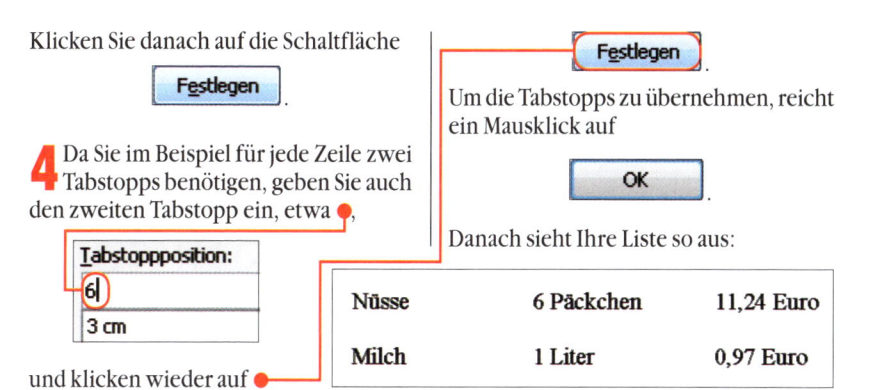

4 Da Sie im Beispiel für jede Zeile zwei Tabstopps benötigen, geben Sie auch den zweiten Tabstopp ein, etwa

Tabstoppposition:
6
3 cm

und klicken wieder auf **Festlegen**.

Um die Tabstopps zu übernehmen, reicht ein Mausklick auf **OK**.

Danach sieht Ihre Liste so aus:

| Nüsse | 6 Päckchen | 11,24 Euro |
| Milch | 1 Liter | 0,97 Euro |

Das Lineal benutzen

Für das Verändern von Seitenrändern, die Formatierung von Absätzen und das Setzen von Tabulatoren hat Word ein Lineal, das Sie am Kopf der senkrechten Bildlaufleiste mit einem Mausklick auf

einblenden können. Wenn Sie im Lineal die Seitenränder verändern wollen, klicken Sie auf die Begrenzungen und ziehen diese mit gedrückter Maustaste an die gewünschte Position. Ebenso lassen sich die Absatzmarken mit gedrückter Maustaste im Lineal bewegen.

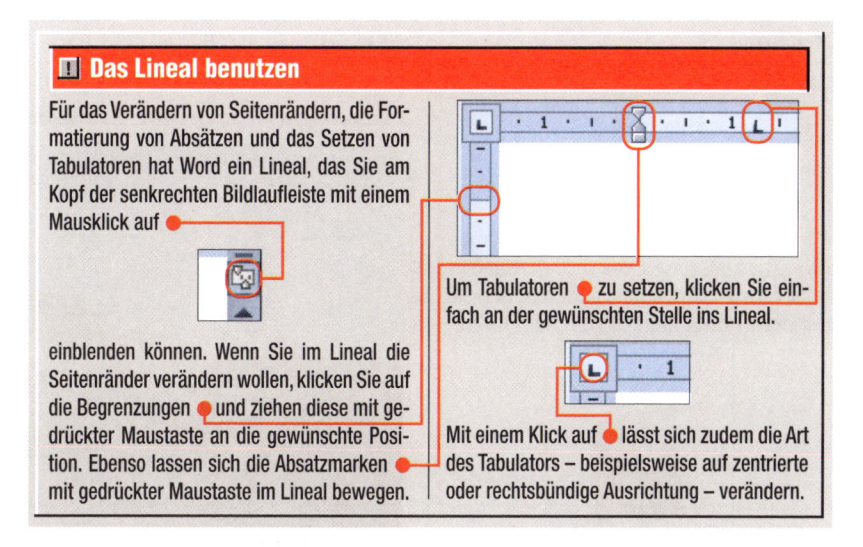

Um Tabulatoren zu setzen, klicken Sie einfach an der gewünschten Stelle ins Lineal.

Mit einem Klick auf lässt sich zudem die Art des Tabulators – beispielsweise auf zentrierte oder rechtsbündige Ausrichtung – verändern.

Grafiken in Texte aufnehmen

Es gibt Fälle, in denen man einen Text mit Bildern und Grafiken auflockern möchte. Mit der Textverarbeitung Word kein Problem. Alle Funktionen hat Word direkt an Bord, sodass Sie Ihren Wunsch blitzschnell in die Tat umsetzen können.

Word Grafik einfügen

Grafik einfügen

Wenn Sie Ihren Text bebildern möchten, können Sie alle gängigen digitalen Fotos verwenden. Und so geht's:

1 Positionieren Sie die Einfügemarke an der Stelle im Dokument, an der das Bild erscheinen soll, und klicken Sie dann auf den Registerreiter

> Einfügen

und anschließend im dazugehörigen Menüband auf

> Grafik

2 Daraufhin wird der Bilderordner geöffnet. Sollten Sie noch keine eigenen Bilder darin gespeichert haben, sehen Sie nur den Ordner mit den Beispielbildern.

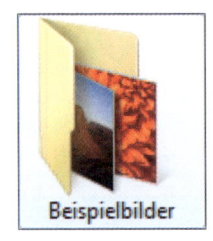

> Beispielbilder

Öffnen Sie den Ordner wie gewohnt per Doppelklick auf sein Symbol.

3 Im geöffneten Bilderordner wählen Sie mit einem einfachen Mausklick ein Bild für Ihren Text aus, im Beispiel

Bibliothek "Bilder"
Beispielbilder

Chrysantheme | Wüste

und klicken danach auf

> Einfügen ▼

Sofort erscheint das Bild an der vorgesehenen Stelle im Text.

Felsbrocken, der aus der Erde ragte. Die Bergspitz

"Wo ist denn der Gipfel geblieben?" fragte sie ersta

4 Nach dem Einfügen und wenn Sie später in die Grafik klicken, sehen

ClipArt einfügen Word

Sie am Rand und an den Ecken

sogenannte Anfasser. Wenn Sie die Anfasser mit gedrückter Maustaste ziehen, können Sie die Größe des Bildes im Dokument verändern. Mehr zu den Möglichkeiten, Grafiken in den Text einzubinden, erfahren Sie im Abschnitt auf Seite 297.

ClipArt einfügen

Falls Ihnen die Beispielbilder nicht zusagen und Sie auch noch keine eigenen auf dem Rechner haben, können Sie auch die Bilder der ClipArt von Word verwenden.

1 Klicken Sie als Erstes im Menüband „Einfügen" auf den Eintrag

damit rechts neben Ihrem Dokument die ClipArt-Spalte eingeblendet wird. Nach einem Klick auf die Schaltfläche

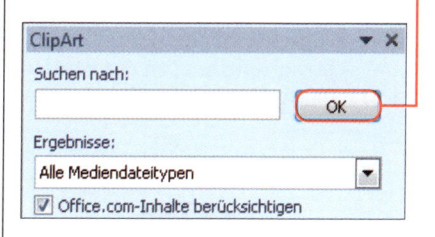

werden alle vorhandenen Grafiken angezeigt.

2 Sollten Sie nur Grafiken zu einem bestimmten Thema benötigen, geben Sie das Stichwort ins Feld ein und klicken dann auf .

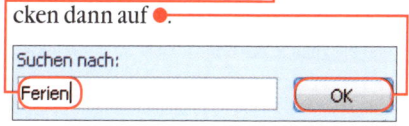

Daraufhin werden zum Thema passende Bilder eingeblendet.

Word Bilder mit der Maus positionieren

3 Um jetzt eine der Grafiken in Ihren Text zu übernehmen, brauchen Sie das gewünschte Bild nur anzuklicken – und schon erscheint es an der Position der Einfügemarke in Ihrem Text

Das Fenster der ClipArt schließen Sie mit einem Mausklick auf das dazugehörige Schließkreuz am oberen Fensterrand:

Bilder mit der Maus positionieren

Word setzt eingefügte Grafiken immer genau an die Stelle im Dokument, an der sich die Einfügemarke gerade befindet. Möchten Sie das Bild lieber an einer anderen Position haben, können Sie auch noch nachträglich Hand anlegen.

1 Sobald Sie ein Bild eingefügt haben, tauchen direkt danach sogenannte Anfasser

auf, die signalisieren, dass die Grafik nun markiert ist. Sollten diese Anfasser nicht zu sehen sein, genügt ein Mausklick in das Bild, damit sie sichtbar werden.

2 Zeigen Sie mit dem Mauszeiger auf einen der Anfasser an einer Ecke des Bildes, wird der Mauszeiger zu einem schrägen Doppelpfeil.

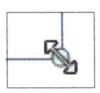

Klicken Sie jetzt, halten Sie die Maustaste gedrückt, und ziehen Sie das Bild mit weiterhin gedrückter Maustaste nach außen (dann wird es größer) oder nach innen (dann wird es kleiner). Sobald Sie die Maustaste loslassen, erhält das Bild die zu jenem Zeitpunkt angedeutete Größe.

3 Am oberen Rand des Bildes befindet sich noch ein grüner Anfasser:

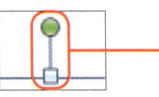

Wenn Sie mit der Maus auf diesen grü-

Grafiken formvollendet einbinden | Word

nen Punkt zeigen, wird ein kreisförmiger Pfeil sichtbar.

Klicken Sie jetzt und halten die Maustaste gedrückt, können Sie das Bild drehen, bis Sie die Maustaste wieder loslassen.

4 Mitunter möchten Sie ein Bild aber auch mitten im Text einfügen. Nichts leichter als das: Zeigen Sie direkt in das Bild, verwandelt sich der Mauszeiger in ein Pfeilkreuz.

Wenn Sie dann klicken und die Maustaste gedrückt halten, können Sie das Bild an eine beliebige Stelle Ihres Textes ziehen.

Beim Loslassen der Maustaste erscheint das Bild an der ausgewählten Stelle im Text.

Grafiken formvollendet einbinden

Positionieren Sie ein Bild in einem Text, wie im letzten Schritt des vorigen Abschnitts gezeigt, ergeben sich um die eingefügte Grafik hässliche Lücken. Damit das Bild sauber in den Text integriert und der Textfluss nicht gestört wird, gehen Sie wie folgt vor:

1 Wenn Sie das Bild anklicken, wird oben im Programmfenster der Registerreiter

Bildtools
Format

sichtbar. Nach einem Klick darauf rückt das Menüband mit den Formatierungsmöglichkeiten für Bilder in den Vordergrund.

297

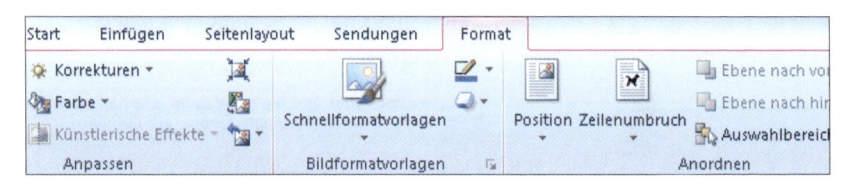

Word | Grafiken effektvoll gestalten

2 Um das Bild passgenau in den Text zu integrieren, klicken Sie auf ● und in der dann geöffneten Liste auf ●.

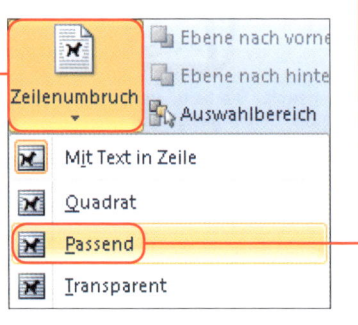

Daraufhin umfließt der Text die eingefügte Grafik.

3 Klicken Sie hingegen in der genannten Liste auf den Eintrag ●, legt Word das Bild hinter den Text. Während Sie mit dem Mauszeiger im Menü über die verschiedenen Optionen gleiten, wird übrigens die Wirkung wieder direkt im Dokument angezeigt.

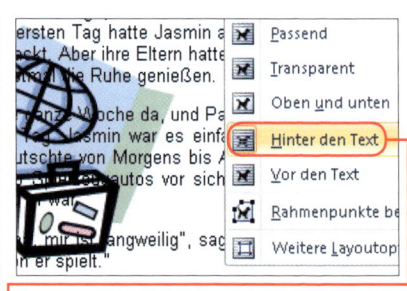

Grafiken effektvoll gestalten

Zu guter Letzt können Sie bereits positionierte Bilder und Grafiken auch noch effektvoll in Szene setzen.

1 Wie gewohnt markieren Sie zunächst das Bild mit einem Mausklick, klicken dann auf den Registerreiter ●

und wählen schließlich im dazugehöri-

Grafiken effektvoll gestalten | Word

gen Menüband den Eintrag ●.

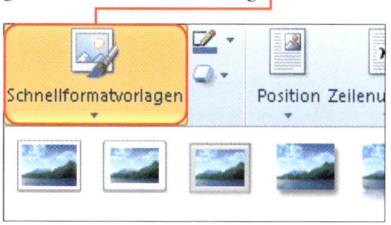

2 In der Liste, die daraufhin geöffnet wird, finden Sie diverse Gestaltungsmöglichkeiten für Ihr Bild. Auch hier lässt sich die Wirkung direkt im Dokument beobachten, wenn Sie den Mauszeiger über die verschiedenen Formatsymbole führen.

3 Darüber hinaus können Sie Ihre Grafik noch mit verschiedenen Effekten gestalten. Nachdem Sie per Klick auf ●

die Liste der Effekte geöffnet haben, tauchen Schatten-, Spiegelungen- und 3D- Effekte auf, die wiederum in Untermenüs ● angeordnet sind.

Zeigen Sie hier auf ein Symbol, wird das Bild in der Vorschau direkt im Dokument entsprechend verfremdet, und nach einem Mausklick wird die Variante aufs Bild angewendet und das Auswahlfenster geschlossen.

4 Wenn Sie noch nötige Korrekturen in Bezug auf Helligkeit, Kontrast und Schärfe vornehmen wollen, klicken Sie einfach auf ●.

Wieder können Sie sich die verschiedenen Einstellungen direkt im Dokument vor Augen führen, bevor Sie sich per Mausklick für eine der Varianten entscheiden.

299

Excel

11 Rechnen ganz einfach

Jeden Tag arbeiten wir mit Nummern und Zahlen: Telefonnummern, Kundennummern, Einnahmen und Ausgaben. Manche Zahlen dienen zu Berechnungen, bei anderen wiederum handelt es sich um Daten mit der Aufgabe, Ordnung zu schaffen. Mit Excel können Sie alle diese unterschiedlichen Daten bequem erfassen und speichern. Dabei ist die Handhabung von Excel supereinfach, denn schließlich sind seine Bildschirmseiten wie Rechenblätter aufgebaut. Sie tragen Ihre Zahlen und Daten einfach in die Kästchen ein: Dann können Sie mit ihnen rechnen, aber auch den ganzen Datenbestand oder Teile davon sortieren.

Im elften Kapitel dieses Buches erfahren Sie,
- wie die Arbeitsoberfläche von Excel strukturiert ist,
- wie Sie Ihre Arbeit sichern und Arbeitsmappen öffnen,
- wie Sie Daten erfassen, sortieren und filtern
- und wie Sie Berechnungen in Tabellen durchführen.

Kapitel-Wegweiser

Das Excel-Programmfenster 301	Eingaben oder Zellen löschen 311
Arbeitsmappen speichern und öffnen 303	Einfaches Rechnen in der Tabelle .. 312
	Formeln einfach übernehmen 315
Der Aufbau von Arbeitsblättern 306	Zahlenkolonnen blitzschnell addieren... 317
Daten eingeben 306	
Zellen und Zellbereiche markieren 308	Tabellen sortieren.......................... 319
	Daten gezielt filtern....................... 321

Das Excel-Programmfenster

Excel ist neben Word Bestandteil der Edition Office Starter 2010. Wie Sie Office Starter installieren, haben Sie im vorigen Kapitel erfahren. Nach der **Installation** können Sie direkt mit „Excel Starter 2010" arbeiten.

1 Um Excel zu starten, **klicken** Sie zunächst links unten auf Ihrem Bildschirm auf das Startsymbol

,

anschließend im geöffneten **Startmenü** auf

▶ Alle Programme ,

danach in der Programmliste auf ● und zu guter Letzt auf ●.

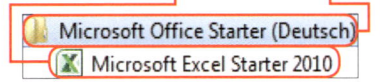

Microsoft Office Starter (Deutsch)
Microsoft Excel Starter 2010

2 Schon startet Excel mit einer leeren Arbeitsmappe im Arbeitsbereich:

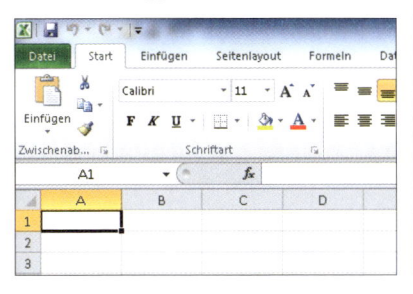

Genau wie Word 2010 hat auch Excel ein Menüband. Es verfügt zwar weitgehend über andere Register und Symbole, wird aber im Prinzip genauso bedient, wie im vorigen Kapitel auf Seite 273 für Word beschrieben. Das gilt auch für viele andere Elemente des Programmfensters. Daher soll hier speziell auf die Elemente eingegangen werden, bei denen sich die Tabellenkalkulation Excel von Word unterscheidet.

3 Ebenso wie bei Word zeigt die **Titelleiste** den Namen des Programms und den Dateinamen der aktuell geöffneten Arbeitsmappe oder eine allgemeine Bezeichnung ●.

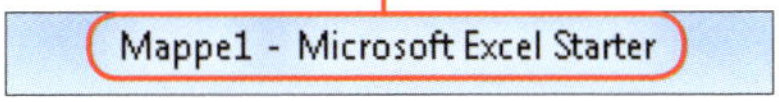

Mappe1 - Microsoft Excel Starter

Links daneben ist die Symbolleiste für den Schnellstart ●,

mit der Sie Dateien speichern, Befehle zurücknehmen und bei Bedarf auch wiederholen können. Und auf der anderen Seite finden Sie wie gewohnt die Symbole ●,

Excel Starter

mit denen Sie das Programmfenster (von links nach rechts gesehen) minimieren, in der Größe verändern oder schließen können.

Excel — Das Excel-Programmfenster

4 Das **Menüband** mit seinen verschiedenen Registern

umfasst die Befehle und Funktionen, mit denen Sie Excel Starter 2010 steuern

5 Unter dem Menüband und über dem Arbeitsbereich finden Sie zum einen das Namenfeld ● und zum anderen die Bearbeitungsleiste ●.

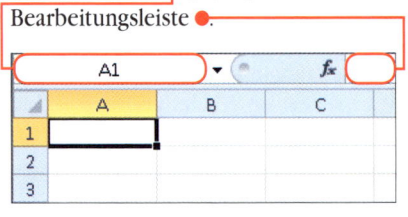

In der Bearbeitungsleiste wird der Inhalt einer ausgewählten Zelle angezeigt. Dabei kann es sich um eine Zahl, aber auch um umfangreiche Formeln handeln. Sollte Letzteres der Fall sein, kann es sinnvoll sein, ganz rechts auf das Symbol ●

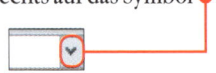

zu klicken. Die Bearbeitungsleiste wird dann nämlich vergrößert. Mit einem erneuten Klick auf das Pfeilsymbol, das jetzt nach oben weist ●,

reduzieren Sie die Anzeige wieder.

6 Der Arbeitsbereich einer Arbeitsmappe ist in Zeilen und Spalten unterteilt. Die Zeile mit den Spaltenbezeichnungen bezeichnet man als Spaltenkopf ●, die Spalte mit den Zeilenbezeichnungen entsprechend als Zeilenkopf ●.

7 Links unten im Programmfenster befinden sich drei **Registerreiter** ●. Darüber können Sie sich die einzelnen Blätter einer Arbeitsmappe ansehen. Darunter folgt die Statusleiste ●.

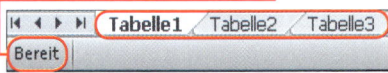

8 In der Statusleiste finden Sie zudem Symbole, mit denen Sie zwischen verschiedenen Ansichtsformen wechseln können,

sowie einen Regler, mit dessen Hilfe Sie den Arbeitsbereich größer oder kleiner darstellen können: ●.

Arbeitsmappen speichern und öffnen

Ihre Arbeitsergebnisse können Sie als sogenannte Arbeitsmappen in Dateien auf Ihrem Rechner speichern und so jederzeit wieder darauf zugreifen.

1 Um eine Arbeitsmappe zu speichern, klicken Sie im Menüband auf den Registerreiter

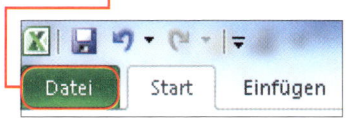

sowie anschließend auf den Befehl.

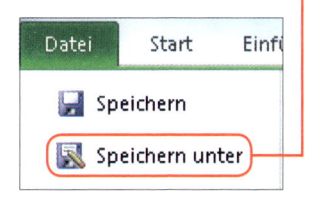

2 Als Speicherort wird Ihnen standardmäßig der Dokumente-**Ordner** vorgeschlagen:.

Tippen Sie einen Namen für die Arbeitsmappe ein, im Beispiel,

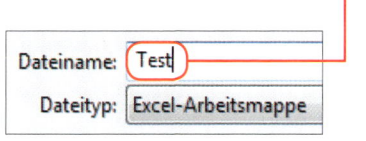

und klicken Sie auf die Schaltfläche

Speichern.

3 Ihre Arbeitsmappe ist nach wie vor auf der Arbeitsfläche zu sehen. In der Titelleiste steht jetzt aber der soeben vergebene Name.

Künftig können Sie Ihre Arbeit an dieser Arbeitsmappe sichern, indem Sie in der Symbolleiste für den Schnellzugriff auf das Diskettensymbol klicken.

4 Wenn Sie nicht mehr weiterarbeiten möchten, gibt es zwei Möglichkeiten: Entweder Sie klicken auf – dann wird nur die Arbeitsmappe geschlossen, Excel selbst wird jedoch nicht beendet. Oder Sie klicken stattdessen auf

– in dem Fall wird Excel beendet, und damit werden auch alle geöffneten Arbeitsmappen geschlossen.

5 In jedem Fall gilt: Sollte eine Arbeitsmappe zum Zeitpunkt des Schlie-

Excel — Arbeitsmappen speichern und öffnen

ßens noch nicht komplett gespeichert sein, erscheint ein Dialogfenster. Um Änderungen zu speichern, brauchen Sie nur auf ● zu klicken. Wollen Sie das nicht, genügt ein Mausklick auf ●.

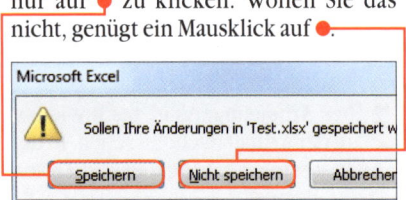

> **Microsoft Excel**
> ⚠ Sollen Ihre Änderungen in 'Test.xlsx' gespeichert w
> [Speichern] [Nicht speichern] [Abbrechen]

6 Damit Sie eine gespeicherte Arbeitsmappe ansehen oder daran weiterarbeiten können, klicken Sie einfach auf ● und danach auf ●.

> **Datei** Start Einfü
> 🔲 Speichern
> 🔲 Speichern unter
> 📂 Öffnen
> 📂 Schließen
> **Informationen**
> Zuletzt verwendet

Daraufhin werden die zuletzt bearbeiteten Arbeitsmappen aufgelistet, sodass Sie die gewünschte Datei mit einem Mausklick öffnen können.

> **Zuletzt verwendete Arbeitsmappen**
> 📊 Test
> Eigene Dokumente

7 Sollte die gesuchte Datei nicht in dieser Liste sein, klicken Sie im geöffneten Dateimenü auf ●,

> 🔲 Speichern
> 🔲 Speichern unter
> 📂 Öffnen

markieren die Arbeitsmappe per Mausklick, hier ●,

> **Öffnen**
> ◀ ▶ ▸ Bibliotheken ▸ Dokumente ▸
> Organisieren ▼ Neuer Ordner
> 📊 Microsoft Excel   **Bibliothek "D**
> ⭐ Favoriten   Hierzu gehören: 2 O
> 📂 Bibliotheken
> 🖧 Heimnetzgruppe   📊 Kredit

und klicken anschließend auf

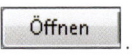

[Öffnen]

8 Jedes Mal, wenn Sie Excel starten, wird automatisch eine neue leere Arbeitsmappe angelegt, und Sie können gleich lostippen. Wenn Sie eine weitere Arbeitsmappe anlegen möchten, egal ob Sie die erste schon geschlossen haben oder nicht, klicken Sie als Erstes auf

[**Datei**]

Arbeitsmappen speichern und öffnen **Excel**

und dann auf den Eintrag

Neu.

9 Anschließend können Sie rechts im Fenster entweder eine leere Arbeitsmappe ● wählen oder per Mausklick einen der Vorlagenordner ●

wählen. Zu einer markierten Vorlage erhalten Sie übrigens eine Vorschau, etwa ●,

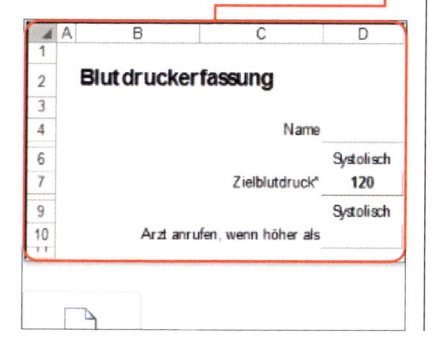

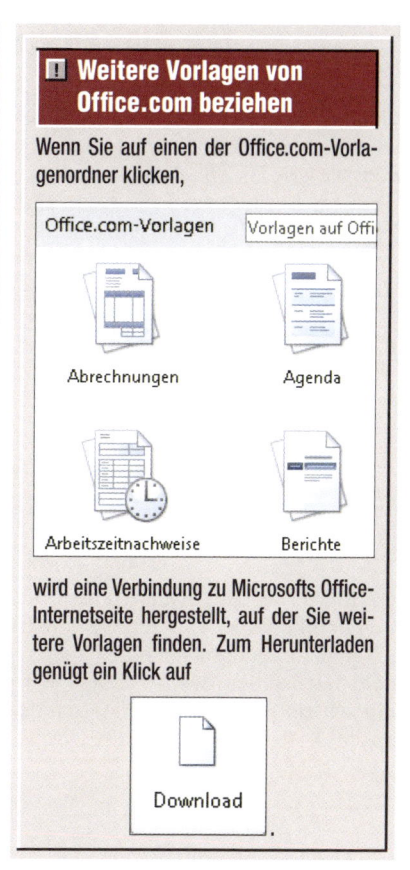

❗ Weitere Vorlagen von Office.com beziehen

Wenn Sie auf einen der Office.com-Vorlagenordner klicken,

wird eine Verbindung zu Microsofts Office-Internetseite hergestellt, auf der Sie weitere Vorlagen finden. Zum Herunterladen genügt ein Klick auf Download

und mit einem Mausklick auf Erstellen

lässt sich die neue Arbeitsmappe öffnen.

305

Der Aufbau von Arbeitsblättern

Eine neue leere Excel-Arbeitsmappe besteht standardmäßig aus drei leeren Arbeitsblättern. Ein Arbeitsblatt ist automatisch im Vordergrund. Es stellt eine Tabelle dar und ist in Zeilen und Spalten unterteilt. Die Tabelle ist als Rechenblatt strukturiert.

1 Die Zeilen sind von oben nach unten durchnummeriert, während die einzelnen Spalten mit Buchstaben gekennzeichnet sind:

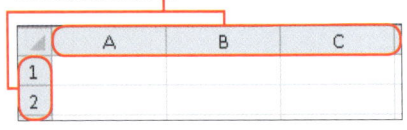

Die Anzahl der Buchstaben ist natürlich beschränkt. Daher wird die Spalte nach „Z" mit zwei Buchstaben bezeichnet. Jedem Buchstaben des Alphabets wird einfach ein „A" vorangestellt. Nach der Spalte „Z" folgt also die Spalte „AA",

dann kommt „AB" und so weiter.

2 Die Kästchen, die durch die Zeilen- und Spaltenlinien gebildet werden, bezeichnet man als Zellen. Jede dieser Zellen hat durch Zeilennummer und Spaltenbuchstabe eine eindeutige Zelladresse. Klicken Sie in eine Zelle, wird diese durch eine dickere Umrandung markiert. In der Beispielabbildung ist dies also die Zelle mit der Zelladresse „B3",

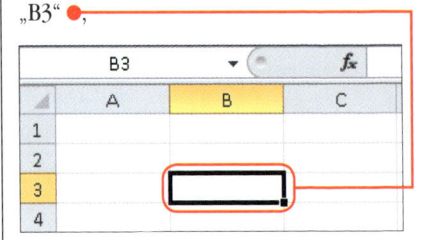

die auch im Namenfeld

angezeigt wird. Die markierte Zelle ist aktiv, das heißt, Ihre Eingaben, die Sie per Tastatur oder Maus vornehmen, beziehen sich auf diese aktive Zelle.

Daten eingeben

Die Datenerfassung in Excel ist im Prinzip völlig problemlos.

1 Um Zahlen oder Buchstaben in eine Tabelle einzugeben, klicken Sie einfach eine Zelle an, beispielsweise,

Daten eingeben **Excel**

und tippen die gewünschten Zeichen – beispielsweise einen Namen – ein. Ihre Eingabe erscheint nicht nur in der Zelle selbst, sondern auch in der Bearbeitungsleiste ●.

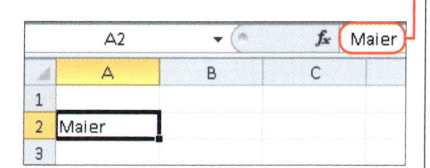

2 Um die Eingabe in der Zelle abzuschließen, drücken Sie die ⏎-Taste. Nun wird automatisch die darunterliegende Zelle ●

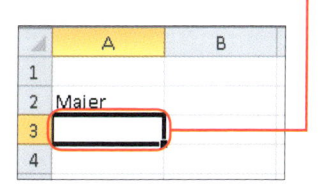

markiert, und Sie können gleich die nächste Eingabe vornehmen. So füllen Sie eine Spalte von oben nach unten aus.

3 Um an anderer Stelle in der Tabelle eine Eingabe zu machen, klicken Sie in die gewünschte Zelle, etwa ●.

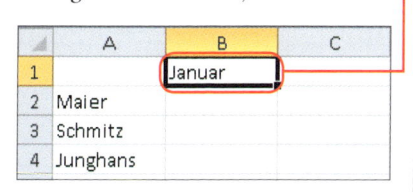

Damit Sie eine Zeile von links nach rechts ausfüllen können, bestätigen Sie die Eingabe mit der ⇥-Taste. Nun wird nicht die darunterliegende Zelle, sondern die Zelle rechts daneben aktiviert, hier also ●.

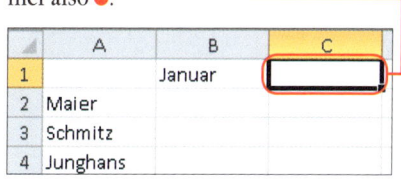

❗ Eingaben bestätigen mit Tastatur und Maus

Statt Tabellen mithilfe der ⏎-Taste und ⇥-Taste auszufüllen, können Sie zum Ansteuern und Aktivieren von Zellen auch die Richtungstasten ↓, ↑, ← und → verwenden.

4 Wenn Sie statt Wörtern in Zellen Zahlen eintragen, erkennt Excel, dass es sich um Werte handelt.

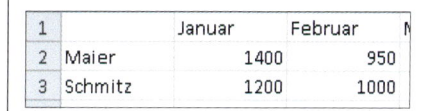

	Januar	Februar
2 Maier	1400	950
3 Schmitz	1200	1000

Während Text in Zellen linksbündig erscheint, werden Zahlen automatisch rechtsbündig ausgerichtet.

5 Falls Sie den Inhalt einer Zelle ändern wollen, aktivieren Sie die Zelle, im Beispiel ●.

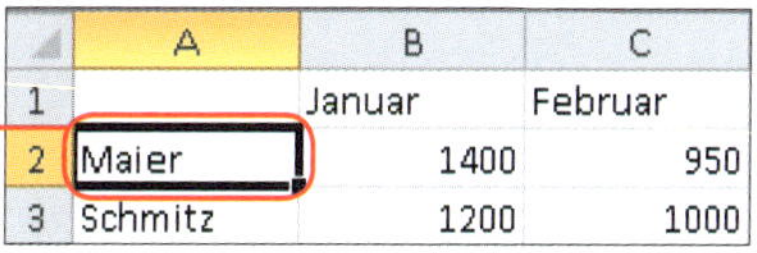

	A	B	C
1		Januar	Februar
2	Maier	1400	950
3	Schmitz	1200	1000

Excel — Zellen und Zellbereiche markieren

Nun können Sie die Änderung dort oder in der Bearbeitungsleiste vornehmen, etwa.

6 Um eine bestehende Eingabe gezielt direkt in der Zelle zu *korrigieren*, anstatt komplett zu überschreiben, klicken Sie doppelt in die Zelle. Dann erscheint dort die Einfügemarke,

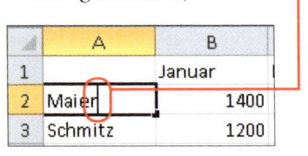

die Sie nun mithilfe der Richtungstasten oder einem gezielten Mausklick zu der Stelle bewegen, an der Sie die Korrektur ausführen wollen:.

Hätten Sie die Zelle nur einmal angeklickt, würde das Betätigen der Richtungstasten zum Verlassen der Zelle führen, wie im Kasten „Eingaben bestätigen mit Tastatur und Maus" auf der vorigen Seite erklärt.

> **Befehle rückgängig machen**
>
> Aktionen, die Sie mit Excel durchführen, können Sie zurücknehmen. Das ist beispielsweise dann recht hilfreich, wenn Sie versehentlich einen Zellinhalt überschrieben haben. Damit dies wieder rückgängig gemacht wird, klicken Sie einfach in der Symbolleiste für den Schnellzugriff auf. Und sollten Sie es sich erneut anders überlegen, können Sie direkt im Anschluss an die Rücknahme per Klick auf
>
> die Korrektur wieder rückgängig machen.

Zellen und Zellbereiche markieren

Bei Excel können Sie nicht nur mit Einzelzellen arbeiten, sondern auch mit Zellbereichen. Damit aber Excel weiß, worauf sich ein Befehl – zum Beispiel bei der Gestaltung – beziehen soll, müssen Sie zuvor eine Markierung setzen.

Zellen und Zellbereiche markieren **Excel**

1 Den einfachsten Fall einer Markierung haben Sie bereits kennengelernt, nämlich die Markierung einer einzelnen Zelle. Klicken Sie eine Zelle an, ist sie markiert ●,

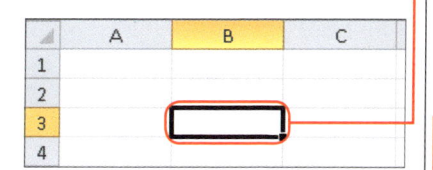

und die folgende Aktion wirkt sich auf diese Zelle aus.

2 Wenn Sie ihr beispielsweise per Klick im Start-Menüband auf

und in der Farbpalette auf ●

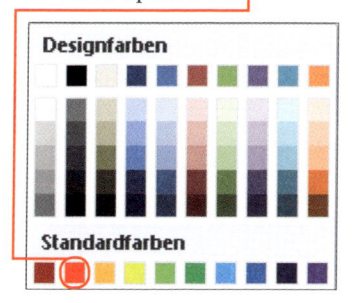

eine Füllfarbe zuweisen, wird die Zelle entsprechend eingefärbt.

Solch einen Befehl können Sie direkt auf mehrere Zellen anwenden, Sie müssen sie nur zuvor markieren.

3 Wollen Sie eine komplette Zeile eines Arbeitsblattes markieren, klicken Sie einfach im Zeilenkopf auf das entsprechende Kästchen. Per Mausklick beispielsweise auf ●

wird die dritte Zeile markiert: ●.

4 Analog dazu können Sie mit einem Klick im Spaltenkopf etwa auf das Kästchen ●

die Spalte B des Arbeitsblattes markieren: ●.

309

Excel — Zellen und Zellbereiche markieren

5 Falls Sie mehrere direkt untereinander liegende Zeilen markieren möchten, klicken Sie zunächst im Zeilenkopf auf ●,

halten dann die Maustaste gedrückt und führen den Mauszeiger mit weiterhin gedrückter Maustaste bis zum Kästchen ●. Lassen Sie dann die Maustaste los, sind die drei Zeilen wunschgemäß markiert: ●.

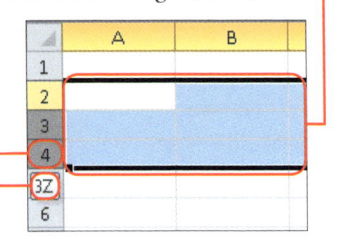

Während Sie den Mauszeiger bei gedrückt gehaltener Taste im Zeilenkopf nach unten führen, bekommen Sie übrigens angezeigt, wie viele Zeilen aktuell markiert sind, im Beispiel ●.

6 Um das gesamte Arbeitsblatt zu markieren, klicken Sie einfach in das Eck-Kästchen ●,

in dem sich Spalten- und Zeilenkopf treffen. Schon ist das gesamte Arbeitsblatt markiert:

7 Sie können aber auch beliebige, nicht zusammenhängende Zellen und Zellbereiche markieren, indem Sie zusammen mit der Maustaste die [Strg]-Taste drücken. Wenn Sie beispielsweise mit gedrückter [Strg]-Taste verschiedene Zeilenköpfe anklicken, etwa ●,

werden die Zeilen wunschgemäß markiert. Genauso lassen sich verschiedene Spalten und auch Einzelzellen mithilfe der [Strg]-Taste markieren.

8 Einen zusammenhängenden Zellbereich innerhalb eines Arbeitsblattes

Eingaben oder Zellen löschen — Excel

können Sie ebenfalls ganz fix markieren. Klicken Sie hierfür in die erste Zelle des zu markierenden Bereichs, hier ●,

	A	B	C
1		Januar	Februar	März
2	Maier	1400	950
3	Schmitz	1200	1000
4	Junghans	800	800
5			

halten Sie die Maustaste gedrückt, und

ziehen Sie den Mauszeiger mit weiterhin gedrückter Maustaste bis in die Zelle, mit der die Markierung enden soll, etwa ●.

	A	B	C	D
		Januar	Februar	März
er		1400	1400	1400
mitz		1200	1000	900
ghans		800	800	700

Jetzt können Sie die Maustaste loslassen.

> **! Größeren Zellbereich markieren**
>
> Wenn Sie einen sehr umfangreichen Zellbereich markieren wollen, kann es sinnvoll sein, eine alternative Technik anzuwenden: Klicken Sie in die erste Zelle des Bereichs, der markiert werden soll, drücken Sie dann die ⇧-Taste, halten Sie sie gedrückt, und klicken Sie dann ans Ende des zu markierenden Bereichs.

Eingaben oder Zellen löschen

Es stehen Ihnen zwei Möglichkeiten zur Verfügung, Daten einer Tabelle zu löschen. Entweder Sie entfernen die Inhalte von Zellen, oder Sie entfernen die Zellen komplett.

1 Wenn Sie Zellen markieren, im Beispiel ●,

	A	B	C	D
1		Januar	Februar	März
2	Maier	1400	1400	1400
3	Schmitz	1200	1000	900

und die [Entf]-Taste drücken, werden die Daten aus diesen Zellen entfernt. Die Zellen selbst bleiben aber erhalten. In diesem Fall entsteht dadurch eine hässliche Lücke in Ihrer Tabelle: ●.

	A	B	C	D
1		Januar	Februar	März
2	Maier	1400	1400	1400
3				
4	Junghans	800	800	700

2 Um die Zellen komplett zu entfernen, setzen Sie zunächst wieder die Markierung

	A	B	C	D
1		Januar	Februar	März
2	Maier	1400	1400	1400
3	Schmitz	1200	1000	900
4	Junghans	800	800	700

Excel — Einfaches Rechnen in der Tabelle

und klicken dann im Start-Menüband auf ●. Klicken Sie hingegen auf ●

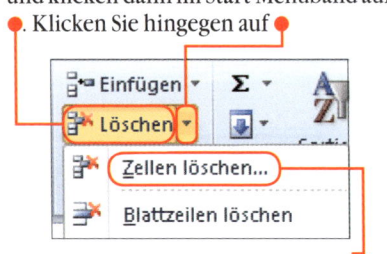

und anschließend auf den Befehl ●, so erscheint umgehend eine Abfrage,

bei der Sie bestimmen können, wie sich die benachbarten Zellen bei der Löschung verhalten.

Ohne Änderung hat der Klick auf ● die gleiche Wirkung wie der zuvor beschriebene Klick auf das reine Löschen-Symbol.

3 Egal, welche Variante Sie wählen: In beiden Fällen verschwinden nicht nur die Inhalte der Zellen, sondern die kompletten Zellen, ohne dass eine Lücke in Ihrer Tabelle entsteht. Die Daten in der nachfolgenden Zeile rutschen bei der Standardvorgabe einfach um eine Zeile nach oben.

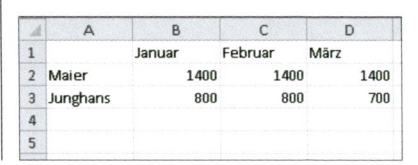

	A	B	C	D
1		Januar	Februar	März
2	Maier	1400	1400	1400
3	Junghans	800	800	700
4				
5				

Einfaches Rechnen in der Tabelle

Sie können Excel ohne große Vorkenntnisse als reine Rechenmaschine nutzen. Hierbei verwenden Sie weitgehend die bekannten Rechenzeichen.

1 Für eine Addition klicken Sie zunächst in die Zelle, in der das Rechenergebnis erscheinen soll, im Beispiel ●.

3	Schmitz	1200	1000
4	Junghans	800	800
5			
6			

2 Tippen Sie nun in die aktive Zelle ein Gleichheitszeichen (=) ein. Damit teilen Sie Excel mit, dass Sie eine Berechnung durchführen wollen. Dann folgt der erste Wert, danach ein Pluszeichen (+), dann – getrennt durch weitere Pluszeichen – die anderen Werte. In der Zelle steht dann beispielsweise: ●.

3	Schmitz	1200	1000
4	Junghans	800	800
5		=1400+1200+800	
6			

Einfaches Rechnen in der Tabelle | Excel

Sobald Sie die Eingabe bestätigen, etwa mit der ⏎-Taste, erscheint in der Zelle das Ergebnis der Berechnung:

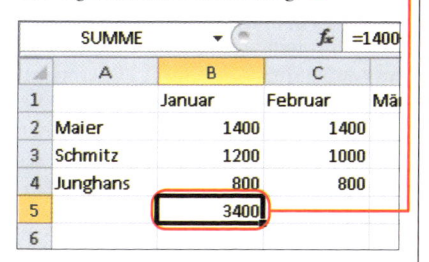

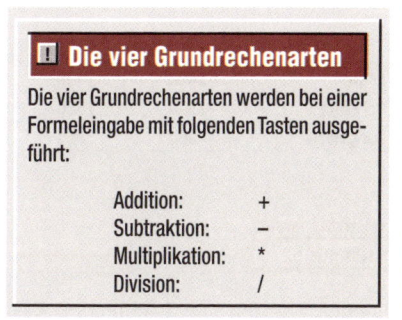

	A	B	C
		Januar	Februar
2	Maier	1400	1400
3	Schmitz	1200	1000
4	Junghans	800	800
5		3400	

❗ Die vier Grundrechenarten

Die vier Grundrechenarten werden bei einer Formeleingabe mit folgenden Tasten ausgeführt:

- Addition: +
- Subtraktion: –
- Multiplikation: *
- Division: /

3 Statt mit fixen Werten lässt sich in Excel aber auch mit Zellbezügen rechnen. Hierfür tippen Sie in die Zelle nach dem Gleichheitszeichen statt Zahlen eine Anweisung mit Zelladressen ein, im Beispiel:

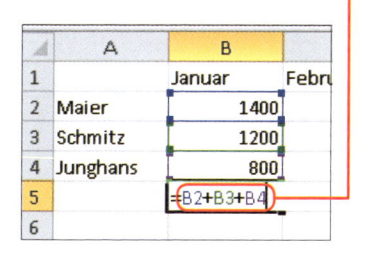

	A	B
1		Januar
2	Maier	1400
3	Schmitz	1200
4	Junghans	800
5		=B2+B3+B4

Um welche Zellen es sich bei den Koordinaten handelt, erkennen Sie neben den Zelladressen auch an der Farbkodierung. Wenn Sie die Eingabe bestätigen, addiert Excel die angegebenen Zellinhalte. Eine solche Rechenanweisung an Excel bezeichnet man übrigens als Formel.

❗ Funktionsbezeichnungen einsetzen

Während der Eingabe im Schritt 3 dieser Anleitung klappt eine Auswahl auf.

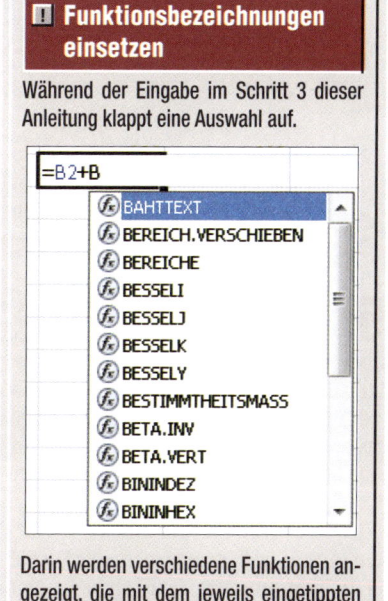

=B2+B
- BAHTTEXT
- BEREICH.VERSCHIEBEN
- BEREICHE
- BESSELI
- BESSELJ
- BESSELK
- BESSELY
- BESTIMMTHEITSMASS
- BETA.INV
- BETA.VERT
- BININDEZ
- BININHEX

Darin werden verschiedene Funktionen angezeigt, die mit dem jeweils eingetippten Buchstaben beginnen. Diese Funktionen können Sie einfach per **Doppelklick** in Ihre Formel übernehmen. Solange Sie mit Funktionen noch nicht vertraut sind, ignorieren Sie diese Liste einfach.

4 Der Vorteil, den das Rechnen mit Zellbezügen bietet, liegt auf der Hand: Wenn Sie einen Wert ändern, im

Excel Einfaches Rechnen in der Tabelle

Beispielfall von „1200" in

	A	B	C
1		Januar	Februar
2	Maier	1400	1400
3	Schmitz	1300	1000
4	Junghans	800	800
5		3400	

und bestätigen, wird das Ergebnis automatisch angepasst:

	A	B	C
1		Januar	Februar
2	Maier	1400	1400
3	Schmitz	1300	1000
4	Junghans	800	800
5		3500	

5 Das Summieren von Zahlenkolonnen ist vermutlich die häufigste Rechenoperation, die beim Arbeiten mit Tabellen anfällt. Mit der bisher beschriebenen Additionstechnik wäre es aber etwas mühsam, beispielsweise den Gesamtumsatz in einer Umsatztabelle zu ermitteln. Excel stellt Ihnen daher eine vorgefertigte Rechenoperation zur Verfügung, die Ihnen viel Tipparbeit bei der Formelerstellung abnimmt. Eine solche Rechenhilfe nennt man Funktion. Und so wenden Sie die Summenfunktion an: Klicken Sie zunächst in die Zelle, in der das Rechenergebnis erscheinen soll, hier

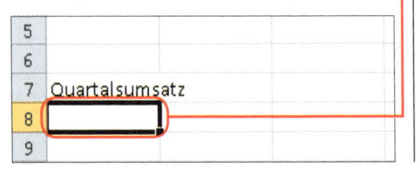

5	
6	
7	Quartalsumsatz
8	
9	

6 Tippen Sie dann das Gleichheitszeichen, gefolgt von der Funktionsbezeichnung „summe" ein. Die Funktion weist Excel an, die Werte der Zellen, deren Koordinaten in der folgenden Klammer aufgeführt werden, zu addieren. Innerhalb der Klammer tragen Sie die Zelladressen ein. Dabei müssen Sie aber nicht etwa jede einzelne Zelladresse separat angeben. Um einen zusammenhängenden Zellbereich zu addieren, tippen Sie einfach einen Koordinatenbereich ein – im Beispiel „b2:d4"

	Januar	Februar	März
Maier	1400	1400	
Schmitz	1300	1000	
Junghans	800	800	
Quartalsumsatz			
=summe(b2:d4)			

(siehe dazu den nebenstehenden Kasten). Wenn Sie diese Eingabe bestätigen, erscheint das Ergebnis:

Schmitz	1300	1000
Junghans	800	800
Quartalsumsatz		
9700		

7 Einen Zellbereich können Sie auch mithilfe der Maus bestimmen, also ohne die Zelladressen eintippen zu müssen. Wollen Sie beispielsweise die Januar- und Februar-Umsätze addieren, klicken Sie in die Zelle, in der das Ergeb-

Formeln einfach übernehmen **Excel**

> **! Zellbereich bezeichnen**
>
> Einen zusammenhängenden Zellbereich können Sie ganz einfach bezeichnen: Tragen Sie die Zelladresse ganz links oben ein, gefolgt von einem Doppelpunkt sowie der Zelladresse ganz rechts unten. Schreiben Sie also beispielsweise „b2:d4", bezieht sich das auf den Bereich.

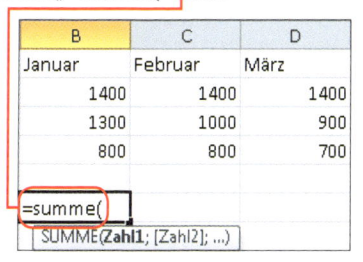

8 Danach klicken Sie in die Zelle links oben, ab der die Zahlen summiert werden sollen, halten die Maustaste gedrückt und führen den Zeiger mit weiterhin gedrückter Maustaste über die Zelle rechts unten.

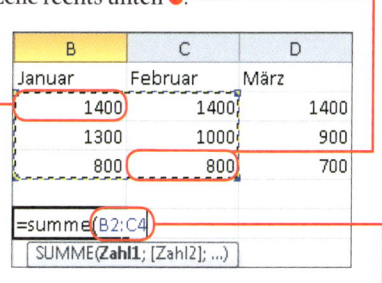

nis erscheinen soll, und tippen den Ausdruck „=summe(" ein.

Lassen Sie dann die Maustaste los, wird in der Formel automatisch die korrekte Zellbereichs-Bezeichnung angezeigt: Sobald Sie die Formeleingabe bestätigt haben, erscheint das Rechenergebnis:

Formeln einfach übernehmen

Meist können Sie eine Formel problemlos in eine Nachbarzelle übernehmen – ganz ohne Tipparbeit. Selbst veränderte Zellbezüge brauchen Sie nicht manuell anzupassen. Das übernimmt Excel für Sie und sorgt so dafür, dass Sie Formeln einfach weiterverwenden können.

1 In der Beispieltabelle sind in der Spalte A Nettopreise aufgeführt. In der Spalte B sollen die Bruttowerte erscheinen. Der aktuell gültige Mehrwertsteuersatz beträgt 19 Prozent. Um den jeweiligen Bruttowert zu berechnen, müssen Sie also die Werte der Spalte A

Excel — Formeln einfach übernehmen

mit 1,19 multiplizieren.

	A	B
1	Netto	Brutto
2	450	
3	380	
4	700	

Tippen Sie also in die Zelle B2 den Ausdruck „=A2*1,19"

	A	B
1	Netto	Brutto
2	450	=A2*1,19
3	380	
4	700	

ein. Bei A2 handelt es sich um einen „Zellbezug", bei dem Wert 1,19 um eine „Konstante".

2 Wenn Sie Ihre Eingabe bestätigt haben, bekommen Sie umgehend das korrekte Ergebnis angezeigt:

	A	B
1	Netto	Brutto
2	450	535,5
3	380	
4	700	

3 Um diese Formel jetzt in die darunter liegenden Zellen B3 und B4 zu übernehmen, klicken Sie als Erstes in die Zelle B2

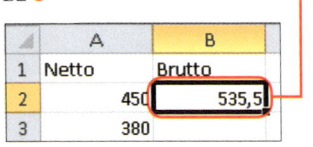

	A	B
1	Netto	Brutto
2	450	535,5
3		380

und führen dann den Mauszeiger über die rechte untere Ecke der Zelle, bis er seine Form verändert:

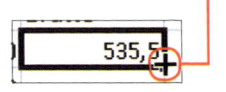

Klicken Sie dann, und ziehen Sie den Zeiger mit weiterhin gedrückter Maustaste bis über die Zelle B4, sodass die betreffenden Zellen mit einem grauen Rahmen versehen werden:

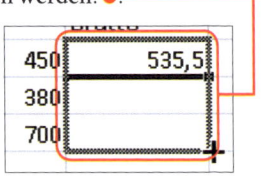

450	535,5
380	
700	

4 Sobald Sie die Maustaste loslassen, sehen Sie, dass Excel auch in den Zellen B3 und B4 die korrekte Berechnung durchgeführt hat:

1	Netto	Brutto
2	450	535,5
3	380	452,2
4	700	833
5		

5 Dass Excel die Formel nicht einfach eins zu eins kopiert hat, erkennen Sie nach einem Klick beispielsweise in die Zelle B3

	A	B
1	Netto	Brutto
2	450	535,5
3	380	452,2
4	700	833

Zahlenkolonnen blitzschnell addieren **Excel**

In der Bearbeitungsleiste steht jetzt nicht etwa „*=A2*1,19"*, sondern

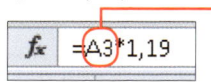

f_x =A3*1,19

Excel hat also sogar den Zellbezug sinnvoll angepasst. Im folgenden Abschnitt sehen Sie, dass Sie Ihren Mehrwertsteuer-Rechner auch ganz leicht an veränderte Steuersätze anpassen können.

Zahlenkolonnen blitzschnell addieren

Auf Seite 314 haben Sie erfahren, wie Sie mithilfe der Summenfunktion blitzschnell Zellbereiche addieren können. In vielen Fällen geht das Ganze noch flotter. Möglich macht das die Funktion Autosumme, bei deren Verwendung Sie sich sogar häufig die Angabe eines Zellbereichs ersparen können.

1 Um rasch die Werte einer Spalte zu addieren, klicken Sie in die freie Zelle unterhalb der Werte,

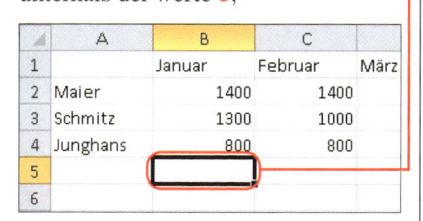

	A	B	C
1		Januar	Februar	März
2	Maier	1400	1400
3	Schmitz	1300	1000
4	Junghans	800	800
5			
6			

und im Start-Menüband auf.

2 Sofort erscheint die gewünschte Formel in der Zelle – ohne dass Sie irgendetwas eintippen müssen:

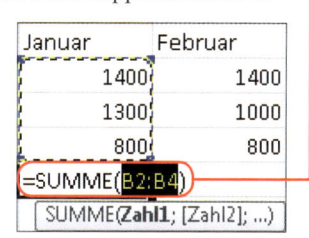

Januar	Februar
1400	1400
1300	1000
800	800
=SUMME(B2:B4)	

SUMME(**Zahl1**; [Zahl2]; ...)

Nun brauchen Sie den Vorschlag nur noch durch Drücken der ⏎-Taste zu bestätigen. Schon wird das korrekte Ergebnis angezeigt:

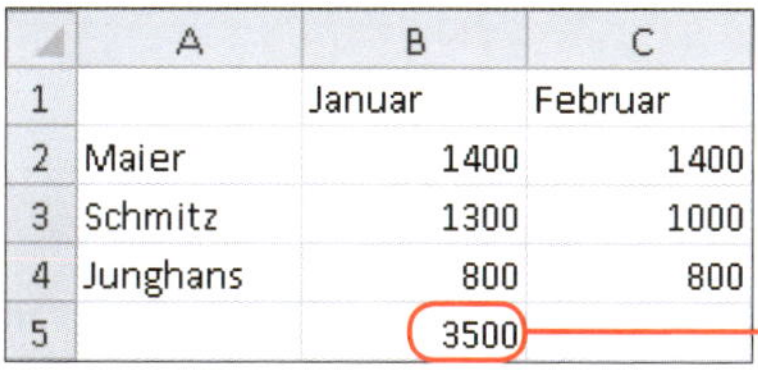

	A	B	C
1		Januar	Februar
2	Maier	1400	1400
3	Schmitz	1300	1000
4	Junghans	800	800
5		3500	

3 Die Autosummenfunktion lässt sich auch verwenden für die Addition von Zeilen. Klicken Sie also etwa in die Zelle

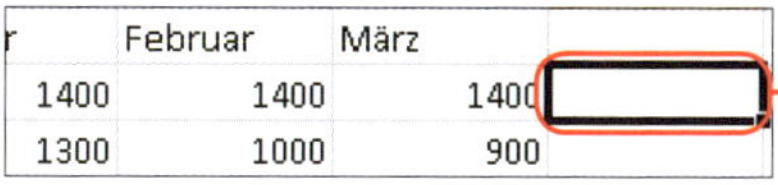

	Februar	März	
1400	1400	1400	
1300	1000	900	

317

Excel — Zahlenkolonnen blitzschnell addieren

sowie anschließend wieder auf,

und bestätigen Sie den Formelvorschlag wie gewohnt.

4 Nun können Sie die Formel mit der Ausfüllhilfe (siehe vorigen Abschnitt) auch auf die anderen Spalten

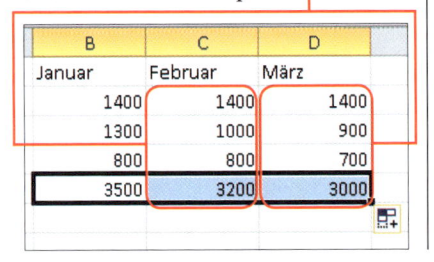

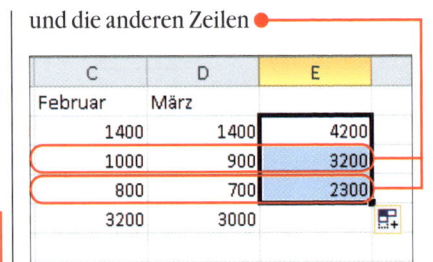

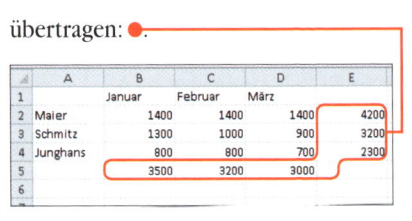

und die anderen Zeilen

übertragen:

5 Schneller geht's nicht? – Aber sicher. Schließlich ist es eine Standardaufgabe von Excel, Werte in Tabellen zeilen- und spaltenweise zu addieren. Alternativ zur beschriebenen Methode können Sie auch so vorgehen: Setzen Sie eine Markierung, in der die ganze Tabelle sowie

ℹ️ Weitere Funktionen nutzen

Neben der Summenfunktion hält Excel eine Unmenge weiterer vorgefertigter Rechenanweisungen für Sie parat. Um darauf zuzugreifen, holen Sie per Klick auf das Formel-Menüband in den Vordergrund. Die Funktionen sind dort in einer Befehlsgruppe zusammengefasst.

die Zeile und die Spalte

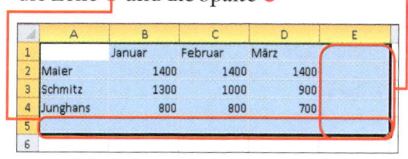

	A	B	C	D	E
1		Januar	Februar	März	
2	Maier	1400	1400	1400	
3	Schmitz	1300	1000	900	
4	Junghans	800	800	700	
5					
6					

enthalten sind, in denen die Summen stehen sollen. Jetzt brauchen Sie nur noch auf

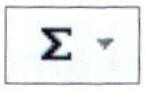

Σ ▾

zu klicken. Schon setzt Excel alle Formeln korrekt ein und führt auch gleich alle Berechnungen aus. Selbst die Gesamtsumme in der Zelle E5 ist korrekt berechnet:

B	C	D	E
Januar	Februar	März	
1400	1400	1400	4200
1300	1000	900	3200
800	800	700	2300
3500	3200	3000	9700

Tabellen sortieren

Mitunter kann es sehr zeitaufwendig sein, lange Listen beispielsweise nach Namen zu sortieren. Mit Excel erledigen Sie solche Aufgaben in Sekunden. Zudem haben Sie die Möglichkeit, Ihre Daten nicht nur nach einem, sondern gleich nach mehreren Kriterien sortieren zu lassen.

1 Angenommen, Sie möchten Ihre Kunden in der Beispieltabelle nach Orten alphabetisch sortiert bekommen. Die Kunden innerhalb eines Ortes sollen zudem nach Umsatz sortiert werden, und zwar absteigend, das heißt der Kunde mit dem höchsten Umsatz soll ganz oben stehen.

	A	B	C	D
1	Kunde	Ort	Umsatz	
2	Maier	Köln	1200	
3	Schmitz	Düsseldorf	900	
4	Junghans	Leipzig	1800	
5	Müller	Hamburg	1200	

Markieren Sie dazu als Erstes die Tabelle. Achten Sie darauf, dass auch die Spaltenbezeichnungen mit in die Markierung einbezogen sind.

	A	B	C	D
1	Kunde	Ort	Umsatz	
2	Maier	Köln	1200	
3	Schmitz	Düsseldorf	900	
4	Junghans	Leipzig	1800	
5	Müller	Hamburg	1200	
6	Lehmann	Köln	700	
7	Karl	Köln	1400	
8	Schreiner	Düsseldorf	900	
9	Siebert	Mainz	1100	
10	Prinz	Hamburg	600	
11				

2 Danach klicken Sie im Start-Menüband auf

Excel — Tabellen sortieren

und in der geöffneten Auswahlliste auf

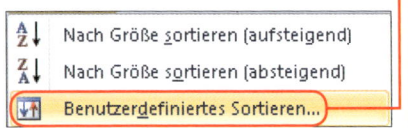

- Nach Größe sortieren (aufsteigend)
- Nach Größe sortieren (absteigend)
- **Benutzerdefiniertes Sortieren...**

3 Im nachfolgenden Fenster können Sie die Sortierkriterien festlegen. Achten Sie zunächst darauf, dass sich im Kästchen

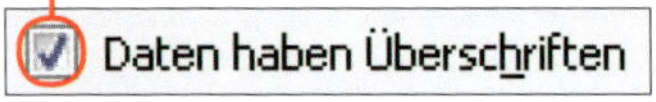

☑ Daten haben Überschriften

ein Haken befindet wie in der Abbildung. Wäre dies nämlich nicht der Fall, würden unsinnigerweise die Spaltenüberschriften mit in die Sortierung einbezogen.

4 Als Nächstes bestimmen Sie, dass Ihre Tabelle nach Orten sortiert wird. Klicken Sie also auf den Pfeil

Spalte	
Sortieren nach	▼

und in der aufklappenden Liste auf.

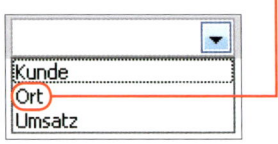

- Kunde
- **Ort**
- Umsatz

Die Felder „Sortieren nach: Werte"

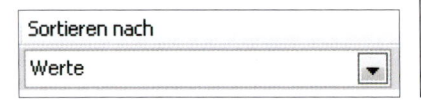

Sortieren nach	
Werte	▼

sowie „Reihenfolge: A bis Z"

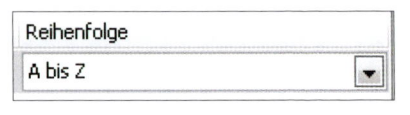

Reihenfolge	
A bis Z	▼

können Sie unverändert lassen.

5 Um das zweite Sortierkriterium zu bestimmen, klicken Sie auf

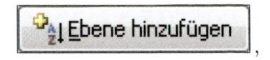

Ebene hinzufügen,

dann wieder auf den Pfeil

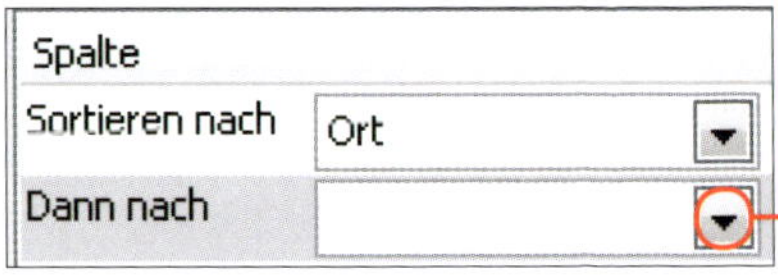

Spalte		
Sortieren nach	Ort	▼
Dann nach		▼

anschließend jedoch auf.

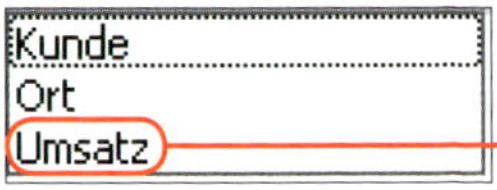

- Kunde
- Ort
- **Umsatz**

Das Auswahlfeld „Sortieren nach: Werte"

Werte	▼

können Sie wieder beibehalten.

6 Da die Kunden eines Ortes im Beispielfall jedoch absteigend (!) nach Umsätzen angezeigt werden sollen, klicken Sie nun auf

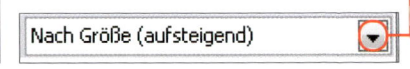

Nach Größe (aufsteigend)	▼

Daten gezielt filtern — Excel

und danach in der geöffneten Liste auf den Eintrag ●.

7 Jetzt haben Sie beide Sortierkriterien festgelegt und brauchen nur noch auf

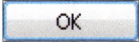

OK

zu klicken, damit die Sortierung dann wunschgemäß durchgeführt wird.

	A	B	C
1	Kunde	Ort	Umsatz
2	Schmitz	Düsseldorf	900
3	Schreiner	Düsseldorf	900
4	Müller	Hamburg	1200
5	Prinz	Hamburg	600
6	Karl	Köln	1400
7	Maier	Köln	1200
8	Lehmann	Köln	700
9	Junghans	Leipzig	1800
10	Siebert	Mainz	1100

Daten gezielt filtern

Die Sortierfunktion erleichtert Ihnen die Arbeit mit Tabellen schon ganz erheblich. In vielen Fällen sollen aber nur noch Daten angezeigt werden, die bestimmte Kriterien erfüllen. Möglich macht dies die Filterfunktion.

1 Als Beispiel dient wieder die Tabelle, in der Kunden mit ihren Firmensitzen und Umsatzzahlen erfasst sind. Markieren Sie zunächst die Tabelle, wie in Schritt 1 des vorigen Abschnitts gezeigt. Klicken Sie dann im Start-Menüband auf ●

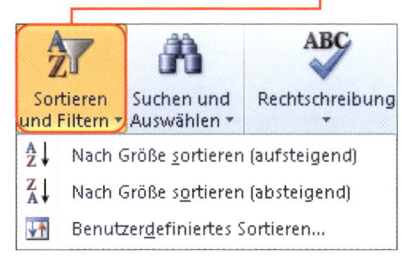

und im geöffneten Menü auf ●.

- Nach Größe sortieren (aufsteigend)
- Nach Größe sortieren (absteigend)
- Benutzerdefiniertes Sortieren...
- **Filtern**

2 Neben den Spaltenbezeichnungen tauchen nun Auswahlpfeile auf: ●.

	A	B	C
1	Kunde	Ort	Umsatz
2	Maier	Köln	1200
3	Schmitz	Düsseldorf	900
4	Junghans	Leipzig	1800
5	Müller	Hamburg	1200
6	Lehmann	Köln	700
7	Karl	Köln	1400
8	Schreiner	Düsseldorf	900
9	Siebert	Mainz	1100

Excel **Daten gezielt filtern**

Um nur die Kunden angezeigt zu bekommen, die in Köln oder in Düsseldorf ihren Firmensitz haben, klicken Sie auf den Pfeil ●

| Ort | ▼ |

3 In der erscheinenden Liste entfernen Sie vor allen Orten ● – ausgenommen vor Düsseldorf und Köln ●

- ■ (Alles auswählen)
- ☑ Düsseldorf
- ☐ Hamburg
- ☑ Köln
- ☐ Leipzig

– die Haken aus den Kästchen. Wenn Sie Ihre Einstellung anschließend mit einem Mausklick auf

OK

bestätigen, sehen Sie nur noch die Kunden der ausgewählten Orte.

	A	B	C
1	Kunde ▼	Ort ▼	Umsatz ▼
2	Maier	Köln	1200
3	Schmitz	Düsseldorf	900
6	Lehmann	Köln	700
7	Karl	Köln	1400
8	Schreiner	Düsseldorf	900
11			

4 Um zusätzlich nur noch die Kunden zu zeigen, deren Umsätze über 800 Euro liegen, klicken Sie als Erstes auf ●,

| Umsatz | ▼ |

dann auf den Eintrag

| Zahlenfilter | ▶ |

und schließlich in der nachfolgenden Liste auf ●.

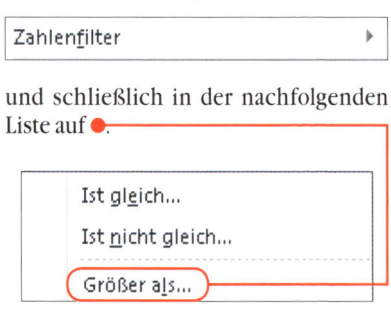

- Ist gleich...
- Ist nicht gleich...
- Größer als...

5 Im Dialogfenster, das daraufhin erscheint, behalten Sie die Einstellung im Feld ● bei, tippen daneben den Wert ●

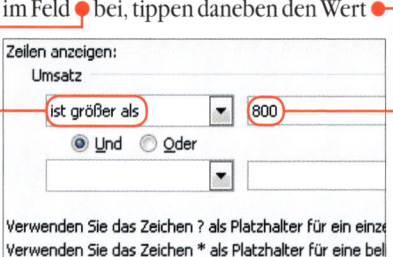

Zeilen anzeigen:
Umsatz

| ist größer als ▼ | 800 |

● Und ○ Oder

Verwenden Sie das Zeichen ? als Platzhalter für ein einze
Verwenden Sie das Zeichen * als Platzhalter für eine bel

OK

ein und klicken zur Bestätigung auf ●. Beide Filter sind nun eingerichtet. Es werden wunschgemäß nur noch Kunden aus Düsseldorf und Köln angezeigt, die zudem einen Umsatz von mehr als 800 erzielen.

	A	B	C
1	Kunde ▼	Ort ▼	Umsatz ▼
2	Maier	Köln	1200
3	Schmitz	Düsseldorf	900
7	Karl	Köln	1400
8	Schreiner	Düsseldorf	900

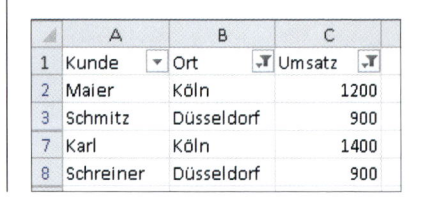

Daten gezielt filtern **Excel**

6 Die Filter können Sie einzeln oder auch auf einen Schlag entfernen. Falls Sie beispielsweise nur einen Filter löschen wollen, klicken Sie in der Zelle auf .

7 Um hingegen alle Filter auf einmal zu entfernen, klicken Sie im Start-Menüband auf ● und dann auf das markierte Filtern-Symbol ●.

Dies hebt die Filterfunktion auf, und die Tabelle erscheint wieder mit sämtlichen erfassten Daten.

	A	B	C
1	Kunde	Ort	Umsatz
2	Schmitz	Düsseldorf	900
3	Schreiner	Düsseldorf	900
4	Junghans	Leipzig	1800
5	Müller	Hamburg	1200
6	Lehmann	Köln	700
7	Maier	Köln	1200
8	Karl	Köln	1400
9	Siebert	Mainz	1100
10	Prinz	Hamburg	600
11			

So können Sie mit der Filter- und Sortierfunktion auch große Tabellen auf ein übersichtliches Maß beschränken und den Überblick bewahren. Es sind gerade diese „kleinen" Funktionen, die dabei helfen, dass die Fülle erfasster Daten die wirklich wichtigen Informationen nicht überdeckt.

323

Live Mail

12 E-Mails empfangen und versenden

E-Mails erreichen ihre Adressaten sekundenschnell und sind ein zentraler Dienst im **Internet**. Voraussetzungen für den Empfang und das Versenden der elektronischen Post sind ein Internetanschluss und eine E-Mail-Adresse. Dann können Sie mit „Windows Live Mail" aus dem Programmpaket der „Windows Live Essentials" einsteigen in den digitalisierten Briefverkehr.

Mit Windows Live Mail holen Sie Ihre Post aus dem Internetpostfach auf den eigenen PC. Dort können Sie sie in Ruhe lesen, bearbeiten, ausdrucken oder auf Wunsch auch gleich beantworten. Selbstverständlich können Sie auch eigene Nachrichten verfassen und versenden. Darüber hinaus besteht die Möglichkeit, zusammen mit Ihrer Nachricht zusätzlich Dokumente, Bilder, Musikdateien oder auch Videos zu verschicken. Diese Anhänge landen dann via Internet umgehend beim Empfänger.

Im zwölften Kapitel dieses Buches erfahren Sie,
- wie Sie Windows Live Mail laden und konfigurieren,
- wie Sie E-Mails empfangen, lesen und schreiben
- und wie Sie Fotos und Dateien als E-Mail-Anhang versenden.

Kapitel-Wegweiser

Zusatzprogramme für Windows installieren 325	E-Mails schreiben und verschicken 337
Ein Postfach in Windows Live Mail einrichten 328	E-Mails beantworten und weiterleiten 339
E-Mails empfangen und lesen 332	Fotos und Dateien mit E-Mails versenden und öffnen 341
Automatische Mitteilungen beim E-Mail-Empfang 335	

Zusatzprogramme für Windows installieren

Ein E-Mail-Programm gehört zwar nicht zu Windows 7, aber Sie können Windows Live Mail als eines der Gratisprogramme der Windows Live Essentials ganz leicht **installieren**.

1 Um mit Windows 7 die Zusatzprogramme von Windows Live zu laden, **klicken** Sie als Erstes einfach auf das Startsymbol

Danach öffnen Sie mit einem Mausklick auf den Pfeil

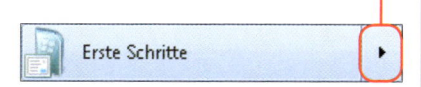

> Erste Schritte ▶

das Untermenü „Erste Schritte" und klicken in der erscheinenden Aufgabenliste auf

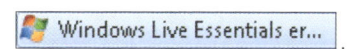

> Windows Live Essentials er...

2 Nachdem „Windows Live Download" im **Browser** geöffnet wurde, klicken Sie auf

> Deutsch ▼ | Jetzt herunterladen

und dann im **Dateidownload**-Fenster auf

> Ausführen

Die Meldung der **Benutzerkontensteuerung** bestätigen Sie mit einem Mausklick auf die Schaltfläche

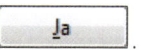

> Ja

3 Nun können Sie bestimmen, welche Programme installiert werden sollen. Voreingestellt ist bereits die Installation aller Programme: ●

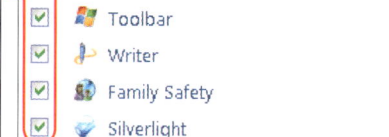

Wählen Sie die Program möchten.

Klicken Sie auf die einzelnen Programmnamen

- ☑ Messenger
- ☑ Mail
- ☑ Fotogalerie
- ☑ Movie Maker
- ☑ Toolbar
- ☑ Writer
- ☑ Family Safety
- ☑ Silverlight

Damit die Kommunikationsprogramme von Windows Live installiert werden, braucht lediglich hier

> ☑ Mail

ein Häkchen gesetzt zu sein. Sie können aber auch gleich mehrere oder alle Programme der Windows Live Essentials markieren. Um die mit einem Häkchen

325

Live Mail Zusatzprogramme für Windows installieren

markierten Programme zu installieren, klicken Sie dann auf

> Installieren

.

4 Bevor die Installation beginnen kann, kontrolliert das Programm, ob noch Anwendungen geöffnet sind, die die Einrichtung der ausgewählten Programme behindern. Sollte dies der Fall sein, erhalten Sie eine entsprechende Mitteilung, die auch darüber informiert, welche Programme betroffen sind, etwa ●.

> Schließen Sie diese Programme.
> Einige Dateien, die von diesen Programmen verwendet werden, Arbeit, und schließen Sie die Programme. Wenn Sie sie nicht sch ausgeführt. Anschließend müssen Sie möglicherweise den Comp
> Internet Explorer

Voreingestellt ist die Möglichkeit, die Programme automatisch schließen zu lassen: ●. Wenn Sie damit einverstanden sind, genügt ein Klick auf ●.

> Welche Vorgänge soll der Installer ausführen?
> ⦿ Diese Programme schließen
> (Alle Daten wurden gespeichert.)
> ○ Alle geöffneten Programme ignorieren
> (Möglicherweise muss der Computer später
> Weiter

5 Da die Programme, die Sie ausgewählt haben, erst jetzt aus dem Internet übertragen werden, variiert die Dauer der Installation. Mit einem schnellen **DSL**-Anschluss müssen Sie mit rund fünf Minuten rechnen. Bei einer langsameren Verbindung kann es jedoch länger dauern. Nach Beendigung der Installation öffnet sich ein Fenster, in dem Sie weitere Einstellungen vornehmen können. Wenn Sie verhindern möchten, dass Microsoft Einstellungen zur Standardsuchmaschine und zur Internetstartseite selbsttätig vornimmt, sollten Sie die Häkchen in den Kästchen ●

> ☑ **Festlegen Ihres Suchanbieters**
> Legen Sie Bing als Standardsuchanbieter in Ih
> Auswahl ändern. Direkthilfe
>
> ☑ **Einrichten Ihrer Startseite**
> Legen Sie MSN als Startseite Ihres Browsers f

durch Anklicken entfernen. Klicken Sie danach auf

> Weiter

.

6 Im letzten Fenster erhalten Sie die Bestätigung, dass der Installationsvorgang jetzt abgeschlossen ist. Mit einem Klick auf

> Für Windows Live registrieren

müssen Sie sich nun als Erstes registrieren. Auf der Registrierungsseite von Windows Live geben Sie zunächst einen selbst gewählten Nutzernamen für Ihre Windows-Live-Mail-Adresse ein, im Beispiel ●.

> Windows Live ID: prinz @ live
> Verfügbarkeit prüfen

Zusatzprogramme für Windows installieren **Live Mail**

Um festzustellen, ob der gewählte Name noch frei ist, klicken Sie auf ●.

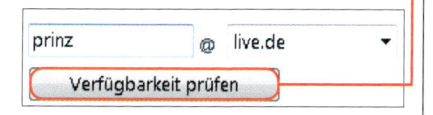

prinz	@ live.de
Verfügbarkeit prüfen	

Lautet die Ergebnismeldung ●,

✓ prinz@live.de ist verfügbar.
prinz @ live.de

können Sie den eingegebenen Namen verwenden. Sollte der Name allerdings schon vergeben sein, müssen Sie einen anderen wählen.

7 Als Nächstes tragen Sie auf der Registrierungsseite unterhalb der E-Mail-Adresse das **Kennwort** ● ein, mit dem Sie Ihr Konto schützen möchten. Wie gewohnt wird es nur verdeckt angezeigt. Um Tippfehler auszuschließen, müssen Sie es im Feld ● wiederholen.

Kennwort erstellen: ●●●●●●●
Mindestens 6 Zei
Kleinschreibung v
Kennwort erneut eingeben: ●●●●●●●

8 Für den Fall, dass Sie Ihr Kennwort einmal vergessen, geben Sie noch eine E-Mail-Adresse ein, unter der Sie normalerweise Ihre elektronische Post erhalten, im Beispiel ●.

native E-Mail-Adresse: team@computerbildbuch.de
Sie können auch eine Sicherhe
Zurücksetzen des Kennworts a

Hierhin kann Microsoft Ihnen dann bei Bedarf eine Information schicken, der Sie entnehmen, wie Sie Ihr Kennwort zurücksetzen können.

9 Jetzt fehlen zur Registrierung nur noch die nachfolgenden Felder, in die Sie Ihren Namen, das Land, in dem Sie wohnen (das ist für die Datenschutzbestimmungen wichtig), die Postleitzahl Ihres Wohnortes und zuletzt Ihr Geschlecht sowie Ihr Geburtsjahr eintragen.

Vorname:	Peter
Nachname:	Prinz
Land/Region:	Deutschland
Postleitzahl:	40647
Geschlecht:	⦿ Männlich ○ Weiblich
Geburtsjahr:	1957

10 Damit sichergestellt ist, dass diese Eingaben nicht maschinell, sondern manuell vorgenommen wurden, müssen Sie einen grafischen Schriftzug abtippen. Geben Sie die Zeichen aus der Grafik ● ins Feld ● ein.

Zeichen: X6LHSZGL
Geben Sie die dargestellten 8 Zeichen

Abschließend ist noch Ihr Einverständnis mit den Geschäftsbedingungen von Microsoft erforderlich, das Sie mit einem

Live Mail Ein Postfach in Windows Live Mail einrichten

Klick auf die Schaltfläche

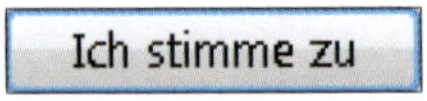

   Ich stimme zu

erklären. Jetzt ist Ihre Registrierung abgeschlossen, und es öffnet sich direkt Ihre persönliche Startseite von Windows Live.

❗ So melden Sie sich bei Windows Live ab

Nachdem Sie sich registriert haben, werden Sie automatisch mit Ihrem **Benutzerkonto** bei Windows Live angemeldet. Nun wollen Sie natürlich nicht ständig angemeldet bleiben. Um sich bei Bedarf abzumelden, klicken Sie in der oberen rechten Ecke unter Ihrem Namen auf ●.

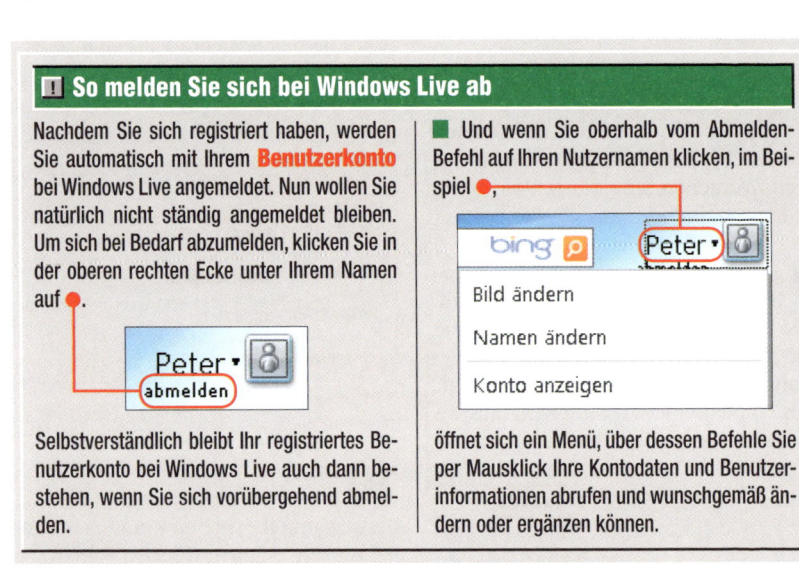

Selbstverständlich bleibt Ihr registriertes Benutzerkonto bei Windows Live auch dann bestehen, wenn Sie sich vorübergehend abmelden.

■ Und wenn Sie oberhalb vom Abmelden-Befehl auf Ihren Nutzernamen klicken, im Beispiel ●,

öffnet sich ein Menü, über dessen Befehle Sie per Mausklick Ihre Kontodaten und Benutzerinformationen abrufen und wunschgemäß ändern oder ergänzen können.

Ein Postfach in Windows Live Mail einrichten

Um Windows Live Mail verwenden zu können, benötigen Sie neben einem Internetzugang auch eine E-Mail-Adresse, wie Sie sie soeben bei Windows Live angelegt haben. So weit sind also alle Voraussetzungen erfüllt. Bevor Sie nun aber mit dem elektronischen Briefverkehr beginnen können, müssen Sie Live Mail konfigurieren. Und diese Ersteinrichtung beginnt mit dem Programmstart.

1 Zum Start von Live Mail klicken Sie zunächst auf das bekannte Startsym-

Ein Postfach in Windows Live Mail einrichten — Live Mail

bol von Windows:

Sobald Sie dann im **Startmenü** auf

> Alle Programme
>
> Programme/Dateien

klicken, wird die Liste aller installierten Anwendungen angezeigt. Dabei wird der Eintrag „Windows Live" so lange farbig hervorgehoben, wie die im Untermenü gespeicherten Programme noch nie gestartet wurden. Klicken Sie also auf

- Windows Update
- Windows-Fax und -Scan
- XPS-Viewer
- Autostart
- Spiele
- Wartung
- **Windows Live**

um das Untermenü zu öffnen. Auch hier sind alle Programmeinträge, deren Anwendungen noch nie gestartet wurden, farbig hinterlegt. Das ändert sich aber mit dem ersten Programmaufruf. Per Mausklick auf

- Windows Live
  - Windows Live Call
  - Windows Live Fotogalerie
  - **Windows Live Mail**

wird Live Mail nun gestartet.

2 Beim ersten Aufruf des Programms wird automatisch der **Assistent** zur Einrichtung eines E-Mail-Kontos gestartet. Sie können den Assistenten später auch manuell aufrufen, beispielsweise um ein weiteres Postfach anzulegen. In die Eingabemaske des Assistenten tippen Sie die E-Mail-Adresse und das Kennwort ein, die Sie während der Registrierung bei Windows Live festgelegt haben (siehe vorigen Abschnitt). Voreingestellt ist, dass das Kennwort gespeichert werden soll:

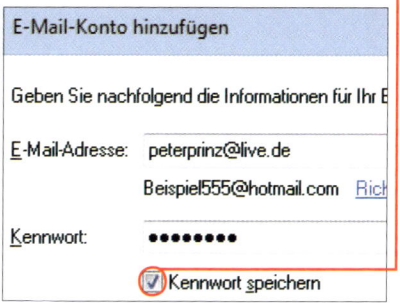

E-Mail-Konto hinzufügen
Geben Sie nachfolgend die Informationen für Ihr E
E-Mail-Adresse: peterprinz@live.de
Beispiel555@hotmail.com Rick
Kennwort: ••••••••
☑ Kennwort speichern

Dies ist bei E-Mail-Programmen durchaus üblich, da sie beim Start direkt Verbindung aufnehmen und die Nachrichten aus dem Postfach abholen sollen.

Live Mail Ein Postfach in Windows Live Mail einrichten

> **⚠ Mit der Bildlaufleiste navigieren**
>
> Wie so oft bei Windows passt mitunter nicht alles, was gezeigt werden soll, in den Rahmen eines Fensters oder Menüs. Dann kommt die Bildlaufleiste zum Einsatz. Das gilt auch für das Startmenü: Wenn Sie bereits viele Programme installiert haben, kann es sein, dass das Programmmenü mehr Einträge hat, als dargestellt werden können. Sie finden den Eintrag „Windows Live" in der alphabetischen Sortierung der Liste weit unten. Um die unteren Einträge anzuzeigen, klicken Sie in der Bildlaufleiste auf den **Rollbalken**, halten die Maustaste gedrückt und ziehen mit dem Balken so lange nach unten, bis der gesuchte Eintrag
>
> 📁 Windows Live
>   🔧 Windows Live Call
>   🖼 Windows Live Fotogalerie
>   📧 Windows Live Mail
>   👥 Windows Live Messenger
>   🎬 Windows Live Movie Maker
>   ✏ Windows Live Writer
>   ◀ Zurück
>
> auftaucht. Klicken Sie darauf und im Untermenü auf.

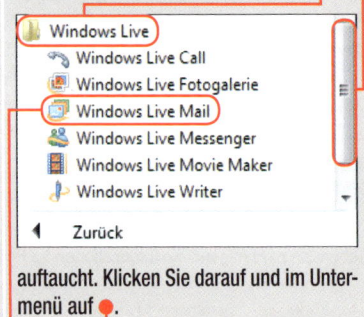

Wenn Sie allerdings kein eigenes kennwortgesichertes Windows-Benutzerkonto haben, kann jeder, der Zugang zu Ihrem PC hat, Ihre E-Mails abholen. In dem Fall sollten Sie das Häkchen per Mausklick entfernen, müssen dann aber immer das Kennwort eingeben, wenn Sie Live Mail starten.

3 Außerdem tragen Sie noch ein, unter welchem Namen Sie Ihre Nachrichten versenden möchten, im Beispiel

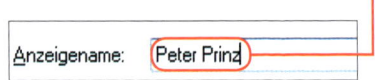

Anzeigename: Peter Prinz

Hierbei kann es sich um Ihren Vor- oder Nachnamen, eine Kombination von beiden oder auch um einen Spitznamen handeln. Das Feld

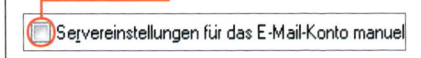

☐ Servereinstellungen für das E-Mail-Konto manuell

brauchen Sie vorerst nicht zu markieren, da Sie ein Konto bei Windows Live verwenden. Allerdings können Sie Live Mail auch dafür einsetzen, Nachrichten aus Postfächern abzurufen, die Sie bei anderen **Online-Diensten** eingerichtet haben. Dann müssen Sie die Serverkonfiguration bisweilen manuell vornehmen (siehe nächsten Abschnitt).

4 Zum Abschluss der Konfiguration genügt ein Mausklick auf

[Weiter]

Wenn alle Informationen vollständig und korrekt vorliegen, erhalten Sie die Meldung

Die für das Einrichten des Kontos erforderlichen Informationen wurden vollständig eingegeben.

und können das Fenster per Klick auf

[Fertig stellen]

schließen.

Ein Postfach in Windows Live Mail einrichten | Live Mail

5 Live Mail meldet sich daraufhin bei Windows Live an und greift auf Ihr Online-Postfach zu. Um die Inhalte aller Ihrer Postfach-**Ordner** von Windows Live zu übertragen, klicken Sie einfach auf ●.

> Windows Live Mail muss die Ordner herunterla
> "Herunterladen", um die Ordner herunterzulad
>
> [Herunterladen]

Damit ist die Konfiguration abgeschlossen, und Sie können Ihre Nachrichten mit Live Mail lesen und bearbeiten.

6 Und das sind die wichtigsten Bedienelemente bei Live Mail:

❶ In der Befehlsleiste finden Sie die zentralen Bearbeitungsbefehle, die je nach Aufgabe (E-Mail, Kalender, Kontakte) wechseln können.

❷ Die Navigationsspalte listet die Postfächer mit Ihren Ordnern auf und bietet Zugriff auf verschiedene Ansichten sowie Aufgaben wie Kalender oder Kontaktverwaltung.

❸ Im Bearbeitungsbereich finden Sie die eingegangenen Nachrichten, aktuelle Termine oder gespeicherte Kontakte.

❹ Im Vorschaufenster werden Inhalte von markierten Elementen dargestellt.

❺ Die Statuszeile liefert Informationen zu Online-Status und aktuellen Aktivitäten.

❻ Ein Klick auf das Schließkreuz beendet Windows Live Mail.

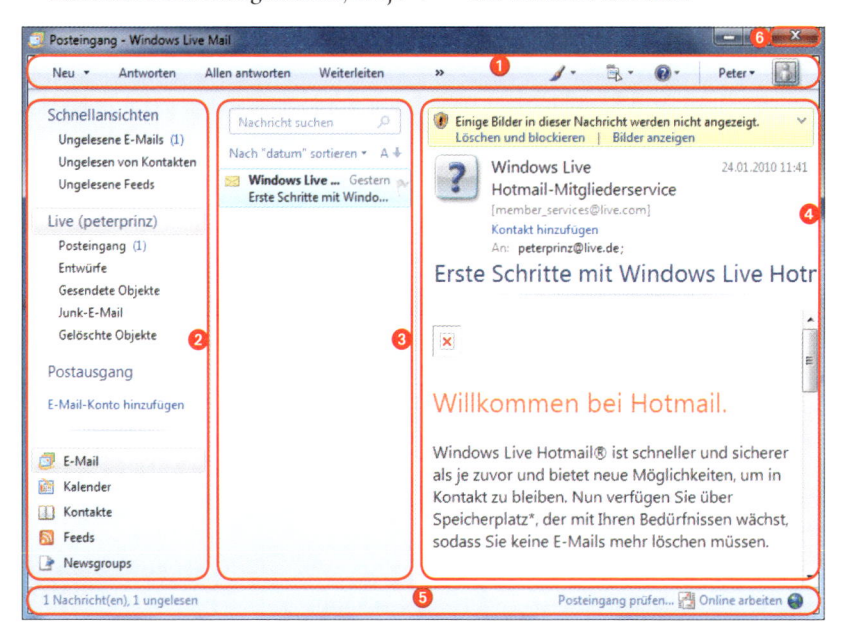

331

Live Mail E-Mails empfangen und lesen

Die zusätzliche Menüleiste einblenden

Oberhalb der Befehlsleiste gibt es noch eine **Menüleiste**, die allerdings ausgeblendet ist. Sie entspricht in ihrem Aufbau den Standardmenüs, die Sie von vielen Programmen her kennen. Um die Menüleiste einzublenden, drücken Sie entweder die Alt-Taste, oder Sie klicken rechts in der Befehlsleiste auf das Symbol und anschließend auf .

Ebenso lässt sich die Anzeige auf Wunsch wieder ausschalten.

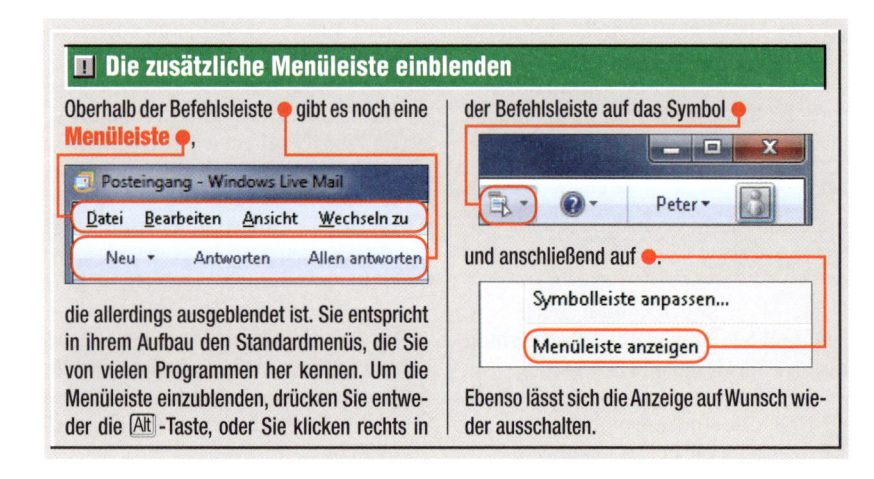

E-Mails empfangen und lesen

Nachdem Ihr E-Mail-Konto fertig eingerichtet ist, können Sie Nachrichten empfangen und versenden. Den Empfang übernimmt Live Mail automatisch im vorgegebenen Intervall. Sie können aber auch manuell überprüfen, ob neue Nachrichten für Sie bereitliegen.

1 Live Mail überprüft beim Start des Programms und dann in regelmäßigen Abständen, ob neue Nachrichten für Sie in Ihrem Internetpostfach vorliegen. Sollte dies der Fall sein, werden die E-Mails auf Ihren PC übertragen. Wenn Sie E-Mails erhalten haben, werden diese in Ihren Konten jeweils im Posteingangsordner aufgelistet. Sie brauchen den Ordner nur anzuklicken, beispielsweise , um die Liste zu sehen, hier .

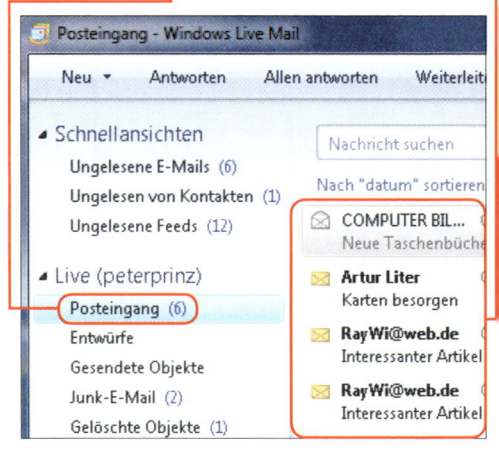

E-Mails empfangen und lesen **Live Mail**

1 Live Mail starten und als Standardprogramm einrichten

Live Mail empfängt E-Mails nur, solange das Programm auf dem PC läuft. Daher müssen Sie es starten, bevor Sie die neuesten Nachrichten erhalten. Wenn Sie verschiedene E-Mail-Programme installiert haben, schlägt Ihnen Live Mail beim Start vor, es als Standard-E-Mail-Programm festzulegen. Sind Sie damit einverstanden, klicken Sie auf ●. Soll diese Überprüfung künftig nicht mehr stattfinden, da Sie lieber ein anderes E-Mail-Programm benutzen, entfernen Sie per Mausklick das Häkchen ●

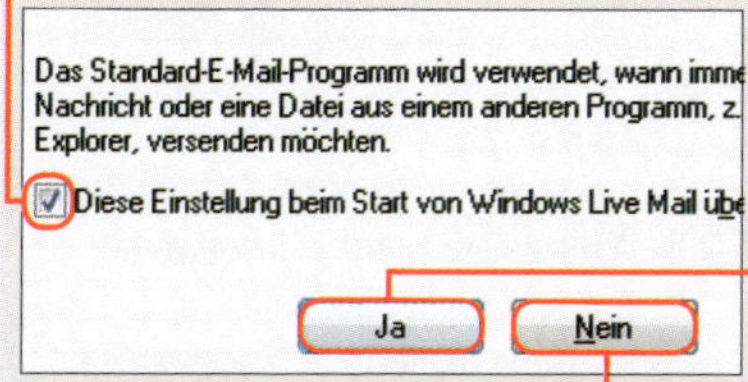

und klicken anschließend auf ●.
Falls Sie Live Mail zu Ihrem Standard-E-Mail-Programm machen, wird es automatisch gestartet, sobald Sie aus einem anderen Programm eine E-Mail versenden, beispielsweise direkt aus dem laufenden Internet Explorer. Hier finden Sie im Menü ● entsprechende Befehle ●.

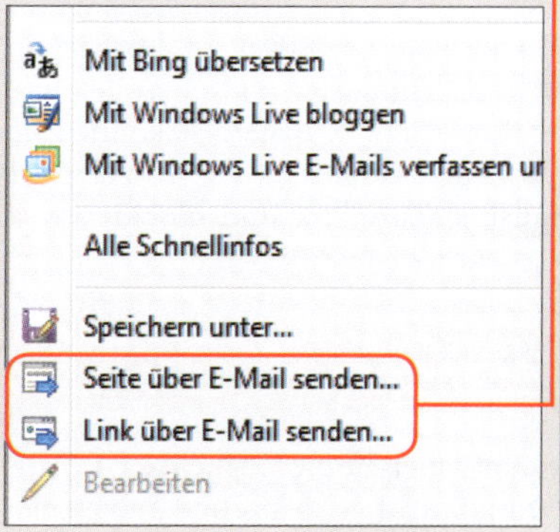

2 Zum Ändern des Sortierkriteriums klicken Sie auf ●, und mit einem Klick auf ●

legen Sie fest, ob aufwärts oder abwärts sortiert wird.

3 Wenn Sie eine E-Mail in der Liste mit einem Mausklick markieren, im Beispiel ●,

333

Live Mail E-Mails empfangen und lesen

wird ihr Inhalt daneben im Vorschaufenster angezeigt: ●

So können Sie E-Mails lesen, ohne sie zu öffnen.

4 Oberhalb der E-Mail erscheinen im Vorschaufenster bisweilen Befehle, die Ihrem Schutz dienen. So können Sie etwa E-Mails unbekannter Absender per Mausklick löschen und blockieren ● oder zulassen ●.

Zudem haben Sie die Möglichkeit, E-Mails mit Bildinhalten zu löschen und zu blockieren ●. Sie können sich Bilder, die nicht dargestellt werden ●,

per Mausklick auf den Befehl ●

❗ Löschen und Spam bekämpfen

Unerwünschte E-Mails mit Massenwerbung, anstößigen oder sogar kriminellen Inhalten sind eine Plage. Solche E-Mails – auch als **Spam** bezeichnet – belasten den elektronischen Postverkehr, kosten Zeit und fügen oft weiteren Schaden zu. Daher erscheint ein Hinweisfenster, sobald Sie den Empfang einer E-Mail mit dem Befehl

Löschen und blockieren

ablehnen. In diesem Fenster werden Sie darüber informiert, dass die Nachricht in den Müll-Ordner (= Junk-E-Mail-Ordner) verschoben wird. Darüber hinaus können Sie den Empfang der Junk-E-Mail melden. Die Meldungen werden ausgewertet, um das Aufkommen des „Datenmülls" zu reduzieren. Wenn Sie dazu beitragen möchten, klicken Sie auf ●, anderenfalls auf ●.

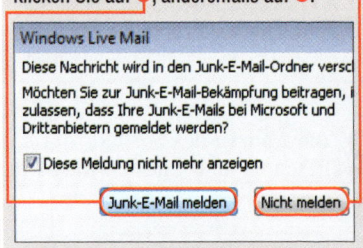

aber auch anzeigen lassen: ●

Automatische Mitteilungen beim E-Mail-Empfang · Live Mail

5 Nun eignet sich das Vorschaufenster zwar für einen raschen Blick, doch längere Nachrichten lassen sich hier nicht besonders komfortabel lesen. Um eine E-Mail in einem eigenen Fenster angezeigt zu bekommen, klicken Sie die E-Mail in der Liste doppelt an, beispielsweise ●.

Sie wird daraufhin in einem separaten Fenster geöffnet. Um längere E-Mails zu lesen, ziehen Sie den Balken ● in der Bildlaufleiste wieder nach unten.

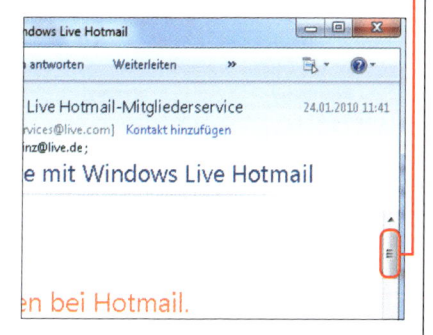

Um das Nachrichtenfenster zu schließen, genügt ein Klick auf ●.

Auf die gleiche Weise können Sie auch das Programmfenster von Live Mail schließen. Damit stoppen Sie gleichzeitig den E-Mail-Empfang.

Automatische Mitteilungen beim E-Mail-Empfang

Live Mail sorgt nicht nur für den Empfang Ihrer E-Mails, sondern auch für Ihre Information und Sicherheit.

1 Wenn Live Mail eine eingegangene E-Mail als „Phishing-E-Mail" identifiziert, erhalten Sie automatisch eine Mitteilung. Das ist eine gute Sache, da Phishing-E-Mails dazu genutzt werden, persönliche Informationen, beispielsweise Zugangsdaten für Bankkonten, auszuspionieren. Sie schließen das Fenster mit einem Klick auf ●.

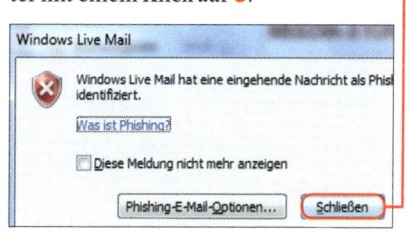

2 Außerdem forscht Live Mail auch direkt beim Empfang nach Müll-Mails und informiert Sie über das Ergebnis. Auch dieses Fenster können Sie per Mausklick auf ● schließen.

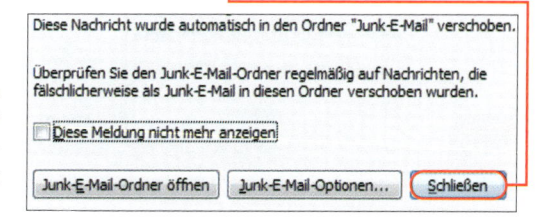

335

Live Mail — Automatische Mitteilungen beim E-Mail-Empfang

3 Da diese Überprüfung und Einordnung automatisch stattfinden, sollten Sie von Zeit zu Zeit auf ● klicken und die dorthin verschobenen E-Mails kontrollieren. Es könnte ja doch etwas Wichtiges dabei sein. Im Beispielfall klicken Sie im geöffneten Junk-E-Mail-Ordner mit der *rechten* Maustaste auf die E-Mail ●

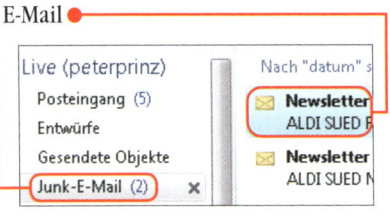

und wählen dann im **Kontextmenü** zuerst den Eintrag ●

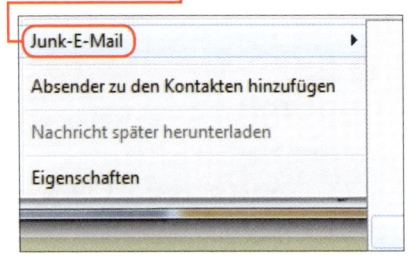

und dann im Untermenü den Befehl ●.

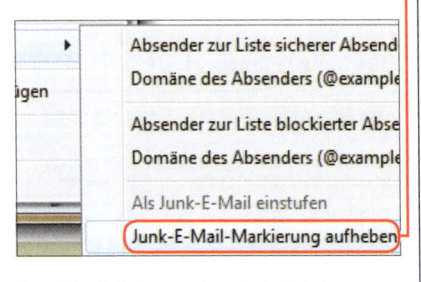

Die fälschlicherweise als Müll eingeordnete E-Mail wird daraufhin wieder in den Posteingangsordner verschoben.

4 Wie Live Mail unerwünschte E-Mails erkennt und damit umgeht, lässt sich in den Sicherheitsoptionen einstellen. Sie öffnen sie per Klick auf ● und ●.

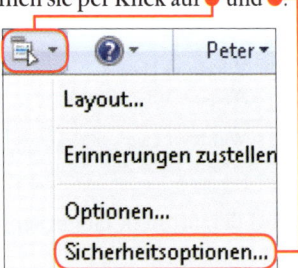

Anschließend können Sie den Grad der Schutzeinstellungen ● ändern und auf weiteren Registerkarten ●

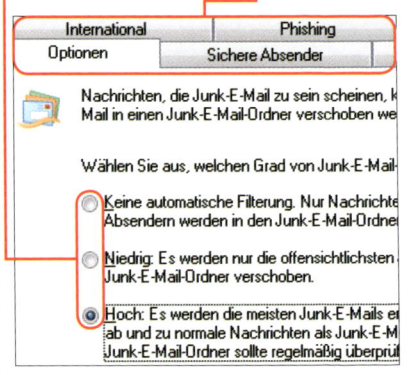

ergänzende Sicherheitseinstellungen vornehmen oder sichere und blockierte Absenderadressen anlegen. Wie gewohnt bestätigen Sie Ihre Eingaben mit

OK

.

E-Mails schreiben und verschicken

Es ist wie bei jedem Briefwechsel: Nur wer selbst zur Feder – hier besser – in die Tasten greift, kann auf einen regen Austausch hoffen. Sicherlich haben Sie Freunde und Bekannte, die bereits den Postversand übers Internet pflegen. Lassen Sie sich deren E-Mail-Adressen geben, und legen Sie einfach los.

1 Um eine Nachricht zu schreiben, starten Sie Live Mail (siehe Seite 329) und klicken dann in der Befehlsleiste als Erstes auf ● und dann auf ●.

Wenn Sie in einem E-Mail-Ordner sind, genügt es, einfach auf ● zu klicken. In anderen Bearbeitungsmodi (beispielsweise in der Kalender- oder Kontaktansicht) wird dann allerdings statt einer neuen E-Mail ein neuer Termin oder eine neue Adresse angelegt.

2 Daraufhin wird für die neue E-Mail ein Eingabefenster geöffnet, in dem Sie Ihre Nachricht schreiben können. Beginnen Sie damit, die E-Mail-Adresse des Empfängers in das erste Feld ● einzutippen. Darunter benennen Sie das Thema Ihrer Nachricht, im Beispiel ●.

3 E-Mails haben einen großen Vorteil gegenüber traditionellen Briefen: Sie können die Nachricht auf einen Schlag gleichzeitig an mehrere Empfänger versenden (siehe auch Kasten Seite 338). Dafür müssen Sie lediglich ein Semikolon setzen und die nächste E-Mail-Adresse eingeben, hier ●.

4 Nun zum Inhalt der Nachricht: Den Text schreiben Sie in das große Textfeld, hier ●. Über die **Symbolleiste** ●

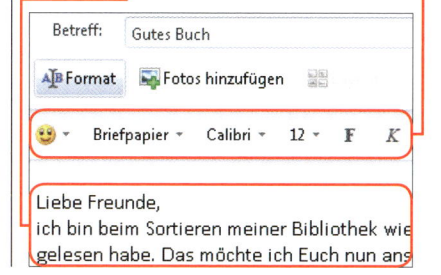

337

Live Mail: E-Mails schreiben und verschicken

können Sie die Nachricht gestalten, beispielsweise eine wichtige Passage fett hervorheben. Markieren Sie die Wörter, im Beispiel, indem Sie die Maus mit gedrückter Maustaste darüber **ziehen**. Lassen Sie die Maustaste los, und klicken Sie dann auf.

Liebe Freunde,
ich bin beim Sortieren meiner Bibliothek gelesen habe. Das möchte ich Euch nun
Ernst Schnabel, Der sechste Gesang
Ihr könnt es gerne von mir leihen, aber ic

So lassen sich auch die Schriftgröße und die Schriftart ändern.

Liebe Freunde,
ich bin beim Sortieren meiner Bibliothek gelesen habe. Das möchte ich Euch nun
Ernst Schnabel, Der sechste Gesang

5 Um die Nachricht schließlich zu versenden, klicken Sie in der Befehlsleiste einfach auf die Schaltfläche

Senden.

E-Mails mit digitalen Durchschlägen versenden

Beim E-Mail-Versand können Sie in Live Mail auch einen Verteiler anlegen, also neben dem Hauptadressaten noch Nebenadressaten angeben. Dazu klicken Sie neben dem Betreff-Feld auf

Cc und Bcc anzeigen.

Daraufhin werden zwei weitere Adressfelder eingeblendet. Die E-Mail-Adressen der Empfänger, die das Schreiben zur Kenntnis bekommen sollen, geben Sie in das Cc-Feld

Gutes Buch
Senden   Speichern   Anfügen
An: a.liter@live.de; pitbit@web.d
Cc: fse@hotmail.de

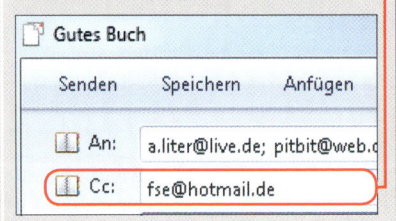

ein. „Cc" steht für „**C**arbon **c**opy" (= Durchschlag) und wird auch genauso verwendet. Das Bcc-Feld

An: a.liter@live.de; pitbit@web.de
Cc: fse@hotmail.de
Bcc: raywi@gmx.de
Betreff: Gutes Buch

darunter ist für Empfänger, die nach dem Versand in der E-Mail nicht genannt werden sollen. Das ist nützlich, wenn Sie beispielsweise ein wichtiges Schreiben an einen Freund oder Vorgesetzten weiterleiten wollen, ohne dass die anderen Adressaten es sehen. „Bcc" ist übrigens die Abkürzung für das englische „**B**lind **c**arbon **c**opy" (= unsichtbarer Durchschlag).

E-Mails beantworten und weiterleiten

Ein großer Teil des E-Mail-Verkehrs besteht im Hin und Her von Nachrichten: E-Mail empfangen – lesen – beantworten und wieder von vorn. Auch in diesem Zirkel erweist Live Mail seine Stärke. Per Mausklick antworten Sie direkt auf erhaltene Nachrichten.

1 Wenn Sie eine E-Mail empfangen, können Sie ohne Umwege und Zeitverlust sofort darauf antworten. Klicken Sie in der Befehlsleiste einfach auf

Antworten.

Den Befehl gibt es sowohl in der Ordnerübersicht, wo er für die gerade markierte E-Mail gilt,

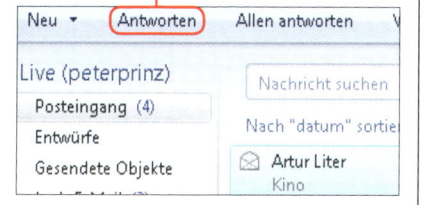

als auch im Nachrichtenfenster selbst, in dem eine E-Mail mit einem **Doppelklick** geöffnet wurde:

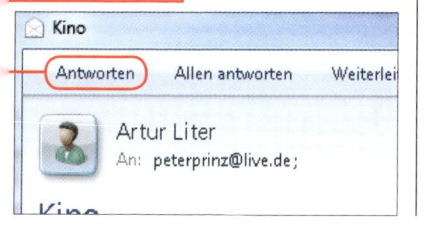

Wie Sie sehen, haben beide Befehlsleisten den Antworten-Befehl, über den Sie das Eingabefenster zum Schreiben Ihrer E-Mails öffnen.

2 Das Eingabefenster für die Beantwortung einer E-Mail, das sich jetzt öffnet, kennen Sie im Prinzip bereits aus dem vorigen Abschnitt. Der einzige Unterschied besteht darin, dass das Feld „An" ebenso wie der Betreff – ergänzt durch ein „Re:" – bereits ausgefüllt sind und der Text der empfangenen Nachricht

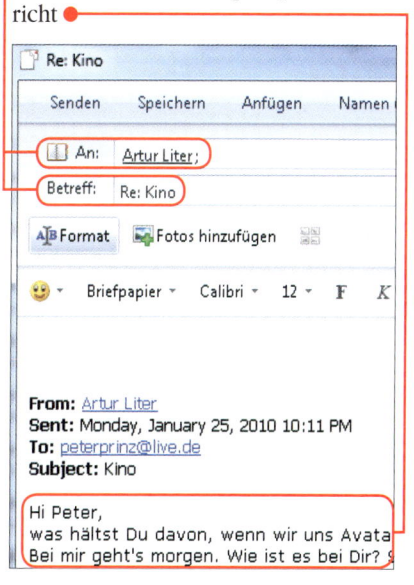

zitiert wird. Dadurch weiß der Empfänger sofort, auf welche E-Mail Sie sich in Ihrer Antwort beziehen. Zudem erkennt

339

Live Mail **E-Mails beantworten und weiterleiten**

er am „Re:", das dem Betreff vorangestellt wurde, dass es sich um eine Antwort handelt. „Re" ist die Abkürzung des englischen „**re**ply", zu Deutsch: Antwort.

■ E-Mails an andere Empfänger weiterleiten

Oft will man jemanden, der nicht zum Empfängerkreis gehört, an einer Nachricht teilhaben lassen. In diesem Fall klicken Sie einfach auf

> Weiterleiten

Dann wird zwar die Original-E-Mail zitiert und dem Betreff ein „Fw:" (Abkürzung für engl. „**f**or**w**ard" = weiterleiten) vorangestellt ●, aber die Empfängeradresse bleibt leer. Hier ●

> An:
> Betreff: Fw: Kino
> A‑B Format · Fotos hinzufügen
> ☺ ▾ Briefpapier ▾ Calibri ▾ 12 ▾
>
> Kommst Du auch mit?
> fragt: Peter
>
> **From:** Artur Liter
> **Sent:** Monday, January 25, 2010 10:11 P
> **To:** peterprinz@live.de
> **Subject:** Kino

tragen Sie die E-Mail-Adresse desjenigen ein, den Sie in Kenntnis setzen wollen, und weiter unten können Sie im Schreibfeld ● nach Belieben einen Text ergänzen.

---

3 Oberhalb der zitierten Original-E-Mail ist Platz für Ihren Antworttext, den Sie in beliebiger Länge eingeben können, im Beispiel ●.

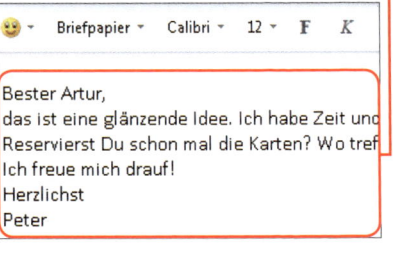

> ☺ ▾ Briefpapier ▾ Calibri ▾ 12 ▾ **F** *K*
>
> Bester Artur,
> das ist eine glänzende Idee. Ich habe Zeit und
> Reservierst Du schon mal die Karten? Wo tref
> Ich freue mich drauf!
> Herzlichst
> Peter

Selbstverständlich können Sie Ihre E-Mail auch wieder gestalten, beispielsweise mit einem sogenannten Emoticon. Das sind Bildchen, die einem momentanen Gefühlszustand Ausdruck verleihen und von denen sich einige wie ein Wackelbild bewegen. Sie lassen sich ebenso wie die Formatierungen in der Symbolleiste mit einem Mausklick auf ● auswählen. Das angeklickte Emoticon, etwa ●,

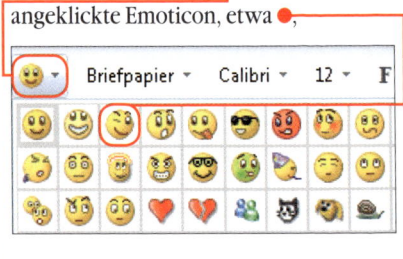

> ☺ ▾ Briefpapier ▾ Calibri ▾ 12 ▾ F
> [Emoticon-Auswahl]

wird dann an der Schreibposition in den Text eingefügt.

4 Nachdem Sie Ihre Antwort geschrieben haben, versenden Sie sie per Mausklick auf

> Senden

Anhänge versenden und öffnen — Live Mail

Fotos und Dateien mit E-Mails versenden und öffnen

Praktisch ist, dass Sie mit Live Mail nicht nur Nachrichten, sondern auch Bilder und jede Art von Dateien versenden können. Diese Dateien „hängen" Sie einfach an Ihre Nachrichten an. Sie werden dann zusammen mit der Nachricht zum Empfänger transportiert. Solch eine digitale Anlage lässt sich der elektronischen Post sehr einfach „beipacken".

1 Um ein Foto mit Ihrer E-Mail zu versenden, schreiben Sie zunächst Ihre Nachricht und klicken dann in der Symbolleiste des E-Mail-Fensters auf ●.

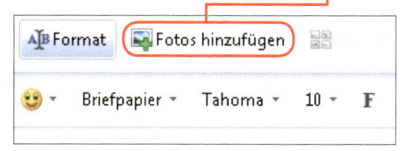

Anschließend wird das Fenster für Ihre eigenen Dateien angezeigt. Hier wechseln Sie in den Ordner, in dem das gewünschte Foto gespeichert ist, beispielsweise per Doppelklick auf ●.

2 Mit einem Mausklick markieren Sie das Foto, das Sie in die E-Mail übernehmen möchten, im Beispiel ●,

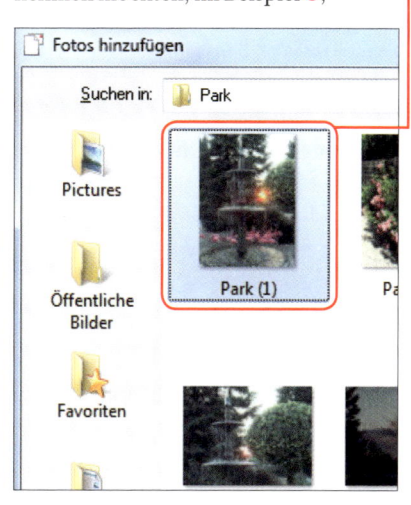

und klicken danach auf die Schaltfläche

| Hinzufügen |

Das Fenster bleibt geöffnet, sodass Sie bei Bedarf weitere Fotos markieren und hinzufügen können. Zum Schließen des Fensters genügt ein Klick auf

| Fertig |

3 In der E-Mail erscheint nun das ausgewählte Bild. Die Symbolleiste schaltet hierbei automatisch in den Foto-

Live Mail – Anhänge versenden und öffnen

Modus um. Wenn Sie auf ● klicken, können Sie in den Textgestaltungs-Modus zurückschalten. Außerdem gibt es noch einen Layout-Modus ●,

der es Ihnen erlaubt – sobald Sie ihn anklicken – die Platzierung und Größe der Bilder zu ändern.

4 Im Foto-Modus lassen sich Ihre eingefügten Bilder über die Symbole

rahmen. Zudem können Sie in der Foto-Symbolleiste per Mausklick noch entscheiden, wie groß die angehängte Fotodatei sein soll, beispielsweise ●.

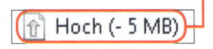

Bedenken Sie hierbei, dass kleine Bilder qualitativ nicht so gut sind, große Bilder aber wesentlich mehr Übertragungszeit brauchen.

5 Um Ihre Fotopost abzuschicken, brauchen Sie abschließend nur noch auf

zu klicken. Das Bild wird dann in der gewählten Größe mitsamt der E-Mail übertragen.

6 Wenn Sie eine empfangene Fotopost in Live Mail öffnen, wird Ihnen das Bild direkt im Fenster angezeigt. Zusätzlich enthält die E-Mail unter der Adresszeile eine **Verknüpfung**, über die Sie Zugriff auf das Foto in der gewählten Versandgröße haben (siehe Schritt 4), hier ●.

Anhänge versenden und öffnen **Live Mail**

❗ Dokumente und andere Dateien per E-Mail verschicken

Nicht nur Fotos, sondern auch Textdokumente, Tabellen, sogar Musik- und Videodateien lassen sich per E-Mail verschicken. Um eine Datei an eine E-Mail anzuhängen, klicken Sie in der Befehlsleiste des E-Mail-Fensters auf ●,

Senden   Speichern   Anfügen

Im Ordnerfenster, das sich daraufhin öffnet, navigieren Sie zu dem Ordner, der die gewünschte Datei enthält, markieren sie mit einem Mausklick, etwa ●,

Alte Spieluhr   Anwender, User und Poweruser 3

und klicken auf die Schaltfläche

Öffnen ▼

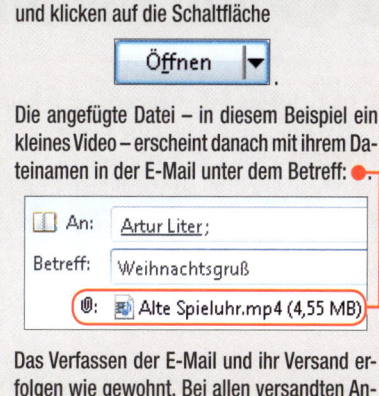

Die angefügte Datei – in diesem Beispiel ein kleines Video – erscheint danach mit ihrem Dateinamen in der E-Mail unter dem Betreff: ●.

An: Artur Liter;
Betreff: Weihnachtsgruß
🖉: Alte Spieluhr.mp4 (4,55 MB)

Das Verfassen der E-Mail und ihr Versand erfolgen wie gewohnt. Bei allen versandten Anhängen gilt: Egal ob Foto oder eine andere Datei, die Originaldatei bleibt natürlich auf Ihrem Rechner. Es wird nur eine Kopie verschickt.

7 Eine solche Verknüpfung erhalten Sie auch, wenn Ihnen mit einer E-Mail eine andere Datei – beispielsweise ein Video, Lied oder Dokument – zugeschickt wird. In der E-Mail angezeigt werden diese Dateien, hier ein Video ●,

An: peterprinz@live.de;
🖉: Alte Spieluhr.mp4 (4,67 MB)

allerdings nicht. Wenn Sie die Verknüpfung ● mit der *rechten* Maustaste anklicken, können Sie im Kontextmenü per Mausklick auswählen, ob Sie das Bild öffnen, drucken oder speichern wollen: ●.

🖉: Park (7).JPG (73,5 KB)
Öffnen
Drucken...
Speichern unter...

Sicherheit

13 Vorsorge treffen: Auf Nummer sicher

Wie im richtigen Leben lauern auch in der Computerwelt überall Gefahren. Nicht nur, dass Programmfehler die Sicherheit Ihrer Dateien gefährden, auch bei Ausflügen ins **Internet** oder beim Austausch elektronischer Nachrichten können Sie böse Überraschungen erleben. So versuchen Computerviren oder Schadprogramme, die Ihre Daten ausspionieren, sich auf Ihrem Rechner einzunisten und Ihre privaten Daten weiterzugeben. Das kann natürlich gerade bei Bankgeschäften oder Einkäufen im Internet sehr teuer werden.

Doch mit ein bisschen Vorsicht können Sie diese Gefahren zumindest minimieren. Dabei greift Ihnen Windows 7 tüchtig unter die Arme: Die „Windows-Firewall" schützt Sie vor Übergriffen aus dem Internet, und der „Windows Defender" verhindert, dass sich Schadprogramme unerlaubt auf Ihrem Rechner installieren. Alle diese Funktionen sind übersichtlich im „Wartungscenter" vereint.

Darüber hinaus sollten Sie sich durch ein Antivirenprogramm schützen und Ihre Daten regelmäßig sichern, damit Sie sie im Schadensfall auch wiederherstellen können.

Im dreizehnten Kapitel dieses Buches erfahren Sie,
- wie Sie die Firewall und den Defender von Windows 7 nutzen,
- wie Sie ein Antivirenprogramm aus dem Internet herunterladen, einrichten und verwenden
- und wie Sie Ihre Daten sichern und wiederherstellen.

Kapitel-Wegweiser

Wartungscenter und Benutzerkontensteuerung 345
Sicherheit vor Angriffen mit Firewall und Defender 348
Virenschutz herunterladen und einrichten 349
Eigene Dateien auf Festplatte sichern 352
Sicherung wiederherstellen 355

Das Wartungscenter | Sicherheit

Wartungscenter und Benutzerkontensteuerung

Während Sie mit Windows 7 arbeiten, sollten Sie immer auch auf den Infobereich der **Taskleiste** achten. Hier nämlich meldet Ihnen das Wartungscenter von Windows, wenn etwas im System Ihre besondere Aufmerksamkeit verlangt, beispielsweise weil sich eine Sicherheitslücke auftut.

1 Im Infobereich der Taskleiste können Sie allgemeine Meldungen zum Betriebsstatus von Windows 7 abrufen, indem Sie auf das Symbol

klicken. Das Symbol ändert sein Erscheinungsbild, wenn Windows 7 ein Sicherheitsproblem vermutet. Dann sieht das Symbol so aus:

In diesem Fall ist es natürlich sinnvoll, sich schnellstmöglich um eine Lösung zu bemühen.

2 Das ist jedoch oft gar nicht so zeitintensiv. Denn Windows 7 bietet Ihnen in vielen Fällen an, das Problem per Mausklick zu lösen. Ein Beispiel: **Klicken** Sie auf das Warnsymbol, erscheinen alle Meldungen. Im Beispielfall hat Windows 7 erkannt, dass die **Firewall** ausgeschaltet ist. Um sie einzuschalten, brauchen Sie jetzt nicht langwierig in den Tiefen von Windows 7 nach der entsprechenden Option zu suchen. Ein Klick auf

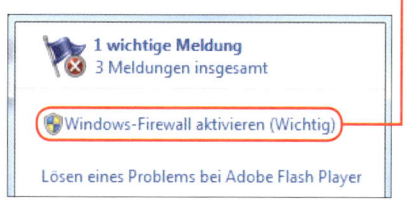

> 1 wichtige Meldung
> 3 Meldungen insgesamt
>
> Windows-Firewall aktivieren (Wichtig)
>
> Lösen eines Problems bei Adobe Flash Player

genügt. Schon ist das Sicherheitsproblem behoben.

3 Anschließend können Sie sich um das nächste Problem kümmern. Wenn Sie im Beispielfall auf die Meldung

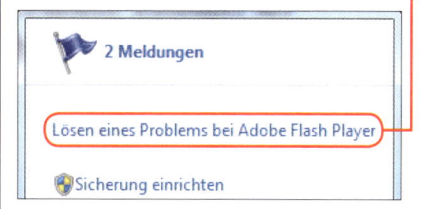

> 2 Meldungen
>
> Lösen eines Problems bei Adobe Flash Player
>
> Sicherung einrichten

klicken, erhalten Sie nähere Hinweise zur Problemlösung.

> Die neueste Version von Adobe Flash Playe
>
> Das Programm, das Sie installieren oder verwend
>
> Um dieses Problem zu lösen, deinstallieren oder in der angegebenen Reihenfolge ausführen:
>
> 1. Klicken Sie, um eine Internetverbindun auszuführen
>
> 2. Klicken Sie im Dialogfeld **Dateidownload** von Flash Player. Wenn Sie dazu aufge einzugeben, geben Sie Ihr Kennwort bzw.
>
> 3. Klicken Sie, um eine Internetverbindun

Sicherheit — Das Wartungscenter

4 Eine ausführliche Übersicht über die aktuellen Meldungen und Probleme bietet das Wartungscenter. Um sich das Wartungscenter anzeigen zu lassen, klicken Sie wieder im Infobereich auf das Symbol

und im Fenster auf

> Wartungscenter öffnen

Daraufhin öffnet sich das Wartungscenter. Das ist innerhalb der **Systemsteuerung** der zentrale Verwaltungsbereich, in dem alle Wartungs- und Sicherheitsfunktionen zusammengefasst sind.

> Neue Meldungen lesen und Probleme
> Vom Wartungscenter wurde mindestens ein Probl werden muss.
>
> Sicherheit
>
> Wartung
>
> **Systemwartung**
> Bereinigen des Speicherplatzes auf dem Datenträger, Reparieren fehlerhafter Verknüpfungen und Ausführen weiterer Wartungsaufgaben
>
> Meldungen zu Windows-Wartungsaufgabe deaktivieren
>
> **Sicherung einrichten**
> Ihre Dateien werden nicht gesichert.
> Meldungen zu Windows-Sicherung deaktiv

5 In der Navigationspalte des Wartungscenters können Sie mit einem Klick auf

> Wartungscentereinstellungen ändern
>
> Einstellungen der Benutzerkontensteuerung ändern

die sogenannte **Benutzerkontensteuerung** öffnen. Die Benutzerkontensteuerung sorgt dafür, dass Software nicht ohne Ihr Einverständnis gravierende Änderungen an Ihrem System vornimmt. Das soll Schadprogramme daran hindern, sich insgeheim zu installieren und das **Betriebssystem** zu modifizieren.

6 Um nun eine von vier verschiedenen Benachrichtigungsstufen einzustellen, klicken Sie in der geöffneten Benutzerkontensteuerung auf den Schieberegler,

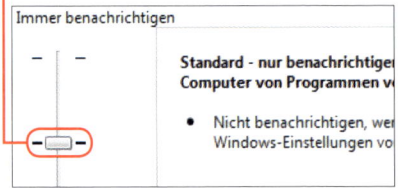

> Immer benachrichtigen
>
> Standard - nur benachrichtige Computer von Programmen v
> • Nicht benachrichtigen, wer Windows-Einstellungen vo

halten die Maustaste gedrückt und ziehen den Regler mit weiterhin gedrückter Maustaste auf die gewünschte Sicherheitsstufe.

7 Nachdem Sie die gewünschte Sicherheitsstufe eingestellt haben, bestätigen Sie Ihre Wahl mit einem Mausklick

Das Wartungscenter — Sicherheit

Sicherheitswarnungen sind wichtig

Achtung: Es wird empfohlen, die voreingestellte Stufe nicht zu verändern.

■ Standardmäßig ist die dritte Sicherheitsstufe eingestellt. Sie sorgt dafür, dass bei automatischen Änderungen am Computer vorab Ihre Einwilligung erfragt wird. Hierbei wird der Bildschirm abgedunkelt, ein Meldungsfenster erscheint, und der PC bleibt gegen Zugriffe gesperrt, bis Sie im entsprechenden Fenster per Klick auf

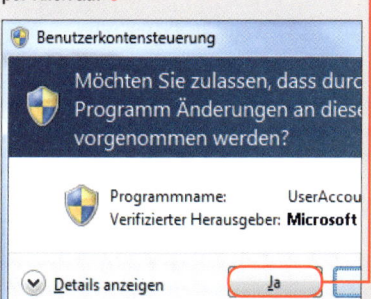

Ihre Einwilligung zur Änderung gegeben haben.

■ Auch die zweite Stufe erfragt mit dem gleichen Meldungsfenster Ihre Zustimmung bei automatischen Zugriffen, wie sie beispielsweise von Installationsprogrammen vorgenommen werden. Allerdings wird in dieser Stufe der PC nicht blockiert. Dies erkennen Sie daran, dass der Bildschirm nicht abgedunkelt wird. Im Prinzip könnte ein Schadprogramm bei dieser Einstellung selbsttätig auf das Dialogfenster zugreifen und die Zustimmung über Ihren Kopf hinweg geben.

■ Am unsichersten ist die unterste Stellung des Schiebereglers. In dem Fall wird gar keine Zustimmung von Ihnen erfragt wird, wenn ein Programm installiert oder Änderungen am Computer vorgenommen werden.

■ Hingegen schützt die oberste Position des Schiebereglers den Computer nicht nur vor automatischen Zugriffen von Software, sondern meldet sich auch, wenn Sie manuell Einstellungen an Windows 7 ändern. Die Befehle und Schaltflächen, die bei dieser Einstellung eine Warnmeldung hervorrufen, erkennen Sie am Symbol

.

Die wiederholten Sicherheitsabfragen mögen mitunter nervig sein, und die zusätzlichen Sicherheitswarnungen haben der Vorläuferversion Windows Vista viel Kritik eingetragen. Es steht jedoch außer Zweifel, dass die maximale Benachrichtigungsvariante am sichersten ist.

auf die Schaltfläche

.

Im Meldungsfenster der Benutzerkontensteuerung müssen Sie diese Änderung aus Sicherheitsgründen anschließend noch per Mausklick auf freigeben.

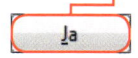

Sicherheit Firewall und Defender

Sicherheit vor Angriffen mit Firewall und Defender

Wichtiger denn je ist es heute, den Rechner vor Gefahren aus dem Internet zu schützen. Windows 7 liefert hierfür zwei Programme mit, die Ihren PC sicherer machen: die sogenannte Firewall (engl. „firewall" = Brandschutzmauer) und den Windows Defender (= Verteidiger).

1 Die Windows-Firewall überwacht den Datenverkehr zwischen dem Internet und Ihrem Rechner und lässt nur das durch, was Sie erlauben. Auf diese Weise verhindert die Firewall, dass schädliche Programme auf Ihren Rechner gelangen. In den meisten Fällen müssen Sie sich nicht um die Firewall kümmern, da Windows 7 sie automatisch eingeschaltet hat.

Dies können Sie im Wartungscenter (siehe Schritt 4 der vorigen Anleitung) kontrollieren. Sofern hier der Abschnitt nicht geöffnet ist, klicken Sie auf

Sicherheit
Wartung

2 Erscheint unter „Sicherheit" die Meldung,

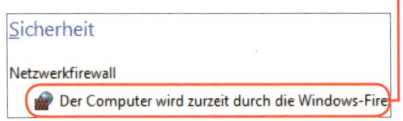

Sicherheit
Netzwerkfirewall
Der Computer wird zurzeit durch die Windows-Fire

ist die Firewall aktiv und alles in Ordnung. Meldet das Wartungscenter hingegen,

Sicherheit
Netzwerkfirewall (Wichtig)
Die Windows-Firewall ist deaktiviert oder nicht richtig eingerichtet.
Meldungen zu Netzwerkfirewall deaktivieren

klicken Sie neben der Meldung auf

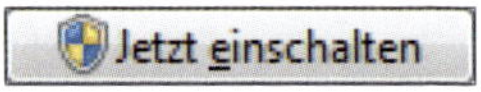

Jetzt einschalten,

um die Firewall zu aktivieren.

3 Im Wartungscenter können Sie im Abschnitt „Sicherheit" auch den Windows Defender kontrollieren. Beim Hinweis

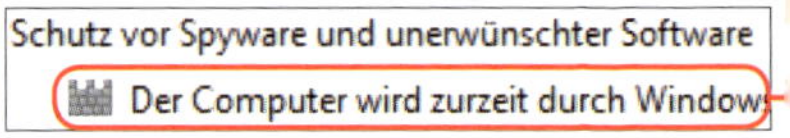

Schutz vor Spyware und unerwünschter Software
Der Computer wird zurzeit durch Windows

müssen Sie nichts weiter unternehmen. Sollte stattdessen die Meldung

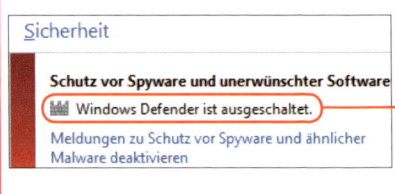

Sicherheit
Schutz vor Spyware und unerwünschter Software
Windows Defender ist ausgeschaltet.
Meldungen zu Schutz vor Spyware und ähnlicher Malware deaktivieren

erscheinen, klicken Sie daneben auf

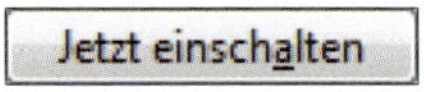

Jetzt einschalten.

Dies schaltet die Echtzeitüberprüfung des Windows Defender ein und öffnet das entsprechende Programmfenster.

Virenschutz herunterladen und einrichten — Sicherheit

4 Da der Defender-Schutz bislang ja nicht aktiv war, sollten Sie im Defender-Fenster mit einem Klick auf direkt eine Schnellüberprüfung starten. Nach Abschluss der Überprüfung schließen Sie das Fenster wie gewohnt mit einem Klick aufs Schließkreuz.

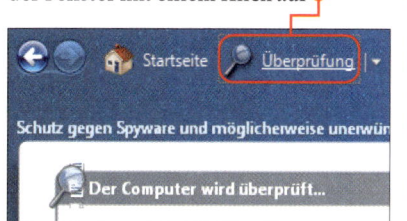

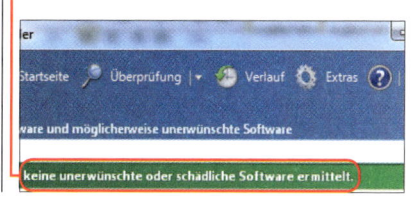

Virenschutz herunterladen und einrichten

Da Windows 7 kein eigenes Antivirenprogramm mitbringt, müssen Sie selbst für Sicherheit sorgen. Daher sollten Sie unbedingt ein Antivirenprogramm installieren (siehe dazu auch den Kasten auf Seite 350).

1 Wenn Sie keinen Virenschutz eingerichtet haben, macht Sie das Wartungscenter im Infobereich der Taskleiste darauf aufmerksam. Klicken Sie auf das Symbol

und danach auf.

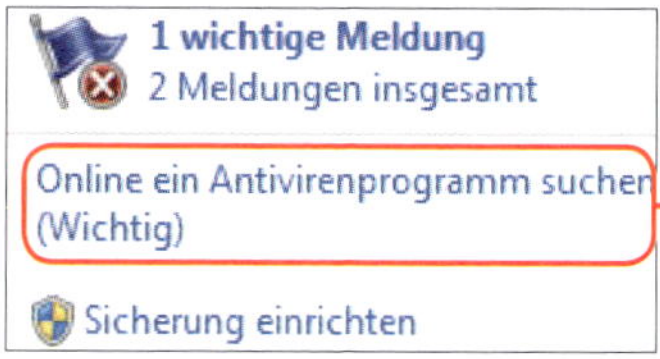

Sollten Sie das Wartungscenter bereits geöffnet haben, klicken Sie hingegen neben der Meldung

auf die Schaltfläche

Programm online suchen.

2 In beiden Fällen öffnet sich daraufhin die Internetseite.

349

Sicherheit — Virenschutz herunterladen und einrichten

> ### ⚠ Kostenfreie Antivirenprogramme
>
> Mit der „Kaspersky Security Suite CBE" liegt der Zeitschrift COMPUTER BILD auf der Heft-CD eine Komplettlösung für den sicheren PC bei, die Sie kostenfrei nutzen können. Auch auf der Internetseite von Computerbild.de finden Sie leistungsstarke Antivirenprogramme, beispielsweise das beliebte „Avira AntiVir Personal". Und auch Microsoft selbst bietet mit „Microsoft Security Essentials" ein Antivirenprogramm, das auf die Firewall und den Defender von Windows 7 abgestimmt ist und dessen **Installation** im Folgenden erklärt wird. Bitte beachten Sie, dass im Verlauf der Installation von „Microsoft Security Essentials" die Echtheit Ihrer installierten Version von Windows überprüft wird.
> Achtung: Auch wenn Sie die Sicherheit nichts kostet, so sollten nie zwei verschiedene **Virenscanner** gleichzeitig installiert sein, da sie sich gegenseitig ins Gehege kommen. Das Doppeln verschiedener Produkte erhöht die Sicherheit nicht, sondern schwächt sie.

Um das Antivirenprogramm von Microsoft herunterzuladen, klicken Sie nun rechts unter dem Eintrag ● auf ●.

> Zuverlässiger Schutz vor Viren - Microsoft Security Essentials
>
> [Jetzt kostenlos herunterladen]

3 Auf der Seite, die anschließend erscheint, klicken Sie auf

[Download starten ⬇],

im Download-Fenster auf

[Ausführen]

und nach dem **Download** in der Sicherheitsabfrage der Benutzerkontensteuerung auf

[Ja].

4 Durch die Installation führt wie gewohnt ein **Assistent**. Klicken Sie im Willkommensfenster einfach auf

[Weiter >],

und akzeptieren Sie die nachfolgenden Lizenzbestimmungen mit

[Ich stimme zu].

5 Vor der Installation behält Microsoft es sich vor, die Echtheit Ihrer Windows-Lizenz zu überprüfen. Sollten Sie hiermit nicht einverstanden sein, können Sie die Installation an dieser Stelle auch abbrechen und auf ein anderes Produkt (siehe Kasten links) ausweichen. Wenn Sie nichts gegen die Überprüfung einzuwenden haben, klicken Sie auf

[Überprüfen >].

Nachdem die Echtheit der Windows-Ver-

Virenschutz herunterladen und einrichten — Sicherheit

sion bestätigt ist, klicken Sie auf

Installieren >

und zum Ende der Installation auf

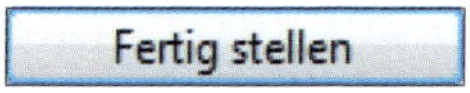

Fertig stellen.

6 Nun wird der Virenscanner automatisch gestartet: Direkt nach Abschluss der Installation lädt Microsoft Essential Security die neuesten Aktualisierungen und überprüft den Computer auf Schadsoftware.

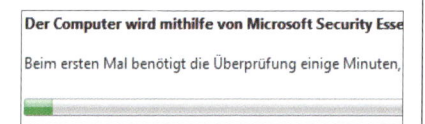

Der Computer wird mithilfe von Microsoft Security Esse
Beim ersten Mal benötigt die Überprüfung einige Minuten,

7 Um die Überprüfung des PCs manuell zu starten, klicken Sie erst auf

Startseite   **Aktualisieren**

und danach auf die Schaltfläche

Aktualisieren.

Dann warten Sie, bis die Meldung

Status der Viren- und Spyware-Definitionen **Aktuell**

erscheint, und klicken auf

Startseite   **Aktualisieren**

8 Bei der Wahl einer Überprüfungseinstellung sollten Sie beachten, dass die Option zwar am gründlichsten ist, aber je nach belegter Festplattenkapazität durchaus einige Stunden dauern kann. Für die rasche Überprüfung klicken Sie auf

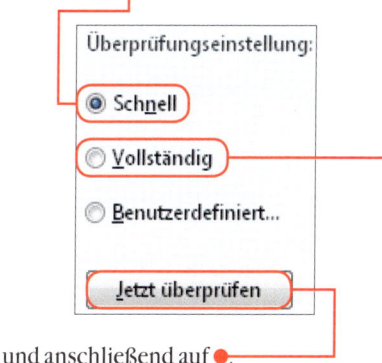

Überprüfungseinstellung:
- ● Sch**n**ell
- ○ **V**ollständig
- ○ **B**enutzerdefiniert...

Jetzt überprüfen

und anschließend auf.

9 Um die Überprüfung des PCs später aufzurufen, klicken Sie im Infobereich der Taskleiste auf,

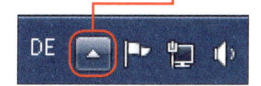

DE

im Info-Fenster mit der *rechten* Maustaste auf und im sich öffnenden **Kontextmenü** auf.

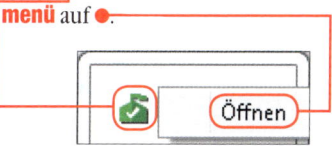

Öffnen

Nun können Sie, wie in den Schritten 7 und 8 gezeigt, den Virenscanner aktualisieren und die Überprüfung des Rechners durchführen.

Sicherheit | Eigene Dateien auf Festplatte sichern

⚠ Vorsicht vor Viren und Schadprogrammen in E-Mails

Auch über **E-Mails**, mit denen Sie Dateien als Anhänge empfangen, können Viren und Schadprogramme auf Ihren Rechner gelangen. Deshalb ist beim Öffnen von Anhängen Vorsicht geboten.

Da viele Schadprogramme unter falschem Namen versandt werden, sollten Sie Anhänge nicht direkt öffnen, sondern zunächst mit einem Mausklick auf den Befehl

`Speichern unter...`

auf der Festplatte speichern. Dann klicken Sie den Anhang mit der *rechten* Maustaste an, und wählen im Kontextmenü den Befehl

`Scannen mit Microsoft Security Essentials...`

Eigene Dateien auf Festplatte sichern

Trotz aller Sicherheitsvorkehrungen kann es vorkommen, dass Dateien versehentlich gelöscht oder durch Programmfehler unbrauchbar werden oder dass sich sogar ein Schadprogramm auf Ihrem PC einnistet, das die Löschung der **Festplatte** und eine Neuinstallation von Windows erforderlich macht. Um den Verlust persönlicher Daten zu vermeiden oder zumindest klein zu halten, sollten Sie regelmäßig eine Sicherung Ihrer Dateien vornehmen, die Sie im Problemfall einfach wieder zurückspielen können.

Bereits Windows Vista hatte ein Sicherungsprogramm, das Sie in Kapitel 2 kennengelernt haben, als es darum ging, die Dateien vor der Installation von Windows 7 zu sichern. Das Sicherungsprogramm von Windows 7, das Sie über das Wartungscenter aufrufen können, sollten Sie dazu nutzen, eine regelmäßige Sicherung – Backup genannt – Ihrer Dateien und Einstellungen einzurichten.

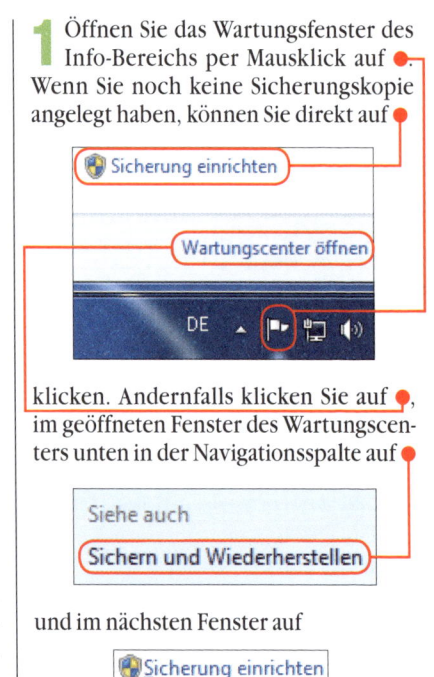

1 Öffnen Sie das Wartungsfenster des Info-Bereichs per Mausklick auf ●. Wenn Sie noch keine Sicherungskopie angelegt haben, können Sie direkt auf

`🛡 Sicherung einrichten`

`Wartungscenter öffnen`

klicken. Andernfalls klicken Sie auf ●, im geöffneten Fenster des Wartungscenters unten in der Navigationsspalte auf

Siehe auch
`Sichern und Wiederherstellen`

und im nächsten Fenster auf

`🛡 Sicherung einrichten`.

Eigene Dateien auf Festplatte sichern — Sicherheit

2 Im Fenster für die Sicherung, das daraufhin angezeigt wird, markieren Sie mit einem Mausklick das **Laufwerk**, auf dem Sie Ihre Daten sichern wollen, beispielsweise ●,

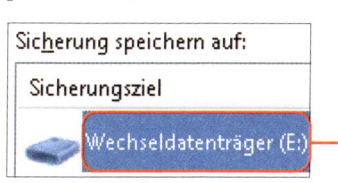

> Sicherung speichern auf:
> Sicherungsziel
> Wechseldatenträger (E:)

und klicken auf

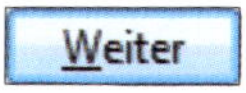

> Weiter

3 Nun können Sie Windows die Wahl der zu sichernden **Ordner** überlassen: ●.

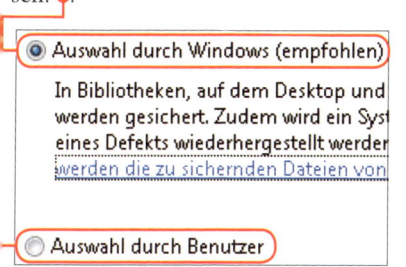

> ● Auswahl durch Windows (empfohlen)
>
> In Bibliotheken, auf dem Desktop und werden gesichert. Zudem wird ein Syst eines Defekts wiederhergestellt werder werden die zu sichernden Dateien von
>
> ○ Auswahl durch Benutzer

Wenn Sie hingegen auch persönliche Dateien in Ordnern sichern möchten, die *nicht* in Bibliotheken eingebunden sind, sollten Sie auf ● klicken, um einen Punkt in das Feld zu setzen. Dann können Sie nach einem Klick auf

> Weiter

kontrollieren, welche Ordner Windows bereits in die Sicherung einschließt, etwa ●. Falls Sie noch andere Ordner sichern möchten, klicken Sie auf ●

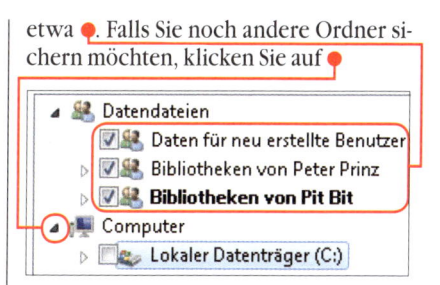

> ▲ 🐾 Datendateien
> ☑ 🐾 Daten für neu erstellte Benutzer
> ▷ ☑ 🐾 Bibliotheken von Peter Prinz
> ▷ ☑ 🐾 **Bibliotheken von Pit Bit**
> ▲ 🖳 Computer
> ▷ ☐ 💾 Lokaler Datenträger (C:)

und markieren dann den gewünschten Ordnernamen. Anschließend bestätigen Sie Ihre Entscheidung wieder mit

> Weiter

4 Im nächsten Fenster finden Sie eine Zusammenfassung Ihrer Sicherungseinstellungen. Hierzu gehört auch die Angabe, in welchem Turnus Windows die automatische Sicherung wiederholen wird. Um diese Einstellung zu ändern, klicken Sie auf ●.

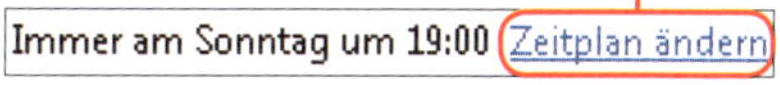

> Immer am Sonntag um 19:00 Zeitplan ändern

5 Nun können Sie bestimmen, wann und wie oft Ihre Daten automatisch gesichert werden sollen.

Wie häufig:	Wöchentlich
An welchem Tag:	Sonntag

Voreingestellt ist eine wöchentliche Sicherung, die in diesem Beispiel immer am Sonntagabend um 19 Uhr stattfindet. Möchten Sie den Abstand zwischen den Sicherungen oder die Uhrzeit ändern, klicken Sie neben dem entsprechenden

353

Sicherheit — Eigene Dateien auf Festplatte sichern

Eintrag auf das Dreieck ● und wählen mit einem Mausklick den gewünschten Zeitpunkt aus, etwa ●.

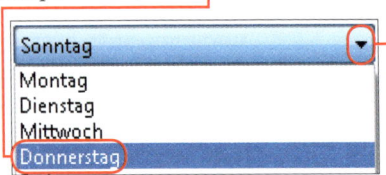

```
Sonntag              ▼
Montag
Dienstag
Mittwoch
Donnerstag
```

Sobald Sie alle Einstellungen wunschgemäß vorgenommen haben, klicken Sie auf

OK.

6 Um die Sicherung zu starten, klicken Sie nun auf

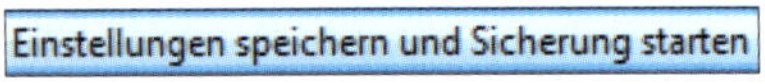

Einstellungen speichern und Sicherung starten.

Das Sicherungsprogramm speichert daraufhin alle ausgewählten Dateien am angegebenen Ort.

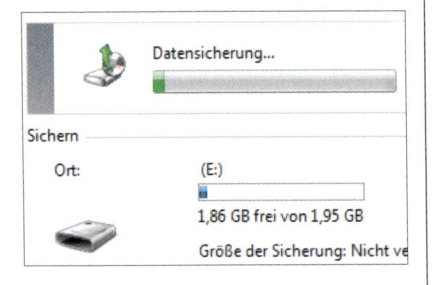

> Datensicherung...
> Sichern
> Ort: (E:)
> 1,86 GB frei von 1,95 GB
> Größe der Sicherung: Nicht ve

7 Sollten Sie Wechseldatenträger verwenden, deren Kapazität für die komplette Sicherung nicht ausreicht, so werden Sie während des Sicherungsvorgangs zum Einlegen eines neuen Mediums aufgefordert. Klicken Sie die Meldung an, um das dazugehörige Dialogfenster ● zu öffnen.

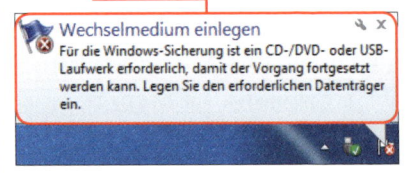

> **Wechselmedium einlegen**
> Für die Windows-Sicherung ist ein CD-/DVD- oder USB-Laufwerk erforderlich, damit der Vorgang fortgesetzt werden kann. Legen Sie den erforderlichen Datenträger ein.

Legen Sie ein freies Speichermedium in den PC ein, und klicken Sie auf ●.

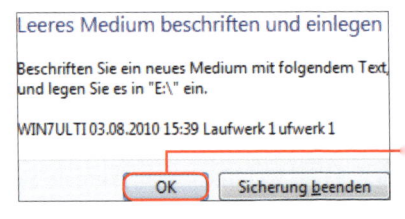

> **Leeres Medium beschriften und einlegen**
> Beschriften Sie ein neues Medium mit folgendem Text, und legen Sie es in "E:\" ein.
> WIN7ULTI 03.08.2010 15:39 Laufwerk 1 ufwerk 1
> [OK]   [Sicherung beenden]

Ist die Sicherung abgeschlossen, schließen Sie das noch geöffnete Sicherungsfenster per Klick auf ●.

⚠ Vollständige Sicherung gegen Teilsicherung

Bei der ersten Sicherung werden alle ausgewählten Dateien gesichert. Demgegenüber werden bei den nachfolgenden, die automatisch stattfinden, nur neue oder geänderte Dateien in Sicherheit gebracht, sodass die Sicherungen später nicht mehr so viel Platz wegnehmen. Wenn Sie jedoch grundsätzlich jedes Mal lieber alle Dateien sichern wollen, müssen Sie die Sicherung wieder per Hand einleiten.

Sicherung wiederherstellen

Wenn Sie Ihre Daten regelmäßig sichern, brauchen Sie keine Sorge zu haben, dass sie Ihnen verloren gehen. Selbst wenn Ihnen beispielsweise die Bilder der letzten Geburtstagsfeier abhanden gekommen sind, ist das kein Problem, da die Daten ja noch komplett in der Sicherung enthalten sind. Die Sicherung auf einer Festplatte oder **Partition** können Sie schnell wieder einspielen.

1 Starten Sie das Sicherungs- und Wiederherstellungsprogramm, indem Sie im geöffneten Wartungscenter (siehe Schritt 1 der vorigen Anleitung) in der Navigationsspalte auf

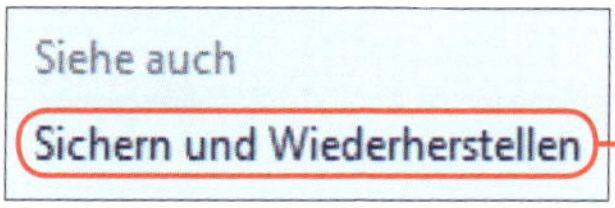

> Siehe auch
> Sichern und Wiederherstellen

klicken. Im geöffneten Fenster „Sichern und Wiederherstellen" klicken Sie dann auf

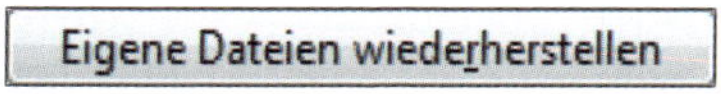

> Eigene Dateien wiederherstellen

.

2 Wenn Sie die neuesten gesicherten Daten wieder zur Verfügung haben wollen, ist die Voreinstellung schon korrekt: ●. Möchten Sie hingegen Dateien einer früheren Sicherung wiederherstellen, klicken Sie auf ●,

> Alle Dateien werden in der letzten Ver
> Anderes Datum auswählen

markieren in der Liste ein Datum, hier ●,

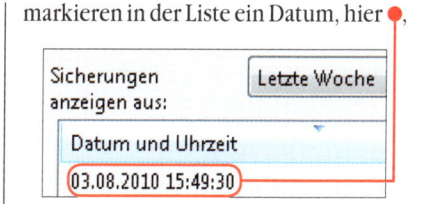

> Sicherungen anzeigen aus: Letzte Woche
> Datum und Uhrzeit
> 03.08.2010 15:49:30

und bestätigen es per Klick auf

> OK

.

3 Damit Sie die wiederherzustellenden Dateien gezielt auswählen können, nutzen Sie eine der Schaltflächen ●. Um eine komplette Sicherung wiederherzustellen, klicken Sie auf ●,

> Suchen...
> Nach Dateien suchen
> Nach Ordnern suchen

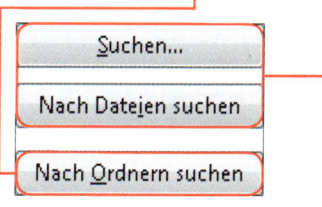

markieren im nächsten Fenster die gewünschte Sicherung, etwa ●,

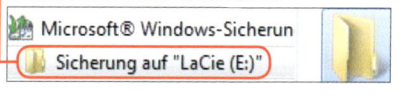

> Microsoft® Windows-Sicherun
> Sicherung auf "LaCie (E:)"

und klicken rechts davon auf ●

> dows-Sicherun Sicherung von "C:"
> LaCie (E:)"   03.08.2010 15:46
>   Sicherung

und im Fenster, das daraufhin angezeigt

Sicherheit Sicherung wiederherstellen

wird, auf die Schaltfläche

> Ordner hinzufügen .

Wenn Sie alle Ordner und Dateien ausgewählt haben, die wiederhergestellt werden sollen, klicken Sie einfach auf

> Weiter .

4 Um alle Dateien dort wiederherzustellen, wo sie zum Zeitpunkt der Sicherung gespeichert waren, belassen Sie die Vorgabe bei •. Falls Sie hingegen wünschen, dass die wiederhergestellten Dateien in einem anderen Ordner gespeichert werden, klicken Sie auf •.

> ◉ Am Ursprungsort
> ◯ An folgendem Ort:

Letzteres hat den Vorteil, dass Sie anschließend alte und neue Dateien vergleichen können, da beide Versionen erhalten sind und bei der Sicherung keine vorhandenen Dateien überschrieben werden.

Starten Sie den Wiederherstellungsprozess nun mit einem Klick auf

> Wiederherstellen .

5 Sollten in den Ordnern, in die bei der Wiederherstellung die gesicherten Dateien zurückgeschrieben werden, gleichnamige Dateien bestehen, so erhalten Sie einen Warnhinweis. Sie können nun für jede Datei mit einem Klick entscheiden, ob die gesicherte Version die bestehende Datei überschreiben soll • oder ob Sie die Datei gar nicht wiederherstellen wollen •.

> → Kopieren und ersetzen
> Datei im Zielordner durch die zu kopierende Datei ers
>
> **Angebot.docx**
> Sicherungsgerät (LaCie (E:))
> Größe: 12,4 KB
> Änderungsdatum: 29.07.2010 00:34
>
> → Nicht kopieren
> Es werden keine Dateien geändert. Die folgende Date
> belassen:

Darüber hinaus können Sie aber auch beide Dateien behalten •. In dem Fall erhält die Sicherungsdatei einen erweiterten Dateinamen. Bevor Sie Ihre Wahl treffen, können Sie Windows per Mausklick in das Kästchen •

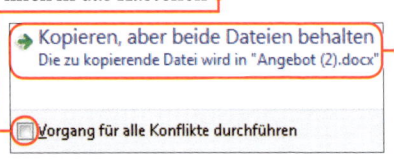

> → Kopieren, aber beide Dateien behalten
> Die zu kopierende Datei wird in "Angebot (2).docx"
>
> ☐ Vorgang für alle Konflikte durchführen

anweisen, ohne weitere Nachfrage die gewählte Option für alle doppelten Dateinamen anzuwenden.

6 Nach Abschluss der Wiederherstellung können Sie sich noch mit einem Klick auf •

> Die Dateien wurden erfolgreich wiederhergestellt.
> Wiederhergestellte Dateien anzeigen

darüber informieren, welche Dateien im Einzelnen wiederhergestellt wurden. Beenden Sie die Wiederherstellung per Mausklick auf

> Fertig stellen .

Unterstützung

14 Service: Hilfestellungen zu jeder Zeit

In den meisten Fällen werden Sie problemlos mit Ihrem Rechner und den installierten Programmen arbeiten können. Es gibt jedoch Situationen, in denen Sie nicht genau wissen, wie eine bestimmte Funktion ausgeführt wird oder wo sich ein Befehl versteckt. Dann können Sie auf die integrierte „Windows-Hilfe" zurückgreifen. Zu allen Bereichen Ihres Rechners und des **Betriebsprogramms** wird hier Hilfe angeboten. Ganz gleich, ob es sich nun um Probleme mit **Treiber**programmen, die Einstellung des **Desktop** oder auch um Störungen im Netzwerk handelt: Die Windows-Hilfe kann Sie bei der Lösung der Probleme unterstützen.

Und auch Zeitersparnis kann eine kleine Hilfe sein: Am Ende dieses Kapitels finden Sie eine Reihe von Tastenkombinationen, mit denen Sie Befehle häufig schneller als mit der Maus ausführen können.

Im vierzehnten Kapitel dieses Buches erfahren Sie,

- wie Sie die Windows-Hilfe verwenden und auch die dort enthaltenen Videofilme ansehen,
- wie Sie Hilfe auch im **Internet** finden
- und wie Sie mit Tastenkombinationen Zeit sparen.

Kapitel-Wegweiser

Die Windows-Hilfe	358	Direkthilfe in	
Suchen in der Windows-Hilfe	361	Windows-Programmen	370
Suchen in Untermenüs	363	Schneller mit Tasten und	
Suche mit anderem Suchbegriff wiederholen	363	Tastenkombinationen	371
		Windows-Taste	371
Online- und Offline-Hilfe	364	Rechner sperren	372
Hilfe auf Microsofts		Minianwendungen	372
Internetseiten	365	Fenster und Programme	372
Probleme behandeln	368	Internet Explorer 8	373
		Media Player	373

Unterstützung Die Windows-Hilfe

Die Windows-Hilfe

Wenn Sie auf ein Problem stoßen und nicht weiterkommen, finden Sie Hilfe an zentraler Stelle, und zwar im Bereich „Hilfe und Support" von Windows 7.

1 Um bei Problemen oder Fragen zur Bedienung Zugriff auf die Hilfe zu bekommen, **klicken** Sie zuerst auf

und dann auf den Eintrag

Hilfe und Support.

Daraufhin wird das Fenster „Windows-Hilfe und Support" geöffnet.

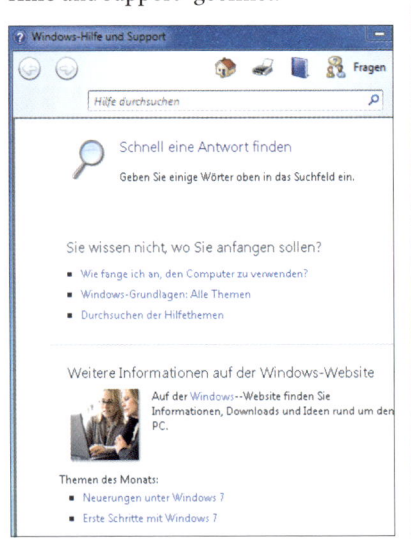

Schnelle Hilfe auch in Programmen

Der ganz schnelle Weg zur Hilfe führt über die Taste F1. Drücken Sie diese Funktionstaste, wird in allen Windows-Programmen die Hilfe zum jeweiligen Programm aufgerufen. Und wenn Sie sich noch in keinem Programm befinden, öffnet ein Druck auf die Ziffertaste 1 das Fenster „Windows-Hilfe und Support".

2 Die Windows-Hilfe ist in mehrere thematisch sortierte Gruppen unterteilt. Hinter dem ersten Eintrag finden Sie Informationen zu den Grundlagen des Rechners, zur Bedienung des Betriebsprogramms und auch zur effektiven Benutzung der Windows-Hilfe.

■ Windows-Grundlagen

Ein Klick auf den Eintrag – und alle behandelten Themen werden aufgelistet.

Informationen zum Computer
- Einführung in Computer
- Bestandteile eines Computers
- Verwenden der Maus
- Verwenden der Tastatur
- Richtiges Ausschalten des Computers

Desktopgrundlagen
- Desktop (Übersicht)
- Startmenü (Übersicht)

Die Windows-Hilfe | Unterstützung

Zurück zur Übersicht gelangen Sie per Klick auf den nach links gerichteten Pfeil.

3 Wenn Sie sich erst mal einen Überblick über das Angebot verschaffen möchten, klicken Sie auf den Eintrag

- Durchsuchen der Hilfethemen

Dann sehen Sie, zu welchen Themen es genauere Hilfsanleitungen gibt.

Inhalt

- Erste Schritte
- Sicherheit und Datenschutz
- Wartung und Leistung
- Netzwerke – Herstellen einer Verbindun
- Internet – Onlineaktivitäten und Nutzen
- E-Mail und andere Formen der Kommu
- Dateien, Ordner und Bibliotheken

4 Falls Sie schon mit einer früheren Version von Windows gearbeitet haben, erhalten Sie nach einem Mausklick auf

- Neuerungen unter Windows 7
- Erste Schritte mit Windows 7

einen Überblick über Funktionen, die neu in Windows 7 sind.

5 Möchten Sie sich in aller Ruhe noch einmal ansehen, worin die ersten Schritte in der Arbeit mit Ihrem Rechner bestehen, klicken Sie auf

- Wie fange ich an, den Computer zu verwenden?

Um also beispielsweise in Erfahrung zu bringen, wie Sie Ihren PC vor Bedrohungen schützen können, klicken Sie dann auf

▸ Schützen des Computers
▸ Aufgaben für die erste Woche
▸ Einrichten von Hardware und Beziehen
▸ Installieren von Programmen

6 Daraufhin öffnen sich weitere Unterabschnitte, durch die Sie wie gewohnt durch Klicken navigieren können. Wenn Sie nun zum Beispiel wissen wollen, wie Sie Windows immer aktuell halten, klicken Sie zunächst auf

▾ Schützen des Computers
- Was ist das Wartungscenter?
- Installieren von Windows-Updates
- Warum sollte ein Standardbenutzerkon Administratorkontos verwendet werde

und anschließend auf

▸ So suchen Sie nach Windows-Updates

359

Unterstützung | Die Windows-Hilfe

⚠ Updates über die Windows-Hilfe

Dieses Thema ist so speziell, dass Windows Ihnen eine interaktive Schritt-für-Schritt-Anleitung anbietet. Das Besondere dabei ist, dass Sie nicht nur – wie in diesem Buch – jeden Schritt beschrieben bekommen, sondern auch direkt in Windows 7 umsetzen können. Nach einem Klick auf

▼ **So suchen Sie nach Windows-Updates**

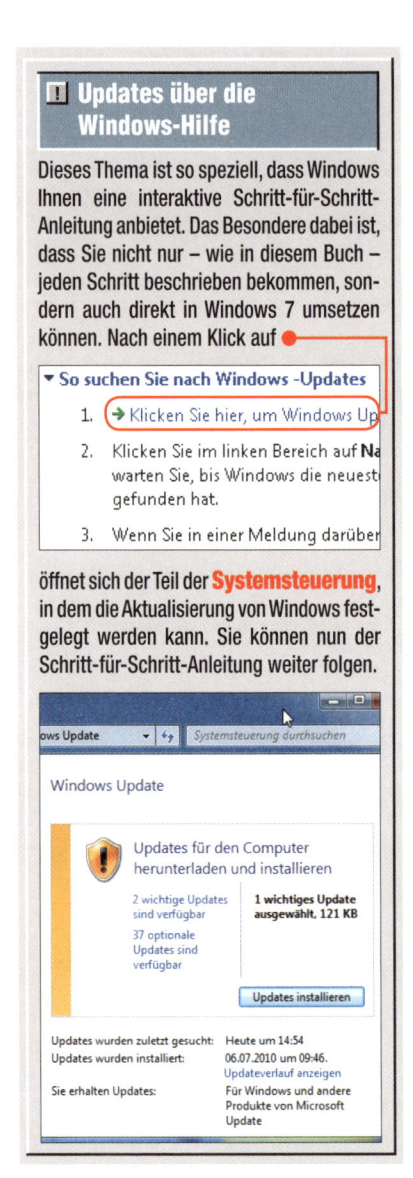

1. → Klicken Sie hier, um Windows Up
2. Klicken Sie im linken Bereich auf **Na** warten Sie, bis Windows die neueste gefunden hat.
3. Wenn Sie in einer Meldung darüber

öffnet sich der Teil der **Systemsteuerung**, in dem die Aktualisierung von Windows festgelegt werden kann. Sie können nun der Schritt-für-Schritt-Anleitung weiter folgen.

7 Mitunter brauchen Sie aber auch im Internet auf den Rechnern von Microsoft Hilfe. Um diese abzurufen, müssen Sie natürlich mit dem Internet verbunden sein. Klicken Sie dazu als Erstes auf

Mehr Supportoptionen

und danach auf

Fragen Sie Experten und andere Windows-Benutzer.

Es sind viele fachkundige Menschen in den Onlineco beantwortet werden können. Die Microsoft Answers Start.

Auf der nachfolgenden Internetseite geben Experten Hilfestellungen zu allen möglichen Fragen rund um Windows.

Um die Hilfe im Internet zu beenden, klicken Sie im Internet Explorer einfach auf das Schließkreuz

Suchen in der Windows-Hilfe — Unterstützung

8 Sie kommen jederzeit auf die Hauptseite der Hilfe, wenn Sie auf das Haussymbol

klicken.

Suchen in der Windows-Hilfe

Wenn Sie direkt eine Antwort auf eine bestimmte Frage benötigen, brauchen Sie nicht über die Themenliste im Hilfecenter zu gehen, sondern können auch gezielt nach einer Problemlösung suchen.

1 Haben Sie das Hilfecenter geöffnet, wie in Schritt 1 des vorigen Abschnitts gezeigt, tippen Sie Ihre Frage einfach in das Suchfeld ein.

Hilfe durchsuchen

Falls Sie also beispielsweise Hilfe zum Drucken benötigen, tippen Sie ● ein.

Drucken

2 Um die Suche dann zu starten, klicken Sie entweder auf die Lupe

,

oder Sie drücken einfach die ⏎-Taste. Daraufhin wird Ihnen die erste Ergebnisseite angezeigt.

Beste 30 Ergebnisse für **Drucken**

1. Erste Schritte beim Drucken
2. Drucken von Bildern
3. Drucken von Bildern: häufig gestellte Frage
4. Drucken eines Dokuments oder einer Datei
5. Drucken einer Testseite

3 Sollten Sie das gesuchte Thema in der Liste finden, klicken Sie es einfach an, im Beispiel: ●.

2. Drucken von Bildern
3. Drucken von Bildern: h

Anschließend erhalten Sie ausführliche Informationen zu möglichen Fragestellungen rund um das gewählte Thema.

Drucken von Bildern

Mit Windows Photo Viewer können Sie Ab:

Wenn kein Drucker zur Verfügung steht, kö bestellen.

▸ So drucken Sie eigene Bilder

▸ So bestellen Sie Abzüge online

Hilfe zum Bearbeiten von Fotos, zum Verse von Fotos von der Kamera auf den Compu Links. Weitere Informationen zu Windows

4 Jetzt können Sie sich den Hilfetext durchlesen, das aktuelle Problem

Unterstützung Suchen in der Windows-Hilfe

aber auch direkt lösen. Wenn Sie, wie in diesem Beispiel, Hilfe zum Drucken eines Bildes brauchen, klicken Sie einfach auf den Eintrag ●.

1. → Klicken Sie hier, um die Bildbibliothek zu öffnen
2. Öffnen Sie in der Bildbibliothek den Ordner, in de Bild befindet, und klicken Sie dann auf das Bild.
3. Klicken Sie auf der Symbolleiste auf den Pfeil neb

Daraufhin wird die Bibliothek „Bilder" ● geöffnet, in der alle Ihre Bilder zusammengefasst sind. Von dort aus können Sie Ihre Bilder öffnen.

Gleichzeitig bleibt aber auch das Fenster mit dem Hilfetext offen ●, sodass Sie einfach per Mausklick auf das gewünschte Fenster zwischen Programmfenster und Hilfe wechseln können.

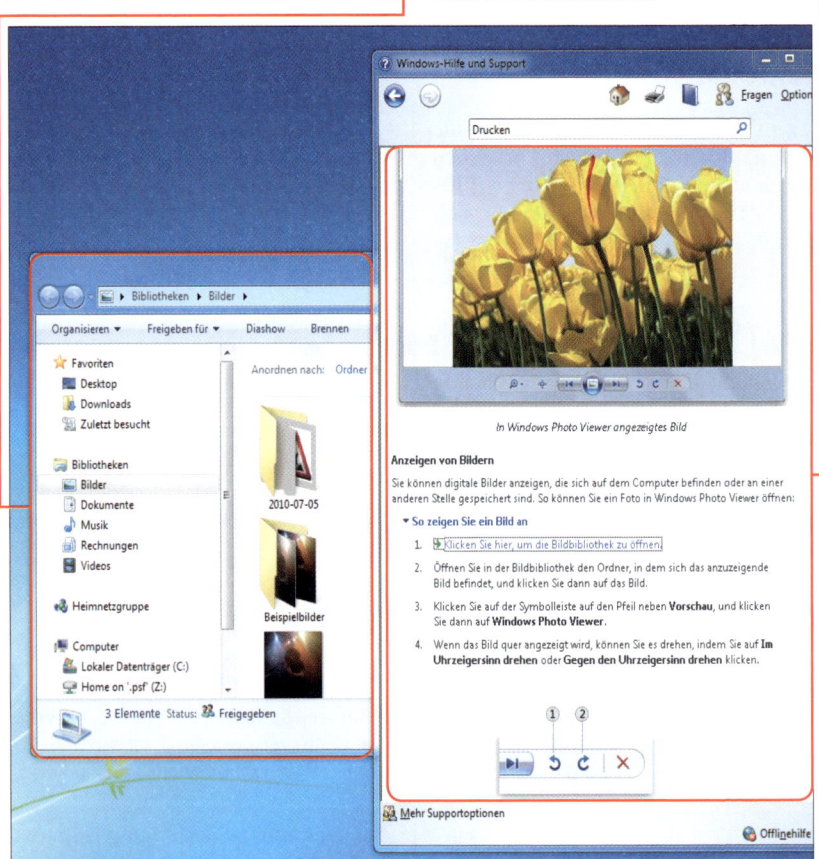

362

Suchen in Untermenüs

Alternativ zur im letzten Abschnitt gezeigten Methode können Sie bei einer konkreten Frage auch das Inhaltsverzeichnis aufrufen. Das geht häufig schneller.

1 Klicken Sie in der geöffneten Windows-Hilfe auf

und im daraufhin erscheinenden Inhaltsverzeichnis auf das Thema, zu dem Sie Hilfe benötigen, im Beispiel

Netzwerke – Herstellen einer Verbindung

2 Tippen Sie dann in das Suchfeld Ihre Frage ein, etwa

Funknetzwerk

und klicken Sie anschließend wieder auf die Lupe

oder drücken Sie einfach die ⏎-Taste.

3 Anschließend wird Ihnen das Ergebnis sofort angezeigt. Dabei finden Sie in der Liste alle Themen, die etwas mit dem Suchbegriff zu tun haben.

Beste 30 Ergebnisse für **Funknetzwerk**

1. Hinzufügen eines Drahtlos- oder Netzwerkgeräts:
2. Einrichten eines Drahtlosnetzwerks
3. Warum muss ein drahtloses Netzwerk gesichert w
4. Was ist mobiles Breitband?
5. Drahtlosnetzwerke: häufig gestellte Fragen
6. Erforderliche Komponenten zum Einrichten eines
7. Auswählen einer Netzwerkadresse
8. Hinzufügen eines Geräts oder Computers zu einer

Suche mit anderem Suchbegriff wiederholen

Sollte das Suchergebnis nicht ganz Ihren Erwartungen entsprechen, bietet es zumindest meist Hilfe. Im obigen Beispiel sehen Sie, dass in den Antworten statt Funknetzwerk der Begriff „Drahtlosnetzwerk" verwendet wird. Je präziser Sie sich an die Terminologie von Windows 7 halten, um so bessere Sucherfolge haben Sie. Daher empfiehlt es sich, die Suche mit dem Begriff „Drahtlosnetzwerk" noch einmal zu wiederholen.

1 Um den Begriff „Drahtlosnetzwerk" in der Suche zu verwenden und so einen besseren Sucherfolg zu haben, markieren Sie oben im Hilfe-Fenster im Feld den vorigen Suchbegriff

Funknetzwerk

indem Sie ihn entweder doppelt ankli-

Unterstützung Online- und Offline-Hilfe

cken oder mit gedrückter Maustaste darüberstreichen. Danach lassen Sie die Maustaste wieder los.

2 Anschließend können Sie den neuen Suchbegriff einfach über den alten schreiben.

> Drahtlosnetzwerk

Bestätigen Sie die Eingabe wieder per Klick auf die Lupe

oder per Druck auf die ⏎-Taste. Schon sehen Sie das Ergebnis.

> Beste 30 Ergebnisse für **Drahtlosnetzwerk**
> 1. Warum finde ich kein Drahtlosnetzwerk?
> 2. Einrichten eines Sicherheitsschlüssels für ein Drahtlosnetzw
> 3. Einrichten eines Drahtlosnetzwerks
> 4. Drahtlosnetzwerke: häufig gestellte Fragen
> 5. Anzeigen von und Verbinden mit verfügbaren Drahtlosnetz
> 6. Welche verschiedenen Sicherheitsmethoden gibt es für Dra
> 7. Warum muss ein drahtloses Netzwerk gesichert werden?

3 Auch in diesem Untermenü öffnen Sie einen Hilfetext, indem Sie auf den Eintrag klicken, etwa ●.

> 1. Warum finde ich kein Drahtlosnetzwe
> 2. Einrichten eines Sicherheitsschlüssels
> 3. Einrichten eines Drahtlosnetzwerks

Umgehend wird Ihnen ein Artikel präsentiert. Im Beispiel erfahren Sie nun, wie Sie die Sicherheit für das Drahtlosnetzwerk erhöhen können:

> Einrichten eines Sicherheitsschlüssels
>
> Manchmal können Personen, die Ihr Netzwerksign
> Informationen und Dateien in Ihrem Drahtlosnetzw
> Diebstahl der Identität und anderen bösartigen Ha
> Netzwerksicherheitsschlüssel oder eine Passphrase
> Drahtlosnetzwerk vor dieser Art von nicht autorisie

4 Wenn Sie die Hinweise gleich in die Tat umsetzen wollen, klicken Sie in der Windows-Hilfe auf den entsprechenden Eintrag im Beispiel ●.

> → Klicken Sie hier, um "Netzwerk einrichten" zu ö

Daraufhin wird das Netzwerk-Einrichtungsfenster parallel zum Fenster mit dem Hilfetext geöffnet (siehe Seite 362).

Online- und Offline-Hilfe

Bei jedem Handbuch – und etwas anderes ist die Hilfefunktion von Windows ja vom Grundsatz her nicht – gilt: Es ist nur so aktuell, wie der Wissensstand der Autoren beim Schreiben war. Gerade bei einem neuen Betriebssystem wie Windows 7 kommen aber von Tag zu Tag immer weitere Informationen hinzu, die in einem gedruckten oder in einer Datei auf dem Rechner gespeicherten Handbuch gar nicht aufgenommen werden konnten. Windows 7 macht sich die Tatsache zunutze, dass die meisten Anwender eine Internetverbindung zur Verfügung haben.

Hilfe auf Microsofts Internetseiten — Unterstützung

1. Im Standard erkennt Windows 7, wenn eine Internetverbindung zur Verfügung steht, und schaut bei Ihren Hilfeanfragen im Hintergrund nach, ob es bei Microsoft selbst etwas Aktuelleres an Informationen gibt. Diese „Online-Hilfe" wird unten rechts im Hilfefenster angezeigt:

2. Wenn Sie nur die bei der Windows-Installation vorinstallierte und auf Ihren Rechner kopierte Hilfe nutzen wollen, klicken Sie auf ● und dann auf ●,

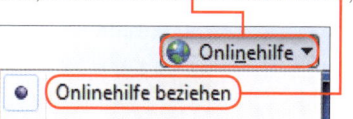

so dass der Punkt vor dem Eintrag verschwindet.

Hilfe auf Microsofts Internetseiten

Falls Ihnen die bislang vorgestellten Hilfsangebote nicht ausreichen sollten, können Sie auf den Internetseiten von Microsoft weitere Hilfe bekommen.

1. Um die Hilfe von Microsoft aufzurufen, stellen Sie Ihre Verbindung zum Internet her, öffnen die Windows-Hilfe und klicken dort auf ●.

Daraufhin wird die Internetseite geladen, und die einzelnen Themen der Microsoft-Hilfe werden sichtbar.

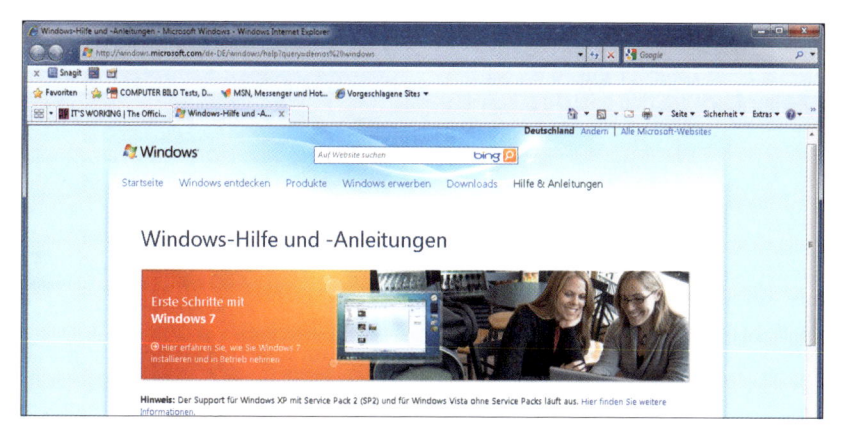

Unterstützung | Hilfe auf Microsofts Internetseiten

2 Damit Sie nun Hilfe zu Windows 7 erhalten, klicken Sie den entsprechenden Eintrag

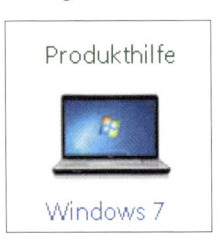

einfach an. Anschließend werden detaillierte Hilfethemen angezeigt.

3 Auch im Internet gilt, dass Sie per Mausklick auf den nach links gerichteten Pfeil

wieder zur vorherigen Seite zurückkommen, während Sie ein Klick auf den nach rechts gerichteten Pfeil

zur nächsten Seite führt. Die Seite mit den angezeigten Themen durchsuchen Sie dann wieder mithilfe des **Rollbalkens**.

4 Haben Sie das Thema gefunden, genügt ein Mausklick auf den Eintrag, im Beispiel auf

und die dazugehörigen Hilfethemen werden eingeblendet.

Außerdem finden Sie unter dem jeweiligen Artikel weiterführende Texte zum gleichen Thema.

Hilfe auf Microsofts Internetseiten — Unterstützung

5 Die Microsoft-Hilfe im Internet können Sie genauso durchsuchen wie die Windows-Hilfe auf Ihrem Rechner. Dazu geben Sie einfach einen Suchbegriff im linken Teil des Fensters ein,

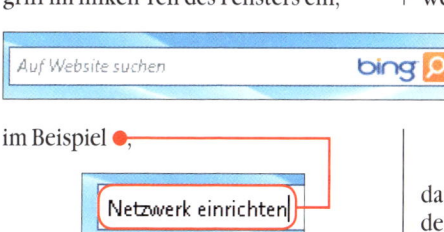

Auf Website suchen — bing

im Beispiel ●,

Netzwerk einrichten

und starten die Suche dann entweder per Mausklick auf die Lupe

oder per Druck auf die ⏎-Taste.

6 Anschließend wird nach den eingegebenen Begriffen gesucht und das Ergebnis kurz darauf angezeigt.

Suchergebnisse gefiltert auf: Alle Pro

Filter ändern in: Alle Produkte ▼ OK

Einrichten eines Drahtlosnetzwerks
Klicken Sie im linken Bereich auf Eine Verbindung oder **Netzw**
Drahtlosrouter oder -zugriffspunkt **einrichten** und dann auf V
http://windows.microsoft.com/de-DE/windows-vista/Setting-u
Produkt: Windows Vista

Einrichten eines Heimnetzwerks
Vorbereitungen: Informationen, die Sie bei der Entscheidungs
Netzwerk Sie **einrichten** sollten, bzw. um festzustellen, welche
http://windows.microsoft.com/de-DE/windows-vista/Setting-u
Produkt: Windows Vista

Im Standard bezieht sich die Suche auf alle Betriebssysteme, für die Microsoft Hilfe anbietet, also auch ältere Windows-Versionen. Da Sie aber Windows 7 verwenden, macht es Sinn, die Suchergebnisse nur auf diesbezügliche Artikel einzugrenzen. Klicken Sie dazu erst auf ●,

Alle Produkte ▼

dann in der geöffneten Auswahlliste auf den Eintrag ●

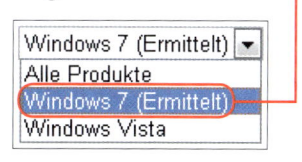

Windows 7 (Ermittelt) ▼
Alle Produkte
Windows 7 (Ermittelt)
Windows Vista

und schließlich zur Bestätigung auf die Schaltfläche

OK.

7 Wenn Sie sich mit dem Rollbalken ● in der Bildlaufleiste bis ganz nach unten auf der Seite bewegen, können Sie weitere Hilfeseiten zu diesem Thema aufrufen. Dazu klicken Sie einfach auf eine der Ziffern ●. Auf die jeweils nächste Seite gelangen Sie mit einem Mausklick auf ●.

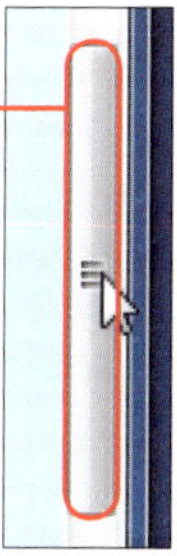

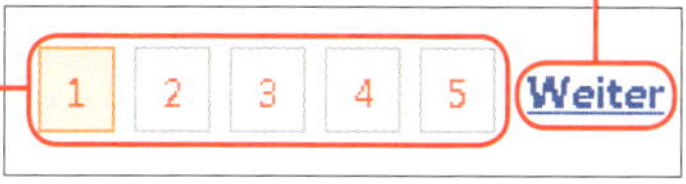

| 1 | 2 | 3 | 4 | 5 | Weiter |

Unterstützung Probleme behandeln

8 Haben Sie einen Verweis auf einen Text gefunden, in dem Ihr Problem behandelt wird, genügt ein Mausklick auf den Eintrag, etwa

Einrichten eines Sicherheitsschlü
Klicken Sie im linken Fensterbereich auf
auf Einen Drahtlosrouter oder -zugriffsp
http://windows.microsoft.com/de-DE/wir

und der Artikel wird geladen und angezeigt.

Einrichten eines Sicherheitsschlüssels f
Drahtlosnetzwerk

Manchmal können Personen, die Ihr Netzwerksignal empfangen, auf Informationen und Dateien in Ihrem Drahtlosnetzwerk zugreifen. Die der Identität und anderen bösartigen Handlungen führen. Ein Netzw oder eine Passphrase können helfen, Ihr Drahtlosnetzwerk vor diese autorisiertem Zugriff zu schützen.

Der Assistent zum Konfigurieren eines Drahtlosrouters oder Zugriffs

Um die Hilfe im Internet zu beenden, klicken Sie wie gewohnt auf das Schließkreuz des Internet Explorers:

Probleme behandeln

So umfangreich die Windows-Hilfe sowohl auf Ihrem Rechner als auch im Internet ist: Manchmal stoßen Sie auf Probleme, die sich innerhalb der Hilfethemen nicht so einfach lösen lassen. Sei es, weil Sie nicht die richtigen Suchbegriffe finden, sei es, weil es ein so spezielles Problem ist, dass es nicht in den offiziellen Hilfen vorkommt. Bevor Sie nun aber frustriert die Flinte ins Korn werfen: Jeder hat in der Verwandtschaft oder Bekanntschaft jemanden, der sich mit Windows bis in die tiefsten Tiefen auskennt. Oft scheitert die Problemlösung nur daran, dass man das Problem per Telefon oder **E-Mail** kaum so genau beschreiben kann, dass der Experte es versteht. Hier kann aber Windows 7 selbst eine unschätzbare Hilfe liefern, indem es die zum Problem führenden Bedienschritte aufzeichnet und später dann versenden lässt.

1 Klicken Sie als Erstes auf das Startsymbol

und dann auf den Eintrag

Programme/Dateien durchsuchen

Tippen Sie nun die Buchstaben

psr

ein. Im Suchergebnis oben im **Startmenü** folgt ein Klick auf den Eintrag

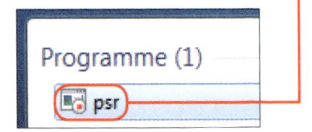

Programme (1)
psr

Probleme behandeln — Unterstützung

2 Daraufhin öffnet sich das Fenster „Problemaufzeichnung".

> Problemaufzeichnung
> ● Aufzeichnung starten ○ Aufzeichnung beende

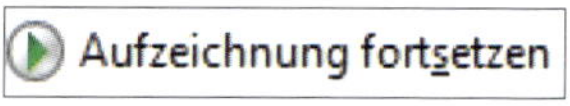

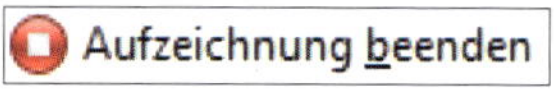

Hierüber lassen sich Bedienschritte aufzeichnen und später versenden. Beenden Sie jetzt alle Programme außer der Problemaufzeichnung. Klicken Sie anschließend auf

> ● Aufzeichnung starten

Nun starten Sie wieder die Programme und führen alle Schritte aus, die zum Problem geführt haben.

3 Wenn Sie an einer bestimmten Stelle zusätzlich zu dem durchgeführten Bedienschritt noch eine Notiz ergänzen wollen, klicken Sie auf

> Kommentar hinzufügen

Dann können Sie im sich öffnenden Kommentarfenster

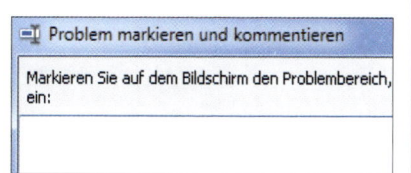

> Problem markieren und kommentieren
> Markieren Sie auf dem Bildschirm den Problembereich, ein:

einen Kommentar eintippen und mit

> OK

bestätigen.

4 Um die Aufzeichnung zu unterbrechen, reicht ein Klick auf

> ⏸ Aufzeichnung anhalten

um sie fortzusetzen, auf

> ▶ Aufzeichnung fortsetzen

Zum Beenden klicken Sie einfach auf

> ● Aufzeichnung beenden

5 Geben Sie Ihrer Aufzeichnung nun einen Namen, indem Sie auf

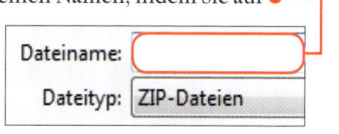

> Dateiname:
> Dateityp: ZIP-Dateien

klicken und eine passende Bezeichnung eintippen, etwa

> Druckerproblem

Schließen Sie den Speichervorgang per Mausklick auf

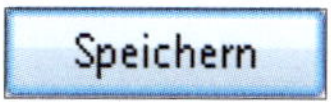

> Speichern

ab. Daraufhin erhalten Sie eine Datei, die Sie bequem an einen Experten per E-Mail schicken können und die alle zur Problemlösung nötigen Informationen enthält.

369

Unterstützung — Direkthilfe in Windows-Programmen

Direkthilfe in Windows-Programmen

Nicht nur im Fenster „Windows-Hilfe und Support" finden Sie Unterstützung bei Problemen und werden Ihnen Fragen beantwortet. Auch die einzelnen Windows-Programme verfügen über eigene Hilfsangebote, die Sie nutzen können, sollten Sie mit einem Programm nicht sofort zurechtkommen (siehe auch Kasten auf Seite 358).

> Verwenden von WordPad
>
> WordPad ist ein Textverarbeitungsprogramm, mit dem Sie Dokumente erstellen und bearbeiten können. Im Gegensatz zu Editor können Dokumente in WordPad komplexe Formatierungen und Grafiken enthalten. Sie können in einem WordPad-Dokument Verknüpfungen zu Objekten definieren oder Objekte einbetten, wie Bilder oder andere Dokumente.

1 Angenommen, Sie benötigen Hilfe zum Programm WordPad, das nach je einem Mausklick auf

[Windows-Logo],

▶ Alle Programme,

📁 Zubehör

und

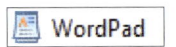

📄 WordPad

angezeigt wird.

2 Dann brauchen Sie im Programmfenster in der **Menüleiste** nur noch auf das Fragezeichen

zu klicken – und schon öffnet sich die Hilfe für das Programm.

3 Die Hilfe in den verschiedenen Programmen funktioniert im Prinzip genauso wie die übergeordnete Windows-Hilfe. Wenn Sie also einen der Unterpunkte anklicken, etwa

> Erstellen, Öffnen und Speichern von Dokumenten

wird Ihnen direkt eine Anleitung an die Hand gegeben, mit der Sie das Problem lösen können.

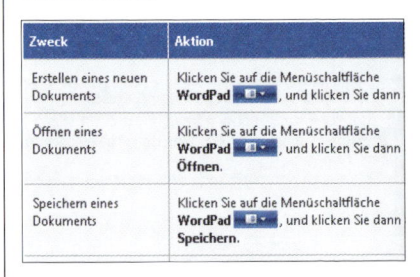

Zweck	Aktion
Erstellen eines neuen Dokuments	Klicken Sie auf die Menüschaltfläche **WordPad**, und klicken Sie dann
Öffnen eines Dokuments	Klicken Sie auf die Menüschaltfläche **WordPad**, und klicken Sie dann **Öffnen**.
Speichern eines Dokuments	Klicken Sie auf die Menüschaltfläche **WordPad**, und klicken Sie dann **Speichern**.

Auch diese Hilfe schließen Sie mit einem Mausklick auf

Schneller mit Tasten und Tastenkombinationen

In vielen Fällen können Sie Befehle und Funktionen auch über die Tastatur erreichen. Und häufig sind Sie damit schneller, als wenn Sie mit der Maus arbeiten. Zum Beispiel können Sie die Hilfe in Programmen auch über einen Druck auf die F1-Taste öffnen.

Meist werden Befehle mit dem gleichzeitigen Drücken mehrerer Tasten ausgeführt. Das heißt, dass Sie die Tasten nacheinander drücken, ohne sie loszulassen. Manchmal reicht aber auch eine einzige Taste für einen Befehl aus. Wenn Sie zum Beispiel die ⊞-Taste drücken, wird das Startmenü geöffnet.

Um einen Befehl rückgängig zu machen, müssen Sie die Tastenkombination meistens noch einmal anwenden. So blendet zum Beispiel die Tastenkombination ⊞ + D geöffnete Fenster auf dem Desktop aus. Drücken Sie Tastenkombination erneut, erscheinen die Fenster wieder.

Einige der wichtigsten Tastenkombinationen für die Arbeit mit Windows 7 sind im Folgenden aufgeführt.

Windows-Taste

- ⊞-Taste
Öffnet das Startmenü; diese Funktion übernimmt ersatzweise auch Strg + Esc.

- ⊞ + Alt
Schaltet die Menüleiste im Internet Explorer und Windows-Explorer sowie in Ordnerfenstern ein und aus.

- ⊞ + ⇄
Startet Flip 3D.

- Strg + ⊞ + ⇄
Hält die Fenster in der „Flip-3D-Ansicht" fest. Sie können dann mit ⇄ zwischen den Fenstern wechseln und jeweils das vorderste Fenster mit ↵ auswählen.

- ⊞ + Pause
Startet die Systemeinstellungen.

- ⊞ + F1
Öffnet die Windows-Hilfe.

- ⊞ + D
Blendet Fenster, Programme und die Minianwendungen auf dem Desktop aus.

- ⊞ + E
Startet den Windows-Explorer und öffnet den Arbeitsplatz.

- ⊞ + F
Öffnet die Windows-Suche.

- ⊞ + M
Blendet geöffnete Fenster aus.

- ⇧ + ⊞ + M
Holt die Fenster wieder auf den Desktop.

- ⊞ + Q
Benutzer wechseln.

- ⊞ + R
Öffnet das „Ausführen"-Fenster.

Unterstützung Schneller mit Tastenkombinationen

- ⊞ + T

Wechselt zwischen den Miniaturansichten der Programme in der Taskleiste. Ein Druck auf ⊞ + ↵ öffnet dann das aktuell markierte Programm.

- ⊞ + Zahlentasten von 1 bis 9

Ruft die Programme in der Schnellstartleiste der Reihe nach von links nach rechts auf – entsprechend der jeweiligen Ziffer (1 bis 9).

- ⊞ + +

Startet die Bildschirmlupe und vergrößert den Bildschirminhalt.

- ⊞ + −

Verkleinert den Bildschirminhalt wieder.

Rechner sperren

Möchten Sie nur kurz Ihre Arbeit am Rechner unterbrechen und den Rechner sperren, drücken Sie ⊞ + L.
Und schon muss sich jeder mit seinem **Passwort** anmelden.

Minianwendungen

- ⊞ + G

Wechselt zwischen den einzelnen Minianwendungen.

- ⊞ + ␣

Wird die Leiste mit den Minianwendungen durch Fenster verdeckt, holen Sie diese mit der genannten Tastenkombination ganz einfach in den Bildschirmvordergrund.

Fenster und Programme

- Alt + F4

Schließt geöffnete Programme. Sind alle Programme geschlossen, wird mit dieser Tastenkombination das Fenster zum Ausschalten des Rechners angezeigt.

- Strg + Alt + Del

Startet das Verwaltungsmenü.

- Strg + ⇧ + Esc

Ruft den Task-Manager auf.

- Strg + ⇧ + Mausklick

Startet das mit der Maus angeklickte Programm im Administrator-Modus.

- Alt + ⇥

Wechselt zwischen geöffneten Programmen und Fenstern.

- Alt + A

Öffnet den Menüpunkt „Ansicht".

- Alt + D

Öffnet den Menüpunkt „Datei".

- Alt + P

Schaltet im Windows-Explorer die Voransicht für bekannte Dateitypen an bzw. aus.

- Strg + P

Ruft das Drucken-Menü auf.

- ⇧ + *rechter* Mausklick

Öffnet das Kontextmenü mit zusätzlichen Befehlen.

Schneller mit Tastenkombinationen — Unterstützung

Internet Explorer 8

Standardfunktionen

■ [Esc]
Bricht das Laden der Internetseite ab.

■ [F5]
Lädt eine Internetseite neu.

■ [Alt] + [←]
Eine Internetseite zurück.

■ [Alt] + [→]
Eine Seite vorwärts.

■ [⇧] + linke Maustaste
Verweis wird in einem neuen Fenster geöffnet.

■ [Strg] + [D]
Internetseite wird zu den Favoriten hinzugefügt.

■ [⇧] + [F10]
Öffnet das **Kontextmenü**.

In Registerkarten

■ [Strg] + [T]
Öffnet neuen **Registerreiter**.

■ [Strg] + [⇧] + linke Maustaste
Öffnet die Internetseite in einer neuen Registerkarte.

■ [Strg] + [⇥]
Zwischen Tabs nach rechts wechseln.

■ [Strg] + [⇧] + [⇥]
Zwischen Tabs nach links wechseln.

■ [Strg] + [W]
Tab schließen.

■ [Strg] + [Alt] + [F4]
Alle weiteren Tabs schließen.

■ [Strg] + [Q]
Übersichtbilder aller offenen Tabs anzeigen.

Media Player

■ [Alt] + [↵]
Vollbilddarstellung bei Videos.

■ [Strg] + [P]
Macht eine Pause.

■ [Strg] + [S]
Stoppt das Abspielen.

■ [F7]
Schaltet den Ton aus.

■ [F8]
Verringert die Lautstärke.

■ [F9]
Erhöht die Lautstärke.

Anhang Was ist eigentlich …?

Was ist eigentlich …?

@

Das @-Zeichen (gesprochen „et") dient bei → E-Mail-Adressen als Trennung des Namens von der Adresse des Internetdienstanbieters. Zum Beispiel 1234peter@isis.de. Sie erzeugen das @-Zeichen mit Ihrer Tastatur, indem Sie die Taste [Alt Gr] gedrückt halten und auf die Taste [Q] tippen.

Assistent

In vielen Programmen von Windows 7 sind kleine Hilfsprogramme enthalten, mit deren Unterstützung Sie zum Beispiel ganz einfach Geräte installieren können. Diese Schritt-für-Schritt-Hilfen werden Assistenten genannt.

Arbeitsspeicher

→ RAM

Backup

Ein Backup ist die Sicherung der Dateien eines Rechners. Dabei kopieren Sie die Dateien auf andere Datenträger (→ Festplatte, → Diskette, Bandlaufwerk oder CD/DVD), sodass sie bei Datenverlust wiederhergestellt werden können. Gleichzeitig werden die Dateien bei diesem Sicherungsvorgang auch noch → komprimiert, sodass die Sicherung weniger Platz beansprucht als die Originaldateien. Windows 7 hat ein eigenes Sicherungsprogramm, mit dem sich Dateien komfortabel sichern und wiederherstellen lassen.

Was ist eigentlich …?

Benutzerkonto

Da Windows 7 ein Mehrbenutzer-Betriebssystem ist, können auch mehrere Benutzer daran arbeiten. Jeder Benutzer erhält bei der Anmeldung eine eigene Arbeitsumgebung mit eigenen → Ordnern für seine Dateien, sodass die Einstellungen jeweils nur für ihn selbst gelten und er bei anderen Konten keine Veränderungen vornehmen kann.

Benutzerkontensteuerung

Die Benutzerkontensteuerung sorgt in Windows Vista und Windows 7 dafür, dass Programme nicht ohne Wissen und Zustimmung des Benutzers ausgeführt werden. Um dies zu gewährleisten, wird in der Standardeinstellung der Zugriff auf den PC gesperrt, sobald ein Programm sich → installieren möchte oder automatische Änderungen an der Windows-Konfiguration vorzunehmen versucht. In dem Fall wird ein Fenster eingeblendet, das den Anwender auf die automatische Änderung aufmerksam macht und fragt, ob er hierzu seine Zustimmung geben will.

Betriebsprogramm

Darunter versteht man das grundlegende Programm eines Computers, ohne das andere Programme nicht auf dem Rechner gestartet werden können. Es stellt anderen Programmen seine Funktionen zur Verfügung. Da das Betriebs-

Was ist eigentlich …?   Anhang

Was ist eigentlich …?

programm Windows 7 selbst aus mehreren Programmen mit unterschiedlichen Funktionen besteht, wird es auch häufig als Betriebssystem bezeichnet.

Bildlaufleiste
Sobald sich der Inhalt eines Fensters nicht mehr vollständig darstellen lässt, werden am rechten und/oder unteren Bildschirmrand des Fensters Bildlaufleisten eingeblendet. Um den Inhalt des Fensters zu verschieben, ziehen Sie mit gedrückter Maustaste den Rollbalken in diesen Leisten, bis Sie die gewünschte Stelle sehen.

Bildpunkte
→ Pixel

Browser
Ein Browser ist ein Anzeigeprogramm für das → Internet, das die „Sprachen" des Internets beherrscht. Mit einem Browser können Internetseiten angezeigt und Dateien heruntergeladen werden.

Dateidownload
→ Download.

Desktop
Der Desktop ist das Eingangsfenster Ihres Rechners. Darauf finden Sie die Startschaltfläche und alle Möglichkeiten, um Programme zu starten und Dateien zu öffnen.

Was ist eigentlich …?

Diskette
Eine magnetisch beschichtete Kunststoffscheibe in einem Plastikgehäuse. Auf einer Diskette können ungefähr 1,4 → Megabyte Daten gespeichert werden. Disketten mit einer Speicherkapazität von 100 Megabyte und mehr haben sich am Markt nicht durchsetzen können.

Doppelklick
Bei einem Doppelklick zeigen Sie mit dem Mauszeiger auf das → Symbol eines → Ordners oder eines Programms und betätigen dann zweimal kurz hintereinander die linke Maustaste. Mit einem solchen Doppelklick werden Ordner geöffnet und Programme gestartet. Der Doppelklick auf eine Datei startet das dazugehörige Programm und lädt direkt diese Datei.

Download
Im Internet können Sie sich nicht nur Text- oder Bilddateien ansehen, sondern diese auch auf den eigenen Computer speichern. Im → WWW finden Sie Programme, Spiele, Musikstücke, Bilder und Filme. Solche Dateien können Sie mit Ihrem → Browser aus dem Internet auf Ihren Computer „herunterladen". In dem Zusammenhang spricht man von Download. Teilweise wird dieser Vorgang der Übertragung von Dateien auch als „Überspielen" bezeichnet. In jedem Fall werden Daten

Anhang — Was ist eigentlich …?

Was ist eigentlich …?

von einem Computer zum anderen übertragen.
Achtung: Da es sich auch bei Viren, Spionage- und Schadprogrammen um Dateien handelt, sollten Sie beim Dateidownload stets eine Portion Vorsicht und außerdem ein Internetschutzprogramm walten lassen.

DSL
DSL (= „**D**igital **S**ubscriber **L**ine"), auf Deutsch: „digitale Teilnehmeranschlussleitung". DSL ist eine schnelle Verbindung mit dem → Internet, auch Breitbandverbindung genannt. Diese Verbindung ist bis zu zwölf Mal schneller als ISDN.

E-Mail
Die elektronische Post (= „**E**lectronic **Mail**") hat im → Internet die Funktion der traditionellen Post übernommen. Mit einem E-Mail-Programm wie Windows Live Mail können Sie Textnachrichten oder Dokumente jeder Art versenden und auch empfangen – und zwar blitzschnell und weltweit.

FAT
Dateizuordnungstabelle (= „**F**ile **A**llocation **T**able"). In dieser Tabelle werden auf → Festplatten, → Disketten und CD-ROMs die Positionen von Dateien und → Ordnern auf dem Datenträger verwaltet. Windows 7 verwendet nicht mehr die FAT, sondern → NTFS.

Was ist eigentlich …?

Festplatte
Auf der Festplatte (engl. „hard disk") werden die Daten und Programme des Computers gespeichert. Festplatten bestehen aus magnetischen, rotierenden Scheiben, die mit einem sogenannten Lese-/Schreibkopf abgetastet – gelesen – und wieder beschrieben werden.

Firewall
Eine Firewall (etwa „Feuerschutzwand" oder „Brandschutzmauer") ist ein Programm, das den unzulässigen Zugriff auf den Rechner aus dem Internet verhindert. Beim → Betriebsprogramm Windows 7 ist eine eigene Firewall eingebaut, die einen gewissen Schutz für Windows Mail und den Internet Explorer bietet.

Formatieren
Datenträger wie → Disketten und → Festplatten müssen für das Speichern von Dateien vorbereitet werden. Dieser Vorgang wird Formatieren genannt.

Gigabyte
Ein Gigabyte sind 1024 → Megabyte.

HTTP
Das „**H**yper **T**ext **T**ransfer **P**rotocol" ist das Protokoll, mit dem im → Internet Daten übertragen werden. Deshalb beginnen die Adressen im Internet auch mit „http://".

Was ist eigentlich ...?

Hub
Ein Hub übernimmt beim Netzwerk die Verbindung mehrerer Rechner.

Hyperlink
Hyperlinks (kurz Links) sind Verweise (Verknüpfungen) in Internetdokumenten, die zu anderen Seiten, Dokumenten oder Dateien (wie Bilder, Filme und Musik) führen und über die der Zugriff auf diese Dokumente und Dateien erfolgt. In den meisten Hypertexten werden sie blau und unterstrichen dargestellt. Per Mausklick darauf gelangt man dann zu den anderen Seiten oder Dateien.

Installation
Damit Sie mit einem Programm arbeiten können, muss es erst auf Ihrem Rechner eingerichtet werden. Diesen Vorgang bezeichnet man als Installation. Auch beim ersten Anschließen eines Geräts an den Rechner spricht man von einer Installation.

Internet
Das Internet ist der weltweite Verbund von Computern über Stand- und Telefonleitungen. Zuerst nur als Verbindung für militärische und wissenschaftliche Zwecke gedacht, entwickelte sich das Internet durch die starke Verbreitung des PCs zu einem globalen Verbund, der – ungeachtet aller politischen und geografischen Grenzen – die Verbindung zwischen Millionen von Menschen herstellt und den Gedankenaustausch und mit ihm den Austausch von Texten, Bildern, Tönen und Filmen befördert.

Internetdienstanbieter
→ Provider

Kartenleser
Mit einem Kartenleser können Sie zum Beispiel Bilder von Speicherkarten einer Digitalkamera auf den Rechner übertragen. In vielen modernen Rechnern sind solche Speicherkartenleser direkt eingebaut.

Kennwort
Ein Kenn- oder auch Passwort ist eine Zeichenkette, deren Eingabe der Schlüssel zu → Benutzerkonten, Internetdiensten und Geldgeschäften ist. Da die Kenntnis der geheimen Zeichen und der Missbrauch durch Unbefugte den Eigentümer teuer zu stehen kommen kann, sollten Kennwörter nach Möglichkeit nie aufgeschrieben werden. Ein weiteres wichtiges Sicherheitskriterium ist, dass es sich im eigentlichen Sinn nicht um Wörter, sondern im Gegenteil um möglichst unzusammenhängende Mischungen von Groß- und Kleinbuchstaben, Zahlen und Sonderzeichen handeln sollte, etwa in der Art „DtS:7aeS." Schwigrig zu merken ist die Zeichenkette nicht, wenn man weiß, dass es sich um eine Mischung aus

Anhang — Was ist eigentlich …?

Was ist eigentlich …?

Anfangsbuchstaben, Ziffern und Satzzeichen handelt und ausgeschrieben einfach heißt: „**D**as **t**apfere **S**chneiderlein: **7 a**uf **e**inen **S**treich." So lässt sich aus einem bekannten Sinnspruch rasch ein unbekanntes Kennwort generieren.

Kilobyte
→ Megabyte

Klicken
Mit „Klicken" wird der kurze Druck auf die linke oder rechte Maustaste bezeichnet. Mit einem Druck (Klick) auf die linke Maustaste werden Dateien oder → Ordner markiert. Dagegen öffnet ein Klick mit der *rechten* Maustaste ein → Kontextmenü mit dazugehörigen Befehlen. Wird nicht ausdrücklich etwas anderes erwähnt, bezieht sich das Klicken immer auf die linke Maustaste. Weitere Maustechniken sind der → Rechtsklick, der → Doppelklick und das → Ziehen.

Komprimieren
Um Platz zu sparen, werden Dateien häufig geschrumpft, also komprimiert. Mit verschiedenen Verfahren werden dabei redundante Informationen – beispielsweise Leerzeichen in Texten, weiße Flächen in Bildern oder unhörbare Tonfrequenzen – rechnerisch zusammengezogen oder entfernt. Auf diese Weise passen zum Beispiel mehr Musikstücke auf eine DVD oder CD.

Was ist eigentlich …?

Kontextmenü
Bei einem Kontextmenü handelt es sich um ein Menü, dessen Befehle nur in einem bestimmten Zusammenhang (Kontext) auftauchen. Ein Klick mit der *rechten* Maustaste öffnet das Kontextmenü, sodass die speziellen Befehle zur Verfügung stehen.

Laufwerk
Geräte, in denen Speichermedien gelesen und beschrieben werden, bezeichnet man ganz allgemein als Laufwerke. Es gibt sowohl auswechselbare Medien (→ Diskette oder CD-ROM) als auch Laufwerke, deren Speichermedien nicht ausgewechselt werden können (→ Festplatten).

Mail
→ E-Mail

Megabyte
Die Größe von Daten auf dem Computer wird in Byte gemessen. 1024 Byte sind ein **K**ilo**b**yte (**KB**), 1024 Kilobyte sind ein **M**ega**b**yte (**MB**). Da zum Beispiel → Festplatten mittlerweile sehr groß sind, also entsprechend mehr Daten fassen, werden diese in der Einheit **G**iga**b**yte (**GB**) angegeben. Ein Gigabyte sind 1024 Megabyte. Heutzutage sind bereits in vielen Bereichen **T**era**b**yte-(**TB**)-Festplatten im Einsatz, die wiederum 1024 Gigabyte an Speicherkapazität bieten.

Was ist eigentlich …? — Anhang

Menüband
Das Menüband ersetzt bei den Anwendungen von Office 2010 – beispielsweise bei Word und Excel – die vormals Multifunktionsleiste genannte Kombination aus → Symbolleiste und → Menüleiste. Im Menüband werden dynamisch immer die Funktionen und Befehle angeboten, die in der jeweiligen Arbeitssituation notwendig sind.

Menüleiste
Die Menüleiste befindet sich in Programmen unterhalb der → Titelleiste. In den Menüs sind Befehle und Funktionen zumeist thematisch sortiert aufgeführt.

Minianwendung
Minianwendungen sind kleine Anwendungen direkt auf dem Desktop, die permanent Auskunft geben, beispielsweise über den Status des PCs oder über das Wetter und die Nachrichtenlage. Die meisten Minianwendungen beziehen ihre Informationen direkt aus dem → Internet. Viele Minianwendungen lassen auch Suchabfragen ins Internet zu, sodass mit der Minianwendung beispielsweise die rasche Recherche einer Telefonnummer möglich ist.

Modem
Ein Modem (Abkürzung für „**Mo**dulator/**Dem**odulator") ist ein Gerät, das die Datenübertragung zwischen Computer und Internet über die Telefonleitung ermöglicht. Es wird zwischen den Computer und die Telefonleitung eingebaut und verwandelt die digitalen Signale des Computers in analoge Signale, die dann über die Telefonleitung weitergeleitet werden können.

MP3
MP3 ist ein Kompressionsverfahren für Musikdateien. Musikdateien, die übers → Internet vertrieben werden, liegen meist in diesem platzsparenden Format vor. Bei der Konvertierung der Stücke einer Musik-CD ins MP3-Format kommt es zu kaum oder gar nicht hörbaren Qualitätsverlusten.

Navigationsspalte
Ein Bereich im Fenster, der – meist linker Hand angeordnet – die rasche Bewegung in langen Internetseiten, aber auch das Wechseln von verschiedenen Anzeigen und Aufgaben in multifunktionalen Anwendungen und Einstellungsoptionen in Menüs ermöglicht. Mit einem Mausklick auf einen der angebotenen Begriffe der Navigationsspalte zeigt das Fenster direkt den angewählten Ordner, die entsprechende Funktion oder den aktivierten Bearbeitungsmodus an.

NTFS
Das moderne Dateisystem von Windows 7 (NTFS = „**N**ew **T**echnology **F**ile

Anhang — Was ist eigentlich …?

Was ist eigentlich …?

System") hat die älteren Dateisysteme → FAT und FAT32 abgelöst. Mit NTFS können Dateien besser und sicherer verwaltet werden. Auch ist die Größe von Dateien mit diesem Dateisystem nur noch durch die Größe des Datenträgers begrenzt.

Offline
Sind Sie mit Ihrem Computer nicht mit dem Internet verbunden, wird das „offline" genannt. Dabei handelt es sich um das Gegenteil von „online".

Online
Sind Sie mit Ihrem Computer mit dem Internet verbunden, sind Sie „online". Ist dies nicht der Fall, sind Sie „offline".

Online-Dienst
Unter einem Online-Dienst versteht man einerseits den Zugang ins → Internet, den Sie bei einem Internetdienstanbieter (oft auch „Internet Service → Provider" genannt) buchen. Andererseits kann es sich bei einem Online-Dienst auch um einen Service handeln, der Ihnen im Internet offeriert wird, wie beispielsweise ein → E-Mail-Postfach, aber auch eine Kommunikationslösung, eine virtuelle → Festplatte oder andere Dienstleistungen, wie etwa Hilfeseiten von Herstellern oder Nachrichtendienste von Medien. Viele Online-Dienste sind gratis verfügbar, bisweilen kostet deren Nutzung aber auch Geld.

Was ist eigentlich …?

Achtung: Immer wieder versuchen unseriöse Online-Dienste zu verschleiern, dass sie für ihre Nutzung, oft allein schon für die Registrierung Gebühren verlangen, die nicht selten in keinem Verhältnis zur gebotenen Leistung stehen! Achten Sie daher bei Internetseiten, die Sie das erste Mal besuchen, sehr genau auf Nutzungsbedingungen, und schließen Sie Verträge im Internet nur ab, wenn Sie sich über alle Klauseln und Vertragsbedingungen im Klaren sind.

Ordner
Daten- und Programmverzeichnisse werden bei Windows Ordner genannt. In diesen Ordnern werden Dateien und Programme sortiert gespeichert.

Partition
Eine Partition ist ein Teil einer → Festplatte, die das Betriebsprogramm als eigenständige Festplatte behandelt.

Pixel
Das Bild eines Monitors setzt sich aus Punkten („Pixel") zusammen. Jeder Pixel stellt also einen Bildpunkt auf Ihrem Monitor dar. Je höher die Pixelanzahl, desto genauer werden Einzelheiten eines Bildes dargestellt.

Provider
Als Provider (Internetdienstanbieter) oder auch ISP (= „**I**nternet **S**ervice

Was ist eigentlich …? — Anhang

Was ist eigentlich …?

Provider") wird ein Unternehmen bezeichnet, das den Zugang zum → Internet ermöglicht.

RAM
Der „**R**andom **A**ccess **M**emory" ist ein Speicher, der auf sogenannten RAM-Speichern aufgelötet ist. Er wird auch Arbeitsspeicher genannt und dient dazu, Programme auszuführen und Dateien zu laden. Die Daten in diesem Arbeitsspeicher müssen auf die → Festplatte geschrieben werden, da sie beim Ausschalten des Rechners verloren gehen würden.

Rechtsklick
Rechtsklick bedeutet ein kurzes Drücken der rechten Maustaste.

Registerreiter
In den allermeisten Auswahlfenstern befinden sich am oberen Rand „Aufstecker", mit denen Sie unterschiedliche Funktionen anwählen können. Wenn Sie einen solchen Registerreiter anklicken, werden die dazugehörigen Funktionen angezeigt.

Rohling
Rohlinge werden leere CDs oder DVDs genannt, auf die Sie mit einem Brenner und dem entsprechenden Brennprogramm Bilder, Filme, Programm und andere Dateien brennen können. In Windows 7 ist ein einfaches Brennprogramm integriert, mit dem sich Musik- und andere Dateien ohne zusätzliche Programme auf Rohlinge brennen lassen.

Rollbalken
→ Bildlaufleiste.

Router
Ein Router verbindet verschiedene Netzsegmente miteinander. Im Heimnetzwerk wird ein Router meist dafür eingesetzt, das interne Netz mit dem → Internet zu verbinden. In der Regel erfolgt diese Verbindung über eine → DSL-Leitung, dann ist von einem DSL-Router die Rede.

Schnittstellen
Als Schnittstelle wird die Verbindung zwischen zwei oder mehr Geräten, aber auch zwischen Mensch und Maschine bezeichnet. So handelt es sich beispielsweise beim → USB-Anschluss, über den externe Geräte (wie etwa Digitalkameras, → Festplatten, aber auch Tastaturen und Mäuse) mit dem PC verbunden werden, um eine Schnittstelle. Aber auch der → Desktop des PCs, über den das Gerät gesteuert wird, oder die Tastatur, die Maus und andere Eingabeverfahren wie berührungsempfindliche Bildschirme werden als Schnittstelle bezeichnet, da sie der Verbindung zwischen Anwender und Computer dienen.

Anhang — Was ist eigentlich …?

Was ist eigentlich …?

Service Pack
In den sogenannten **S**ervice **P**acks (abgekürzt **SP** und nummeriert, beispielsweise SP2) fasst Microsoft Verbesserungen und Korrekturen für Windows zusammen. Die Service Packs tragen maßgeblich zur Sicherheit des Betriebsprogramms und zum Schutz gegen Angriffe über das Internet bei. Service Packs gibt es kostenfrei für die verschiedenen Windows-Versionen (Windows XP, Vista und 7). Sie werden von der aktivierten Update-Funktion automatisch übertragen und installiert.

Sidebar
Die Sidebar ist ein Streifen am Rand des Windows-Vista-Fensters, in dem mehrere kleine Programme für den direkten Zugriff untergebracht sind. Es wurde bei Windows 7 durch die auf dem Desktop frei positionierbaren → Minianwendungen ersetzt.

Spam
Ein Ausdruck für Müll-Mails, also Postwurfsendungen, die Sie auch im realen Briefkasten nicht haben wollen. Doch während der Hausversand von bedrucktem Papier recht teuer ist, lassen sich E-Mails im → Internet so gut wie umsonst versenden. Dabei bedienen sich die Versender oft noch geklauter Adressen, verstopfen also Ihr Postfach mit Werbung und Schlimmerem bis hin zu Schadprogrammen und Viren, ohne dass man sich effektiv wehren könnte. Was bleibt, ist die Verhinderung der Anzeige im Postfach durch ein Anti-Spam-Internetschutzprogramm. Das ist oft schon im E-Mail-Programm eingebaut und verschiebt suspekte Nachrichten direkt in den sogenannten Junk-E-Mail-Ordner, eine Art Vorstufe des Papierkorbs. Dort lässt sich der Müll noch sichten, bevor er gelöscht wird.

Startmenü
Das Startmenü ist praktisch der Eingang zu Ihrem Rechner. Sie finden dort alle Programme, → Festplatten, → Ordner und Geräte wie zum Beispiel das DVD-Laufwerk.

Switch
Eine leistungsfähigere Variante des → Hub, die für einen optimierten Datenfluss zwischen vernetzten Rechnern sorgt.

Symbol
Ein kleines Bild, das in der Regel mit der Maus angeklickt werden kann, um ein Programm zu starten oder innerhalb einer Anwendung einen Befehl oder eine Funktion auszuführen.

Symbolleiste
Die Symbolleisten fassen Symbole zusammen, mit denen auf Mausklick Menüs geöffnet oder Befehle ausgeführt werden können.

Was ist eigentlich …? — Anhang

Systemsteuerung
In der Systemsteuerung sind die wichtigsten Funktionen zur Einstellung des → Betriebsprogramms enthalten.

Tabulator
Ein Druck auf ⇥ am linken Rand der Tastatur lässt die Einfügemarke in Textverarbeitungsprogrammen wie Word zum nächsten Tabulator springen. Diese Marken sind Stopper in einer Zeile. Sie können sie in vielen Programmen beliebig setzen. Im Text erscheinen Tabulatoren als Pfeile nach rechts, wenn Sie die Anzeige der Sonderzeichen eingeschaltet haben. Mit Tabulatoren können Sie zum Beispiel in Textverarbeitungen einzelne Wörter, Zahlen oder Sätze genauer positionieren, als wenn Sie die Leerräume manuell mit Leerzeichen überbrücken würden.

Taskleiste
Ein gestartetes Programm wird auch „Task" genannt. In der Taskleiste werden diese „Tasks" (also Programme, Funktionen und Fenster) angezeigt. Falls viele Fenster geöffnet sind, leidet häufig die Übersicht. Über die Taskleiste am unteren Bildschirmrand kann ohne langes Suchen auf das Programm oder Fenster zugegriffen werden.

Terabyte
→ Megabyte

Titelleiste
Die obere Leiste in einem Windows-Programmfenster wird als Titelleiste bezeichnet. Normalerweise stehen dort der Programmname und der Name der aktuell geöffneten Datei. Am rechten Rand der Titelleiste finden Sie die → Symbole, mit denen Sie das Fenster minimieren, in der Größe verändern oder schließen können.

Touch-Pad
Dabei handelt es sich um ein Eingabegerät, das aus einer berührungsempfindlichen Fläche besteht. Es ersetzt vor allem bei Notebooks die Maus und wird durch Berührungen und Bewegungen bedient.

Treiber
Geräte, die Sie in Ihren Computer einbauen oder daran anschließen (wie Drucker, Digitalkameras, Grafikkarten, Soundkarten usw.), benötigen für ihre Funktionen spezielle Programme, sogenannte Treiber. Diese Treiber (Geräteprogramme) verbinden das jeweilige Gerät mit dem → Betriebsprogramm. Windows 7 bringt für viele Geräte bereits die entsprechenden Geräteprogramme direkt mit, sodass häufig kein extra Programm benötigt wird.

Update
Da Programme immer weiterentwickelt werden, gibt es auch nach der Fertig-

Anhang — Was ist eigentlich …?

Was ist eigentlich …?

stellung Verbesserungen. Diese verbessernden Programmaktualisierungen werden „Updates" genannt. Die Aktualisierungen beheben Programmfehler und schließen auch erst später erkannte Lücken in der Sicherheit der Programme. Zumeist können Updates auf den Seiten der Programmhersteller aus dem Internet geladen werden.

USB-Stift
USB-Stifte (engl. = „stick") können als Transportmittel für Daten und Programme dienen.

Verknüpfung
→ Hyperlink

Virenscanner
Digitale Viren sind Schädlingsprogramme, die Ihren Computer in schwer wiegenden Fällen vollkommen außer Gefecht setzen können. Damit dies nicht passiert, ist der Schutz durch einen Virenscanner angesagt, der Teil umfassender Antivirenprogramme und Internetschutzpakete ist. Solch ein Programm überprüft die Dateien auf Ihrem Rechner und versucht Viren zu erkennen, bevor sie zum Ausbruch kommen und Unheil anrichten. Trotz allen automatischen Schutzes gilt aber: Sie sollten niemals Dateien von unbekannter Herkunft öffnen, die Ihnen per → E-Mail zugesandt werden. Auch

Was ist eigentlich …?

beim → Download sollten Sie auf vertrauenswürdige Quellen achten. Die Installation eines Antivirenprogramms ist nur ein zusätzlicher – allerdings unerlässlicher Schutz – vor den Gefahren und Schadprogrammen des Internets.

WMA
WMA steht für „**W**indows **M**edia **A**udio". Dabei handelt es sich wie bei → MP3 um ein Verfahren, um Musikdateien zu verkleinern.

World Wide Web
Das sogenannte **WWW** ist der multimediale Teil des → Internets. Es wird manchmal auch nur als „Web" bezeichnet. Fast immer, wenn vom Internet gesprochen wird, ist dieser multimediale Teil gemeint.

Ziehen
Beim Ziehen handelt es sich um eine Maustechnik. Mit gedrückt gehaltener Maustaste können Sie damit Objekte verschieben.

ZIP
Eine ZIP-Datei ist ein Archiv, in das Dateien → komprimiert gepackt werden. Dadurch werden die Dateien kleiner und können platzsparend auf eine → Diskette kopiert oder per → E-Mail verschickt werden. Wenn Sie ZIP-Dateien verwenden wollen, müssen Sie

Was ist eigentlich ...?

diese zuvor wieder entpacken. Windows 7 benötigt dazu allerdings kein spezielles Programm, sodass ZIP-Dateien einfach wie → Ordner behandelt werden können. Diese speziellen Ordner erkennen Sie an dem Reißverschluss auf dem Ordnersymbol.

Zippen
Wenn Sie eine → ZIP-Datei erstellen, spricht man davon, dass Sie sie „zippen".

Zwischenablage
Die Zwischenablage ist ein vorübergehender Speicher, in den Sie Dateien, Texte und auch Grafiken kopieren können. Anschließend lässt sich der Inhalt der Zwischenablage in einen anderen → Ordner oder einen Text wieder einfügen. Die Zwischenablage kann mit Windows 7 programmübergreifend verwendet werden. Wenn Sie Windows 7 beenden, wird der Inhalt der Zwischenablage gelöscht.

Jetzt bestellen: www

Mit COMPUTER BILD zun

Kommen Sie unfallfrei durch Texte & Präsentationen

Computerführerschein
Word und PowerPoint
(ECDL-Band 1), 260 Seiten
ISBN 978-3-548-41283-2

Nur 9,95 €

ECDL
Europäischer
Computer Führerschein

Jetzt zugreifen: weitere hilfreiche Bücher und viele tolle Angebote unter
www.computerbild.de/shop

computerbild.de/shop

Computerführerschein:

Fahren Sie sicher durch den Tabellen- und Datenbankdschungel

Computerführerschein
Excel und Access
(ECDL-Band 2), 250 Seiten
ISBN 978-3-548-41284-9

Nur 9,95 €

Grünes Licht für geballtes Computerwissen

Computerführerschein
PC, Windows, Internet
(ECDL-Band 3), 280 Seiten
ISBN 978-3-548-41285-6

Nur 9,95 €

Computer Bild hilft.

Stichwortverzeichnis

@ 374
3D-Effekte 299

Abbild der Installations-DVD 53
Abmelden 88
Abmeldung von
 Windows Live 328
Absatz 172, 174
 markieren 276
 rechtsbündig 291
 zentrieren 291
 ausrichten 291
Absatzmarke 274
Absatzmarkierung 274
Abschicken E-Mail 338
Absenderadressen
 blockieren 334, 336
Abspielen
 Musikstücke 153
Abspielgerät 245, 247
Absturz 280
Addition 167, 168, 313
Administratorrechte
 Programm starten 164
Adressfeld 223
Aero Shake 95
Akku 15
Aktivierung 62
 Systemwiederherstellung 74
Album-Cover 240
Alle Elemente
 wiederherstellen 98

All-in-One-PC 19
Änderungsdatum
 von Datei 148
Anhang 343
Anordnung
 Dateianzeige 150
Anschlüsse 115
Anschlussleitung 376
Ansichtsformen 302
Ansichtsmenü 147
Ansichtsoption 146
Anstößige Inhalte 334
An Taskleiste anheften 91
Anwendung öffnen 142
Anzeigen
 Details einer Datei 148
 Laufwerke 82
 Liste mit Ordnern der Sitzung 82
 Ordner 145
Anzeigenreihenfolge 149
 verändern 149
Anzeigeprogramm fürs
 Internet 375
Arbeit mit Windows
 unterbrechen 87
Arbeitsbereich 306
 vergrößern 302
Arbeitsblatt 306
Arbeitsfläche 272
Arbeitsmappe 301, 306
 neu anlegen 304
 öffnen 304
Arbeitsmappe-Namen 303
Arbeitsplatznetzwerk 64

Arbeitsspeicher 27, 374, 381
Assistent 374
Audio-CD 244
Aufgabenleiste 89
Auflösung einstellen 106
Aufrufen BIOS-Menü 56
Ausrichten Absätze 291
Ausschalten 87
Ausschneiden Ordner 141
Auswahlbox 173
Auswählen Desktop-
 hintergrund 104
Auswahlfenster 43, 120, 128
Automatischer System-
 prüfpunkt 73
Autosumme 317
Award-BIOS 57

Backup 352, 374
Batterien 22
Bauformen 19
Bcc 338
Bearbeitungsleiste 302, 307
 vergrößern 302
Bedienleiste 238
Beenden
 Programme 158
 Windows 87
 BIOS-Setup 58
Befehle 302
Benutzerinformationen 328
Benutzerkontensteuerung 325, 346, 374

Stichwortverzeichnis — Anhang

Benutzerkonto 206, 374
Benutzer wechseln 87
Berechnung 312
Betrag übertragen 169
Betriebsprogramm 38, 122, 374
   einrichten 60
Betriebssystem 34, 375
Bewertung 237
Bibliothek 154, 193, 195, 196, 236
   anlegen 154
   hinzufügen 155
Bild malen 176
Bilddatei 127, 148
Bilder 82, 197, 225
   anzeigen 84
   in E-Mail 334, 341
   Minianwendung 108
   scannen 129
Bilderordner 151
Bildlaufleiste 375
Bildmedien 235
Bildpunkt 375, 380
Bildschirm 15, 23, 115
   abgedunkelt 347
   Anschluss 117
   einstellen 106
   Live Mail 331
Bildschirmfoto 85
Bildschirmlupe 85
Binary Input Output System 56
Bing 212
Bios Award-Bios 57
Blind carbon copy 338
Blocksatz 292
Bluescreen 76
Bluetooth-Schnittstelle 17
Blu-ray-Disk 30

Blu-ray-Laufwerk 13
Breitbandverbindung 376
Breite der Dateianzeige 149
Brenner 381
Browser 186, 375
Browserwahl 203
Buchdrucker 292
Büroanwendungen 36
Büroarbeiten 19

Carbon copy 338
Cc 338
CD 381
   Programm installieren 160
CD-Brenner 245
CD-Rohling 137
CD-ROM 30
CD-ROM-Laufwerk 13, 57
   BIOS 57
Cinch-Kabel 23
Clean Install 38
ClipArt einfügen 295
Cloud Computing 33
computerbild.de 207
Computer-Kartenspiel 80
Computerschnittstellen 115
Computerschutz 29
Computerspiele 36
Computerzeitschriften 229
Copyright 228
Corel Painter 35
Cover 240
Cursor-Steuerung 20

Darstellen Ordner 145
Datei 145
   Änderungsdatum 148
   anzeigen 138

   endgültig löschen 99
   Größe 148
   komprimieren 150
   löschen 97
   retten 97
   sichern 38
   zippen 150
Dateianzeige 149
Dateidownload 325, 375
Dateien und Einstellungen
   übernehmen 101
   übertragen 48
Dateiordner 161
Dateisicherung 29
Dateisymbol 142, 158
   markieren 142
Dateisystem 379
Dateizuordnungstabelle 376
Datenbank 38
Datenerfassung 306
Datenmüll 334
Datenschutzbestimmungen 327
Datensicherung 28
Datenverkehr 183
Datenverlust 374
Datenwolke 34
Datum 62, 89, 91
   Wiederherstellung 76
Demodulator 379
Desktop 78, 375
Desktophintergrund 225
   auswählen 104
Desktop-PC 11
Detailansicht 148
Details einer Datei
   anzeigen 148
Deutsche Tastaturbelegung 89
Diashow 151

389

Anhang Stichwortverzeichnis

Bilderordner 152
Dienst 380
Digitaler Durchschlag 338
Digitaler Sound-Anschluss 119
Digitales terrestrisches Fernsehen 253
Digitalkamera 127, 152
Digital Subscriber Line 203, 376
Diktiergerät 26
Diskette 11, 375
   starten 56
Division 168, 313
Dokument 82, 138, 170, 172, 174, 175, 197
   drucken 277
   öffnen 279
   schließen 278
   speichern 278
Dokumente-Ordner 303
Doppelklick 21, 81, 138, 375
Doppelpfeil 296
Double-Layer-DVD 30
Download 375
Drahtlosnetzwerk 191
Drucken
   Dokument 277
   Text 175
Drucker 120
   Anschluss 117
   im Netzwerk 125
   Installation 120, 122
   Modell 123
   Netzwerk 199
   freigeben 126
Druckerhersteller 123
Druckermodell 124
Druckername 201

Druckschalter 16
DSL 203, 376
DSL-Modem 186
DSL-Router 184, 185
Durchschlag 338
DVB-T 25, 253
DVD 381
   ansehen 266
   starten 56
   Programm installieren 160
DVD-Brenner 28, 39
DVD-Laufwerk 11, 12, 16, 43
DVI-Buchse 117

Eigene Ordner 80
Einfügemarke 172, 274, 275
Einfügen Ordner 141
Eingabefenster E-Mail 337
Eingabeinstrumente 20
Eingabeschutz 327
Einrichten
   Betriebsprogramm 60
   E-Mail-Konto 329
   Windows 61
Einstellen
   Auflösung 106
   Breite der Dateianzeige 149
Einstellungen korrigieren
   Installation 60
Einzelne Datei wiederherstellen 98
Elektronische Post 376
Elektronischer Programmführer 258
Element wiederherstellen 98

E-Mail 324, 376
   beantworten 339
   Datei packen 150
   empfangen 332
   lesen 334
   löschen 334
   mit Foto 341
   öffnen 335, 337
   versenden 338
   weiterleiten 340
E-Mail-Adresse 329, 337
E-Mail-Adressfelder 338
E-Mail-Konto einrichten 329
E-Mail-Verteiler 338
Emoticon 340
Energie sparen 88
Englische Tastaturbelegung 89
Entpacken
   komprimierte Programme 162
Ergebnisse übertragen 169
Ersetzen 283
Erste Schritte 84, 325
Erweiterte Wiederherstellung 42
eSATA 116
Exit BIOS 58
Express-Card 18
Externe Geräte 121
   verbinden 115

Farben
   Paint 177
Farbpalette 287
Farbstift 288
FAT 376, 380
Favoriten 224, 225
Favoritenleiste 224

Stichwortverzeichnis — Anhang

Fehlende Windows-
 Programme installieren 160
Fenster
 anordnen 94
 maximieren 95
 transparent 94
Fernsehaufnahmen
 wiedergeben 262
Fernsehfunktion 254
Fernsehgerät 23
Fernsehprogramm 253
Festplatte 17, 27, 137, 376
 anzeigen 82
 Installation 59
 Programm installieren 161
 starten 56
Festplattenordner
 anzeigen 138
File Allocation Table 376
Filme anschauen 84
Filter entfernen 323
Filterfunktion 321
Fingerbedienung 24
Firefox 202
Firewall 62, 345, 348, 376
Firewire 18, 116
Firmennetzwerk 17
Fläche Paint 179
Flachstecker 116
Flatrate 187
Flüssigkristallbildschirm 15
Formatierung 174, 175, 376
Formatierungsleiste 171, 172, 174
Formel 313
 übertragen 315
Formen Paint 179
Forward 340

Foto 235, 264
 betrachten 238
 in E-Mail 334, 341
Fotogalerie 253
Freigabe 194, 250
Fritz!Box 186
Füllfarbe 309
Füllung Paint 179
Funkadapter 90
Funkkanal 190
Funkmaus 22
Funknetz 189
Funknetzname 189
Funktastatur 22
Funktion 168, 302, 313, 314, 318, 379
Funktionstaste 20, 56, 58
Funkverbindung 188, 189
Fußballweltmeisterschaft 220
Fw 340

Gefahr im Internet 213
Gelöschte Dateien
 wiederherstellen 98
Gerätebetriebsprogramm 32
Geräte installieren 120
Geräteprogramm 383
Geschäftsbedingungen 327
Gesicherte Dateien
 retten 42
Gestalten Text 174
Gigabyte 376, 378
Glare-Bildschirm 15
Google 216
Grafik 176
 einbinden 297
 gestalten 298
 im Text 293
Grafik-Chip 14

Grafikdateien 163
Grafikkarte 36, 56
Grafiktablett 22
Grafische Zeichen 327
Größe von Datei 148
Grundrechenarten 313

Harddisk 28
HDMI-Buchse 16, 118
Headset 26
Heimnetzgruppe 193
 beitreten 196
Heimnetzkennwort 194
Heimnetzverwaltung 194
Heimnetzwerk 33, 183, 186, 192, 250
Herunterfahren 87
Herunterladen 375
Hilfeanleitung 359
Hilfsprogramm 374
Hintergrund 225
Hinweisfenster 121
Hochformat 289
HTTP 376
HUB 377
Hyperlink 377
Hyper Text Transfer
 Protocol 376

IEEE-1394 116
IEEE 1394-Anschluss 18
i.Link 18, 116
Illustration 176, 177
ImgBurn 53
Importfenster 128
Infobereich 345
Informationen anzeigen 148
Infrarot-Schnittstelle 17
Inhaltsverzeichnis 292

391

Anhang — Stichwortverzeichnis

Installation 377
    fehlende Windows-Programme 160
    kopiertes Programm 163
    Programm von CD/DVD 160
    Programm von Festplatte 161
    Sicherheitsdateien 62
    starten 70
    Windows 38
    Windows Live Mail 325
Installations-DVD auf USB-Stift 54
Installationsprogramm 58
Installationsvorbereitung 51
Internet 14, 183, 191, 206, 377
    Link 208
Internetadressen speichern 223
Internetanbieter 187
Internetanzeigeprogramm 375
Internetauftritt 207
Internetdienstanbieter 186, 377
Internet Explorer 35, 160, 205
    Explorer Tabs 209
Internetseite 209
    beschleunigen 222
    drucken 233
    speichern 231
Internet Service Provider 381
Internet-Speichermedien 33

Internetverbindung
    Breitband 185
    drahtlos 188
    trennen 192
ISP 380

Joystick 119
Junk-E-Mails 335
Junk-Mail-Ordner 334

Kabelsalat 22
Kamera 127
Kartenleser 377
Kaspersky Security Suite 36
Kehrwert 168
Kennwort 61, 194, , 327, 377
    speichern 329
Kilobyte 151, 378
Klicken 378
Komplettsystem 14
Komprimieren 378
    Datei und Ordner 150
Komprimierte Programme entpacken 162
Konfiguration 65
    von Live Mail 330
Kontextmenü 21, 143, 378
Konto 374
Kopfhörer 13, 18
Kopieren
    Musik-CD 241
    Ordner 141
    Text 276
Kopiertes Programm
    installieren 163
Korrektur 283
    zurücknehmen 283
Korrekturprogramm 281
Kostenlose Musik 227

Kreis Paint 179
Kriminelle Inhalte 334
Kunststoffscheibe 375
Kurznotizen 35, 85, 180
    löschen 181

Laptop 14
Laufwerk 378
    anzeigen 82
Laufwerksymbole 83
Lautsprecher 18
Lautstärke 90, 236
    Regelung 13, 90, 240
LCD-Monitor 24
Leerzeichen 292
Lese-/Schreibkopf 376
Lineal 172
Line-In-Eingang 18
Links 377
Liste mit Ordnern der Sitzung anzeigen 82
Lithium-Ionen-Akku 15
Live Mail 324, 328
    beenden 331
Lizenzbestimmungen 59
Lokaler Drucker 123, 126
Löschen 311
    Dateien 97
    Ordner 141
Lupe 85

Mail 324, 376, 378
Mail-Adresse 326
Malen Bild 176
Markierung 308
    Dateisymbol 142
    entfernen 276
Massenwerbung 334
Maus 20, 115
Mausgesten 94

Mauszeiger 16, 20
Media Center 84, 253, 256
 schließen 266
Media Player 153, 160, 235, 239
Medienbibliothek 236, 238, 241, 242
Megabyte 378
Mehrbenutzer-Betriebssystem 374
Mehrkanalton 119
Mehrwertsteuersatz 315
Meldungsfenster 347
Menü
 BIOS 56
 Untermenü 143
Menüband 273, 301, 379
Menübefehle 142
Menüleiste 58, 130, 171, 177, 379
MetaGer 212, 217
Metasuchmaschine 219
Microsoft Word 142
Mikrofon 18, 26, 118
Minianwendung 108, 111, 379
 aus dem Internet 110
 Einstellungen ändern 109
Minuten 63
Mitteilung 290
Mobiltelefon 17
Modem 17, 379
Monat 63
Monitor einstellen 106
MP3 379
MP3-Dateien 241
MP3-Player 245, 247
Mülleimer 98
Multimediainhalte 253

Multimediamaschine 24
Multimediazentrale 84
Multiplikation 168, 313
Multitasking 169
Musik 82, 197, 227, 235, 264
 hören 84
 wiederholen 237
 Zusammenstellung 245
Musik-CD 151, 239
 kopieren 241
Musikdateien 28, 30
Musikordner 151
Musikstücke 153
 abspielen 153
Musikwiedergabe
 Musikordner 153

Nachricht empfangen 332
Nachrichtenfenster 335
Nachrichtenticker 108
Nächsten Ordner
 öffnen 81
Namen 303
 der Ordner 139
Namenfeld 302, 306
Navigationsspalte 236, 379
Navigieren
 in Ordnern 144
 mit Pfeilsymbol 81
Nero 35
Netbook 19
Netzkennwort 194
Netzwerk 63, 90, 125, 126, 183
Netzwerkadresse 193
Netzwerkanschluss 17
Netzwerkcenter 125
Netzwerkdrucker 123, 125, 199

Netzwerk-Hub 186
Netzwerkkabel 183
Netzwerkkarte 184
Netzwerkschlüssel 190
Netzwerkspeicher 33
Netzwerksymbol 90
Neuinstallation 38
 Windows 7 58
Neustart 88
 Installation 60
 mit Windows-Vista-DVD 58
Newsgroups 228
New Technology File System 380
Notebook 14
Notizzettel 180
NTFS 376, 379

Oberfläche
 von Windows 79
 von Word 271
Öffentliches Netzwerk 65
Office 2010 installieren 268
Office Open XML 271
Office Starter 2010 268
Office Web Apps 34
Offline 380
Öffnen 304
 Anwendung 142
 Dokument 279
 Ordner 80
 Papierkorb 98
 zuletzt angezeigten Ordner 81
Online 380
Online-Dienst 380
OpenDocument 271
Operand 167
Ordner 380

Anhang Stichwortverzeichnis

anzeigen 138
erstellen 138
komprimieren 150
kopieren oder verschieben 141
öffnen 80
umbenennen 140
wechseln 144
zippen 150
Ordnerfenster 145
Ordnerliste 144
Ordnerstruktur 144
Ordnersymbol 81, 83

Packen Datei 150
Paint 35, 85, 158, 177
Papierabzug 129
Papierkorb 79, 97, 142
öffnen 98
leeren 99
Parallelanschluss 17
Parallelport 117
Partition 380
PC-Card 18
PC für Windows 7
überprüfen 68
Persönliche Ordner 80
Pfeilsymbol 81
navigieren 81
Pfeiltaste 57
Phishing-E-Mail 335
Phoenix-BIOS 57
Photofilter 35
Pinsel Paint 177
Pixel 149, 380
Platzsparend speichern Datei und Ordner 150
Plug and Play 119
Posteingangsordner 332, 338

Postfach 328
anlegen 329
Problemaufzeichnung 369
Probleme 346
Product Key 61
Produktschlüssel 61
Programm 80, 374
auswählen 325
deinstallieren 165
entpacken 162
laden 229
öffnen 142
schließen 80
Schnellstart 159
starten als Administrator 164
starten und beenden 158
von CD/DVD installieren 160
von Festplatte installieren 161
von Windows 83
wechseln 92
Programm-CD 120, 122
Programmdateien 38
Programme-Ordner 86
Programmfenster 159, 169, 171, 177, 271
minimieren 301
schließen 301
verändern 301
Programmsymbol 80
Programmzeitschrift 257
Provider 380
Prozentrechnen 168

Querformat 290

Radiergummi Paint 178

Radio 25
RAM 381
RAM-Speicher 27
Random Access Memory 27, 381
Randstärke Paint 179
Rechenergebnis übertragen 169
Rechenoperation 167
Rechnen 166
Rechner
vernetzen 192
wissenschaftlich 168
Rechteck Paint 179
Rechtschreibprüfung 281
Rechtsklick 381
Registerreiter 207, 273, 381
Registrierungsseite 326
Reihenfolge
der Dateianzeige 149
der Dateianzeige verändern 149
der Startmedien 56
Restaurieren
Systemdaten 29, 73
Retten Datei 97
Rohling 28, 381
Röhrenmonitor 23
Rollbalken 123, 381
Romso 212, 220
Router 186, 189, 191, 203, 381
Rückseite des Computers 115
Ruhezustand 88

SATA 116
Save configuration 58
Scanner 17, 129

Stichwortverzeichnis — Anhang

Glasplatte 129
Schadprogramm
    in E-Mail 352
Schaltflächen
    Startmenü 87
Schaltzentrale 79
Schatten 299
Schiller 232
Schließkreuz 80, 82
Schneller Zugriff 89
Schnittstellen 16, 115
    parallel 117
    Prägung 115
    Soundkarte 118
Schreiben Text 170
Schreibmaschine 20
Schreibtisch-PC 11
Schriftart 173, 174
    ändern 285
Schriftgröße 173
Schutzeinstellungen 336
Schutzmaßnahmen 29, 73
Seitenformat
    einrichten 289
Seitenränder festlegen 290
Sekunden 63
Senden E-Mail 338
Senderliste 261
Sendung brennen 263
Service Pack 71
Service Pack 2 382
Setup BIOS 56
Sicherheit 62
    Programme deinstallieren 166
Sicherheitsmaßnahme vor schädlichem E-Mail-Anhang 352
Sicherheitsoptionen
    einstellen 336
Sicherheitsprobleme 345
Sicherheitsstufen 347
Sichern und Wiederherstellen 29, 352
Sicherung
    Eigene Dateien 29
    Systemdaten 29, 73
    Windows 87
Sicherungsdatei 280
Sicherungsprogramm 40
Sicherungspunkt 75
Sicherungs- und Wiederherstellungsprogramm 42
Sicherungsvorgang 374
Sidebar 382
Skizze 177
Smiley E-Mail 340
Snipping Tool 85
Solid State Drive 12
Solitär 86
Sortieren 237, 319
    Dateianzeige 149
Sortierkriterien 320
Soundkarte 11, 14, 118
SP2 382
Spalten 306
Spaltenbuchstabe 306
Spaltenkopf 302
Spam 382
Speicherbausteinen 27
Speicherkarte 18, 127, 377
Speichermedium 28, 32
Speichern 303
    Text 175
Speicherplatz 150
Speicherstift 27
Sperren 88
Spezialordner 151
Spezialsuchmaschinen 220
Spiegelungen 299
Spielkonsole 119
Splitter 185
Standardformat 289
Standardhintergrund 104
Starteinstellungen 56
Starten
    Anwendung 142
    Installation 70
    Programm als Administrator 164
    Programme 158
    von Datenträger 56
Startmenü 78, 80, 82, 382
    Schaltflächen 87
Startoption 56
Startreihenfolge 57
    der Medien 56
Startschaltfläche 89
Startsymbol für Programm 91
Statusleiste 273, 302
Steckplätze 27
Stereoklang 119
Sternchen 237
Steuerknüppel virtuell 119
Steuersymbole 239
Stick 384
Stift Paint 177
Streaming 250
Stromkabel 184
Stromnetz 122
Stunden 63
Subtraktion 168, 313
Suchen 283
Suchfeld 225
Suchfunktion 159
Suchmaschine 214
    Metager 217
    Nachrichten 220
    Romso 220

395

Anhang Stichwortverzeichnis

Summenfunktion 314
Summieren 314
S-Video 23
Switch 183, 382
Symbol 81, 129, 382
   für Netzwerk 90
Symbolleiste 142, 171, 382
   für den Schnellzugriff 272
Synchronisierung 250
Systemdaten restaurieren 29, 73
Systemdaten sichern 29, 73
Systemmeldungen 90
Systemprüfpunkt 73, 75
Systemsicherung 36
Systemsteuerung 165, 166, 192, 346, 383
Systemwiederherstellung 75, 76
   aktivieren 74
Systemwiederherstellungspunkt 74

Tabelle 306
Tabulator 292, 383
Tarif 187
Taschencomputer 17
Taschenrechner 85, 158, 166, 167
Taskleiste 78, 89, 129, 169, 171, 345, 383
   Programm lösen 92
   Programm verankern 91
Tastatur 15, 20, 57, 115
Tastaturbelegung 89
Tauschbörse 228

Teilinstallation 122
Teilnehmer-Anschlussleitung 376
Telefonbuchse 185
Terabyte 12, 383
Testseite 125
Text
   bearbeiten 172
   drucken 175, 277
   Fett 286
   Formatierung 233
   gestalten 174
   hervorheben 288
   kopieren 276
   Kursiv 286
   markieren 275
   schreiben und drucken 170
   speichern 175
   Unterstreichung 286
Textdatei 142, 148
Textprogramm 274
Textverarbeitung 171, 172, 267, 293
   WordPad 158
Tippfehler korrigieren 281
Titelleiste 273, 383
Tonausgang 118
Toneingang 118
Touch-Pad 15, 383
Touchscreen 24
Tragbarer Computer 11
Treiber 383
Treiberprogramm 127
TV-Eingang 25
TV-Empfang 253
TV-Signalerkennung 254

Überschrift 291
Überspielen 375

Übertragen
   Rechenergebnis 169
   von Daten und Einstellungen 44
Uhr Minianwendung 108
Uhrzeit 62, 89, 91
Umbenennen Ordner 140
Unbekannter Absender 334
Unerwünschte E-Mails 334
Universal Serial Bus 17
Unterbrechen
   Arbeit mit Windows 87
Unterordner 81, 138
Update 383
Upgrade 38
Upgrade-Installation 67
USB-Anschluss 127
USB-Buchse 115
USB-Drucker 17
USB-Festplatte 32
USB-Geräte 90
USB-Kabel 120
USB-Speicherstift 11, 31, 150, 384

Verbesserungen 62
Verdreher 281
Verknüpfung 377, 384
Verschieben Ordner 141
Verschlüsselungsarten 190
Versenden E-Mail 338
Verzeichnisse 380
VGA-Buchse 117
Video 197, 264, 235
   abspielen 238
Videoanwendung 19
Videodateien 153
Viereck Paint 179
Viren 384
   in E-Mail 352

Stichwortverzeichnis — Anhang

Virenscanner 350, 384
Vista Neuinstallation 58
Vollbildmodus
 Bilderordner 152
Volumentarif 187
Von USB-Stift installieren 51
Voreinstellung ändern 63
Vorhergehenden Ordner
 öffnen 81
Vorschau 93, 143
Vorschaugrafik 138, 290
Vorsicht im Internet 213
Vorzeichen 168

Wackelbild 340
Warnhinweis beim
 Dateilöschen 97
Wartungscenter 346
Webcode 52
Wechseln Ordner 144
Weiterleiten E-Mail 340
WEP 190
Werkzeug Paint 177
Wettervorhersage 109
Wiedergabe 236, 239
 Musikordner 153
Wiedergabeliste 243, 249
Wiedergabeprogramm 236
Wiedergabesteuerung 256
Wiederherstellen Datei 97
Wiederherstellungs-
 programm 44
Willkommen-Fenster 84, 99
Windows
 beenden 87
 einrichten 61
 Firewall 62
 Fotoanzeige 143

Installation 38
 Oberfläche 79
 sichern 87
Windows 7
 Neuinstallation 58
 Upgrade Advisor 69
 USB/DVD Download
 Tool 54
Windows-Benutzerkonto
 330
Windows-Easy Transfer 45,
 48, 100
Windows Live
 Abmeldung 328
 Mail 324
 Startseite 328
Windows-Live-Mailadresse
 326
Windows Media Center 84
Windows Media Player 153,
 235
Windows Mobile 131
Windows.old 73
Windows Phone 131
Windows-Programme 83
 fehlende installieren
 160
Windows Update 359
Windows-Vista-PC
 einrichten 70
Windows Vista sichern 38
Windows Vista Upgrade 66
Windows XP 66
WLAN 189
WMA 384
WMA-Dateien 241
WordPad 158, 160, 169,
 170, 172, 173, 274

Word starten 272
World Wide Web 384
Wort markieren 275
WPA 190
Wunschmusik
 Musikordner 153

Zeichengestaltung 287
Zeichengröße ändern 285
Zeichnen Bild 176
Zeilen 306
Zeilenkopf 302
Zeilennummer 306
Zeitleiste 260
Zeittarif 188
Zeitzone 62
Zelladresse 306
Zellbereich 315
Zellbezüge 313
Zellen 306
Ziehen 384
Ziffernblock 20
ZIP 384
ZIP-Datei 150
Zippen 150, 385
Zoom 274, 302
Zoomfunktion 274
Zugangsdaten
 schützen 335
Zugriff
 auf Programme 137
 über Taskleiste 89
Zugriffsberechtigungen
 198
Zuletzt angezeigten
 Ordner öffnen 81
Zwischenablage 169, 170,
 385

Jetzt bestellen: www.computerbild.de/shop

Wissen für 'nen Apple und 'n iPhone.

Mobile Kommunikation der Extraklasse leicht erklärt

Apple iPhone & iPod touch
130 Seiten
ISBN 978-3-548-41288-7

Nur 6,95 €

Jetzt zugreifen: weitere hilfreiche Bücher und viele tolle Angebote unter www.computerbild.de/shop

Computer Bild hilft.

Dieses PC-Wissen dürfen Sie nicht missen.

Jetzt bestellen: www.computerbild.de/shop

Computer Bild

Computerlexikon in Wort und Bild

- Fachbegriffe leicht verständlich erklärt
- PC
- Internet
- Telekommunikation
- Multimedia

ullstein

Das illustrierte Nachschlagewerk. Alle wichtigen Begriffe verständlich erklärt

Computerlexikon in Wort und Bild
190 Seiten
ISBN 978-3-548-41293-1

Nur 9,95 €

Jetzt zugreifen: weitere hilfreiche Bücher und viele tolle Angebote unter www.computerbild.de/shop

Computer Bild hilft.

PC abschalten –
auf Hochspannung umschalten

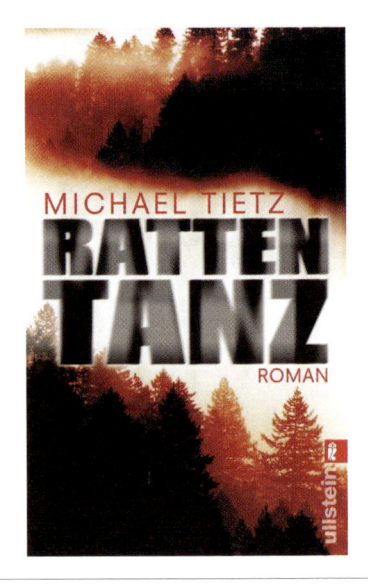

MICHAEL TIETZ
RATTEN TANZ
ROMAN

Was würdest du tun,
wenn der Alptraum
beginnt?

ISBN 978-3-548-28251-0

Besuchen Sie uns im Internet:
www.ullstein-taschenbuch.de

Originalausgabe im Ullstein Taschenbuch
2. Auflage 2010
© 2010 by COMPUTER BILD, Hamburg, und
Ullstein Buchverlage GmbH, Berlin
E-Mail: buecher@computerbild.de
Umschlaggestaltung: HildenDesign, München/Buch und Werbung, Berlin
Titelabbildung: © Luiz Rocha/shutterstock
Satz und Repro: LVD GmbH, Berlin
Druck und Weiterverarbeitung: CPI – Ebner & Spiegel, Ulm
Printed in Germany
ISBN 978-3-548-41304-4